LA PHILOSOPHIE
DE
MALEBRANCHE

PAR

LÉON OLLÉ-LAPRUNE
Professeur de philosophie au lycée de Versailles.

OUVRAGE COURONNÉ PAR L'ACADÉMIE DES SCIENCES MORALES ET POLITIQUES

TOME PREMIER.

PARIS
LIBRAIRIE PHILOSOPHIQUE DE LADRANGE
RUE SAINT-ANDRÉ-DES-ARTS, 41.

1870

LA PHILOSOPHIE

DE

MALEBRANCHE

Saint-Cloud. — Imprimerie de Mme Ve BELIN.

AVANT-PROPOS.

J'ai toujours beaucoup aimé Malebranche, sans être jamais séduit par son système. Avant d'en avoir fait une étude spéciale, je me plaisais à relire quelques-unes de ses plus belles pages dont j'étais particulièrement touché : je négligeais le reste, qui me paraissait obscur ou étrange. J'en étais là quand l'examen de la philosophie de Malebranche fut remis au concours par l'Académie des sciences morales et politiques. Le programme indiquait la marche à suivre; mais, comme il était court, il ne gênait pas la liberté. C'était une occasion naturelle de faire plus ample connaissance avec cette philosophie qui tout à la fois me charmait et me faisait peur. Je me suis mis à l'œuvre.

Dans une première partie, je tâche de connaître Malebranche : son caractère, son éducation, l'idée qu'il se faisait de la philosophie, et sa méthode, enfin sa doctrine. Cette doctrine, je l'expose, en comparant sans cesse Malebranche avec saint Augustin et avec Descartes, ses maîtres, et à mesure que le système se déroule sous mes yeux, je le vois entraîné par la logique au spinozisme, et toujours retenu ou ramené en arrière.

Dans une seconde partie, je passe en revue les critiques et les disciples de Malebranche. En voyant comparaître devant plusieurs juges d'esprits très-différents les doctrines déjà étudiées, et en les retrouvant dans les disciples qui les reproduisent, les exagèrent, ou les tempèrent, je puis les apprécier, reconnaître par où elles pèchent, discerner ce qu'elles contiennent d'excellent.

Dans une troisième et dernière partie, je recueille ce qui me paraît vrai et solide dans cette philosophie, et j'essaie de mettre à profit les idées qui subsistent, en métaphysique, en morale, en théodicée.

Les lignes qu'on vient de lire précédaient le Mémoire déposé à l'Institut le 31 décembre 1867, et couronné dans la séance publique du 16 janvier 1869[1]. Nous les avons reproduites : car elles s'ap-

---

1. Voici dans quels termes le sujet du concours relatif à Malebranche était énoncé :

EXAMEN DE LA PHILOSOPHIE DE MALEBRANCHE.

PROGRAMME.

« Dans la partie biographique du Mémoire, rechercher quelle a été dans l'Oratoire l'éducation philosophique de Malebranche.

» Exposer les ressemblances et les différences de la philosophie de Descartes

pliquent parfaitement au livre que nous publions aujourd'hui, ce livre étant le Mémoire même avec quelques modifications que nous signalerons tout à l'heure.

La pensée générale qui dominait le Mémoire, était clairement indiquée dans l'épigraphe.

« Sic intelligendum est Deum operari in rebus, quod tamen
» ipsæ res propriam habeant operationem... non propter de-
» fectum suæ virtutis sed propter abundantiam suæ bonitatis,
» ut dignitatem causalitatis etiam creaturis communicet. »
(Saint Thomas, *Somme théologique*, I, civ, 5; xvii, 3).

C'est aussi la pensée qui domine le présent ouvrage. Oui, Dieu opère en tout être; mais Malebran-

---

et de celle de Malebranche pour la méthode, les principes, les conclusions.
» Apprécier la polémique de Malebranche et d'Arnauld sur la théorie des idées, la critique faite par Locke de la vision en Dieu, et celle du système entier par les écrivains de la Compagnie de Jésus.
» Suivre la fortune de la philosophie de Malebranche jusqu'au milieu du xviii° siècle.
» Finir en établissant les mérites et les défauts de cette philosophie, et en se demandant si elle laisse en métaphysique, en morale, en théodicée, quelque idée qui subsiste, et que puisse recueillir et mettre à profit la philosophie de notre temps. »

Ce programme avait été tracé, si je ne me trompe, par M. Cousin lui-même. Il est d'ailleurs facile d'y reconnaître son inspiration. Après avoir provoqué des travaux sur l'ensemble de la philosophie cartésienne et puis sur la philosophie de Leibnitz (je ne parle ici que de la philosophie moderne), l'Académie souhaitait que Malebranche fût l'objet d'un examen spécial. De là le sujet de prix pour 1865. Cet appel n'ayant pas été entendu et aucun mémoire n'ayant été présenté, le concours fut prorogé au 31 décembre 1867. Par là, la section de philosophie a prouvé, selon les expressions mêmes du Rapport, « quel intérêt elle attachait à l'étude de ce grand philosophe, l'un des plus grands de notre pays, l'un des premiers dans tous les temps... Elle a voulu bien faire entendre qu'elle le considérait, non comme un disciple, mais comme un maître. »

che oublie que les créatures ont néanmoins une opération propre, il oublie qu'elles ont l'honneur d'être des causes, et il ne voit pas que leur activité, ou, pour parler son langage, leur efficace, bien loin de diminuer la puissance divine, en est au contraire la preuve la plus manifeste, en même temps qu'elle témoigne avec éclat de la bonté du Créateur.

Nous avons conservé l'ordonnance du Mémoire et la plupart des développements. Des chapitres entiers ont été reproduits tels qu'ils étaient. Mais l'Académie, en nous adressant les éloges les plus flatteurs et les plus encourageants, nous a donné de précieux conseils : nous avons essayé d'en profiter [1].

De là les changements ou les additions que nous allons indiquer en suivant l'ordre des chapitres.

Dans notre première partie, au chapitre premier, sur *les origines de la philosophie de Malebranche*, nous avons montré que notre philosophe ne doit rien ni à Clauberg ni à Geulincx, ces deux cartésiens qui, avant lui, ont incliné d'une manière si remarquable vers l'idéalisme et le mysticisme.

Dans le troisième chapitre de cette même partie,

---

[1]. Voyez le rapport fait, au nom de la section de philosophie, par M. Paul Janet, et lu dans la séance du 11 décembre 1868. Il est dans les *Comptes rendus des séances de l'Académie des sciences morales et politiques*, 5ᵉ série, t. 18 (LXXXVIIIᵉ de la collection), avril 1869. Voyez aussi le discours prononcé par M. Renouard, président de l'Académie, dans la séance publique annuelle du 16 janvier 1869.

sur *la théorie de la connaissance*, nous avons rapproché de Malebranche Plotin et saint Thomas d'Aquin dont notre Mémoire disait fort peu de chose. Nous avons encore en plusieurs autres endroits, notamment au chapitre VII, en parlant de la Providence, marqué soigneusement en quoi la doctrine de Malebranche ressemble à celle de saint Thomas, et en quoi elle en diffère.

Soucieux avant tout de connaître dans Malebranche le métaphysicien, nous avions trop négligé dans notre Mémoire le psychologue et le moraliste. Nous avons réparé cette omission sans toucher à notre plan. Pour Malebranche tout se rapporte à la métaphysique : oublier cela en exposant sa philosophie, ce serait se condamner à n'en pas saisir l'unité vivante. Nous avons donc évité tout changement qui, en en dérangeant tant soit peu l'ordre de l'ensemble, eût risqué de rendre moins sensible cette unité ; mais, au chapitre VII, sur *le monde, ouvrage de Dieu*, et au chapitre VIII, sur *la morale*, il nous a été facile de placer de nouveaux développements, propres à faire connaître le psychologue pénétrant et le moraliste fin, souvent satirique, très-enclin et très-habile à peindre les défauts, les petitesses, les misères de la nature humaine.

Dans notre seconde partie, nous avons ajouté quatre articles assez étendus : 1° sur la critique de *la théorie de la Providence* par Arnauld, critique que nous avions de propos délibéré laissée de côté, pensant, mais à tort, que la critique de Fénelon était suffisante ; 2° sur *les appréciations de Bayle*, que nous avions omises ; 3° sur *les objections de Dortous de Mairan*, dans cette correspondance avec Malebranche, que nous connaissions très-bien, que nous avions mise à profit, que nous avions même citée dans une note de notre première partie, mais que nous n'avions nulle part étudiée d'une manière spéciale et digne de son importance ; 4° enfin sur *le cardinal Gerdil*, un des plus illustres disciples de Malebranche, auquel nous n'avions consacré que quelques lignes, bien résolu d'ailleurs à parler de lui plus longuement si jamais notre Mémoire devenait un livre.

Dans notre troisième partie, nous n'avons fait de changement que dans les quatre derniers chapitres, où nous nous sommes appliqué à présenter sous une forme plus directe que dans le Mémoire notre critique de Malebranche : de là quelques retranchements et quelques additions.

Nous devons faire remarquer que, dans cette troisième partie, nous avons conservé le premier chapitre tout entier sans rien modifier à ce que nous y disions des rapports de la raison et de la foi. La philosophie de Malebranche étant une *philosophie chrétienne*, nous ne pouvions l'examiner sérieusement sans dire ce que nous pensons de cette manière de philosopher. De plus, comme nous croyons, d'une part, qu'il y a en philosophie un certain usage légitime des vérités de foi, et d'autre part, que Malebranche a donné des dogmes certaines explications que la raison et la foi condamnent ou tiennent pour suspectes, nous avons, au chapitre v, examiné de plus près que dans notre Mémoire la théologie de Malebranche, après avoir eu le soin de la faire connaître avec plus de détail dans notre exposition (ch. vii de la première partie).

Nous avons accompli un devoir en avertissant ceux qui liront cet ouvrage des points par où il diffère du Mémoire couronné par l'Académie. Maintenant, qu'on nous permette un vœu : nous serions heureux que ces pages servissent à faire connaître et à faire aimer Malebranche ; nous en serions heureux, parce que nous pensons que la lecture de ce grand philosophe est très-propre à élever les âmes. Nous n'avons dissimulé ni ses erreurs ni ses témérités, nous avons jugé très-sévèrement son système. Mais sa philosophie est animée d'un grand souffle, et il est bon d'en recevoir et d'en sentir l'influence.

PREMIÈRE PARTIE

EXPOSITION DE LA PHILOSOPHIE DE MALEBRANCHE

CHAPITRE PREMIER.

ORIGINES DE LA PHILOSOPHIE DE MALEBRANCHE.

Le P. André se proposait d'écrire une vie de Malebranche vraiment complète : toute la personne du philosophe devait y être représentée au naturel, grâce à ces mille détails qui nous font entrer dans l'intimité d'un homme ; toutes les circonstances de son éducation et de ses études devaient être rapportées ; le plan de la constitution de l'Oratoire, où il entra, fidèlement tracé ; l'état des esprits et de la philosophie au moment où il commença d'écrire, nettement exposé ; les divers systèmes qui pendant sa vie causèrent tant de disputes, jansénisme, thomisme, molinisme, quiétisme, ramenés à leurs traits essentiels et appréciés sans parti pris ; les hommes avec qui il eut des relations peints et jugés ; sa doctrine donnée tout entière en raccourci, pour qu'elle fît plus d'effet sur les esprits, à cause de l'enchaînement qui paraîtrait partout ; enfin les controverses où il fut mêlé débrouillées avec soin, racontées avec impartialité, et égayées de ces traits particuliers qui, bien choisis et bien placés, tempèrent à propos la gravité du sujet et préviennent l'ennui. Les plus importantes vérités et d'utiles réflexions mêlées à un récit exact et animé, devaient rendre ce livre propre à former la raison et le cœur des personnes qui le liraient. Tel était le dessein du P. André ; et voulant faire un ouvrage solide et durable, il demandait de tous côtés des détails précis, des renseignements sûrs, des éclaircissements, des explications. « Lorsqu'on écrit sur une matière, pensait-il, on ne saurait trop avoir à dire, quoiqu'il ne faille pas tout dire. » En même temps il relisait tous les écrits de Malebranche et en faisait des abrégés qui lui coûtaient parfois bien des efforts ; mais enfin il en venait à bout. « La méditation, disait-il, éclaircit tout, excepté les faits[1]. »

Cette vie de Malebranche, entreprise avec tant d'amour, poursuivie avec tant de persévérance, et achevée presque malgré mille traverses, André ne put la publier. M. Cousin a raconté les causes qui en empêchèrent la publication, et il a éloquemment adjuré ceux qui doivent l'avoir maintenant, de la

---

1. *Vie et correspondance inédite* du P. André, dans la 2e partie des *Fragments de philosophie moderne* de M. Cousin (5e édit., 1866).

mettre au jour[1]. Où est-elle? Selon toute apparence, le manuscrit récemment découvert par M. l'abbé Blampignon à la bibliothèque publique de Troyes en est une partie; et c'est un fragment considérable, du plus haut intérêt[2]. Le P. Adolphe Perraud, de l'Oratoire, a eu un instant l'espoir de retrouver le tout : cet espoir a été déçu[3].

Il semble que, connaissant le plan de l'ouvrage, on pourrait être tenté de le refaire, à l'aide des documents nouveaux disposés selon le dessein du P. André. Malebranche aurait ainsi, selon le vœu de son zélé disciple, une biographie « complète et intéressante. » Ce n'est pas ce travail que nous nous proposons de faire ici. Comme l'examen de la philosophie de Malebranche est notre souci et notre but, nous n'avons pas à raconter sa vie en détail. Quelques indications précises mais rapides nous suffiront; nous insisterons ensuite sur les points qui touchent plus particulièrement à l'objet de notre étude.

Nicolas Malebranche, né à Paris le 6 août 1638, était le dernier des nombreux enfants de Nicolas Malebranche, secrétaire du roi, trésorier des cinq grosses fermes sous Richelieu, et de Catherine de

1. *Fragm. philos.*, loco citato.
2. *Étude sur Malebranche, d'après des documents manuscrits, suivie d'une corresp. inédite*. Douniol, 1861.— Voyez l'*Avertissement*, placé en tête de cette *Étude*, et les articles de M. Bouillier dans le Journal des Savants, août et septembre 1863.
3. *L'Oratoire de France au dix-septième et au dix-neuvième siècle*. Douniol, 1866, p. 304, note 1.

Lauzon, qui eut un frère vice-roi du Canada, intendant de Bordeaux, puis conseiller d'État. D'une complexion délicate, Malebranche fit ses humanités dans a maison paternelle. A seize ans, il entra en philosophie au collége de la Marche, où il eut pour maître le péripatéticien Rouillard. Au sortir de la Marche, déjà sûr de sa vocation ecclésiastique, il fit sa théologie à la Sorbonne. Ses études théologiques achevées, il refusa un canonicat à Notre-Dame. Il venait de perdre sa mère en août 1658, et cette mort lui avait fait faire des réflexions sur la vanité des choses de ce monde. Quelque temps après il perdait son père, 5 mai 1659. Décidé à mener une vie recueillie et toute consacrée à la prière et au travail, il se retira dans la congrégation de l'Oratoire. Il y fut reçu le 21 janvier 1660, fit son noviciat au séminaire de Saint-Magloire et fut ordonné prêtre le 20 septembre 1664. Il quitta alors Saint-Magloire et vint habiter la maison professe de la rue Saint-Honoré. Ce fut sa résidence habituelle. L'été cependant il sortait volontiers de Paris. Nous le trouvons tantôt dans les maisons de campagne de la congrégation, à Marine, près de Pontoise, ou à Raray, en Picardie, tantôt à Perseigne, abbaye cistercienne dans le diocèse du Mans, tantôt enfin dans les terres de ses amis, chez le marquis de Roussy, chez Pierre de Montmort, et même en Saintonge, chez le marquis d'Allemans. Partout, ce qui occupait sa pensée et son temps, c'était, avec l'accomplissement régulier et fervent de ses devoirs de prêtre, la recherche de la vérité, à laquelle il s'appliquait avec un respect tout religieux et une pieuse ardeur. Les spéculations métaphysiques, comme on disait alors, ont rempli sa vie. Nous n'y trouvons pas d'autres événements que la composition et la publication de ses ouvrages, avec les controverses et les luttes qu'ils suscitèrent ou entretinrent. Ses travaux sur les mathématiques, qui le firent mettre au nombre des membres honoraires de l'Académie des sciences, ses recherches sur l'optique, ses expériences concernant l'anatomie et la physiologie, se rapportaient plus ou moins directement à la métaphysique, qu'il ne séparait pas de la religion. C'était encore ce qu'il avait en vue dans ses relations avec les hommes considérables qui le visitaient ou lui écrivaient, avec les amis qui s'attachaient à lui, avec les disciples qu'il instruisait, avec les jeunes gens qui le consultaient. Cette vie toute de prière et d'étude s'acheva en 1715. Tombé malade le 18 juin à Villeneuve-Saint-Georges, où il était chez son ami M. du Metz, président de la chambre des comptes, Malebranche se fit transporter à l'Oratoire de la rue Saint-Honoré : regardant cette maladie comme celle qui devait terminer ses jours, il souhaitait de les finir au milieu de ses frères. Il mourut le 13 octobre, après avoir supporté les douleurs et les ennuis de sa longue maladie en vrai philosophe chrétien.

Il avait beaucoup écrit. La *Recherche de la Vérité*, dont les trois premiers livres avaient paru en 1674, et les trois derniers en 1675, avait eu plusieurs éditions toujours augmentées, et seize *éclaircissements* y avaient été joints : en sorte que dans cet ouvrage destiné à découvrir les causes de nos erreurs et à en indiquer les remèdes, toute la philosophie de l'auteur se trouve comme disséminée. Les *Conversations chrétiennes*, écrites en 1676, avaient repris et présenté sous un jour nouveau les principes de la *Recherche* qui regardaient la religion et étaient propres à justifier la morale de Jésus-Christ. En 1680, le *Traité de la Nature et de la grâce*, ouvrage à la fois philosophique et théologique, avait expliqué le sentiment de Malebranche sur la question de la Providence, effleurée seulement dans ses premiers écrits, et avait soulevé contre lui bien des orages. Dans les *Méditations chrétiennes*, commencées en 1680, achevées en 1682, publiées en 1683, il avait repris de nouveau les principes de sa philosophie morale et religieuse, se proposant d'en montrer la suite et l'enchaînement, et il avait insisté beaucoup sur les conséquences pratiques de ces principes qui n'étaient, à ses yeux, que ceux même de la foi, rendus clairs par la méditation. En 1684, il avait démontré par ordre, dans un traité exprès, les fondements de la *Morale*. En

1687, il avait composé les *Entretiens sur la Métaphysique*, qui avaient paru en 1688. C'était le résumé de toute sa philosophie, et la réponse aux objections qu'on lui avait faites, mais dépouillée de tout air de dispute. Dans l'édition de 1696, fort remarquable, trois *Entretiens sur la Mort*, composés au sortir d'une grave maladie, et ajoutés à l'ouvrage primitif[1], lui avaient donné sa dernière perfection. En 1697, le *Traité de l'Amour de Dieu*, en 1708, l'*Entretien d'un philosophe chrétien et d'un philosophe chinois*, en 1715, les *Réflexions sur la prémotion physique*, avaient présenté à propos de circonstances diverses l'exposition sans cesse recommencée de principes toujours les mêmes. Ajoutons à cela les *Réponses à Arnauld* formant quatre volumes, dont le dernier avait paru en 1709, et la liste des principaux ouvrages de notre philosophe sera complète.

J'ai résumé à grands traits la vie de Malebranche. Il faut chercher les détails dans les *Fragments de philosophie moderne* de M. Cousin, dans l'*Étude* de M. l'abbé Blampignon, et dans un excellent chapitre de la troisième édition, toute récente, de l'*Histoire de la philosophie cartésienne*, par

---

1. Cette belle édition de 1696, et celle de 1703, qui la reproduit, sont les seules qui contiennent les *Entretiens sur la mort*. Elles se recommandent en outre par une *Préface* très-digne d'attention, et par des notes marginales renvoyant aux autres écrits de Malebranche publiés à cette date.

M. Francisque Bouillier [1]. M. Cousin, dans ses *Fragments,* a raconté avec érudition et éloquence les relations de Malebranche avec Leibnitz, Dortous de Mairan, André, et publié ce que l'on a de la triple correspondance à laquelle ces relations donnèrent lieu. De plus, il a recueilli l'*Éloge* de Malebranche par le marquis d'Allemans, les *Remarques* du conseiller Chauvin, les *Mémoires* du P. Lelong, et une *Lettre* du même père à André, tous documents inédits d'une grande importance. M. Blampignon, mettant à profit ses deux précieuses découvertes, celle du manuscrit du P. Adry aux Archives impériales, et celle du manuscrit de Troyes dont nous parlions tout à l'heure, a, dans son intéressante étude, fourni sur la vie privée et la vie publique de Malebranche d'abondants et curieux renseignements. M. Bouillier, consultant à son tour les deux manuscrits, en a fait des citations heureuses, et, à l'aide de tous les documents nouveaux ajoutés aux anciens [2], a écrit en trente pages une *Vie* de Malebranche où sont rassemblés les détails biographiques les plus exacts et les mieux choisis.

Pour nous, puisant librement dans ces documents

---

1. *Hist. de la Philos. cartés.*, 3ᵉ édit., 1868, Delagrave. T. II, ch. II. Voyez aussi les ch. x, xii, xiv et xv où se trouve le récit des rapports de Malebranche avec Arnauld, Bossuet et Fénelon.

2. Avant les récentes découvertes, on connaissait Malebranche par l'*Éloge* de Fontenelle, le *Journal des Savants* de 1715, la notice du *Traité de l'infini créé*, et l'article du P. Tabaraud dans la *Biographie universelle*.

divers, nous essayerons d'éclaircir deux points qui nous paraissent d'un intérêt capital. Nous voudrions d'abord bien connaître la nature d'esprit et la qualité d'âme de Malebranche ; nous voudrions en second lieu nous faire une idée exacte de son éducation, de la direction intellectuelle qu'il a reçue de l'Oratoire, enfin des sérieuses études auxquelles il s'est livré avant de publier son premier ouvrage. Nous pensons que si des renseignements précis et des conjectures prudentes nous permettent de porter la lumière sur ces deux points, cela même sera très-propre à nous faire mieux entendre la philosophie dont nous entreprenons l'étude, car nous en aurons déterminé les origines.

Le P. Lelong, écrivant au P. André, dit que Malebranche n'aimait pas à parler de lui-même : « Il avait tant de mépris pour la connaissance des faits qu'il ne voulait même pas qu'on sût ce qu'il avait fait. » Son humilité lui faisait trouver mauvais que les autres s'occupassent de lui. « Mais, ajoute le P. Lelong, il s'est peint lui-même dans ses ouvrages ; et en les lisant dans la vue de l'y trouver, il ne sera pas difficile de le tirer d'après nature dans la *Recherche de la Vérité*, les *Conversations* et les *Méditations chrétiennes*, sa *Morale* et ses *Entretiens sur la Métaphysique*. » Le P. Lelong a raison. Malebranche, sans jamais faire au lecteur de ces confidences dont les écrivains contemporains ne sont pas avares, répand son âme dans ses ouvrages. Si l'on compare ce qu'on y lit avec les détails que l'on trouve dans ses lettres, dans celles de ses amis, dans les Mémoires du P. Lelong, dans le manuscrit de Troyes, dans celui d'Adry, etc., bien des passages de ses écrits, peu remarqués d'abord, nous donnent beaucoup de lumières sur son esprit et son caractère. Son amour pour la retraite et pour l'étude, son goût pour la méditation silencieuse devant Dieu, sa haine des discours inutiles et des vaines disputes qui détournent l'âme de l'entretien avec le Maître intérieur, sa défiance pour les sens et pour l'imagination, qui troublent l'esprit et le rendent incapable d'une sérieuse attention à la vérité, tout cela paraît dans ses ouvrages, et l'on voit bien que ce sont ses vrais sentiments qu'il exprime. Quand il nous décrit avec tant de complaisance le bienheureux état du premier homme avant la chute, averti par ses sens, mais non troublé, délivré, grâce à ces moniteurs fidèles, du soin, trop bas pour un esprit, de veiller à la conservation du corps, et jamais distrait par leurs informations respectueuses de la contemplation de la vérité[1], ne sent-on pas dans ces peintures une pieuse envie pour cet état qui n'est

---

1. Voyez surtout la *Rech. de la Vérité*, liv. I, ch. v; les *Médit. chrét.*, XIII, 13; les *Entret. métaph.*, IV, et le *Traité de morale*, première partie.

plus le nôtre ? Et Malebranche ne met-il pas à nu toute son âme, quand il se plaint ensuite avec une vivacité éloquente des importunités de ces mêmes sens, et de leur tyrannie ? Nous piquons-nous le bout du doigt, voilà notre âme « tout entière appliquée à notre doigt offensé, et toute pénétrée de douleur. » Dans de rares moments nous sentons en nous-mêmes « quelques restes de la puissance » de notre premier père, « lorsque nous sommes fortement appliqués et que la lumière de la vérité nous pénètre et nous réjouit [1] ? » Mais par combien d'efforts ne faut-il pas acheter cette « liberté d'esprit [2], » et encore combien de fois n'est-elle pas troublée ? Les sens nous tirent hors de nous, et crient si haut que nous n'entendons plus la voix du Maître intérieur. Même convaincus que Dieu seul agit en nous, nous avons encore de l'attachement pour ces objets sensibles que la lumière divine nous fait mépriser [3]. « Je sens que je les aime, » s'écrie Malebranche en gémissant. L'imagination est là aussi qui ébranle l'esprit par ses fantômes « caressants ou terribles [4], » et Malebranche qui, doué d'un génie vif et brillant, connaissait bien les séductions de l'enchanteresse, la poursuit et la condamne

---

1. *Entret. métaph.*, IV, 16 et 18.
2. *Morale*, I, ch. VI.
3. *Médit. chrét.*, V, 19.
4. *Entret. métaph.*, V, 13.

avec une rigueur où l'on sent de la rancune. Il en vient à se demander à quoi sert ce corps dont le poids appesantit l'esprit ; il se plaint à Dieu de cette domination de la matière sur l'âme, qui lui est un scandale; et quand il a compris que, l'œuvre divine étant gâtée par le péché, il est juste et sage que ce corps soit le maître de l'esprit rebelle à Dieu, alors il accepte avec humilité cette condition convenable au pécheur [1], et entreprend courageusement, avec la grâce de Dieu, la lutte qui doit rendre à l'esprit une partie de sa liberté. « C'est se sacrifier, c'est s'enterrer tout vivant, que d'écouter, mais sans cesse, sa raison et sa foi [2]. » Cette pensée seule fait peur, mais la grâce raffermit l'âme et la rend capable de former cette résolution et de la tenir. « Pour gagner la vie de l'esprit, il faut travailler de l'esprit : c'est une nécessité absolue. » Ceux qui « ne peuvent se résoudre à gagner à la sueur de leur front le pain de l'âme, n'en goûteront jamais la saveur [3]. »

Voilà bien le *méditatif* dans son vrai caractère. Les hommes le prennent pour un rêveur et se rient de lui. Mais il se console dans le commerce de l'éternelle vérité, ne s'émeut point du jugement de ces aveugles qui ne comprennent rien aux « solides

---

1. *Médit. chrét.*, IV, 2, XI, 10, XIII, 14 et suiv. — *Entret. mét.*, IV.
2. *Médit. chrét.*, XII, 10.
3. *Morale*, I, ch. V, 9 et 10.

joies » dont est récompensé le « travail désolant » de la méditation [1], répond à leurs sarcasmes par un sourire où se mêlent l'ironie et la pitié, et travaille à les éclairer. Il y a dans ses écrits bien des traces de cette double disposition. Tous les secrets de nos mille passions, grandes ou petites, hostiles à la vérité, il les surprend avec la clairvoyance habituelle aux âmes très-élevées, très-délicates et très-pures; et, dans sa façon de peindre les misères du cœur humain, s'il n'a ni l'impétueuse vigueur et l'éclat de Pascal, ni le tour et l'art achevé de la Bruyère, que de finesse et que d'esprit naturel, quelle joie de percer les fausses apparences et de confondre la vanité, quelle piquante malice dans ces traits presque négligemment lancés, et quel air de hauteur où se trahit le mépris qu'il fait de tout cela! Et puis, en même temps, il plaint de bon cœur les ennemis de la vérité, surtout ces beaux esprits qui attaquent ce qu'ils ne connaissent pas : dans sa compassion pour eux, il veut qu'on tente de les guérir, et il le tente tout le premier [2]. La forme même de plusieurs de ses ouvrages atteste ce souci. C'est Aristarque, homme du monde et homme d'esprit, qui sent enfin le vide et le néant de ce que les hommes estiment le plus, et qui veut « des

1. *Morale* et *Médit. chrét.*
2. *Rech. de la vér.*, passim. — *Médit. chrét.*, XVIII, 8-24. — *Entret. mét.*, IV, à la fin; X, au commencement; XIII, 8.

biens solides et des vérités certaines. » Théodore l'instruit et le convertit. C'est Éraste, jeune homme que le commerce du monde n'a point encore gâté, qui, initié par ce même Théodore aux secrets de la philosophie, se dégoûte à tout jamais des choses humaines et va s'enfermer dans un cloître pour ne plus s'appliquer qu'à la recherche de la vérité et des vrais biens [1]. Ailleurs, c'est un Ariste, bel esprit, fort rempli des préjugés de l'ignorance vulgaire ou de la fausse science, que Théodore encore détrompe peu à peu et rend capable, non-seulement de comprendre et de goûter les vrais principes, mais de les défendre et d'en instruire les autres. Théodore, c'est Malebranche lui-même. Qu'on l'écoute encore exposant les moyens dont une ingénieuse charité peut user pour guérir « la corruption du cœur et l'aveuglement de l'esprit [2]. » Les ressources d'une psychologie très-fine et très-perspicace sont mises au service de la morale et de la religion, et l'on devine ce que Malebranche devait avoir de délicatesse et d'agrément quand il espérait de faire pénétrer dans une âme les principes de la foi et ceux de sa philosophie. « Le philosophe et le bel esprit, dit-il au commencement de son premier *Entretien sur la mort*, sont naturellement incompatibles lorsqu'ils veulent toujours conserver leur carac-

---

[1]. *Convers. chrét.* Voir surtout le premier entretien et le dernier.
[2]. *Entret. mét.*, IV, 20.

tère. Mais Théotime (c'est le philosophe) s'humanisait souvent par le plaisir qu'il trouvait dans les agréables pensées d'Ariste (le bel esprit), ou peut-être par un sentiment plus chrétien et plus relevé : semblable à celui de la souveraine Raison qui a bien voulu prendre une nature et des manières sensibles pour s'accommoder à la faiblesse des hommes qui n'écoutent que leurs sens. Et Ariste, de son côté, faisait effort de temps en temps pour rentrer en lui-même et consulter, de concert avec Théotime, la vérité intérieure. » Voilà les entretiens que Malebranche aimait. Il se plaisait à éclairer ces âmes droites dont il nous a tracé la peinture dans ses *Méditations*, âmes remplies d'un fort grand amour pour la vérité, attentives, ne suivant que la lumière de l'évidence, ne se soumettant qu'à l'autorité de la foi, ne croyant jamais les hommes à leur parole, ne se rendant qu'à la raison, ne s'arrêtant point aux manières, n'ayant enfin ni entêtement ni préjugé, ni rien qui sente la dispute et le parti. A ceux qui avaient ces qualités ou qui s'efforçaient de les acquérir, il communiquait avec joie ses pensées. Quel accent de conviction ! « Il faut être pénétré pour toucher les autres. » Quel respect pour le Maître intérieur et quelle humilité ! « En la présence du Dieu vivant, il faut être ventre à terre. » Quel soin pour ne pas scandaliser les faibles ! Quelle application pour leur ôter tout sujet de chute ! « Ils ne voient point à leurs pieds : on doit ranger les pierres qui se trouvent dans le chemin des aveugles. » Enfin que de « surprises charitables » pour faire aimer la vérité ! « Attribue aux autres des pensées solides qu'ils n'expriment qu'à demi et qu'ils n'ont peut-être pas... Afin que l'homme aime la vérité, il faut qu'elle lui appartienne et qu'elle le touche, il faut qu'il la regarde comme une production de son esprit [1]. »

C'est ainsi sans doute qu'il en usa avec Condé pendant ces trois jours passés à Chantilly en sérieux entretiens. Au retour il écrivait : « M. le Prince est un esprit vif, pénétrant, net, et que je crois ferme dans la vérité lorsqu'il la connaît; mais il veut voir clair... Il aime la vérité et je crois qu'il en est touché[2]. » Et le prince, de son côté, déclarait que le P. Malebranche lui avait plus parlé de Dieu en quelques heures que son directeur pendant des années entières. C'est ainsi encore qu'appuyés sur d'irrécusables témoignages, nous nous représentons Malebranche initiant aux secrets des sciences Prestet, ce domestique qui, devenu, grâce à lui, prêtre de l'Oratoire et mathématicien distingué, lui voua une éternelle reconnaissance ; Carré, qui fut aussi son protégé et prit pour lui un tendre attachement ; Dortous de Mairan, qui, après vingt-sept ans passés,

---

1. *Médit. chrét.*, xviii, 14, 12, 8, 23, 13, 12.
2. Blampignon, *Corresp. inéd.*, p. 21 (lettre du 18 août 1683).

parlait encore avec une admiration émue de ce maître dont cependant il ne partageait plus les doctrines. Enfin, c'est sous ces traits et avec ce même air que les témoignages les plus véridiques nous le montrent, dans ces graves et familières causeries avec le marquis de l'Hôpital, le marquis d'Allemans, le duc de la Force, le duc de Chevreuse, ou avec les femmes d'élite que sa philosophie enchantait. Tel il apparut à André et le séduisit; tel il fut avec d'Aguesseau et fit sur lui une durable impression; tel « il voulut bien quelquefois se mêler des études » du jeune Saint-Simon, qui ne cessa point d'admirer en lui « cette rare simplicité et cette piété solide » unies à une si « grande science » et à tant de réputation [1]. C'était dans toutes les occasions la même bienveillance naturelle et parfaite, avec je ne sais quelle grâce austère et un désir manifeste de faire du bien à l'âme; point d'expansion, mais une bonté retenue et sereine, « accommodante » encore qu'un peu sévère [2]; rien de trop éclatant, de peur d'arrêter l'esprit au sensible, mais un égal soin et de rendre la vérité aimable par quelque chose qui flat-

---

1. Fontenelle, *Éloge de Carré*. — Mairan, *Éloge de l'abbé de Molières*. Mémoires de l'Académie des sciences, année 1742. — André à Malebranche, 22 octobre 1706. Cousin, ouvrage déjà cité, p. 425. — D'Aguesseau, *Deuxième instruction à son fils*. — *Mémoires de Saint-Simon*, éd. de M. Chéruel, in-12, t. XI, p. 148.

2. *Journal des Savants*, 1715. — *Lettres d'André à Malebranche et au P. Lelong*. On trouve les mots « *accommodant, philosophe bon cœur* » appliqués à Malebranche. André parle de lui comme d'un *père*, d'un *consolateur*, etc.

tât les sens, et de dissiper, d'anéantir, de sacrifier le sensible à la vue de la vérité, où il devait conduire[1]. Quand on le voyait et qu'on l'entendait dans l'intimité, on était gagné à sa personne en même temps qu'à ses doctrines. On subissait son ascendant, on était sous le charme; et, pour plusieurs, le charme ne devait point se rompre. « Jamais philosophe, selon l'heureuse et juste expression de Fontenelle, jamais philosophe n'a eu des disciples plus persuadés[2]. » Il inspira même de vives et ardentes amitiés, et il sut y répondre. Seulement, et c'est là encore un trait de caractère, il craignit toujours, à ce qu'il semble, d'en trop goûter les douceurs : loin de s'y laisser aller et d'en jouir avec abandon, il songeait plutôt à les tempérer, à les *régler*, à les *perfectionner*, c'est-à-dire à en ôter tout le vif et l'humain pour n'y laisser que l'amour calme de la vérité intelligible, recherchée et possédée en commun. C'était « le goût des mêmes sciences qui le faisait l'ami intime[3] » de ceux qu'il estimait et chérissait; et il voulait que « Jésus-Christ fût le lien de ces amitiés *raisonnables* et *chrétiennes*[4]. » Ainsi, dans ses entretiens, « tout menait à Dieu comme à sa fin unique : la force de son es-

1. *Rech. de la vér.*, VI, part. I, ch. III, à la fin. C'est un endroit délicieux.
2. *Éloge de Malebranche.*
3. Saint-Simon, *loco citato.*
4. Voyez *Lettres à André*, surtout les deux premières et celle du 2 janvier 1708.

prit ne lui servait qu'à abattre le cœur humain aux pieds de son Créateur; » l'agrément de sa parole ne lui était qu'un moyen de gagner les âmes à la vérité et au bien. « Quelque éloigné qu'il parût en certains endroits de ce terme essentiel de toutes choses, c'est là néanmoins qu'il aboutissait toujours; quelque sujet qu'il traitât, c'est toujours par là qu'il y entrait ou qu'il en sortait [1]. »

Si ces conversations paisibles et efficaces plaisaient à Malebranche, il n'avait pour les disputes et les controverses aucun goût. L'âme ravie des splendeurs du monde intelligible, il pouvait bien consentir à redescendre parmi les hommes et à leur parler leur langage pour les rendre capables de contempler le spectacle qui le charmait; il ne pouvait, sans une vive souffrance, se voir entraîné à des luttes qui le troublaient sans profit pour autrui. « Si tu reconnais qu'on soit en humeur pour disputer, tais-toi [2], » dit le Verbe divin à son disciple dans les *Méditations*. « Je vous avoue, dit Malebranche dans une lettre à la date de 1684, je vous avoue que l'opposition que je trouve à la vérité me dégoûte fort d'écrire, et qu'il y a longtemps que je désire le repos et la pratique de la vertu [3]. »

---

1. Lettre d'*André au P. Lelong*. C'est des écrits de Malebranche qu'André dit cela; mais il ajoute plus loin : « Il était dans sa personne tel qu'il paraît dans ses ouvrages. »
2. *Médit. chrét.*, xviii, 11.
3. Blampignon, *Corresp. inéd.*, p. 11.

Dès que ses correspondants, au lieu de chercher la vérité dans la méditation des principes qu'il leur communique, lui posent des questions oiseuses, lui demandent des éclaircissements, il a peur d'être engagé dans quelque dispute; et, comme il veut ménager son temps, il répond d'une manière brève, puis a soin de déclarer que philosopher par lettres n'avance à rien. A ses meilleurs amis il fait cette déclaration peu encourageante; il les exhorte à méditer, et il ajoute que les entretiens valent mieux que les lettres : on s'y instruit en moins de temps, et les malentendus sont plus vite dissipés. Mais ces entretiens, nous savons qu'il les redoutait dès qu'ils ressemblaient à des controverses, et alors il jugeait préférable de consigner par écrit les questions en litige pour qu'on pût les examiner avec plus de loisir et de calme. Mairan lui-même, soumettant à son ancien maître de graves difficultés qu'il le supplie d'éclaircir, n'obtient à des lettres si sérieuses et si respectueusement pressantes, que des réponses parfois courtes et même un peu sèches. Si, par intérêt pour une âme en péril, Malebranche consent à entrer dans quelques développements, c'est presque à contre-cœur : il a hâte d'en finir avec une discussion qui lui paraît inutile et causée d'ailleurs par une curiosité outrée : avec un peu plus de foi, on se mettrait en repos, et, au lieu de s'épuiser dans ces doutes et ces disputes, on s'appliquerait à d'utiles méditations. Il dirait volontiers comme Pascal quelque part : « Cela est incertain, et inutile, et pénible. » Il met donc un terme à cet échange de lettres, après avoir rappelé les principes de sa philosophie et la nécessité de ne pas s'écarter de la foi pour bien philosopher, avertissant Mairan du danger où une téméraire curiosité l'expose, et priant la Sagesse éternelle de l'éclairer. Nous trouvons là l'exemple le plus frappant de l'éloignement, nous pouvons dire de l'horreur de Malebranche pour la controverse. L'opposition, même sous la forme respectueuse d'un doute ou d'une question, déconcerte sa bonté et le glace. C'était « un maître dans l'art de penser et d'amener les autres à sa pensée[1]. » Lui échappaient-ils, l'enchanteur n'avait ni le goût, ni l'art, ni la puissance de les ramener par la discussion.

Leibnitz, dans une lettre adressée à Malebranche lui-même, a parfaitement caractérisé, non sans quelque ironie peut-être, les dispositions de cet étrange correspondant, en les comparant aux siennes propres, si différentes. « Le tête-à-tête est le plus commode pour conférer sur la philosophie ; mais des gens comme moi, qui se trouvent dans des endroits éloignés des grandes villes, ont le malheur

---

1. C'est Mairan lui-même qui parle ainsi dans l'*Éloge de l'abbé de Molières*. Cela fait penser à ce que les Grecs appelaient si bien ψυχαγωγία.

de ne pouvoir profiter par ce moyen des pensées des excellents hommes dont Paris ou Londres abondent, et à qui on n'oserait ni ne doit demander qu'ils se donnent la peine de s'expliquer par lettres : ce qui surtout a lieu, mon révérend père, à votre égard. Vous et autres personnes d'un mérite extraordinaire êtes chargés de l'instruction du genre humain, et vous emploieriez mal votre temps si vous vouliez vous appliquer à instruire des particuliers en écrivant des lettres. Il n'en est pas de même de moi, car mes pensées n'étant pas encore assez fixées en système mis par ordre, je trouve du profit dans les objections et les réflexions que je rencontre dans les lettres de mes amis. Je prends plaisir de voir les différents biais dont on prend les choses, et, cherchant à satisfaire à un chacun (supposé qu'il cherche sincèrement la vérité), je trouve ordinairement des nouvelles ouvertures, lesquelles ne changeant rien au fond de la chose, lui donnent toujours un plus grand jour [1]. »

Leibnitz a raison : il trouve partout du profit ; il ne perd jamais son temps. Malebranche est de ceux qui n'aiment point à se donner la peine de s'expliquer par lettres : il ne s'instruit que par la méditation, et ses pensées sont fixées en système : les objections et les réflexions de ses amis eux-mêmes

---

1. Blampignon, *Corresp. inéd.*, p. 77-78. Hanover, 1ᵉʳ janvier 1700.

sont pour lui des causes de trouble et non des secours.

Cependant, sur un point de mécanique, dans cette même correspondance poursuivie par Malebranche comme à regret, Leibnitz a eu cet honneur de convaincre l'homme du monde le plus attaché à ce qu'il avait une fois admis comme vrai, et Malebranche a donné un bel exemple de courage philosophique en revenant entièrement sur son opinion première, déjà rendue publique et consignée dans ses ouvrages. En 1692, il avait fait un *Traité des lois de la communication des mouvements* qui contenait déjà quelques modifications à plusieurs propositions du VI° livre de la *Recherche de la vérité*. En 1698, il écrit à Leibnitz : « En relisant à la campagne, où j'avais quelque loisir, le méchant petit *Traité de la communication des mouvements*, et voulant me satisfaire sur les troisièmes lois, j'ai reconnu qu'il n'était pas possible d'accorder l'expérience avec le principe de Descartes, que le mouvement absolu demeure toujours le même. J'ai donc tout changé ce traité, car je suis maintenant convaincu que le mouvement absolu se perd et s'augmente sans cesse, et qu'il n'y a que le mouvement de même part qui se conserve toujours le même dans le choc. J'ai donc tout corrigé ce traité, mais je ne sais pas encore quand on le réimprimera. Je vous dis ceci, monsieur, afin que vous continuiez d'être persuadé que je cherche sincèrement la vérité et que je mérite en partie, par cette disposition de mon esprit, que vous continuiez à m'aimer autant que je vous honore[1]. » Belles et simples paroles, qui font bien de l'honneur à celui qui les a dites. Leibnitz le félicite à bon droit : « Pour ce qui est de votre *Traité de la communication des mouvements*, que vous me mandez, mon révérend père, de vouloir réformer, je reconnais en même temps en cela votre pénétration et votre sincérité. Il faut être bien plus pénétrant pour voir ce qu'il y a à changer dans le sien que pour le découvrir chez les autres; mais il faut être fort sincère pour l'avouer...[2] » Nous voyons que Malebranche était capable de profiter d'un avis et savait quitter une opinion quand il en reconnaissait la fausseté. Mais, en écrivant à celui-là même dont les critiques une fois au moins lui ont paru utiles, il exprime souvent la crainte que cette correspondance ne soit une grande perte de temps, et il répète que rien n'est plus ennuyeux et désagréable que de philosopher par lettres, surtout quand on a d'autres affaires plus pressées[3]. Et puis c'est seulement sur une question de mécanique qu'il a mo-

---

1. Cousin, *Fragments philosophiques*, déjà cités, 2ᵉ partie. *Correspondance de Leibnitz et de Malebranche*, cinquième lettre de Malebranche, 1698.
2. Neuvième lettre de Leibnitz, 13/23 mars 1699.
3. Quatrième lettre de Malebranche.

difié son sentiment. Que Leibnitz, touchant à la métaphysique même, essaie de l'amener à des vues nouvelles sur l'essence de la matière, et entreprenne, dans ce dessein, la critique de Descartes[1], aussitôt de fières paroles coupent court à tout débat. « Du reste, monsieur, je ne crois pas bien des choses que vous dites de M. Descartes. Quoique je puisse démontrer qu'il s'est trompé en plusieurs endroits, je vois clairement, ou je suis le plus stupide des hommes, qu'il a eu raison dans certaines choses que vous reprenez en lui. » Et ensuite : « Si je ne craignais point d'abuser de votre loisir, et *que je crusse devoir m'appliquer à des choses que j'ai quittées pour m'appliquer à d'autres qui sont plus essentielles*, je vous prierais de me dire les raisons que vous avez pour défendre vos sentiments[2]. » Voilà bien le ton d'un homme qui hait la discussion et n'a pas de temps à perdre. Et d'ailleurs, là même où la mécanique seule est en question, il est court et réservé dans ses réponses; il ne discute guère : mais, s'il se sent ébranlé par de puissantes raisons, il se recueille pour les méditer, et le jour où il en reconnaît toute la force, il se rend à l'évidence et se déclare convaincu.

C'est donc une chose incontestable que Malebranche redoutait l'échange des idées dès qu'il pré-

---

1. Troisième lettre de Leibnitz, 13 janvier 1679.
2. Deuxième lettre de Malebranche.

voyait un choc. Il aurait voulu que la vérité rayonnât doucement autour d'elle et pénétrât les esprits. S'il aimait les entretiens philosophiques, c'était pour amener la fusion des idées et des âmes par l'exposition de « choses abstraites, » il est vrai, mais présentées d'une façon « touchante, » et propre à en « montrer l'influence dans la morale [1]; » ce n'était pas pour examiner les questions de pure curiosité, qu'il négligeait volontiers, ni même pour éprouver par la discussion les principes qui lui étaient chers.

Ainsi disposé, que devait-il faire quand il était publiquement attaqué? Son premier mouvement est de ne pas répondre. Ses écrits et ses lettres nous l'apprennent [2]. Il ne songe pas un seul instant à chercher dans les objections qu'on lui fait un contrôle à ses propres spéculations. Ce serait douter de ce qu'il regarde comme très-assuré, et ce doute serait une injure à la vérité. Si donc il jette les yeux sur les livres de ses adversaires, c'est pour y chercher les points faibles et les mettre en lumière. L'honneur de la vérité l'exige: pour ne point paraître la trahir, il sort de son repos. Il n'essayera point d'entrer dans la pensée de ses critiques : à quoi bon? il leur déclarera qu'il ne les entend pas, ce qui est

---

1. Leibnitz le loue de posséder ce secret (6e lettre).
2. Lettre à André, 16 février 1707, Cousin, ouvrage déjà cité, p. 437. « Ma *paresse* aime mieux souffrir que de me justifier : peut-être s'accorde-t-elle en cela avec le devoir et la morale chrétienne. »

vrai; et il s'appliquera à leur montrer qu'ils ne l'entendent pas, ce qui est assez souvent vrai aussi. Il écrit à un homme qui l'avait combattu : « Vous me preniez pour un autre... Dieu soit loué qui m'a fait connaître à vous, à peu près tel que je suis[1]. » Aussi ne le voit-on pas serrer son adversaire de près et user des armes d'une dialectique alerte et puissante pour renverser les raisons qu'on lui oppose; non, il reprend ses propres idées et les développe : c'est un recommencement perpétuel de l'exposition de sa doctrine, toujours peu comprise; seulement il n'a plus là le calme et la sérénité que nous admirons dans ses autres ouvrages. La polémique, qui contrarie tous ses goûts, l'irrite; après d'admirables élans de charité, après des plaintes éloquentes où il gémit de voir son temps gaspillé, son repos troublé, la vérité méconnue, la charité blessée, il se montre d'autant plus vif dans le combat qu'il est plus mécontent d'y être engagé malgré lui. S'il pouvait supprimer le débat, il le ferait volontiers, car la contradiction lui pèse; mais puisqu'on le contredit, il soutient avec une invincible persistance ses opinions attaquées, sans cacher son dédain pour des critiques qu'il juge la plupart du temps vaines ou malveillantes. A ces traits, nous reconnaissons encore le *méditati*, au milieu même des luttes ardentes où il est entraîné.

---

1. Blampignon, *Corresp. inéd.*, p. 133.

En présence de la nature, aussi bien qu'au milieu des hommes, il redoute les émotions trop violentes. Si, voyant dans les beautés sensibles un reflet de l'éternelle beauté, il se sent ému et touché, aussitôt il se défie de lui-même et détourne les yeux[1]. Les grands ouvrages de la création, comme les astres, font une trop vive impression sur l'âme, la remplissent de leur grandeur apparente, l'éblouissent de leur éclat et s'attirent ainsi à eux-mêmes des hommages qui font tort à Dieu. Il ne les contemple pas volontiers. Ce qu'il considère avec une parfaite sécurité et avec un plaisir qu'aucune arrière-pensée ne trouble, ce sont les ressorts secrets de ces machines vivantes que nous voyons dans la nature. Les insectes surtout, et les plus petits, « ces atomes vivants, » comme il les appelle, sont l'objet de ses complaisances. Il les défend contre le mépris injuste que les hommes en font ordinairement. Il veut qu'on admire leurs ajustements et leur magnificence. On n'a pas à craindre que ces petits êtres « abattent notre esprit et le prosternent devant eux. » Par leur petitesse ils nous confondent, puis par leur beauté si humble et si exquise ils nous ravissent. Quand on contemple leurs aigrettes et leurs couronnes, et ces proportions si justes et toutes ces beautés ramassées dans un si petit espace, on

---

1. *Médit. chrét.*, IV, 13, 14, 15.

trouve dans ce spectacle une grande douceur, et l'âme reconnaît aisément Dieu, tout-puissant et tout sage, et l'adore [1].

Si le mysticisme consiste, comme le dit Leibnitz [2], à nous détacher des choses mondaines pour nous mener à Dieu, Malebranche est mystique dans tous ses écrits; si le mysticisme suppose dans l'âme un effort perpétuel pour rester en communication intime avec Dieu, principe de la lumière, de l'amour et de la force, Malebranche est encore mystique. Si, au delà de ces limites où s'arrête le vrai mysticisme, une tendance assez commune entraîne les âmes mystiques à un mépris excessif des choses naturelles ou humaines et les porte à diminuer, à atténuer, à anéantir presque la créature, cette tendance est dans Malebranche : il incline vers ce mysticisme outré. C'est un esprit élevé et hardi, aimant

---

1. *Rech. de la vér.*, l. I, ch. VI, 2. Il faut lire le ravissant passage qui commence par ces mots bien significatifs : « Quoiqu'on ne veuille pas trop s'arrêter à ces choses, on a pourtant de la peine à se taire sur le mépris que les hommes font ordinairement des insectes... » Et Malebranche énumère tout ce qu'il y a de grand, de beau, de magnifique « sur la tête d'une simple mouche. » Voir aussi dans les *Entret. métaph.*, le XIe entretien, où il y a des choses charmantes sur les insectes, et dans la *corresp. inédite* publiée par M. l'abbé Blampignon, une lettre (p. 21) où on lit : « Les heures que l'on ne peut pas s'appliquer à la lecture et aux autres choses que Dieu demande de nous, on peut examiner les ouvrages de Dieu, étudier l'anatomie des animaux, des plantes, des insectes. On méprise ordinairement les insectes; néanmoins je n'ai jamais rien étudié des choses naturelles, qui m'ait donné une plus grande idée de la sagesse de Dieu. »

2. Cousin, ouvrage déjà cité, 2e partie, p. 166. Sentiment de Leibnitz sur le livre de Fénelon et sur l'amour désintéressé.

beaucoup la spéculation, fort peu l'action, qui lui coûte et le fatigue, une âme religieuse, toute pleine de Dieu, qui partout le voit et l'entend, qui toujours s'efforce de demeurer unie à lui, car cette union avec Dieu, c'est sa force, c'est sa lumière, c'est sa joie.

Mais il n'a pas, dans sa manière d'aimer Dieu, cette vigueur et cette tendresse d'âme qu'on admire dans saint Augustin, ces élans passionnés et cette onction qui sont le caractère de Fénelon. Il sait que Dieu est son bien, et il le « goûte, » et il en « jouit, » et il y trouve la source d'un « plaisir infiniment doux et paisible[1]. » Mais sa piété ne connaît guère l'abandon. Si avec Dieu il n'a pas, comme avec les créatures, des précautions à prendre pour ne point trop aimer, on dirait cependant qu'il se surveille encore pour aimer raisonnablement. Et d'ailleurs, ce qu'il considère le plus volontiers en Dieu, c'est la sagesse, ce n'est pas la bonté : les splendeurs de la raison souveraine le ravissent ; mais à la bonté mesurée et un peu froide qu'il conçoit dans le Créateur, il répond par un amour sans naïveté et sans effusion, et il n'a jamais « cette conduite simple, libre, enfantine, entre les bras de Dieu, » que Fénelon recommande quelque part. Quand son mysticisme devient intempérant, ce

---

1. *Traité de l'amour de Dieu.*

n'est pas que l'amour l'aveugle et l'emporte ; ce n'est pas qu'il cède à un de ces entraînements où le cœur ne se possède plus et va se confondre presque avec l'objet aimé. Non, il n'est point tenté de remplacer la connaissance claire « par l'ivresse de l'amour » et de dire que « mieux vaut pour l'âme être en une telle ivresse que de demeurer plus sage [1]. » Jusque dans ses excès, il entend bien user de raison : « connaissant clairement son vide et l'impuissance de sa nature [2], » il veut établir par principes et en « théologien géomètre [3] » que les créatures ne sont rien et que le Créateur est tout, et se réduire enfin par raison à une sorte « d'anéantissement devant Dieu [4]. »

Voilà ce qu'est Malebranche. Et ce sont si bien là les traits de son caractère que, jusque dans le délire causé par la maladie, ils se retrouvent. Là sans doute, « comme on est incapable de réflexion, la nature parle toute seule et trahit tous les secrets de l'âme [5]. » Nous lisons dans le manuscrit de Troyes : « Le P. Malebranche (pendant sa grave maladie de 1696) ne s'entretenait dans ses transports que de ce qui l'avait occupé toute sa vie, de Dieu et de ses ou-

---

1. Plotin, *Ennéades*, VI, vii, 35.
2. *Traité de l'amour de Dieu.*
3. *Traité de la nature et de la grâce.*
4. *Entret. métaph.*, xiv, 8.
5. Manuscrit de Troyes, à l'endroit d'où est tirée aussi la citation suivante. M. Blampignon signale avec raison cette belle page comme une de celles où la plume du P. André se fait le mieux connaître.

vrages. Dans les égarements de son esprit aliéné, il revenait sans cesse à ses pieuses méditations, toujours un peu philosophiques, mais à leur ordinaire toujours édifiantes. Le sentiment de ses vives douleurs, au lieu d'exciter des plaintes, ne faisait le plus souvent que lui rappeler les idées qui lui étaient si familières de la structure du corps humain. Tantôt il en comptait tous les ressorts, il en expliquait l'ordre, il en marquait l'usage, en montrant la sagesse infinie de celui qui les avait si bien ordonnés. Tantôt il cherchait la cause de son mal par des raisonnements physiques, dont il n'interrompait la suite et le cours que pour y faire entrer quelque chose du Créateur. Mais la pensée qui l'occupait le plus dans ses délires était celle de la mort et de l'éternité : ces deux grands objets qu'il avait tant médités pendant sa vie se présentaient continuellement devant ses yeux, avec tout ce qu'une bonne conscience y peut trouver de charmant. » Ces détails achèvent le portrait moral de Malebranche. Et maintenant que l'on considère la belle peinture de Santerre conservée à Juilly, qu'y voit-on apparaître ? L'âme du *méditatif*, éprise de la beauté intelligible et divine, dédaigneuse de tout le reste.

L'éducation première de Malebranche n'a pas peu contribué à le rendre tel que nous le connaissons. Il n'a pas quitté la maison paternelle : pour cet enfant maladif et d'une faible constitution, on redoutait la fatigue ; on voulait « le garantir contre l'agitation et le mouvement de ses égaux. » Il a donc grandi « travaillant sous un précepteur qui revenait l'enseigner après avoir conduit ses frères en classe [1], » et il a reçu d'une manière spéciale et continue les soins et la direction de sa mère. C'était une femme distinguée, « d'un esprit rare et d'une grande vertu, » parente de cette noble et pieuse madame Acarie, qui, avec le concours du cardinal de Bérulle, introduisit en France les carmélites. Il est facile d'imaginer l'influence qu'une telle mère dut avoir sur un enfant doué comme nous avons vu. Du reste, les témoignages sont positifs. « Elle s'était appliquée particulièrement à le former ; » elle lui inspira de grands sentiments de piété ; elle lui donna le goût du sérieux et du solide ; en même temps il reçut d'elle ce qui ne s'apprend pas par règles, mais se gagne par une heureuse contagion, cette distinction sans apprêt, cette exquise politesse d'esprit sans pédantisme, ce je ne sais quoi de noble, d'aisé, de délicat, qui fait l'*honnête homme*, comme on disait au xviie siècle ; et c'est à elle qu'il fut d'abord redevable, assure-t-on, de « ce langage brillant et naturel qu'on observe dans ses écrits [2]. » Ainsi, c'est

---

1. *Remarques* sur la vie de Malebranche, recueillies par le conseiller Chauvin.
2. Manuscrit de Troyes.

sans contact avec le dehors qu'il s'est instruit, en méditant, pourrait-on dire ; et dès le commencement la piété, puisée dans les leçons et les exemples de sa mère, entretenue et fortifiée par ses propres soins, a eu part à toutes ses pensées ou plutôt les a toutes dominées.

Quand ce jeune homme fit connaissance avec la philosophie officielle d'alors, la philosophie scolastique dégénérée, il éprouva une déception qui ne doit pas nous surprendre. Tout en lui se trouvait choqué. « Après quelques jours d'exercice, il s'aperçut qu'on l'avait trompé, ne trouvant dans la philosophie qu'on lui enseignait rien *de grand* ni presque rien de vrai, subtilités frivoles, équivoques perpétuelles, *nul goût, nul christianisme*[1]. »

La théologie ne le contenta guère davantage. Était-ce l'appareil syllogistique qui le rebutait, ou l'alliance avec le péripatétisme, ou bien encore la forme un peu disputeuse des discussions ? On peut croire que c'était tout cela ensemble. « La théologie de ce temps-là, lisons-nous dans le manuscrit de Troyes, n'était qu'un amas confus d'opinions humaines, de questions peu graves, et remplie de chicanes et de raisonnements inutiles pour prouver des mystères incompréhensibles. Tout cela sans ordre, sans principes, sans liaison des vérités entre

---

1. Manuscrit de Troyes. Voir aussi le conseiller Chauvin et les *Mémoires de P. Lelong*. Cousin, ouvrage déjà cité, p. 480 et 493.

elles. » Ce qui est certain, c'est qu'à cette « théologie scolastique » il s'appliqua sans ardeur « parce qu'il n'y trouvait pas de goût[1]. »

C'est avec la nature d'esprit que nous avons dite, après avoir reçu dans la famille une éducation qui y était conforme et fait dans les écoles des études qui y répugnaient, qu'à vingt-deux ans Malebranche entra dans la congrégation de l'Oratoire en 1660. L'amour de la retraite et le besoin d'une union plus intime avec Dieu le déterminaient à quitter le monde. La sainte liberté qui régnait à l'Oratoire, la ferveur qui en animait les membres, le goût des études sérieuses qu'on y professait, la nature même des pratiques qui y étaient en usage, propres à assurer la régularité sans causer de gêne et à entretenir l'esprit de pénitence sans compromettre une santé délicate [2], tels furent les motifs qui lui firent

---

[1]. Le conseiller Chauvin. Cousin, p. 480. — *Mémoires du P. Lelong.* Cousin, p. 493. Malebranche a mêlé la théologie à la philosophie dans son système ; mais il n'a jamais été un grand théologien, et s'il eût eu de la théologie une connaissance plus exacte et plus sûre, il se fût peut-être préservé de bien des erreurs, même en philosophie. On peut voir, notamment par le xve éclaircissement, qu'il se fût assez peu soucié d'être conforme ou contraire aux scolastiques si les opinions des vieux docteurs ne lui eussent été opposées au nom de la foi. Il ne parle guère d'eux que pour se disculper : il montre quelquefois que ses doctrines peuvent s'accorder avec leurs expressions, et plus souvent que le désaccord, très-réel et très-profond, n'a rien qui puisse inquiéter la foi. Seul, saint Thomas paraît avoir exercé sur sa philosophie quelque influence. Nous aurons l'occasion d'en montrer les traces. Lui-même cite dans la *préface* de l'édition de 1696 des *Entretiens métaphysiques* un passage de la *Somme* fort remarquable, par lequel il prétend autoriser sa théorie de la vision en Dieu.

[2]. Le P. Lamy, *Entretiens sur les sciences,* 5e entretien. Voir le

choisir, parmi tant d'ordres religieux, l'institut fondé par le cardinal de Bérulle. On a remarqué que le P. Bourgoing, général de la congrégation au moment où il y fut admis, avait pour la science des faits une répugnance telle, que, pour désigner un ignorant, il disait : c'est un historien. On a supposé que cette tournure d'esprit du général pouvait bien avoir eu quelque influence sur le jeune oratorien [1]. Si l'on réfléchit qu'entré à l'Oratoire en 1660, Malebranche n'arriva dans la maison de la rue Saint-Honoré qu'après un an de noviciat à Saint-Magloire, et que le P. Bourgoing, malade depuis plusieurs années, forcé par ses infirmités de déléguer la présidence de l'assemblée de 1661 au P. Sénault, meurt en octobre 1662, peut-être jugera-t-on qu'il faut réduire à peu de chose l'influence directe et personnelle du général sur le nouvel arrivé, confié d'ailleurs tout spécialement, au sortir de Saint-Magloire, aux soins d'un historien et d'un érudit, le P. Lecointe, qui devint son ami particulier. C'est d'une autre manière, bien plus élevée et bien plus profonde, que le P. Bourgoing a contribué à la direction d'esprit de Malebranche. Le P. Bourgoing maintenait à l'Oratoire la première institution dans toute sa vigueur : il tâchait d'en conserver fidèlement l'esprit et de l'inspirer à tous. Il donnait

---

passage cité par le P. Ad. Perraud, dans son livre l'*Oratoire de France*, etc. p. 151. — Lettre du P. Lelong à André Cousin, p. 512.

1. Cousin, p. 216 (note).

l'exemple : assidu « au divin exercice de l'oraison¹, » exact dans toutes ces pratiques si bien faites pour imprimer dans le cœur la connaissance et l'amour de Jésus-Christ, il se souvenait et rappelait sans cesse aux autres que le « devoir et l'esprit de l'institution, c'était un honneur et un amour spécial à Jésus-Christ en tant qu'il est prêtre éternellement et même l'auteur et l'instituteur de la prêtrise ². » Plein de vénération pour les œuvres du cardinal de Bérulle, qu'il avait recueillies et publiées, il en recommandait la lecture à tous ceux de la congrégation³. Or le cardinal de Bérulle est un des maîtres de la vie mystique. Certes, il ne supprime pas l'action, et lui-même a beaucoup agi. Mais, dans son propre cœur d'abord, puis dans les écrits de sainte Thérèse, et dans ses rapports avec les carmélites, en particulier dans ses entretiens avec madame Acarie, il avait puisé une connaissance profonde de la vie intérieure et appris les secrets de l'union de l'âme à Dieu. Dans ses ouvrages, tout tendait à établir, à resserrer, à fortifier cette union, et les règlements de l'Oratoire n'avaient pas d'autre objet⁴. Le P. de Bérulle, paraît-il, parlait admirablement de la dépendance des créatures à l'égard du Créateur.

1. Bossuet, *Oraison funèbre du P. Bourgoing.*
2. Œuvres du cardinal de Bérulle. *L'esprit de l'Oratoire de Jésus et les devoirs de ceux qui y sont appelés.*
3. Le P. Cloyseault, *Vies manuscrites des Pères de l'Oratoire.*
4. Voyez le P. Ad. Perraud, *l'Oratoire*, et Nourrisson, *Vie du Cardinal de Bérulle.*

Nous avons de lui un opuscule où cette dépendance est établie avec beaucoup de force : il y approfondit cette vérité bien connue, mais souvent oubliée, que Dieu est le principe et la fin de la créature. Ailleurs, toujours pénétré de la même pensée, il dit : « Dieu est esprit et esprit infini ; il précède tous esprits par son éternité ; il les surpasse tous par son infinité ; il les contient tous par son immensité ; il les doit tous régir par sa puissance. » Voilà l'union naturelle de l'esprit humain à l'esprit de Dieu. Par l'Incarnation, elle est rendue plus étroite et devient surnaturelle. Dieu, en nous donnant son Fils unique, s'est déclaré notre Père : « et saint Paul, dit M. de Bérulle, le nomme de ce beau nom de Père des esprits, et un apôtre, de Père des lumières, pour nous faire entendre qu'il n'est pas seulement principe pour donner être aux esprits, aux lumières vives et intelligentes, mais qu'il leur donne sa propre vie, ce qui est propre au Père[1]. » S'il en est ainsi, « il faut sans cesse diriger son âme tout entière vers Jésus, ce divin soleil immobile en sa grandeur et mouvant toutes choses[2]. » En particulier, dans l'étude des sciences même purement humaines, c'est à Dieu que nous devons nous tenir unis ; c'est Dieu que nous devons avoir en vue : Dieu, c'est le *Sei-*

---

1. OEuvres de piété, CLXXXII, *écrit sur le bon usage de l'esprit et de la science.*
2. Préface de la *Vie de Jésus* (OEuvres de Bérulle), p. 171.

gneur des sciences. « Ne passez pas légèrement cette parole dictée par le Saint-Esprit, dit encore Bérulle. C'est un titre d'honneur que Dieu se donne à soi-même et un droit qu'il veut prendre sur vos esprits. Ne violez pas ce droit, ne ravissez pas à Dieu cette sienne qualité, vous rendant propriétaires de votre propre esprit, de votre fonction et de votre science. » C'est dans ces dispositions que le fondateur de l'Oratoire veut qu'on étudie les sciences ; et, bien qu'assurément il ne les méprise pas puisque tout au contraire il recommande qu'on s'y applique, il ne veut pas qu'on se glorifie « en la connaissance de si petites choses et qu'on oublie les choses si grandes, les choses de Dieu et de l'éternité, dont la vue et l'espérance devrait nous ravir [1]. » « Que sommes-nous, dit-il éloquemment, que savons-nous ? Nous sommes un peu de poussière et nous savons quelque chose des langues et des sciences humaines, et cela encore combien obscurément ! combien faiblement ! Et quand tout cela serait en sa perfection, qu'est-ce au regard de la langue et de la science des anges... et au regard de celle de

---

[1]. Rapprocher de ce beau passage la fin de la *IXe Méditation chrétienne* de Malebranche : « Tout disparaît et change de face, lorsque je pense à l'éternité. Sciences abstraites, quelque éclatantes et sublimes que vous soyez, vous n'êtes que vanité, je vous abandonne. Je veux étudier la religion et la morale, je veux travailler à ma perfection et à mon bonheur et laisser là cette dure occupation que Dieu a donnée aux enfants des hommes, toutes ces vaines sciences dont il est écrit que ceux qui les accumulent, au lieu de se rendre sages et heureux, ne font qu'augmenter leurs travaux et leurs inquiétudes. »

Dieu ? Nous sommes appelés à choses plus grandes ; nous sommes appelés à connaître non ce monde, mais l'auteur du monde, et à vivre en lui et de lui une vie sans fin. Grande est notre dignité de vivre de la vie de Dieu et d'avoir pour notre félicité la félicité de Dieu même ! C'est notre vie et notre vie pour jamais : ne nous contentons de rien moins [1]. »

J'imagine que Malebranche, lisant ces choses, en était vivement frappé, et qu'il faisait de ces vérités le sujet le plus ordinaire de ses méditations. Aussi bien n'étaient-ce point là de belles pensées semées en passant dans un discours : non, c'était l'esprit même du cardinal de Bérulle et de l'Oratoire, et tout ce qui se faisait dans la congrégation n'était que l'application pratique et vivante de ces principes. Malebranche avait traversé la scolastique et la théologie : il y avait rencontré les questions métaphysiques qui devaient le passionner plus tard, mais sans y trouver d'attrait et sans reconnaître sa vocation. Les exercices de l'Oratoire devaient lui procurer une tout autre satisfaction : là il goûtait déjà les solides joies dont il a tant parlé dans ses livres ; ces prières, ces méditations, ces pieuses lectures qu'il faisait chaque jour, étaient le meilleur aliment de son esprit, et tandis que les choses qu'on lui appre-

---

1. Œuvres de piété, *écrit sur le bon usage de l'esprit et de la science.*

nait le dégoûtaient ou le touchaient fort médiocrement, les pratiques oratoriennes, en le formant à la vie intérieure, l'initiaient, sans qu'il s'en doutât, au noble et difficile métier de penser. Aussi voyez : il se laisse appliquer à l'étude de l'histoire par le P. Lecointe, à l'étude des langues par Richard Simon ; et, s'il sent très-bien que ce qu'il fait ne convient pas à son esprit, il ne sait pas encore ce qu'il doit faire. Enfin un jour il trouve chez un libraire le *Traité de l'homme* de Descartes, y jette les yeux, se sent ému et ravi, achète le livre, l'emporte, le lit jusqu'au bout avec des battements de cœur qui le forcent à interrompre de temps en temps sa lecture : dès ce moment il se connaît. Il est philosophe. Ceci se passait en 1664.

On ne peut douter de l'authenticité de ce fait. Le marquis d'Allemans, le conseiller Chauvin, le P. Lelong le racontent, comme une particularité qu'ils tiennent de la bouche même de leur ami [1]. C'est donc à bon escient que Fontenelle a placé cette anecdote dans son éloge de Malebranche. A vrai dire, ce qui étonne, ce n'est point cette subite conscience qu'une circonstance accidentelle donne à Malebranche de son génie philosophique. Il n'est pas très-rare que quelque rencontre imprévue

---

1. Cousin, ouvr. déjà cité, p. 473-474, 480, 493. — Fontenelle avait eu connaissance des *Mémoires du P. Lelong*. Voir ce qui est dit de l'*Éloge* de Fontenelle dans la lettre du P. Lelong à André, p. 510.

amène dans la vie intellectuelle ou morale de grandes décisions. La plupart du temps ces coups d'éclat sont préparés dans l'ombre par mille causes secrètes, et on ne remarque guère que l'occasion déterminante. C'est le fruit mûr et prêt à tomber, que le moindre souffle détache. Les raisons de s'étonner sont ailleurs, si je ne me trompe.

Et d'abord il paraît étrange que Malebranche, entré à l'Oratoire en 1660, ne connût pas encore Descartes en 1664. On le sait, le cardinal de Bérulle estimait Descartes, et approuvait son dessein et sa manière de philosopher : il lui avait même fait une obligation de conscience de publier ses idées [1]. On le sait encore, la congrégation, fondée par le cardinal, se montra, elle aussi, et dès le début, favorable à la philosophie cartésienne. Comment donc se fait-il que, du moins dans ces moments de récréation, employés, d'après les règlements, à la *conversation*, les Pères du séminaire de Saint-Magloire ne parlassent jamais d'une philosophie qui comptait dans l'Oratoire tant d'adeptes, s'enseignait dans les collèges de la congrégation, et commençait à être persécutée dans un pays où les oratoriens avaient un établissement [2] ?

---

1. Baillet l'affirme dans la *Vie de Descartes*.
2. Dans la lettre collective adressée en latin par tous les régents de l'oratoire d'Angers au P. Sénault, en 1670, nous lisons : « Plus quam ducenti numero sumus quos pestis illa (cartesiana) infecit. » On peut voir les détails de cette affaire dans *L'Orat. et le Cartés. en*

Mais, dans ce même séminaire de Saint-Magloire, un oratorien d'un très-grand mérite, théologien consommé et philosophe, le P. Thomassin, composait, à la demande du P. Bourgoing, un grand ouvrage où il se proposait de montrer l'accord des *patriciens* de la pensée, c'est-à-dire des philosophes de premier ordre, avec les Pères de la religion, et il tâchait d'entrer par la méditation dans la connaissance intime des dogmes théologiques dont il racontait l'histoire [1]. Le P. Thomassin professait la théologie à Saint-Magloire depuis 1654, il y était encore au moment de l'admission de Malebranche, puisqu'il y demeura quatorze ans : Malebranche a dû l'avoir pour maître. C'est un platonicien, et un platonicien qui n'ignore pas Descartes, que ce savant et pieux apologiste du christianisme [2]. La

Anjou, par M. Dumont. — Dès 1662, le cartésianisme enseigné par les Oratoriens de Louvain, avait attiré à ces Pères le blâme d'un cardinal (10 mai), puis la censure du nonce apostolique en Belgique (1er juillet), et enfin un décret de la faculté de théologie de l'université de Louvain condamnant la philosophie de Descartes (29 août). Cousin, ouvr. déjà cité, t. I, p. 298.

1. Les *Dogmes théologiques* ne parurent qu'en 1680-84 et en 1689. Mais la préface nous apprend que l'ouvrage a été entrepris sur les instances du P. Bourgoing, lequel, on s'en souvient, est mort en 1662. — On peut consulter, sur Thomassin, la *thèse* du P. Lescœur, de l'Oratoire (Paris, 1852), et la *Connaissance de Dieu* du P. Gratry, t. II. Entre Thomassin et Plotin il y a de bien curieux rapprochements à faire : le pieux oratorien s'assimile les théories et les expressions les plus hardies du philosophe grec, et il les *christianise* du moins par l'intention. Les textes les plus remarquables sont cités par M. Bouillet, dans sa traduction des *Ennéades* de Plotin.

2. Déjà, en 1655, le P. Fournenc avait publié un cours complet de philosophie, *universæ philosophiæ syropsis accuratissima*, dans

doctrine des *Idées* est exposée par lui, d'après Platon, Plotin, saint Augustin, et en même temps l'influence cartésienne est visible. L'esprit qui anime son grand ouvrage et les vues qu'on y remarque devaient apparaître dans ses leçons. Comment cette théologie qui, en proclamant l'accord de la raison et de la foi, répondait si bien aux aspirations de Malebranche, ne le frappa-t-elle pas? Comment, au contact de ce souffle platonicien venant jusqu'à lui, ne fut-il pas ému? Comment surtout put-il entendre expliquer saint Augustin et sans doute le lire lui-même, sans reconnaître sa voie? D'ailleurs Thomassin n'était pas le seul à l'Oratoire qui admirât et étudiât saint Augustin. De tous les Pères de l'Église, c'était le plus goûté dans la congrégation. Le cardinal de Bérulle se nourrissait de sa doctrine et de ses œuvres. Et ce n'est pas seulement la théologie que les oratoriens cherchaient dans les écrits du grand docteur : le P. Sénault, quatrième général de l'ordre, élu en 1662, le P. Gibieuf, qui fut en relation avec Descartes, le P. Labarde, et surtout le P. André Martin, se mettaient à l'école de saint Augustin pour y apprendre la philosophie; et, tandis qu'Aristote et saint Thomas faisaient le fond de l'enseignement scolastique, cette *philosophie chrétienne*, recueillie dans les écrits de saint Augustin,

lequel il se proposait d'unir avec l'esprit de Platon et les doctrines des Pères de l'Église la vraie philosophie d'Aristote.

devenait, à l'université d'Angers, la matière des leçons du professeur oratorien, André Martin, qui la publiait ensuite sous un pseudonyme dans un livre remarquable dont voici le titre : *Philosophia christiana, seu sanctus Augustinus de philosophia universim, Ambrosio Victore, theologo collectore.* Cet ouvrage parut pour la première fois en trois volumes, en 1656 ; la seconde édition en cinq volumes est de 1667 (Angers) ; la troisième en six volumes, de 1671 (Paris). L'auteur nous apprend dans sa préface que s'il livre à l'impression ses traités sur la philosophie en général, sur l'existence et la vérité de Dieu, sur Dieu, sur l'âme, et sur la philosophie morale, bien que la suite de la collection ne soit pas achevée, c'est à cause des instances très-vives de personnes qui, ayant connaissance des traités déjà faits, le pressent de les publier [1]. On s'entretenait donc de ce grand travail avant même qu'il eût paru ; on en connaissait des parties qui se répandaient manuscrites parmi les personnes d'étude, comme cela se faisait souvent au XVIIe siècle. Une

1. « Quia non ita cito typis commendari possunt omnia, et a me *plerique* votis suis quasi *extorquent* quos de philosophia universim, de existentia et veritate Dei, de Deo, de anima, et de morali philosophia paratos jam tractatus *norunt*, antequam universum opus absolvi possit, quinque ista christianæ meæ philosophiæ volumina ut præmitterem variis ex causis tandem adductus sum, et eo quidem facilius ac libentius, quo philosophiæ veluti summam continent. » M. l'abbé Jules Fabre a réédité les cinq premiers traités sous ce titre : Sancti Aurelii Augustini philosophia, Andrea Martin collectore, 1 vol. in-8. Paris, chez Durand, 1863.

fois publié, on dut le lire et en parler beaucoup. Sans doute les Pères de l'Oratoire de Paris n'étaient pas les derniers à s'occuper d'un ouvrage qui faisait tant d'honneur à la congrégation.

Ainsi, dans l'Oratoire, Platon et Plotin, saint Augustin et Descartes étaient connus, aimés, étudiés au moment où Malebranche y entra : des hommes distingués qu'il a connus, avec qui il a causé, dont il a pu lire les écrits, avaient l'idée d'une philosophie nouvelle où ces divers éléments devaient se fondre; plusieurs avaient déjà mis la main à l'œuvre. Et cependant le P. Lelong nous affirme qu'avant 1664 Malebranche ne connaissait Descartes que par les objections de son maître de la Marche. Et nulle part, ni dans les écrits de notre philosophe, ni dans les lettres ou les Mémoires de ses amis, nous ne trouvons la moindre trace de relations entre lui et Thomassin, et il paraît n'avoir jamais lu Platon, dont il ne cite rien, ni étudié ses théories, dont il parle fort rarement et d'une manière très-générale [1], ni remarqué Plotin, qu'il ne nomme jamais ; et, enfin, il semble avoir ignoré avant 1664

---

[1]. Voici ce que Malebranche dit de Platon dans la préface des *Entretiens sur la métaphysique*, édit. de 1696 : « Ces idées sont en Dieu, et si Platon n'avait point cru que les idées étaient séparées de l'essence divine, *comme on l'en accuse,* saint Augustin, en cela, serait platonicien. » Et plus loin : « Les anciens Pères avaient appris ce sentiment, ou, comme saint Augustin l'avoue de lui-même, dans les livres des platoniciens estimés alors, ou dans ceux de Philon ou des autres Juifs; et ils s'en étaient convaincus par le huitième chapitre des *Proverbes de Salomon*, et surtout par l'Évangile de saint Jean. »

les tentatives philosophiques d'*Ambrosius Victor*, qu'il citera plus tard dans ses ouvrages, et ne pas se douter encore qu'il y ait un philosophe et une philosophie dans saint Augustin, qu'il reconnaîtra plus tard pour son maître. Comment concilier ces apparentes contradictions ?

D'abord je remarquerai que de 1660 à 1664 Malebranche fit son année de noviciat, et ensuite se prépara à recevoir la prêtrise. Les exercices auxquels la règle assujettissait les novices étaient nombreux. Outre l'oraison du matin, ils avaient le soir une autre demi-heure d'oraison. Deux fois par jour, ils devaient se livrer à des exercices corporels, au travail des mains, pendant une demi-heure chaque fois, « non pas tant, dit la règle, pour la santé, quoique cela soit utile, que pour se rendre conformes au Fils de Dieu, qui a quelquefois travaillé et fait exercice. » La lecture méditée de l'Écriture sainte et du Catéchisme du concile de Trente, l'étude de la discipline de l'Église, la préparation aux divers emplois ecclésiastiques, enfin des exercices propres à former le novice aux cérémonies saintes et au chant, occupaient une bonne partie de la journée [1]. Voilà pour l'année de noviciat. Après cela, la préparation prochaine au sacerdoce était la grande affaire, et Jésus-Christ la grande étude.

---

1. Le P. Lamy, V*ᵉ entretien sur les sciences*. — Voyez le P. Perraud, *l'Oratoire*, p. 115, 116, 127, 151, 152.

Un oratorien n'est pas, à proprement parler, un religieux, c'est un prêtre, et il doit pratiquer dans toute leur perfection les vertus sacerdotales. Pour cela, il s'efforce d'entrer dans l'esprit de Jésus-Christ, il considère sans cesse Jésus-Christ comme le divin modèle sur lequel il doit se former, il travaille à ne plus faire qu'un avec Jésus-Christ, Jésus-Christ qu'il doit « produire, communiquer aux peuples et faire vivre dans les âmes [1]. » Pénétré de l'excellence du sacerdoce, l'oratorien, au sortir du noviciat, n'avait plus d'autre soin que de se préparer avec toute la perfection possible au saint ministère. Sans doute, chacun était libre, à l'Oratoire, de suivre ses attraits particuliers ; et c'était une coutume de décharger de toute autre affaire ceux en qui on remarquait un génie pénétrant ou une aptitude singulière pour les sciences. Mais avant l'ordination, la science commune tenait assurément la plus grande place, et cette science commune consistait à entrer de plus en plus dans l'esprit de l'institut, c'est-à-dire dans l'esprit du sacerdoce.

Voilà sans doute pourquoi à Saint-Magloire et rue Saint-Honoré on ne parla point de Descartes à Malebranche. Sa curiosité n'étant guère éveillée sur des choses dont les leçons de Rouillard l'avaient

---

[1]. Le P. de Condren, deuxième général de l'Oratoire, *Lettres*.

dégoûté, ses maîtres dans l'art divin du sacerdoce avaient mieux à faire que de l'entretenir des nouveautés cartésiennes. Pour Thomassin, j'inclinerais à croire que son érudition, si riche et presque surabondante, empêcha Malebranche de prendre goût à ses leçons. Chose singulière! il vint un jour où l'auteur des *Dogmes théologiques*, esprit ouvert et conciliant, profita des spéculations et s'inspira des doctrines de l'auteur de la *Recherche de la vérité* et des *Conversations chrétiennes*, devenu à son tour un des *patriciens* de la pensée. Mais Malebranche, lui, n'avait certes pas apprécié à Saint-Magloire les remarquables qualités du maître dont il suivait alors les cours. Là où il y avait un penseur, il ne voyait guère qu'un théologien érudit, et il confondait, peut-être, avec les patientes compilations qu'il détestait tant, ces comparaisons lumineuses, sans cesse renouvelées par Thomassin, entre les dogmes chrétiens et les plus belles pensées des philosophes. Le majestueux enchaînement de la tradition théologique et philosophique le touchait médiocrement. C'était encore de l'histoire. Et de toutes les histoires, la plus inutile, à son avis, c'était celle des opinions d'autrui. Il ne comprenait pas que l'on s'appliquât à rechercher ce que les autres ont pensé. Aussi Platon et Plotin purent-ils lui apparaître dans les belles citations et les commentaires savants de Thomassin, sans exciter sa curiosité. Étudier ces païens, qui ont écrit dans une langue difficile à entendre, c'eût été faire œuvre d'érudit et perdre son temps. Il s'en garda bien ; et, sans se douter de la parenté intellectuelle qu'il avait lui-même avec eux, il les dédaigna.

Mais d'où vient que saint Augustin même n'éveilla point son génie philosophique ? Je crois en trouver la raison dans la manière dont tout d'abord il entra en commerce avec le grand docteur. Il chercha dans ses écrits la connaissance du dogme et un aliment à la piété. La forme même des ouvrages de saint Augustin contribua à lui cacher le philosophe pour ne lui laisser voir que le théologien ou le mystique. Ne connaissant de la philosophie que le péripatétisme scolastique roide et pédantesque, et ayant, d'un autre côté, des exigences scientifiques très-impérieuses quoique non encore définies, Malebranche ne pouvait pas soupçonner qu'il y eût toute une philosophie dans les ouvrages d'Augustin, et cela parce qu'il n'y voyait pas l'enveloppe scolastique et n'y trouvait pas encore la sévérité de la science. Je crois donc qu'il le connut d'abord à travers ses cahiers de théologie, et le feuilleta pour le consulter comme une autorité en matière de foi ; puis, que peu à peu il se mit à le lire, et que, s'il fut parfois choqué de la subtilité de la pensée et du mauvais goût de l'expression, il fut ravi de trouver là, exposée sans appareil logique, la doctrine chrétienne, et de la voir méditée avec tant de hardiesse et d'amour. Il commença donc à aimer ces livres qui le faisaient penser et nourrissaient sa piété. Et sans doute les pages où il revenait le plus volontiers étaient déjà celles où Augustin consulte le Maître intérieur avec une attention si respectueuse et si tendre, célèbre avec tant d'éloquence et de poésie la chaste beauté de la vérité, demande par de si vives supplications à être éclairé de sa lumière et pénétré de son amour. Mais trouver un pieux plaisir dans la lecture de ce Père, ce n'était pas encore songer à l'étudier comme philosophe. Cette pensée, Malebranche ne l'a eue qu'après avoir fait connaissance avec la philosophie de Descartes et sans doute aussi avec la *Philosophia christiana* d'Ambrosius Victor. Or, avant 1664, les essais d'Ambrosius Victor lui étaient inconnus, selon toute apparence, et par les mêmes raisons qui expliquent comment il ne connaissait point Descartes.

Dans la préface des *Entretiens sur la métaphysique*, édition de 1696, il reconnaît et proteste, ce sont ses propres expressions, que c'est à saint Augustin qu'il doit le sentiment qu'il a avancé sur la nature des idées. Mais, ajoute-t-il, « j'avais appris *d'ailleurs* que les qualités sensibles n'étaient que dans l'âme, et que l'on ne voyait point les objets en eux-mêmes, ni par des images qui leur ressemblent. J'en étais demeuré là, jusqu'à ce que je tombai heureusement sur certains endroits de saint Augustin, qui servirent à m'ouvrir l'esprit sur les idées. En comparant ce qu'il nous enseigne sur cela avec *ce que je savais d'ailleurs*, je demeurai convaincu que c'est en Dieu que nous voyons toutes choses. » Qu'est-ce que Malebranche veut dire par ces mots : *j'avais appris d'ailleurs, je savais d'ailleurs*? C'est la philosophie de Descartes qu'il désigne, ne voulant point la nommer, parce que son but dans cette préface est de justifier la vision en Dieu par des autorités théologiques, mais l'indiquant en termes assez clairs pour qu'on la reconnaisse ; et dès lors ne nous avoue-t-il pas qu'il n'a compris les théories philosophiques de saint Augustin qu'après avoir étudié la doctrine cartésienne?

Ainsi, c'est une chose certaine, la lecture du *Traité de l'homme* a donné à Malebranche la conscience de son génie. Mais est-ce Descartes qui l'a initié aux spéculations métaphysiques? Est-ce dans Descartes qu'il faut chercher la première origine de sa philosophie? Non, certes. N'avons-nous pas montré, au contraire, qu'il était né métaphysicien, et que tout, dans sa première éducation et à l'Oratoire, avait contribué à fortifier ces dispositions naturelles?

Le jour où, dans une profonde et ardente prière, sentant Dieu présent et agissant au plus intime de son être, il a réfléchi sur cette présence et cette action de Dieu dans la créature, ce jour-là, sans le savoir, il a commencé à être philosophe : la pensée qui toute sa vie l'a occupé s'était présentée à son esprit. Je ne sais pas la date de ce jour : mais, très-jeune encore, j'en suis bien sûr, Malebranche s'est complu dans ces méditations ; et, soit qu'il contemplât les attributs divins pour les adorer, soit qu'il s'examinât lui-même pour voir en quoi, par ses négligences ou ses défaillances, il faisait obstacle à l'action de la grâce, soit qu'il considérât l'incarnation de Jésus-Christ et cette union si extraordinaire du Créateur avec la créature et ce secours divin donné à l'homme pour se relever vers Dieu et ressaisir en Dieu la vie véritable, ce qu'il méditait toujours, c'est l'action toute-puissante et toute sage de Dieu dans le monde ; ce qu'il aimait à considérer, ce qui le confondait et le ravissait en même temps, c'est cette efficace divine, qui agit en nous plus que nous-mêmes, qui éclaire et qui touche, qui console et qui fortifie, qui peut même ébranler, sans la détruire, la volonté libre, pénétrant ainsi, avec respect et délicatesse, mais avec force, dans ce secret endroit d'où partent les résolutions, dans ce sanctuaire intime fermé à toute autre puissance. C'est là qu'il faut chercher l'origine première de la philosophie de Malebranche : c'est des profondeurs mêmes de son âme chrétienne que cette philosophie est sortie, et c'est dans les actes les plus ordinaires de la piété pratique que les grandes vérités, dont l'étude a été la passion de sa vie, lui ont apparu d'abord exerçant sur lui un attrait irrésistible et l'enivrant pour toujours de leurs charmes immortels.

Quand il apprit, à l'Oratoire, qu'il faut, selon les fortes expressions du P. de Condren, se remplir de Jésus-Christ, « pour lui faire place en tout, et le laisser être en nous ce que nous voudrions y être nous-mêmes [1]; » quand il fut initié à la théologie mystique, quand il lut saint Augustin, tous ces exercices, toutes ces études, toutes ces lectures qui avaient pour but de le former à une piété plus haute, le préparèrent à son insu et l'acheminèrent à la philosophie. Ne songeant pas à édifier une métaphysique, il en portait déjà les éléments dans sa pensée; ne se croyant pas philosophe, et s'appliquant encore, mais sans goût, à des études de linguistique et d'histoire, il avait, si je l'ose dire, une philosophie. C'est alors qu'il lut Descartes. Ce qu'il y remarqua, nous dit le P. Lelong, ce furent « la *mécanique* et la *méthode de raisonner.* » Dans ce *Traité de l'homme*, il rencontrait un philosophe pur et un savant : rien pour le sentiment, rien pour l'imagination ; une raison calme et froide, jugeant des choses après un examen sévère, et enchaînant les idées les unes aux autres dans un ordre lumineux ; la science enfin, dégagée de toute subtilité d'école, éloignée de toute pédanterie, mais rigou-

1. Le P. de Condren, *Lettres.*

reuse, débarrassée des entraves syllogistiques, mais très-méthodique dans sa marche. Cette austère image de la science lui plut : en contemplant Descartes, il se reconnut philosophe. Et puis cette explication toute mécanique des choses convenait à son esprit. Peut-être trouvait-il dans ce livre la solution d'une question qui l'avait inquiété. Tout rempli de la présence et de la toute-puissance de Dieu, il ne savait que faire sans doute de ces puissances occultes et de ces prétendues forces que le péripatétisme scolastique supposait partout : Descartes dissipait ces fantômes.

Dès ce moment, Malebranche se mit sous la discipline du nouveau maître qu'il venait de rencontrer; et, apprenant dans Descartes la méthode de raisonner et les principes de la philosophie fondée sur les idées claires et la mécanique [1], dans saint Augustin la *méthode morale* [2] et les principes de la philosophie religieuse, il se proposa de porter l'exactitude et la rigueur de la science dans la métaphysique, et en même temps « de rendre les choses les plus abstraites, non-seulement sensibles, mais touchantes et agréables, et d'en montrer l'influence dans la morale [3]. »

---

1. *Mémoires du P. Lelong.* Cousin, ouvr. cité plus haut, t. II, p. 493.
2. C'est le titre d'une thèse remarquable soutenue devant la Faculté des lettres de Nancy, par M. Charles Charaux (Ladrange, 1866).
3. Nous avons déjà cité, p. 28, ces paroles, tirées de la 6ᵉ lettre de Leibnitz à Malebranche.

Pendant dix ans, de 1664 à 1674, Malebranche, résolu à philosopher, travaille dans la retraite. Il ne publie rien, il ne fait point parler de lui. Mais nous pouvons sans peine deviner ce qui l'occupe, alors même que ses amis ne nous donnent aucun renseignement précis.

D'abord, il lit Descartes et saint Augustin, ou plutôt il médite dans la compagnie de ces deux grands maîtres. Il parle, en l'un de ses ouvrages, de ceux qui n'ont la philosophie nouvelle que dans la mémoire et dans l'imagination, et il leur oppose ceux qui l'ont vraiment dans l'esprit [1]. C'est bien de ceux-ci qu'il est, et ce qu'il dit de la philosophie de Descartes, il pourrait le dire de la philosophie de saint Augustin, tant il les a étudiées l'une et l'autre. C'est à cette époque de travail solitaire que je place la lecture d'Ambrosius Victor : elle a pu précéder l'apparition de la seconde édition, en 1667 ; elle ne peut pas vraisemblablement être reculée au delà de cette date [2]. Or, la lecture de la *Philosophia christiana* a de l'importance. Si l'on examine avec quelque soin cet ouvrage, on se convainc bien vite qu'il a dû être pour Malebranche d'un grand secours. Là, c'est saint Augustin lui-même qui parle, mais

---

1. *Convers. chrét.*, VII.
2. André demande à l'abbé de Marbeuf (lettre du 6 juin 1716) quand Malebranche commença à lire saint Augustin ou Ambrosius Victor. (Cousin, ouvrage déjà cité, t. II, p. 217.) La question reste sans réponse.

saint Augustin philosophe : les textes disséminés dans un si grand nombre d'écrits sont ramassés et disposés dans l'ordre le plus naturel ; des sommaires courts et précis placés en tête de chaque chapitre résument la matière qui y est traitée[1] : la théorie des idées en particulier est exposée tout au long dans le livre *de veritate Dei* et le livre *de Deo*. Assurément Malebranche a cherché le développement de la pensée d'Augustin dans ses ouvrages mêmes auxquels André Martin renvoie si exactement ; mais quel avantage n'était-ce point que d'avoir sous la main toute cette philosophie ! Et qui sait même si certains textes décisifs ne se sont pas montrés pour la première fois à notre philosophe dans ce livre ? N'est-ce point là qu'il serait *tombé heureusement*, comme il dit lui-même[2], sur certains endroits de saint Augustin qui ont servi à lui ouvrir l'esprit sur les idées ? Quoi qu'il en soit, c'est avec éloge qu'il cite dans la *Recherche de la vérité* la *Philosophia*

---

[1]. Il n'est peut-être pas inutile de remarquer qu'il y a dans quelques-uns de ces sommaires des traces de jansénisme qui ont pu avoir quelque influence sur Malebranche. Ainsi, au liv. II, p. 27, nous lisons : « Nullam veritatem immutabilem *solis naturæ viribus* posse intelligi. » M. Fabre, voulant conserver la vraie pensée de saint Augustin, corrige ainsi la proposition : « Nullam veritatem immutabilem posse intelligi nisi Deo adjuvante atque donante. » Ce qui écarte la nécessité d'un secours *surnaturel*. De même, au ch. 32 du même livre, André Martin dit : « Auxilium illud divinum ac *supernaturale*, quo nostra mens ad immutabilem aliquam veritatem intelligendam indiget, esse lucem veritatis ipsius increatam. » M. Fabre met *naturale*.

[2]. Nous avons cité plus haut le passage tout entier tiré de la préface de l'édit. de 1696 des *Entret. métaph.*

christiana; et par la manière dont il en parle, dans *le quinzième éclaircissement,* on voit qu'il l'a étudiée avec attention et profit [1].

Maintenant, veut-on se faire une idée de l'ordre que garda Malebranche dans ses libres études, qu'on lise le sixième chapitre de la IIe partie du livre de la *Méthode*, dans la *Recherche de la vérité.* Les renseignements que nous fournit le P. Lelong [2] sont d'accord avec le plan qui y est tracé, et l'on voit bien que c'est celui que Malebranche a suivi lui-même. Après avoir acquis quelque connaissance de soi-même et de l'Être souverain, il faut étudier l'algèbre, l'arithmétique et la géométrie ; mais il serait dangereux de s'y arrêter trop longtemps. Quand on a acquis par l'usage de ces sciences une certaine étendue d'esprit, une justesse et une pénétration que d'autres études ne donneraient pas, on doit, pour ainsi dire, les *mépriser* ou les *négliger*, pour étudier la physique et la morale. La physique,

---

[1]. Je suis fort porté à croire qu'en lisant Descartes et saint Augustin, Malebranche revit certains passages des Pères de l'Église et de saint Thomas d'Aquin, dont il n'avait pas compris toute la portée lorsqu'il faisait sa théologie, et qui maintenant lui revenaient à l'esprit. C'est ainsi que je m'explique les citations que l'on rencontre dans la *Recherche de la vérité*, et l'influence que saint Thomas paraît avoir exercée sur lui. Plus tard, il lui arriva encore d'avoir recours aux Pères et aux Docteurs, quand il eut à se défendre contre les attaques de ses critiques. Dans ses œuvres de polémique, on rencontre plusieurs citations. Je rappelle de nouveau que la préface de l'édition des *Entretiens métaphysiques* de 1696 contient un texte remarquable de saint Thomas que Malebranche y cite tout au long pour justifier la *vision en Dieu.*

[2]. *Mémoires* du P. Lelong.

considérée comme une véritable science, consiste à raisonner, non sur nos sentiments, mais sur nos idées ; elle est très-difficile, mais très-utile et très-intéressante. N'y chercher que la satisfaction de sa curiosité serait n'en pas comprendre la vraie importance. Il faut l'étudier en vue de la métaphysique, et par conséquent, considérer surtout ce peu de vérités pleinement démontrées que nous avons touchant les choses de la matière, et ne pas pousser trop loin de curieuses et inutiles recherches. Ainsi préparé, on doit s'appliquer de toutes ses forces à la morale, qui est la plus nécessaire de toutes les connaissances. C'est ici principalement qu'il est dangereux de suivre les opinions vaines des hommes. Il faut se consulter soi-même pour reconnaître la faiblesse de sa nature, consulter le Maître qui nous enseigne intérieurement les vrais principes, et en même temps étudier l'Évangile où la sagesse éternelle, se présentant à nous sans toutefois sortir de nous, nous apprend par des paroles sensibles et des exemples convaincants le chemin de la vraie félicité. L'Évangile nous fait connaître avec certitude les lois sur lesquelles nous devons régler nos mœurs. « Pour ceux qui ne se contentent point de la certitude, à cause qu'elle ne fait que convaincre l'esprit sans l'éclairer, ils doivent méditer avec soin sur ces lois et les déduire de leurs principes naturels, afin de connaître par la raison, et avec évidence, ce qu'ils savaient déjà par la foi avec une entière certitude[1]. »

Au milieu de ces études sérieuses fit-il une place pour la lecture des ouvrages philosophiques qui parurent alors ? Étudia-t-il certains livres cartésiens où l'on retrouve bien des pensées analogues aux siennes ? La question n'est pas sans intérêt. En Allemagne, par exemple, on confond volontiers Malebranche parmi les disciples secondaires de Descartes, tels que Clauberg et Geulincx, ou même on fait moins d'état de lui que de ces philosophes, comme s'il avait développé avec une moins puissante originalité les doctrines du maître, comme si même il leur devait à eux aussi quelque chose.

Notons tout d'abord que Malebranche aimait peu à lire. Il consultait les livres de sciences pour profiter des solides travaux accomplis avant lui ou de son temps[2]. Les autres livres lui semblaient, pour

---

[1]. *Rech. de la vér.*, l. VI, part. II, ch. vi. — Voy. aussi *Rech. de la vér.*, liv. I, ch. vii, et *Entret. mét.*, x et xi. — Dans le XIᵉ entretien Malebranche expose plusieurs expériences qu'il a faites lui-même. Voir § 8 et 9. — Le P. Daniel écrit au P. Poisson, le 10 avril 1670 : « Le R. P. de Malebranche m'a fait l'honneur de m'écrire qu'il a présentement un fourneau où il met couver des œufs, et qu'il en a déjà ouvert dans lesquels il a vu le cœur formé et battant, avec quelques artères. » Manuscrit du P. Adry, iiᵉ partie.

[2]. Malebranche cite Malpighi, Swammerdam, le journal des Savants. *Rech.* i et *Entret. mét.*, xi. — Plus tard, il parlera de Newton. *Corresp. inéd.*, publiée par M. Blampignon, p. 25. — Il faut citer son jugement : « Quoique M. Newton ne soit point physicien, son livre (l'*Optique*, qui parut en 1704) est très-curieux et très-utile à ceux qui ont de bons principes de physique. Il est d'ailleurs excellent géomètre. Tout ce que je pense des propriétés de la lumière s'ajuste à toutes ses expériences. »

la plupart, au moins inutiles. Qu'y aurait-il cherché ? les opinions d'autrui ? Elles n'excitaient point sa curiosité. Une instruction sérieuse ? Il comptait bien plus sur la méditation, que toutes ces voix du dehors ne font que troubler. Mairan lui demandant ce qu'il pense de l'*Éthique* de Spinoza : « Je n'ai point le livre dont vous me parlez, répond-il. J'en ai lu autrefois une partie ; mais j'en fus bientôt dégoûté... Je n'ai point lu les réfutations qu'on a faites de ses erreurs : car *je n'en ai point besoin.* » Et à un ami il écrit : « Il y a peu ou point de livres qui me plaisent. Si l'on faisait tous les ans un petit volume in-12 qui me contentoit, je serais satisfait des savants. Quand je n'avais que vingt-cinq ans, j'entendais ce que je lisais dans les livres ; mais à présent je n'y entends plus rien dans la plupart[1]. » A

---

1. *Corresp. inéd.* publiée par M. Blampignon, p. 4. Cette lettre de Malebranche me rappelle un charmant passage d'un écrit peu connu de Leibnitz, *Préceptes pour avancer les sciences*, édit. Erdmann, LIII, p. 165.

« Je ne désapprouve pas entièrement ces petits livres à la mode, qui sont comme les fleurs d'un printemps, ou comme les fruits d'un automne, qui ont de la peine à passer l'année. S'ils sont bien faits, ils font l'effet d'une conversation utile, ils ne plaisent pas seulement et empêchent les oisifs de mal faire, mais encore ils servent à former l'esprit et le langage ; souvent leur but est de persuader quelque chose de bon aux hommes de ce temps, qui est aussi la fin que je me propose en publiant ce petit ouvrage. Cependant, il me semble qu'il vaut mieux, pour le public, de bâtir une maison, de défricher un champ, et au moins de planter quelque arbre fruitier ou d'usage, que de cueillir quelques fleurs ou quelques fruits. Ces divertissements sont louables bien loin d'être défendus, mais il ne faut pas négliger ce qui est plus important. On est responsable de son talent à Dieu et à la République ; il y a tant d'habiles gens, dont on pourrait attendre beaucoup, s'ils voulaient joindre le sérieux à l'agréable. Il ne s'agit

vingt-cinq ans même il lisait peu, et sans grand plaisir, et, je crois aussi, sans grand profit. S'il est vrai que dans son premier ouvrage on trouve un certain nombre de citations, souvenirs encore récents de ses études littéraires et théologiques, on remarquera qu'il ne cite guère les philosophes et qu'il traite avec un suprême dédain les érudits et les commentateurs. Celui qui écrivait ces choses était-il homme à rechercher curieusement les livres des cartésiens? Et dans quel intérêt, je vous prie? Méditer avec Descartes, comme avec saint Augustin, voilà qui est bien, car c'est utile. Mais étudier ce que d'autres ont dit de Descartes, ou d'après Descartes, à quoi bon? Je pense donc que si Malebranche rencontrait, sans les chercher, quelques livres philosophiques de bonne apparence, il se hasardait à y jeter les yeux, et si la chose lui plaisait, il s'y arrêtait un peu, et s'il y trouvait quelque chose de bon, quelque excitation à penser, quelque stimulant pour la piété, il en profitait. Mais voilà tout.

C'est ainsi qu'il a certainement lu la *Logique* de Port-Royal, publiée en 1662 et arrivée en 1673 à sa quatrième édition. Il y fait allusion quelque part, et dans la *Recherche de la vérité* on en trouverait sans peine des ressouvenirs. Mais il en garda, paraît-il, une impression peu profonde, puisque, con-

---

pas toujours de faire de grands ouvrages : si chacun ne donnait qu'une grande découverte, nous y gagnerions beaucoup en peu de temps. »

sulté par André sur les meilleurs ouvrages à suivre dans un cours de philosophie, il ne songe pas à nommer l'*Art de penser;* « il n'a rien à dire sur la logique ; il n'en connaît de bonne que la naturelle, jointe aux règles qu'il a données dans le livre de la *Recherche de la vérité;* il ne sait pas trop quels sont les livres qui seraient utiles [1]. »

Très-certainement aussi il a lu les *Pensées* de Pascal, publiées par MM. de Port-Royal en 1670. Qui ne serait tenté de croire qu'il en demeura frappé ? Ce souci vif des choses de l'âme, cette préoccupation religieuse partout dominante, ce mépris des prétendues grandeurs d'ici-bas et de la science elle-même, si on la sépare de la foi et de la piété, cette humiliation de tout l'homme devant Dieu, et aussi ce dédain pour l'opinion commune et cette intrépidité de la pensée en présence des difficultés, tout cela n'était-il pas fait pour lui plaire ? Et néanmoins que voyons-nous ? des analogies remarquables avec quelques-unes des *Pensées* de Pascal, notamment dans le premier livre de la *Recherche*, analogies qui font croire à des réminiscences, mais s'expliqueraient encore sans cela [2]. Il n'y

---

[1]. Lettre à André, 24 août 1709.
[2]. Au livre IV, ch. vi, § 2, je remarque encore le passage suivant : « Si un homme grossier et stupide est infiniment au-dessus de la matière, parce qu'il sait qu'il est, et que la matière ne le sait pas, ceux qui connaissent l'homme sont beaucoup au-dessus des personnes grossières et stupides, parce qu'ils savent ce qu'ils sont, et que les autres ne le savent point. »

a rien de plus. D'une profonde influence exercée par le livre des *Pensées* sur notre philosophe, aucune trace ne reste. Trop de choses le choquaient dans ce livre : les attaques contre la raison, les critiques adressées à Descartes, la condamnation de toute philosophie, et presque partout je ne sais quoi de violent, qui agite et qui trouble. Pascal n'était point de ceux avec qui Malebranche pouvait méditer [1].

Je ne serais pas étonné qu'il eût lu le *Traité de l'âme humaine* de Louis de la Forge, fait d'après les principes de Descartes, le titre l'indique, publié à Paris en 1666, écrit par un catholique pieux, médecin et physiologiste, qui avait connu personnellement Descartes et travaillé avec Clerselier à la publication du *Traité de l'homme*, qui enfin expose avec complaisance dans sa préface les ressemblances de la philosophie cartésienne et de la doctrine de saint Augustin. Autant de titres pour attirer l'attention de Malebranche et la retenir quelque peu. Mais rien n'autorise à croire que cette lecture, s'il l'a faite, lui ait beaucoup appris.

[1]. La Rochefoucauld qui devait déplaire à Malebranche, parce qu'il est trop peu chrétien, lui plaisait d'un autre côté par ce rigorisme satirique qui inspire les *Maximes*. Nous en trouvons une citation au liv. IV de la *Recherche*, ch. vi, § 1. « Si l'on peut dire que les hommes se mettent moins en peine de paraître riches que de l'être, écrit Malebranche, on peut dire aussi qu'ils se mettent souvent moins en peine d'être vertueux que de le paraître ; car, comme dit agréablement l'auteur des *Réflexions morales* : « La vertu n'irait pas loin, si la vanité ne lui tenait compagnie. »

Les *Discours* de Géraud de Cordemoy sur le discernement de l'âme et du corps[1] l'ont arrêté plus longtemps. Il fait à Cordemoy l'honneur de le citer : « On peut le lire et le méditer, » dit-il au chapitre X du premier livre de la *Recherche*, et le passage est déjà dans les premières éditions. Une clarté élégante, des agréments propres à attirer les esprits peu accoutumés aux choses philosophiques, enfin un sentiment religieux très-vif, tout cela faisait de Cordemoy un excellent initiateur à la philosophie cartésienne, et c'est ce que Malebranche a goûté en lui. En a-t-il tiré un plus sérieux profit? Est-ce dans ces Discours qu'il a puisé la première idée de la théorie des causes occasionnelles? Il y a lu « qu'aucun corps n'en peut mouvoir un autre, que notre volonté ne produit pas le mouvement et ne peut même pas le conserver, que notre souhait n'est qu'une occasion à la puissance qui meut déjà un corps d'en diriger le mouvement vers un certain côté répondant à notre pensée, qu'il est aussi impossible à nos âmes d'avoir de nouvelles perceptions sans Dieu qu'il est impossible au corps d'avoir de nouveaux mouvements sans lui, enfin que si l'on peut dire qu'on a un corps, ce n'est pas que cela soit évident par la lumière naturelle, mais il suffit de la foi pour empêcher d'en douter. » Mais en méditant Descartes, n'avait-il pas lui-même toutes

1. La première édition des *Discours* est de 1666.

ces pensées? Il les a retrouvées avec plaisir dans Cordemoy, je le crois; grâce à cette lecture, elles ont pris plus facilement dans son esprit de la consistance et de la précision, c'est bien possible : mais voilà tout, et Cordemoy ne lui a rien appris.

J'en dirais autant de Clauberg et de Geulincx s'il était prouvé qu'il les eût lus. Que plusieurs disciples de Descartes, ayant entre eux par l'âme quelque parenté, aient poussé les théories du maître au mysticisme et à l'idéalisme, ce n'est pas fort surprenant. Mettez qu'ils se soient connus, je dirai en voyant les ressemblances qui existent entre eux : ils se sont compris ; je n'en conclurai pas qu'ils se soient appris quelque chose les uns aux autres. Et s'il y en avait un parmi eux qui eût dans la pensée plus de puissance et plus d'éclat, quand bien même il serait venu après tous les autres et aurait lu et étudié tous leurs ouvrages, c'est lui à coup sûr que je déclarerais le plus original. Mais la chose est ici bien plus simple. Il est très-invraisemblable que Malebranche ait lu Clauberg ; il est certain qu'il n'a pas lu Geulincx. Clauberg avait eu à son voyage en France des relations personnelles avec Clerselier et de Laforge : son *De cognitione Dei et sui*, publié en 1656, a dû être remarqué ; sa *Logica novantiqua* est citée et mise à profit dans l'*Art de penser* de Port-Royal. Quant à Geulincx, professeur à Louvain et puis à Leyde, il se peut que, grâce aux théologiens de Flandre, en continuels rapports, depuis le jansénisme, avec ceux de France, grâce aussi aux oratoriens de Louvain et de Mons, son nom ait été connu à l'Oratoire de Paris. Mais qu'était-ce pour Malebranche que Clauberg et Geulincx? des étrangers, « des barbares [1]; » l'un n'était-il pas Allemand et l'autre Batave? Et n'ont-ils pas écrit en latin? Leurs écrits ne sentent-ils pas l'école? Ajoutez à cela que Clauberg était protestant de naissance, et que Geulincx l'était devenu après avoir quitté Louvain. Pourquoi se donner la peine d'aller chercher loin, et avec quelque péril peut-être, ce qu'on a chez soi, et à la source, et sans mélange fâcheux, dans Descartes? Pour lire Clauberg, il fallait peut-être plus de curiosité que n'en avait Malebranche. Pour se procurer et étudier la première partie de l'*Ethica* de Geulincx, le seul ouvrage d'importance publié par l'auteur avant sa mort, c'est-à-dire avant 1669, il eût fallu un empressement et une avidité d'érudit que l'on ne conçoit pas dans notre philosophe. Je ne sais si, lisant

---

1. Voyez la fin de la *Recherche de la vérité*. « Ceux qui liront les ouvrages de ce savant homme (Descartes)... sentiront une secrète joie d'être nés dans un siècle et dans un pays assez heureux pour nous délivrer de la peine d'aller chercher dans les siècles passés parmi les païens, et dans les extrémités de la terre, parmi les barbares ou les étrangers, un docteur pour nous instruire de la vérité ou plutôt un moniteur assez fidèle pour nous disposer à en être instruits. » Remarquons que s'il s'agit d'informations scientifiques, d'expériences, de faits, Malebranche les prend de quelque part qu'ils viennent.

Geulincx, il s'en fût dégoûté aussi vite que de Spinoza à qui Geulincx ressemble assez. Mais je suis bien sûr qu'il n'a pas fait un pas pour l'avoir et qu'il n'a même pas songé à le lire, supposé qu'il l'ait connu.

Ainsi Malebranche ne doit rien ni à Clauberg, ni à Geulincx, ni à aucun autre disciple de Descartes. A Descartes lui-même, que doit-il? Je ne parle plus de cette influence générale que j'ai signalée plus haut, je ne parle plus de la méthode; il s'agit des doctrines elles-mêmes, et sous ce rapport, je me demande ce que Malebranche a reçu de Descartes. Le voilà durant dix années dans un assidu commerce avec le grand philosophe ; il lit tous ses ouvrages, il arrive à « le posséder aussi bien qu'on puisse faire [1]. » Au sortir de ces réflexions, il a un système : un système que Descartes n'avouerait pas, mais un système que sans Descartes il n'eût pas formé. En 1664, il avait une philosophie à son insu. En 1674, dix ans après la rencontre du *Traité de l'homme*, il publie son premier ouvrage : le système est déjà tout entier dans ce petit volume, qui contient les trois premiers livres de la *Recherche*, et tous les écrits postérieurs éclairciront ou développeront ces principes, mais n'y ajouteront rien d'essentiel.

---

1. *Mémoires* du P. Lelong.

Supposons la doctrine de Descartes tout autre qu'elle n'est, mettons-y un sentiment plus profond de la réalité des êtres créés, une notion plus vraie de la substance; une telle doctrine ôtera-t-elle à Malebranche quelque chose de sa séve chrétienne? Non, apparemment; mais une telle doctrine sera pour lui un frein salutaire. Sans diminuer Dieu dans sa métaphysique, elle l'empêchera de réduire, comme il l'a fait, les créatures, de les anéantir presque par ses étranges théories, et elle le sauvera de bien des erreurs. Sa philosophie restera la même dans le fond, la même par l'esprit, la même par tout ce qui en fait la grandeur et la beauté; seul, le système sera autre. Les doctrines cartésiennes, au contraire, loin de tempérer la pensée de Malebranche en s'y unissant, l'ont précipitée sur la pente où déjà elle glissait. Sur tous les points déjà médités par Malebranche, elles ne lui ont offert, c'est vrai, que des vues, que des théories un peu flottantes, mais trop bien faites pour lui plaire, et par cela même très-propres à l'égarer. En dehors de l'existence de l'âme et de l'existence de Dieu, les grandes questions métaphysiques ne tiennent dans la philosophie de Descartes qu'une place secondaire. Il les évite la plupart du temps; si, se rendant à des instances pressantes, il les aborde, c'est à regret, et dans ses réponses, ou sages ou hardies, on sent à je ne sais quoi d'incomplet qu'il ne traite point là de ces choses où sa pensée s'est arrêtée avec complaisance et persistance. Mais quoi qu'il en soit, ce qu'on ne peut pas ne pas remarquer dans ces rares et rapides aperçus, c'est la conviction avec laquelle Descartes affirme sans cesse la toute-puissance divine. Il admet presque la passivité universelle des êtres, il se plaît à proclamer la défaillance perpétuelle de la créature, et il a une tendance manifeste à amoindrir l'être des substances créées pour exalter la puissance souveraine du Créateur. C'en était assez pour entraîner Malebranche, avec le tempérament d'âme que nous lui connaissons et la préparation que nous avons racontée. Ces vues jetées en passant, ces théories accessoires ou seulement ébauchées; ces tendances indécises et à peines aperçues, le frappent tout d'abord; bientôt tout cela est approfondi, développé, achevé. Telle idée était à peine indiquée dans Descartes, elle est devenue précise dans Malebranche ; tel mot, dans la bouche du maître, n'était que l'expression forte d'une vérité commune : ce même mot prend sur les lèvres du disciple un sens arrêté et systématique. Il est allé droit à ce qui avait le plus de conformité avec sa propre pensée, et il l'a fait sien.

Nous connaissons maintenant les origines de la philosophie de Malebranche. La nature et l'éducation, le génie et la piété, tout le portait à la métaphysique. Initié à la méditation des choses divines par sa mère, et ensuite par ses maîtres de l'Oratoire, il a longtemps philosophé sans le savoir, et alors même qu'il était peut-être tenté de dire comme Pascal : la philosophie ne vaut pas une heure de peine. Descartes lui a révélé sa vocation véritable, a satisfait ses exigences scientifiques, l'a armé d'une méthode. Saint Augustin mieux compris par lui et plus ardemment étudié après cette rencontre avec Descartes, lui a révélé les secrets de la philosophie morale et religieuse. Instruit par ces deux grands esprits, et méditant avec eux sous le regard de Dieu, il a édifié une métaphysique où il a prétendu mettre la rigueur mathématique, expliquer la nature mécaniquement, et mener à Dieu par les principes d'une science solide et claire, toujours d'accord avec la foi. Mais s'arrêtant de préférence dans Descartes à certaines théories périlleuses, il a fait un système excessif où la grande vérité de la présence et de l'action universelle de Dieu, qu'il voulait établir, est sans cesse compromise par l'exagération, et gâtée souvent par l'erreur. Il a eu des maîtres, mais le grand *méditatif* est lui-même plus qu'un disciple. Être original, ce n'est pas proposer des théories qui ne se rencontrent nulle part ailleurs, qui n'aient pas d'histoire ; c'est dire souvent ce que d'autres disent ou ont dit, mais le dire d'une façon telle qu'il faut en chercher l'*origine* vraie dans l'âme même : on peut montrer au dehors les conditions ou les matériaux de l'œuvre, on peut signaler des ressemblances avec ceci ou cela, même des influences reçues; de l'âme seule part le souffle de vie qui anime tout. A ce titre, qui donc a plus d'originalité que Malebranche? Qu'on lise ses ouvrages, et l'on sentira qu'elle est bien le fruit de son génie et de son âme, cette philosophie des idées, comme l'appelèrent les contemporains, chrétienne à la fois et cartésienne, noble et religieuse jusque dans ses excès, exposée dans une suite de beaux écrits où il a si souvent « ces expressions claires et véritables, vives et animées, dignes de Dieu[1], » qu'il demandait au Maître intérieur de lui donner, pour « pénétrer les esprits de l'éclat de la lumière divine et brûler les cœurs de l'ardeur du divin amour. »

1. *Prière* qui précède les *Méditations chrétiennes*.

CHAPITRE II.

OBJET DE LA PHILOSOPHIE ET MÉTHODE.

La philosophie de Descartes et celle de Malebranche ne sont pas nées des mêmes besoins, et le dessein des deux philosophes est fort différent.

Descartes veut mettre de l'ordre et de la clarté dans ses pensées : et pourquoi? parce que seules les idées claires contentent l'esprit, et que seules aussi elles sont fécondes. Or, il n'y a de connaissance lumineuse et solide, satisfaisante pour l'esprit et utile par les résultats pratiques, que celle qui pénètre jusqu'aux principes. Descartes touche donc aux plus grandes questions de la métaphysique dans le dessein de voir plus clair en découvrant le fondement de toute certitude et de toute science, et puis dans l'espoir d'améliorer la vie humaine, en perfectionnant, au moyen de la philosophie première restaurée, la mécanique, la médecine et la morale, dont les progrès peuvent augmenter la puissance et le bonheur de l'homme sur cette terre. Ce qu'il reproche à la philosophie vieillie de l'École, c'est précisément d'être obscure et stérile. C'est pour cela que dès le collége il s'en était dégoûté ; et c'est pour trouver ce qu'elle ne lui avait pas donné, qu'il avait travaillé vingt ans, voyageant et méditant, observant et réfléchissant : et quand enfin il s'était cru maître de sa pensée, il l'avait publiée dans ce langage fier et simple qui sied bien à l'expression de grandes nouveautés. Qu'est-ce donc que Descartes ? Un esprit avide de lumière, soucieux de mettre à nu les principes mêmes de toute connaissance et de rendre par là plus féconde et plus utile la science devenue plus claire. Tel est le double dessein, spéculatif à la fois et pratique, qui se montre dans tous ses écrits.

Est-ce là le dessein de Malebranche ? Sans doute il est ravi de la simplicité et de la rigueur de la méthode cartésienne ; il la croit très-propre à diriger l'esprit dans la recherche de la vérité, et lui qui a dit cette belle parole « rien n'est plus sûr que la lumière[1], » il veut, aussi bien que Descartes, mettre dans ses pensées de l'ordre et de la clarté. Mais son but n'est pas le même que celui de Descartes. Une

---

1. *Traité de morale*, I, ch. v, 21.

pensée morale et religieuse domine toutes ses spéculations. Il veut par la science resserrer l'union de l'esprit à Dieu, cette union essentielle que le péché du premier homme a affaiblie et que la grâce de Jésus-Christ rétablit dans l'âme régénérée. Il veut montrer que cette union, c'est à vrai dire l'action même de Dieu dans l'esprit que Dieu éclaire et touche invisiblement ; qu'ainsi l'esprit créé est dans une dépendance continuelle de son Créateur ; et que ce n'est pas là un caractère particulier à l'homme, mais bien un caractère commun à tous les êtres : en sorte que si cette dépendance apparaît tout d'abord dans les modifications de l'esprit humain, elle se retrouve partout, essentielle et inhérente à la créature, et que, par conséquent, l'action de Dieu est universelle, incessante, présente partout, et partout le principe de tout être, de toute vie, de tout mouvement. Voilà, aux yeux de Malebranche, la vérité capitale, fondement où s'appuie toute connaissance, terme où toute science aboutit. Ayant par le sentiment et la foi une persuasion intime de cette incessante et universelle action de Dieu dans le monde, il veut s'en convaincre par la raison ; et la philosophie, telle qu'il l'entend, est précisément cet effort de l'esprit cherchant à découvrir dans la lumière ce que l'âme possède par la foi et goûte par le sentiment. La partie essentielle de la philosophie, c'est donc la métaphysique, mais la métaphysique approfondie dans une pensée morale et religieuse, étudiée avec l'âme tout entière. C'est pourquoi ces hautes et difficiles questions qui, pour Descartes, étaient sans attraits, sont justement celles qui séduisent le plus notre philosophe. Descartes les négligeait ou ne les traitait qu'à demi; Malebranche y porte tout son esprit, je ne dis pas assez, toute son âme. Ce sont elles qui font, à ses yeux, le prix de la philosophie, et c'est en vue de ces questions qu'il s'occupe de tout le reste, et en particulier de la certitude et de la méthode.

Ainsi, l'objet et la fin de la philosophie, c'est l'union avec Dieu, qu'il s'agit de mieux connaître et de fortifier; c'est la démonstration de l'action seule vraiment efficace de Dieu dans le monde, et le triomphe de cette même action dans l'âme de plus en plus dégagée des choses matérielles et guérie de ses propres illusions. En métaphysique, réduire autant que possible le rôle de la créature pour laisser voir la main de Dieu qui agit en elle; dans la pratique, tendre à supprimer tout jugement de l'esprit propre, et tout attachement aux biens créés, par une constante docilité aux décisions de la Raison souveraine, et à l'attrait du souverain Bien[1]; et s'appro-

---

1. *Traité de morale*, I, ch. I, 9. « Si l'esprit de l'homme ne jugeait précisément que de ce qu'il voit, ce ne serait pas tant lui que la Raison universelle qui prononcerait en lui-même les jugements qu'il formerait. » — II, ch. IV, 12. « Lorsque nous sentons s'exciter en nous quelque amour pour la créature, quelque joie dans la créature, étouffons ces sentiments. »

cher de plus en plus de cette infaillibilité[1], et de cette claire vue de la vérité, pour laquelle l'âme humaine est faite et qui sera sa félicité dans l'autre vie : telle est la pensée que Malebranche a sans cesse présente à l'esprit ; toute sa philosophie n'en est que le développement.

Pour accomplir son dessein, quelle méthode suit-il ?

Il dit quelque part : « Si l'on prend garde à la manière de philosopher de M. Descartes, on ne pourra douter de sa solidité[2]. » Il entend bien adopter lui-même cette solide manière de rechercher et de démontrer la vérité. Mais, la philosophie n'étant pas pour lui précisément ce qu'elle était pour Descartes, voici ce qui est arrivé : là où il a suivi la méthode du maître sans changer la lettre des préceptes, il l'a transformée en l'animant d'un autre esprit, et là où elle contrariait ses propres vues ou ses tendances, il s'en est écarté complétement.

La méthode de Descartes a, ce me semble, deux caractères essentiels : elle « rappelle la pensée à elle-même[3] ; » elle travaille à enchaîner les connaissances

---

1. *Rech. de la vér.*, Préface. Voir aussi liv. I, ch. i. « Comme on désire avec ardeur un bonheur sans l'espérer, on doit (en cette vie) tendre avec effort à l'infaillibilité sans y prétendre. »
2. *Rech. de la vérité*, à la fin (conclusion des trois derniers livres).
3. C'est ce qu'a montré avec force Bordas-Dumoulin dans son livre sur *le Cartésianisme*.

dans un ordre aussi simple, aussi rigoureux, aussi clair que possible ; c'est une méthode à la fois psychologique et géométrique. Descartes cherche dans la conscience humaine attentivement consultée le point de départ de toute science ; il aspire en même temps à déduire d'un petit nombre d'idées claires toute vérité, et s'il fait de la réflexion savante la condition première de la connaissance digne de ce nom, la rigueur mathématique demeure néanmoins le modèle dont il tente de s'approcher sans cesse. Sous le régime de la scolastique en décadence, la pensée se perdait hors d'elle-même dans les préjugés et les opinions vagues, ou se dissipait au dedans même en de vains raisonnements : Descartes lui apprend à se recueillir ; il la ramène du dehors au dedans ; il ne la laisse pas s'arrêter dans les mots, images mortes des idées et des choses : il veut qu'elle pénètre dans le vif, que la chose qui pense se saisisse elle-même dans son acte, que là elle se reconnaisse réellement existante ; qu'elle voie cela dans une pleine lumière, et qu'en même temps se trouvant faible, défectueuse, imparfaite, elle s'aperçoive comme une chose qui tend et aspire sans cesse vers quelque chose de meilleur et de plus grand qu'elle n'est, en sorte que la vue même de son imperfection lui est une preuve de l'existence d'une nature parfaite par qui elle est et de qui elle tient l'idée du parfait. C'est ainsi que Descartes rappelle l'esprit à lui-même, établit, sans recourir aux subtilités de l'école, sa propre existence, et s'élève d'une façon directe et simple jusqu'à Dieu. Tous les nuages que la mauvaise scolastique avait amoncelés autour des vérités les plus claires sont maintenant dissipés, et l'esprit rapprend à soutenir la pure lumière de l'évidence. Mais une vérité évidente étant établie, c'est un principe d'où l'on peut, par déduction, tirer d'autres vérités, et la science n'est qu'une chaîne de connaissances rattachées à des principes clairs et liées entre elles. Descartes ne connaît rien de plus parfait que la géométrie: aimant peu les formules, il ne transporte pas dans la métaphysique, comme plus tard Spinoza, cet appareil de théorèmes, de corollaires et de lemmes dont la géométrie fait usage[1]; mais ce qui est l'essence même de la méthode géométrique, c'est l'ordre et l'enchaînement des vérités, et cela il le transporte dans la philosophie, persuadé qu'elle ne saurait avoir autrement une valeur vraiment scientifique.

Malebranche croit, comme Descartes, à la nécessité de rappeler la pensée à elle-même pour ne raisonner que sur des idées claires et évidentes. Mais Descartes se recueille en savant, Malebranche en homme qui va faire oraison. Descartes se consul-

---

[1]. Voir dans les *Réponses aux secondes objections*, § 48-56, deux excellentes pages sur l'*ordre* et la *méthode de démontrer* par analyse ou par synthèse.

tant soi-même sur le jugement qu'il doit porter, cherche l'évidence parce qu'elle est pour lui la marque de la vérité; et s'il veut trouver à l'évidence même un garant en dehors de l'homme, il en appelle à la véracité divine, mais dans cet appel qui vient du besoin de rapporter l'évidence à une source supérieure, nulle trace de mysticisme ne se laisse apercevoir. Malebranche en se rendant à l'évidence, se rend à la lumière même de Dieu brillant dans son esprit; l'attention, pour lui, est une prière naturelle, par laquelle l'âme se tourne vers Dieu pour en être éclairée; la raison, c'est le maître intérieur qui nous parle au dedans de nous-mêmes, qui nous instruit, nous exhorte, nous corrige, nous console. Se tromper, c'est décider soi-même, d'après ses passions ou ses intérêts, au lieu de laisser prononcer en soi le Maître divin, le Verbe de Dieu. Consulter et écouter la raison, c'est consulter et écouter ce même Maître et recevoir les réponses qu'il donne à tous ceux qui savent bien l'interroger[1]. Descartes veut qu'on préfère l'évidence à toutes les opinions des philosophes les plus autorisés, et ne se croyant pas lui-même plus infaillible qu'un autre, il recommande qu'on n'ajoute pas du tout foi à ce qu'il a écrit, et qu'on n'en reçoive que ce que la force et l'évidence de la raison pourra contraindre

---

1. Voir particulièrement les *Convers. chrét.*, le *Traité de morale*, 1, ch. I, et les *Médit. chrét.*

d'en croire[1]. Malebranche approuve le sentiment de Descartes et le cite avec éloge[2]. C'est que, pour lui, se rendre partisan de quelque secte que ce soit, se laisser préoccuper en faveur d'un philosophe et se contenter de lire et de retenir ses opinions sans se soucier d'être éclairé de la lumière de la vérité, c'est faire injure à Dieu même, c'est préférer l'homme à Dieu, le consulter à la place de Dieu, et se contenter des réponses obscures d'un philosophe qui ne nous éclaire point, pour éviter la peine qu'il y a d'interroger par la méditation celui qui nous éclaire et nous répond tout ensemble[3].

1. *Principes* à la fin.
2. *Recherche de la vérité*, conclusion des trois derniers livres.
« Il se souvient qu'il est homme, » dit Malebranche de Descartes, « et que, ne répandant la lumière que par réflexion, il doit tourner les esprits de ceux qui veulent être éclairés comme lui vers la raison souveraine, qui seule peut les rendre plus parfaits par le don de l'intelligence. » Voir aussi le chap. IV de la première partie du troisième livre, à la fin.
3. Un des plus curieux exemples de la haine de Malebranche contre la domination d'Aristote, se trouve dans la *Recherche de la vérité*, liv. III, Part. I, ch. 3. Malebranche, qui n'aime guère à citer, prend ici la peine de faire en grec une citation d'Aristote, et après s'être bien diverti aux dépens de ce philosophe, il répète deux fois avec ironie : il faut bien le croire sur sa parole, « δεῖ γὰρ πιστεύειν τὸν μανθάνοντα, » si l'on prend la liberté de faire usage de son esprit et de sa raison, il ne faut pas espérer de devenir un grand philosophe, « δεῖ γὰρ πιστεύειν τὸν μανθάνοντα. »
Voir encore la *Recherche de la vérité*, liv. II, part. II, ch. 5 et 6, et *Convers. chrét.*, VII (à la fin).
Je crois qu'il n'y a guère dans tous les ouvrages de Malebranche qu'un seul endroit où il ait fait à Aristote un compliment; et encore on jugera, en le lisant, si ce compliment est très-flatteur : le voici. Malebranche parle des différents caractères d'esprit et des différentes inclinations des hommes. « Il ne faut qu'ouvrir les yeux, dit-il, pour s'instruire agréablement et solidement de ces choses. Pour ceux qui aiment mieux les lire en grec que de les apprendre par quelque ré-

Ainsi, Malebranche attaque avec non moins de force que Descartes l'autorité en matière de philosophie, mais c'est surtout parce que les abus qu'on en fait sont des offenses contre Dieu, notre maître intérieur et notre véritable lumière. Descartes a pour l'érudition indigeste des commentateurs d'Aristote, le dédain superbe du réformateur; Malebranche les poursuit avec colère : ils sont coupables à ses yeux du crime de lèse-majesté envers Dieu, car ils se remplissent la tête des opinions d'un homme et les débitent pour s'attirer les louanges de gens vains comme eux, plutôt que de s'approcher de celui qui est la vie et la nourriture de l'âme. C'est une idolâtrie.

Descartes rejette tout ce qu'il a reçu dans sa créance et se met volontairement dans le doute le plus complet : c'est par scrupule scientifique, et dans le dessein de faire mieux ressortir, en l'isolant, l'évidence de l'existence de l'âme qu'il admet comme le premier principe de sa philosophie : il prétend par là étonner l'esprit, le débarrasser des

flexion sur ce qui se passe devant leurs yeux, ils peuvent lire le second livre de la *Rhétorique d'Aristote*. C'est, je crois, le meilleur ouvrage de ce philosophe, parce qu'il y dit peu de choses dans lesquelles on se puisse tromper, et qu'il se hasarde rarement de prouver ce qu'il y avance. » *Rech. de la vér.*, liv. V, ch. II.— Le sixième livre de la Recherche de la vérité institue une sorte de parallèle perpétuel entre Aristote et Descartes : Aristote n'observant point les règles de la méthode véritable, tombe à chaque instant dans l'erreur en physique et en métaphysique; Descartes qui connaît et pratique la vraie méthode, découvre en peu de temps les vérités les plus belles, les plus importantes, les plus fécondes.

préjugés et désarmer le scepticisme le plus obstiné. Pour Malebranche, le doute méthodique est un hommage respectueux rendu à la raison souveraine dont il craint de troubler les décisions par le tumulte des opinions vagues et confuses. C'est surtout un moyen d'échapper aux illusions des sens. Descartes se défie bien des sens qui, l'ayant trompé quelquefois, pourraient le tromper toujours. Malebranche, avec la même défiance, est de plus animé d'un zèle religieux contre ces séducteurs qui tirent l'âme hors d'elle-même, la répandent dans les choses matérielles, et l'éloignent de la vérité et de son bien. Aussi répète-t-il sans cesse qu'il faut les faire taire, et il recommande, avec une insistance qui ne se lasse jamais, de les tenir dans le respect, ainsi que l'imagination et les passions qui en dépendent.

Platon, dans le *Phédon*, comparait les plaisirs et les douleurs dont le corps est la cause à des clous qui attachent l'âme à la matière ; il voulait que l'on se séparât de la folie du corps, et qu'avec la pure pensée on contemplât la vérité pure. La mortification était pour lui un moyen de bien philosopher. C'est ce que pense Malebranche. Ce platonicien chrétien estime que l'âme, se laissant aveugler par les passions, deviendrait incapable de voir la lumière divine et déciderait dans les ténèbres ; ou bien, que préoccupée par les sollicitations de la chair, elle n'écouterait pas le Maître intérieur, oserait prévenir ses arrêts par une précipitation téméraire et impie, et tomberait ainsi dans toutes sortes d'erreurs. Il faut donc que tout se taise dans l'âme pour que Dieu parle et soit entendu; et de crainte de confondre la voix divine avec celle de l'imagination et des passions, nous devons retenir notre jugement jusqu'à ce que les reproches secrets du Maître nous obligent de nous rendre à la vérité présente.

Voilà comment Malebranche, considérant toutes choses à un point de vue moral et religieux, communique aux pensées et aux expressions mêmes de Descartes je ne sais quelle saveur pieuse et mystique. Dans son zèle jaloux pour les droits de la raison et son dédain pour l'imagination et les sens, dans sa révolte contre l'autorité en matière de science, dans sa haine pour Aristote et la philosophie de l'école, dans son respect et sa reconnaissance pour Descartes qui a inauguré une manière de philosopher plus saine, plus libre, plus chrétienne, enfin dans son attachement persistant au grand précepte de ne raisonner que sur des idées claires et évidentes, ce que Malebranche a toujours en vue, c'est l'honneur de Dieu présent dans l'esprit que sa lumière éclaire et que sa voix instruit. Rentrer en soi-même, c'est écarter tout ce qui pourrait troubler cette lumière ou couvrir cette voix; c'est se mettre en communication avec Dieu.

Malebranche introduit le mysticisme dans la méthode cartésienne : cela ne l'empêche pas de montrer pour la méthode géométrique la même prédilection que Descartes ; et même il a, pour aimer cette méthode, des raisons particulières que Descartes n'avait point. Les idées claires, ce sont les idées mêmes que Dieu a des choses ; quoi de plus légitime que de tirer de ces idées la science universelle ? Dès lors je ne suis pas étonné que Malebranche donne une si grande place aux mathématiques dans l'éducation de l'esprit [1], et qu'il déclare que l'arithmétique et l'algèbre sont ensemble la véritable logique qui sert à découvrir la vérité [2]. Ainsi Platon estimait qu'il fallait par l'étude des mathématiques préluder à la dialectique. Je sais bien que Malebranche avoue quelque part que « la géométrie nous est quelquefois occasion d'erreur parce que nous nous occupons si fort des démonstrations évidentes et agréables que cette science nous fournit, que nous ne considérons pas assez la nature [3]. » « La nature n'est point abstraite, » ajoute-t-il un peu plus loin : sages et excellentes paroles ; mais s'il reconnaît que dans l'astronomie, la mécanique, la musique, on peut tomber dans l'erreur par une fausse application de la géométrie en supposant

---

1. *Recherche de la vérité,* liv. IX, ch. xi, 2. — Liv. VI, part. i, ch. iv et v.
2. *Recherche de la vérité,* liv. VI, part. i, ch. v.
3. *Recherche de la vérité,* liv. VI, part. i, ch. iv.

dans les choses une exactitude tout idéale, il ne paraît pas soupçonner que dans les spéculations métaphysiques il puisse y avoir du danger à tout déduire des idées claires qui sont les idées de Dieu, et, sans la moindre inquiétude, il se laisse enchanter par ces démonstrations agréables et évidentes, belles chimères qui lui font oublier la réalité. Ce n'est point qu'il adopte jamais dans ses écrits la forme géométrique ; il ne veut pas en faire usage, parce qu'elle gênerait l'essor de sa pensée et qu'elle lui interdirait tout ce qui peut plaire ou toucher. Il se fait un ordre, pour se conduire, mais il prétend qu'il lui est permis de tourner la tête lorsqu'il marche, s'il trouve quelque chose qui mérite d'être considéré ; il prétend même qu'il lui est permis de se reposer en quelques lieux à l'écart, pourvu qu'il ne perde point de vue le chemin qu'il doit suivre[1]. Enfin il tâche de pénétrer ses lecteurs des vérités qu'il expose, et il ne dédaigne point d'exciter par de vives exhortations des sentiments dans le cœur au moment même où il rappelle sur les idées claires l'attention de l'esprit[2]. Ainsi, Malebranche ne s'astreint point aux formes géométriques, et Leibnitz ne trouvant pas son exposition assez rigoureuse a pu lui dire : « Je souhaiterais que vous voulussiez un jour prendre la peine de nous proposer vos bel-

---

1. *Recherche de la vérité,* liv. IV, à la fin.
2. *Entret. métaph.,* III, 8.

les et importantes pensées en forme de démonstrations[1]. » Mais, si la méthode des mathématiques consiste essentiellement à poser d'abord les principes dans les définitions et puis à produire au dehors par la déduction les conséquences que ces principes recèlent, Malebranche assurément se conforme à cette méthode dans sa métaphysique. « Il faut tâcher, dit-il, de bien comprendre les principes les plus généraux, car ensuite le reste va tout seul : tout se développe à l'esprit avec ordre et avec une merveilleuse clarté[2]. » Ces principes généraux, l'esprit les prend pour des chimères, parce qu'il est tout préoccupé par les images sensibles. Mais qu'il fixe son attention, et il voit bien que rien n'est plus solide que la vérité, et que plus les vérités sont générales, plus elles ont de réalité et de lumière[3]. Qu'est-ce, au fond, que ces principes généraux qui contiennent dans leur riche simplicité tout le détail des choses ? Qu'est-ce que ces vérités générales si solides, si réelles, si lumineuses ? ce sont les idées de Dieu.

Malebranche, convaincu que le Verbe divin com-

---

1. Lettre de Leibnitz à Malebranche citée plus haut, Cousin, *Fragments de philosophie moderne*, t. II, p. 53.
« Je n'ai jamais fait usage de ce qu'on m'a enseigné des syllogismes, dit Malebranche à André (lettre du 24 août 1709). Un peu de bon sens et d'attention découvre quand un argument ne vaut rien. » Cousin, *loc. cit.*, p. 453.
2. *Entret. métaph.*, IX, 9.
3. *Entret. métaph.*, X, au commencement.

munique avec joie tout ce qu'il possède en qualité de sagesse éternelle[1], s'efforce de ne pas confondre avec les réponses de la vérité intérieure les inspirations de l'imagination ou des passions ; mais quand il croit avoir bien écouté et bien entendu, il expose avec une imperturbable assurance le plan universel que Dieu lui révèle dans le secret de la raison.

Comment n'être pas frappé de l'analogie que présente cette méthode avec celle de Spinoza ? « Notre esprit, pour reproduire une image fidèle de la nature, doit déduire toutes ses idées de celle qui représente l'origine et la source de la nature entière, afin qu'elle devienne la source et l'origine de toutes nos idées[2]. » Voilà ce que nous lisons dans la *Réforme de l'entendement*. L'esprit des deux philosophes est bien différent : la prétention métaphysique est la même, et le procédé semblable. L'intuition du divin, et ensuite, la déduction qui tire de cette donnée l'explication de tout ce qui est, voilà bien, aux yeux de l'un et de l'autre, la méthode philosophique par excellence.

Mais ce serait donner de Malebranche une bien fausse idée que de laisser dans l'ombre la part qu'il fait à l'expérience. Tandis que Spinoza prétend ne pas employer dans sa philosophie la moindre donnée expérimentale, Malebranche, plus fidèle au vé-

---

1. *Médit. chrét.*, XI, 2.
2. *Réforme de l'entendement*, p. 312.

ritable esprit cartésien, prend son point de départ dans un fait de conscience. Spinoza s'établit en Dieu de prime abord; Malebranche, qui part de Dieu pour expliquer toutes choses, passe par l'homme avant de s'établir en Dieu. Au début du grand ouvrage où sa philosophie est résumée, il reproduit et développe le *je pense, donc je suis*, ajoutant, après les deux pages qu'il y consacre, que la distinction de l'âme et du corps est le fondement des principaux dogmes de la philosophie[1]. De plus, il admet ce qu'il appelle quelque part l'expérience de la foi[2]; nous y reviendrons tout à l'heure. Mais pour ne parler ici que de l'expérience du sens intime, c'est une chose hors de doute qu'elle est pour lui ce que Platon aurait appelé la base d'élan, le premier degré où il faut poser le pied pour s'élancer dans le monde des idées (ἐπιβάσεις τε καὶ ὁρμαί). Dans *la Recherche de la vérité*, il dit que de toutes nos connaissances, la première, c'est l'existence de notre âme, et que l'on connaît par simple vue ou sentiment intérieur tout ce que l'on peut connaître de l'âme, sans être obligé à faire des raisonnements dans lesquels l'erreur se pourrait trouver. Puis, montrant que l'existence nécessaire de l'infini est encore un principe incontestable, antérieur et supérieur à tout raisonnement, « toutes ces vérités se

---

1. *Entret. métaph.*, I.
2. *Traité de morale*, I, ch. v, 16.

voient de simple vue, ajoute-t-il admirablement, quoiqu'il semble que nous fassions ici des raisonnements pour les exposer aux autres [1]. » Ainsi, il admet un double point de départ de la connaissance humaine, l'un expérimental, l'existence de l'âme connue par sentiment intérieur, l'autre rationnel, l'existence de Dieu saisie par une intuition de l'esprit.

Néanmoins, Malebranche, même quand il répète le *je pense, donc je suis*, consulte peut-être la raison plus encore que la conscience. Dans ce passage des *Entretiens métaphysiques*, auquel je faisais allusion plus haut, cette préoccupation se trahit d'une manière qui me semble bien caractéristique. Avant de consulter la conscience et d'en traduire le témoignage, il pose, en vrai géomètre, un principe général qui lui paraît sans doute plus lumineux et plus satisfaisant [2]. Si l'on vient à réfléchir sur le fait de la pensée, on découvre, en effet, dans une pleine lumière cette vérité que pour penser il faut être ; on voit qu'entre ces deux choses, la pensée et l'existence de l'âme, il y a un rapport logique aperçu par l'esprit en même temps qu'un rapport vivant et senti, et ce qui est pour la conscience un fait d'une évidence immédiate s'impose alors à la raison comme une conclu-

---

1. *Rech. de la vér.*, liv. VI, part. II, chap. VI.
2. De même dans la *Recherche*, liv. IV, ch. XI, 2.
« Je conclus que je suis, parce que je me sens, et que le néant ne peut être senti. »

sion d'une irrésistible nécessité : conclusion, en apparence seulement. Au fond, il n'y a là aucun raisonnement : il y a un fait, et il y a une vérité; il y a une donnée de l'expérience, et une vue de la raison; mais le fait, manifeste par lui-même, n'est point connu à titre de conséquence d'un principe qui devrait être préalablement affirmé, et c'est précisément à propos du fait même que le principe apparaît dans l'esprit. Quoi qu'il en soit, comme il y a là un acte de raison, on peut être tenté d'y voir quelque raisonnement. C'est pour cela que Descartes a paru hésiter lui-même sur la valeur véritable de ce *donc*, qu'il a introduit dans l'expression de son grand principe : on croirait qu'il n'est pas bien sûr d'avoir, oui ou non, raisonné : tantôt il s'en défend d'une manière formelle et déclare explicitement que le *donc* ne marque pas tant un raisonnement qu'un lien naturel et réel entre deux faits saisis simultanément par la simple *inspection de l'esprit*[1]; tantôt il se sert des mots de raisonnement, de conclusion, d'argument[2]. Il reconnaît, dans les réponses aux objections, que s'il avait raisonné, il aurait fait une pétition de prin-

---

1. *Rép. aux sec. obj.* § 22.
2. Voyez les *Principes*, I, 52; et aussi la *Recherche de la vérité par les lumières naturelles* où Descartes emploie ces mots de raisonnement, d'argument, de conclusion, et cela après avoir dit : « La seule chose que je ne puis séparer de moi, que je sache avec certitude être moi, et que je puisse maintenant affirmer sans craindre de me tromper, c'est que je suis un être pensant. » § 59.

cipe, et il dit, avec beaucoup de vérité, que l'esprit connaît les choses particulières avant ces propositions générales qui servent de majeures aux syllogismes. Et néanmoins dans les *Principes* il écrit : « Nous avons tant de répugnance à concevoir que ce qui pense n'est pas véritablement au même temps que ce qu'il pense, que, nonobstant toutes les plus extravagantes suppositions, nous ne saurions nous empêcher de croire que cette conclusion, *je pense, donc je suis*, ne soit vraie et par conséquent la première et la plus certaine qui se présente à celui qui conduit ses pensées par ordre. » Les mêmes variations se retrouvent dans Malebranche : il déclare que l'on connaît l'âme par simple vue ou par sentiment intérieur ; mais quand il commence l'exposition de sa philosophie, il écrit tout d'abord : le néant n'a pas de propriétés, exprimant avant toute chose cette prétendue majeure que son maître sous-entendait ordinairement, et que, interrogé par ses adversaires il rejetait de la façon la plus catégorique. Est-ce donc inadvertance ? Non, c'est que Malebranche attache plus de prix à la vérité rationnelle qu'au témoignage du sens intime. La conscience, c'est l'expérience qu'a l'âme de ce qui se passe en elle, expérience certaine, Malebranche en convient, mais enfin expérience, c'est-à-dire, sentiment confus et obscur quoique infaillible, et non pas connaissance nette et lumineuse. Or quand une âme a été une fois frappée de la lumière éclatante des idées, elle donne aux faits un regard à peine et se hâte de considérer les vérités qu'ils cachent ou supposent, parce que le demi-jour qu'ils envoient cause à cette âme une sorte de malaise et de souffrance.

Malebranche part de la conscience, mais ne s'y arrête pas longtemps. Il connaît admirablement les plis et les replis du cœur ; habitué à s'étudier avec l'œil attentif et pénétrant du chrétien qui veut détruire en soi ou prévenir les moindres imperfections, il excelle à raconter son âme ; quoiqu'il ne parle guère de lui, on surprend, nous le savons, dans ces peintures vivantes et émues ses propres sentiments, et tout cela est plein de précision et de délicatesse, de vérité et de charme. Il a l'expérience du fidèle, du religieux et du moraliste, il reconnaît qu'il faut « s'étudier et s'observer soi-même[1] ; » il recommande maintes fois cette étude, et place très-haut la connaissance de l'âme, disant que « si un homme grossier et stupide est infiniment au-dessus de la matière, parce qu'il sait qu'il est, et que la matière ne le sait pas, ceux qui connaissent l'homme sont beaucoup au-dessus des personnes grossières et stupides, parce qu'ils savent ce qu'ils sont, et que

---

1. *Recherche de la vérité*, liv. V, ch. ii, vers la fin.
« Un des meilleurs moyens pour se rendre assez savant dans ces choses (les différents caractères d'esprit), c'est de s'étudier et de s'observer soi-même. »

les autres ne le savent point[1]. » On ne peut rien dire de plus fort en faveur de la psychologie, et Malebranche a toute une psychologie et bien plus exacte qu'on ne le croit d'abord. Seulement, remarquons-le bien, il ne reconnaît pas à l'observation la valeur d'un procédé vraiment scientifique[2]. Selon lui, nous n'avons pas de l'âme une idée claire; quand nous la déclarons immatérielle, nous appuyons nos conclusions, non pas sur l'idée de l'âme même, mais sur l'idée de la matière, où nous voyons clairement que ce que nous sentons en nous-mêmes ne peut appartenir au corps[3]. Aussi pense-t-il qu'une comparaison entre les propriétés de la matière et les capacités de l'esprit est légitime et très-propre à éclaircir tout d'abord, en les rendant sensibles et familières, les notions attachées à ces mots d'entendement et

---

1. *Recherche de la vérité*, liv. IV, ch. VI, 2.
2. *Morale*, I, ch. V, 16, 17. « Il est fort inutile de méditer sur ce qui se passe en nous, si c'est dans le dessein d'en découvrir la nature; car nous n'avons point d'idée claire ni de notre être ni d'aucune de ses modifications; et on ne découvre jamais la nature des êtres qu'en contemplant les idées claires qui les représentent. Mais nous ne pouvons faire trop de réflexions sur nos sentiments et nos mouvements intérieurs, afin d'en découvrir les liaisons et les rapports, et les causes naturelles ou occasionnelles qui les excitent; car cela est d'une conséquence infinie pour la morale. La connaissance de l'homme est de toutes les sciences la plus nécessaire à notre sujet. Mais *ce n'est qu'une science expérimentale*, qui résulte de la réflexion qu'on fait sur ce qui se passe en soi-même. Réflexion qui ne nous fait point connaître la nature des deux substances dont nous sommes composés, mais qui nous apprend les lois de l'union de l'âme et du corps, et qui nous sert à établir ces grands principes de morale sur lesquels nous devons régler notre conduite. »
3. *Médit. chrét.*, IX, 23.

de volonté. Cette comparaison est développée longuement au commencement de la *Recherche de la Vérité*. Mais bientôt ce n'est plus dans la matière, c'est en Dieu même qu'il va chercher l'explication de nos facultés. Faut-il s'étonner de trouver ici ce mélange d'expérience et de métaphysique? C'est une nécessité du système. Comprenons-le bien : Malebranche ne dédaigne pas l'expérience de la conscience : comment connaître quelque chose de l'âme dont, selon lui, nous n'avons pas d'idée claire, sans avoir recours au sentiment intérieur qu'elle a de ses modalités? Elle se sent en elle-même : c'est là, dans cette expérience intime, confuse mais vive, obscure mais certaine, qu'est l'origine de tout ce que nous pouvons dire de l'âme. La mépriser est donc insensé, la rejeter impossible, et Malebranche ne le tente pas. Mais le moyen de s'en contenter? Quand on sait que la vraie science consiste dans les idées claires, comment ne pas chercher à édifier sur ce fondement des idées la connaissance de l'âme? Rien ne serait plus facile si nous pouvions découvrir l'archétype des substances spirituelles comme nous découvrons celui des corps. Cet archétype ne nous est pas connu : que faire? Regarder Dieu même. Nous ne connaissons pas clairement notre âme; mais avec le peu que nous apprend d'elle l'expérience du sentiment joint à des considérations métaphysiques de l'ordre moral et religieux, nous la connaissons assez pour savoir qu'elle est faite à l'image de Dieu. Contemplons le divin modèle : considérons dans la pureté de l'original ce que nous ne pouvons connaître que confusément en nous sentant en nous-mêmes. Nous ne savons pas bien ce qu'est l'âme parce que nous ne faisons que la sentir et que nous ne voyons pas son idée en Dieu ; mais nous pouvons savoir ce qu'elle doit être parce que nous apercevons Dieu même ; et en comparant ce que la raison nous apprend de Dieu et ce que le sentiment nous apprend de notre âme, nous pouvons nous former une sorte de connaissance de l'esprit à la fois expérimentale et rationnelle qui n'est pas indigne du nom de science. Dès lors il est clair que la métaphysique et la théodicée doivent être mêlées à toutes les recherches psychologiques, guider et éclairer l'observation intérieure, et la corriger même d'une certaine façon ; car l'âme se sent telle qu'elle est, c'est-à-dire dégradée et corrompue, et celui qui la connaîtrait par l'expérience seule, non-seulement n'en aurait aucune connaissance scientifique, mais risquerait d'attribuer à sa nature même ce qui est contre l'ordre de la nature et provient de la déchéance originelle[1]. Si donc l'on veut se connaître, il ne suffit pas de

---

1. *Recherche de la vér.*, liv. IV, ch. I, 1. — *Entret. mét.*, IV, 18. « Pour parler juste de l'homme innocent et fait à l'image de Dieu, il faut consulter les idées de l'ordre immuable ; c'est là que se trouve le modèle de l'homme parfait, tel qu'était notre père avant son péché. »

s'observer. « Il faut prendre un autre tour, » et expliquer les choses « d'une manière plus relevée qui paraîtra peu solide à ceux qui n'estiment que ce qui se fait sentir[1]. » Il faut regarder Dieu. J'avoue qu'il y a une sorte de subtilité à dire que pour savoir ce que doit être l'âme il faut considérer Dieu même, quand d'un autre côté on soutient que l'archétype de l'âme en Dieu ne se voit pas. Cependant je crois qu'on peut expliquer la pensée de Malebranche. Dieu ne se montre pas à nous comme archétype des esprits, nous ne voyons pas la substance divine en tant que représentative des esprits et participable par eux ; seulement, connaissant les attributs moraux de cette divine substance, nous pouvons juger par là des propriétés que les esprits, étant des êtres moraux, doivent eux-mêmes posséder.

Aussi bien, ce qu'il importe d'établir ici, ce sont les raisons qui dans la doctrine de Malebranche rendent la métaphysique nécessaire partout, particulièrement en psychologie : pour se connaître il faut rentrer en soi-même et regarder où Dieu nous éclaire[2], consulter le sens intérieur et considérer ce point lumineux et divin, comme aurait dit Platon[3], où Dieu même nous apparaît avec ses adorables perfections.

---

1. *Recherche de la vér.*, liv. IV, ch. 1.
2. *Médit. chrét.*, v, 12. Il ne s'agit pas de la connaissance de l'âme dans ce passage d'où sont tirées textuellement ces belles expressions.
3. Platon, 1er *Alcibiade*, 133 B, 134 E.

Malebranche ne peut toucher à l'âme sans entrer en Dieu. On peut dire qu'avec la conscience il fait l'histoire de l'âme; mais dès qu'il essaie d'en faire la science, c'est la science de Dieu même qu'il fait. Descartes cherche l'âme en elle-même et Dieu dans l'âme; Malebranche cherche Dieu en Dieu même et l'âme en Dieu.

Nous venons de voir en quoi Malebranche modifie la méthode de Descartes, là où il veut et semble le suivre. Dans sa manière d'envisager les rapports de la raison et de la foi, il s'écarte complétement du sentiment de son maître.

On peut opposer la raison à la foi et sacrifier l'une ou l'autre; on peut, tout en les conciliant, les tenir séparées, renfermant chacune d'elles dans son domaine; enfin, on peut les unir sans pourtant les confondre. Voilà trois partis. Le premier est un parti extrême qu'on ne peut prendre que si on est incrédule en religion ou sceptique en philosophie; le second est celui de Descartes, le troisième celui de Malebranche.

Dans les *Méditations*, le Maître intérieur dit à son disciple : « Sache que l'évidence et la foi ne peuvent jamais tromper : mais ne prends pas la vraisemblance pour l'évidence, ni l'opinion de quelques docteurs pour la foi [1]. » Et quelques instants aupa-

---

1. *Médit. chrét.*, III, 6. — Voir aussi *Recherche de la vér.*, l. IV,

ravant le Maître divin avait dit : « Lorsque mes disciples rentrent en eux-mêmes et me consultent avec tout le respect et toute l'attention nécessaire, je découvre à leur esprit avec évidence plusieurs vérités qu'ils savaient seulement avec certitude à cause de l'infaillibilité de ma parole. »

Ces quelques mots contiennent toute la doctrine de Malebranche sur les rapports de la raison et de la foi. On peut la réduire à deux propositions principales. Voici la première : les idées claires et les dogmes, obscurs mais certains, étant deux sources infaillibles de connaissance, la raison et la foi sont choses distinctes, mais ont une égale autorité.

Voici maintenant la seconde : comme d'une part il est sage et parfois indispensable de s'aider de la révélation en philosophant, et que d'une autre part il est permis et même bon de philosopher sur les vérités révélées pour les découvrir d'une façon intelligible et claire, il y a un certain usage de la foi en philosophie qui est un des points les plus importants de la méthode.

Descartes eût souscrit sans hésiter à la première proposition ; mais dans la seconde il n'eût pas reconnu son esprit. En effet, quand Descartes veut

---

ch. III, 3, où Malebranche parle de ces personnes dont « la foi s'étend quelquefois, s'il est permis de le dire ainsi, jusqu'à des opinions philosophiques, » et de ces autres personnes « trop hardies » au contraire, qui « parlent des choses divines sans respect, avec une espèce de fierté, » et méprisent l'autorité de l'Église.

philosopher, il met à part les vérités de la foi. Il a pour elles un profond respect[1], mais par respect même et par prudence, il ne les regarde que de loin : il aurait peur qu'un commerce trop intime ne profanât ces choses saintes et ne lui ôtât à lui-même de son indépendance. Descartes est un croyant, je ne vois aucune raison de suspecter sa sincérité, mais dès que ce croyant pense, c'est un philosophe pur : il prend, pour ne pas choquer le dogme, des précautions craintives, mais il n'est nullement disposé à s'en aider dans ses recherches ou à l'approfondir par ses réflexions. Les vérités qu'il établit avec tant de vigueur, ce sont celles que tout homme usant bien de sa raison peut et doit admettre. Sans doute, sans le christianisme, il n'aurait pas cette décision et cette netteté ; les questions qu'il agite l'embarrasseraient un peu plus, et les solutions qu'il en donne ne seraient pas si assu-

---

1. « Præter cetera autem memoriæ nostræ pro summa regula est infigendum, ea quæ nobis a Deo revelata sunt, ut omnium certissima esse credenda, et quamvis forte lumen rationis quam maximum clarum et evidens aliud quid nobis suggerere videretur, soli tamen auctoritati divinæ potius quam proprio nostro judicio fidem esse addendam. Sed in iis de quibus fides divina nihil nos docet, minime decere hominem philosophum, aliquid pro vero assumere, quod verum esse nunquam perspexit. Et magis fidere sensibus hoc est inconsideratis infantiæ suæ judiciis quam maturæ rationi. » *Princ.* I, § 76. Et avant, il avait dit : « Si forte nobis Deus de se ipso vel aliis aliquid revelet quod naturales ingenii nostri vires excedat... non recusabimus illa credere quamvis non clare intelligamus. » § 26. — Paroles très-remarquables. J'ai cité tout cela en latin, parce que les expressions latines me paraissent avoir une précision et une vigueur que la traduction française ne rend pas.

rées : on sent bien qu'il se démontre la vérité qu'il possède, il ne cherche point ce qu'il n'a pas, et, s'il use si bien de sa raison, il le doit en partie à la foi chrétienne. D'un autre côté sa philosophie, en démontrant d'une manière solide l'existence d'une âme spirituelle et celle de l'être parfait, rend service à la religion, il le sait et s'en réjouit. Mais les vérités établies dans le *Discours de la méthode* et dans les *Méditations* sont indépendantes de toute foi positive, et telles qu'un païen à qui on supposera une raison droite, saine et ferme, les peut toutes accepter, sans connaître même de nom le christianisme. C'est l'homme « purement homme [1] » qui pense dans Descartes, et sa philosophie est tout humaine. Bien loin d'arrêter volontiers sa pensée sur les dogmes propres au christianisme, il se borne, dans la métaphysique même, à deux ou trois points fondamentaux, les seuls qui importent à son dessein ; pour les autres questions si graves et si séduisantes, il les écarte. Par quels motifs? parce qu'elles le détourneraient de son but, oui, mais aussi (cela se devine à la manière dont il en parle), parce qu'il en a peur. Ces grands problèmes ne tourmentent pas son âme qui se repose dans les solutions données par la foi, ils effraient son esprit : peut-être les juge-t-il humainement insolubles, ou tout au

---

1. *Disc. de la méthode*, part. 1.

moins très-difficiles, et surtout il redoute sur ce terrain brûlant le voisinage de la théologie et de la foi ; il évite avec une prudence timide toute approche qui pourrait devenir une occasion de brouille.

Malebranche ne pouvait pas garder la même réserve : tel que nous le connaissons, si foncièrement pieux et initié par sa piété même aux recherches philosophiques, comment aurait-il tenu à l'écart, même un instant, ces vérités de la foi, nourrices et institutrices de sa pensée? Par quelle fiction, vaine et dangereuse à ses yeux, en aurait-il fait abstraction pour philosopher? Il y tenait trop pour s'en séparer jamais. Il y a des âmes en qui la philosophie et la foi se rencontrent et s'unissent sans effort. Chez elles l'humble docilité n'est point une entrave à la liberté et à la hardiesse des réflexions : c'est leur foi qui appelle la lumière, et leur pensée, en la cherchant, se contient et se règle comme d'elle-même ; il n'y a point là de concessions ni de transactions, de sacrifices ni de luttes ; l'accord se fait naturellement, et ces âmes où règne l'harmonie ont dans toutes leurs démarches une aisance et une grâce qui ravit. Si le génie s'y joint, alors se font de grandes œuvres où la doctrine philosophique du temps apparaît vivifiée et transfigurée par l'esprit religieux. Malebranche appartient à cette famille d'âmes. Mais parmi ceux de sa race, il y en a qui sont plus théologiens que philosophes : en faisant usage de leur raison, ils songent surtout à organiser la foi, si je puis m'exprimer ainsi, à la constituer en science, et c'est dans ce dessein qu'ils s'aident de la philosophie de leur époque. Malebranche, lui, ne se propose rien de semblable. Il veut être et il est véritablement philosophe; sa philosophie, qui est née dans la foi, qui se développe dans la foi, qui aboutit au même terme que la foi, demeure néanmoins indépendante. Emporté sur plus d'un point à de téméraires opinions et encourant pour ces témérités des blâmes dont il souffre, il n'a pas même la tentation de regarder la foi comme une gêne: mais portant dans sa philosophie son âme tout entière, sa foi et sa piété, il entend que cette philosophie soit le fruit de la libre réflexion; et comme il n'en emprunte pas les principes à l'autorité, il veut qu'elle soit autre chose que le commentaire pur et simple du dogme. Voilà bien le philosophe chrétien.

Ce qui le rend si ferme dans sa résolution de ne suivre que la raison et la foi, « toujours soumis à l'autorité de l'Église, toujours prêt de se rendre à la raison[1], » comme il le dit lui-même, c'est qu'il est convaincu que le même Maître, le Verbe de Dieu, nous instruit au dedans, d'une manière intelligible, par l'évidence dont il éclaire tous les esprits, au

---

1. *Entretiens métaphysiques*, XIV, à la fin.

dehors, d'une manière sensible, par la parole infaillible de l'Eglise universelle. Ces deux enseignements qui ne se donnent ni ne se reçoivent de la même façon, n'en ont pas moins la même origine, qui est la raison souveraine. Comme, depuis le péché, les hommes grossiers et stupides se répandent au dehors par leurs sens et par leurs passions, au lieu de rentrer en eux-mêmes pour écouter le Verbe divin qui parle incessamment à l'esprit dans le plus secret de la raison, ce Verbe éternel, qui est la sagesse du Père et la raison universelle, prenant pitié d'eux, s'est rendu visible, s'est présenté devant eux, par des miracles qui ont frappé leurs sens et qui les ont surpris, les a obligés de l'écouter; et maintenant par la voie courte et sûre de l'autorité, par l'enseignement infaillible de la véritable Eglise que sa perpétuité et son universalité distinguent d'une manière si sensible de toutes les sectes particulières, Jésus-Christ instruit les hommes des vérités indispensables à leur perfection et à leur félicité [1]. Ainsi se trouve rétablie par le Verbe incarné l'union naturelle et essentielle que les hommes ont avec la raison. Comment donc l'autorité infaillible de l'Eglise pourrait-elle jamais se trouver contraire à la raison? « Jésus-Christ ne peut jamais être contraire à lui-même, la vérité in-

---

1. *Médit. chrét.*, II.

carnée à la vérité intelligible, le chef qui conduit l'Eglise à la raison universelle qui éclaire tous les esprits[1]. » Céder à l'évidence ou à l'autorité, c'est toujours céder à Dieu. On ne manque pas à l'humilité chrétienne quand on dit : « Je ne me soumets qu'à la raison[2], » et on ne « perd pas la qualité de raisonnable » quand on « assujettit son esprit à la foi[3]; » car enfin, notre sainte religion est fondée sur la souveraine raison qui s'est accommodée à nous afin de nous rendre plus raisonnables, et pour discerner la véritable Église, nous avons un moyen sûr et facile, qui est de considérer sa perpétuité et son universalité. Ainsi, nous sommes raisonnables dans notre soumission et notre obéissance; et la fin même de cette obéissance et de cette soumission, c'est de nous rendre plus conformes à la raison en nous unissant à elle plus étroitement.

Ces principes une fois posés, les fortes expressions par lesquelles Malebranche affirme la souveraineté de la raison n'ont plus rien qui nous étonne.

« Tout le monde se pique de raison, dit-il, dans son *Traité de morale*, et tout le monde y renonce ; cela paraît se contredire, mais rien n'est plus vrai. Tout le monde se pique de raison parce que tout homme porte écrit dans le fond de son être que

---

1. *Traité de morale*, I, vi, 2. — V. aussi *Entret. métaph.*, vi, 2.
2. *Entret. métaph.*, v, 9.
3. *Entret. métaph.*, xiv, fin. — *Médit. chrét.*, iii, 7.

d'avoir part à la raison c'est un droit essentiel à notre nature. Mais tout le monde y renonce, parce que l'on ne peut s'unir à la raison, et recevoir d'elle la lumière et l'intelligence, sans une espèce de travail fort désolant, à cause qu'il n'a rien qui flatte les sens. Ainsi les hommes voulant invinciblement être heureux, ils laissent là le travail de l'attention qui les rend actuellement malheureux. Mais s'ils le laissent, ils prétendent ordinairement que c'est par raison. Le voluptueux croit devoir préférer les plaisirs actuels à une vue sèche et abstraite de la vérité, qui coûte néanmoins beaucoup de peine. L'ambitieux prétend que l'objet de sa passion est quelque chose de réel et que les biens intelligibles ne sont qu'illusions et fantômes; car d'ordinaire on juge de la solidité des biens par l'impression qu'ils font sur l'imagination et sur les sens. Il y a même des personnes de piété qui prouvent par raison qu'il faut renoncer à la raison ; que ce n'est pas la lumière, mais la foi seule qui doit nous conduire, et que l'obéissance aveugle est la principale vertu des chrétiens : la paresse des inférieurs et leur esprit flatteur s'accommodera souvent de cette vertu prétendue, et l'orgueil de ceux qui commandent en est toujours content. De sorte qu'il se trouvera peut-être des gens qui seront scandalisés que je fasse cet honneur à la raison de l'élever au-dessus de toutes les puissances et qui s'imagineront que je me révolte contre les autorités légitimes, à cause que je prends son parti et que je soutiens que c'est à elle à décider et à régner. Mais que les voluptueux suivent leurs sens; que les ambitieux se laissent emporter à leurs passions, que le commun des hommes vive d'opinions ou se laisse aller où sa propre imagination le conduit : pour nous tâchons de faire cesser ce bruit confus qu'excitent en nous les objets sensibles. Rentrons en nous-mêmes ; consultons la vérité intérieure. Mais prenons bien garde à ne pas confondre ses réponses avec les inspirations secrètes de notre imagination corrompue. Car il vaut beaucoup mieux, il vaut infiniment mieux obéir aux passions de ceux qui ont droit de commander ou de conduire, que d'être uniquement son maître, suivre ses propres passions, s'aveugler volontairement en prenant dans l'erreur un air de confiance pareil à celui que la vue seule de la vérité doit donner [1]. »

J'ai voulu citer tout entière cette belle page tirée d'un livre plus souvent loué que lu. Peut-on réclamer avec une plus noble simplicité et une fierté plus tranquille en faveur des droits de la raison qui sont les droits de Dieu ? Peut-on mieux dire sa souveraine autorité, et le respect religieux qui lui est dû, et le travail par lequel il faut mériter d'en être éclairé, et les attaques dont elle est l'objet, et les

---

1. *Traité de morale*, I, ch. II, 13.

illusions où l'on peut tomber en croyant la suivre? Mais cette admirable page n'est pas la seule où Malebranche se montre résolu à ne point vivre d'opinion et soutienne que c'est à la raison à décider et à régner.

Dans ce même *Traité de morale*, il dit encore que, quoi que l'autorité humaine décide et que la coutume autorise, si l'on reconnaît évidemment qu'on se trompe, il vaut mieux renoncer à tout qu'à la raison[1]. Dans les *Entretiens métaphysiques*, il déclare que de prétendre se dépouiller de sa raison comme on se décharge d'un habit de cérémonie, c'est se rendre ridicule et tenter vainement l'impossible. Et il condamne l'erreur et la folle imprudence de ceux qui veulent bannir la raison de la religion, et ne voient pas que l'abandonner aux ennemis de la foi, c'est nous exposer à être bientôt poussés à bout et décriés comme des brutes[2].

Mais si la religion a pour origine la raison divine elle-même, et pour fin de nous rattacher à notre auteur et de nous faire trouver en lui toute vérité, à

---

1. *Traité de morale*, I, ch. vi, 2.
2. *Entret. métaph.*, v, 9. — Dans la *Recherche de la vérité*, Malebranche dit en termes qui rappellent ceux de Pascal dans la préface du *Traité du vide*: « En matière de théologie, on doit aimer l'antiquité, parce qu'on doit aimer la vérité, et que la vérité se trouve dans l'antiquité; il faut que toute curiosité cesse, lorsqu'on tient une fois la vérité; mais en matière de philosophie on doit au contraire aimer la nouveauté par la même raison qu'il faut toujours aimer la vérité, qu'il faut la chercher et qu'il faut avoir sans cesse de la curiosité pour elle. » Liv. II, part. ii, ch. v.

quoi bon la science? la meilleure philosophie ne sera-ce pas la vertu et la sainteté?

Nous lisons dans Malebranche: « La méthode la plus courte et la plus assurée pour découvrir la vérité et pour s'unir à Dieu de la manière la plus pure et la plus parfaite qui se puisse, c'est de vivre en véritable chrétien. C'est de suivre exactement les préceptes de la vie éternelle, qui ne s'est unie à nous que pour nous réunir avec elle; c'est d'écouter plutôt notre foi que notre raison, et de tendre à Dieu, non tant par nos forces naturelles qui depuis le péché sont toutes languissantes, que par le secours de la foi, par laquelle seule Dieu veut nous conduire dans cette lumière de la vérité qui dissipera toutes nos ténèbres; car enfin il vaut beaucoup mieux, comme les gens de bien, passer quelques années dans l'ignorance de certaines choses et se trouver en un moment éclairés pour toujours, que d'acquérir par les voies naturelles, avec beaucoup d'application et de peine, une science fort imparfaite et qui nous laisse dans les ténèbres pendant toute l'éternité[1]. » C'est par ces lignes remarquables que se terminent les six livres où Malebranche a longuement décrit « la voie naturelle de rechercher la vérité. »

Est-ce donc en vain que Malebranche a indiqué

---

1. *Recherche de la vérité*, à la fin.

cette voie pénible où pourtant il semble s'engager avec joie? Croit-il la philosophie inutile, ou ce qu'il appelle philosophie n'était-ce donc encore que la foi, sous une autre dénomination? Se reproche-t-il d'avoir dit « les principales choses qui peuvent fortifier et conduire l'attention de l'esprit? [1] »

Non, telle n'est point sa pensée. Mieux vaut mille fois ne suivre que la foi, que de se perdre en suivant la raison ; mieux vaut mille fois n'avoir que fort peu de lumière dans cette courte et misérable vie que de se priver de la pleine lumière de l'éternité en se laissant séduire par les fausses lueurs d'une philosophie téméraire et impie [2]. Voilà tout ce que Malebranche a voulu dire. Il y a une métaphysique outrée qui corrompt la foi ; il y a une trompeuse sagesse qui consiste à dire « tout ce qui vient à l'esprit [3] » et qui par des inventions humaines offusque ou étouffe la vérité ; il y a un orgueil philosophique qui « éteint en nous toutes les lumières [4] » et laisse l'âme superbe dans les plus déplorables ténèbres [5]. Encore un coup, mieux vaut la sainte ignorance de la foi ; une connaissance pleine et lumineuse y succédera dans l'autre vie. Mais ce n'est

---

1. *Recherche de la vérité*, à la fin.
2. Voir au liv. IV de la *Recherche de la vérité*, ch. vi, 2.
3. *Entret. métaph.*
4. *Traité de morale*, I, ch. v, 9.
5. *Recherche de la vérité*, liv. IV, ch. iii, 3. Deux excès : « Ceux qui veulent *toujours croire aveuglément*, ceux qui veulent *toujours voir évidemment.* »

pas à dire que la philosophie soit inutile. La foi conduit, mais l'évidence éclaire; chercher l'évidence serait-ce donc perdre sa peine ? ou bien, serait-ce se rendre coupable ? Pourquoi ? n'est-ce pas pour arriver à l'évidence, c'est-à-dire à l'intelligence que la foi nous a été donnée ? Le Verbe fait chair n'est notre modèle que pour nous conformer à la raison : modèle indispensable de toutes les intelligences, modèle sur lequel le premier homme a été formé, modèle sur lequel nous devons être réformés par la folie apparente de la foi, qui nous conduit par nos sens à notre raison, à la contemplation de notre modèle intelligible [1]. « L'homme renversé par terre s'appuie sur la terre, mais c'est pour se relever. Jésus-Christ s'accommode à notre faiblesse, mais c'est pour nous en tirer. La foi ne parle à l'esprit que par le corps, il est vrai; mais c'est afin que l'homme n'écoute plus son corps, qu'il rentre en lui-même, qu'il contemple les véritables idées des choses, et fasse taire ses sens, son imagination et ses passions. C'est afin qu'il commence sur la terre à faire de son esprit l'usage qu'il en fera dans le ciel, où l'intelligence succédera à la foi, où le corps sera soumis à l'esprit, où la raison seule sera la maîtresse; car le corps de lui-même ne parle à l'esprit que pour le bien du corps, c'est une vérité es-

---

1. *Traité de morale*, I, ch. v, 12. — Voir aussi *Recherche de la vérité*, liv. VI, part. 1, ch. III, à la fin.

sentielle dont on ne peut trop se convaincre. » S'il en est ainsi, comment la foi rendrait-elle la philosophie inutile, ou comment la philosophie pourrait-elle inquiéter, alarmer la foi ? La philosophie consiste essentiellement dans le libre usage de la raison et dans un effort réglé pour contempler *les véritables idées des choses*. La philosophie c'est la recherche de l'évidence, de l'intelligence. C'est donc une belle et sainte chose que la philosophie : par elle, l'homme régénéré commence à user des prérogatives que le péché lui avait ôtées. Par elle il s'essaye à voir ce que la foi lui fait croire ; par elle il tâche de se placer dans ce bienheureux état pour lequel il est fait et qui ne sera stable et achevé que dans l'autre vie. « Il commence sur la terre à faire de son esprit l'usage qu'il en fera dans le ciel, où l'intelligence succédera à la foi. » Oui, « l'évidence, l'intelligence, succédera à la foi. Car la foi passera, mais l'intelligence subsistera éternellement[1]. »

Qu'on ne dise donc pas que les chrétiens n'ont pas besoin de philosophie[2]. C'est à eux proprement

---

1. *Traité de morale*, I, ch. v, 13, et ch. ii, 11.
2. Malebranche reconnaît d'ailleurs que « les gens de bien et ceux qui ont le plus de foi n'ont pas toujours le plus d'intelligence. Ils peuvent connaître Dieu par la foi, et l'aimer par le secours de la grâce, sans savoir qu'il est leur tout de la manière dont les philosophes peuvent l'entendre, et sans penser que la connaissance abstraite de la vérité soit une espèce d'union avec lui. Il ne faut donc pas être surpris s'il y a si peu de personnes qui travaillent à fortifier l'union naturelle qu'ils ont avec Dieu par la connaissance de la vérité, puisqu'il est nécessaire pour cela de combattre sans cesse contre les impressions

qu'il appartient de philosopher. Eux seuls, grâce à la révélation, possèdent la vérité totale et pure de tout mélange ; eux seuls, par l'effet de la grâce régénératrice, ont la liberté et la force d'esprit nécessaires pour bien philosopher [1]. Il y a des sciences incertaines et inutiles. Il vaut mieux les mépriser tout à fait que de s'en laisser charmer et éblouir. On peut condamner au feu les poëtes et les philosophes païens, les rabbins, quelques historiens et un grand nombre d'auteurs qui font la gloire et l'érudition de quelques savants. Mais la connaissance de l'homme et la connaissance de la nature en tant qu'elles servent à la connaissance de Dieu, on ne peut raisonnablement les mépriser. « La connaissance de la cause universelle ou de l'existence d'un Dieu est absolument nécessaire, puisque même la certitude de la foi dépend de la connaissance que la raison donne de l'existence d'un Dieu. On doit savoir que c'est *sa volonté qui fait et qui règle la nature ;* que la force ou la puissance des causes naturelles n'est que sa volonté ; en un mot que toutes

---

des sens et des passions d'une manière bien différente de celle qui est familière aux personnes les plus vertueuses ; car les plus gens de bien ne sont pas toujours persuadés que les sens et les passions sont trompeurs en la manière que nous l'avons expliquée dans les livres précédents. » *Rech. de la vér.*, V, ch. v. — Voir aussi *Entret. métaph.*, XIII, 7, sur « les *personnes éclairées,* qui savent les vrais principes de la Providence, » et sur « les *simples,* qui, se rendant uniquement à l'autorité, n'en ont pas besoin, et même pourraient les prendre mal, faute d'application et d'intelligence. »

1. *Traité de morale*, I, ch. II, 11. — Ch. V et VI.

choses dépendent de Dieu en toutes manières¹. »

La démonstration claire de cette vérité essentielle, c'est pour Malebranche, nous le savons, toute la métaphysique. La métaphysique avec les sciences qui y préparent et y acheminent l'esprit, voilà donc ce qu'il est bon et beau d'étudier ; et nul, plus que le chrétien, n'a le droit, le pouvoir et le devoir de s'y exercer et d'y exceller.

C'est cette philosophie vraiment chrétienne que les Pères, et en particulier saint Augustin, ont fondée et édifiée. C'est cette même philosophie qui, longtemps abandonnée, a été restaurée par Descartes. Malebranche est sévère jusqu'à l'injustice pour la scolastique. Il lui reproche cette étroite alliance avec Aristote où il voit une humiliation pour l'esprit chrétien ; il lui semble que cette belle liberté chrétienne, fruit de la rédemption, est compromise et perdue[2], et il se plaint que des intelligences éclairées de la lumière de l'Évangile, se soient asservies à un maître païen.[3] C'est une honte et presque une impiété. Les philosophes oublient que l'âme est faite à l'image de Dieu et pour la vérité à laquelle seule elle est immédiatement unie. Saint Augustin

---

1. *Rech. de la vér.*, IV, ch. VI, 2.
2. Voir dans la *Recherche de la vérité* la préface, et au liv. IV, le ch. III, 3.
3. « On entre insensiblement dans le sentiment des païens par le respect que l'on a pour leur philosophie ; il est vrai que la foi nous redresse ; mais peut-être que l'on peut dire que si le cœur est chrétien, le fond de l'esprit est païen. » *Rech. de la vér.*, liv. VI, part. II, ch. III.

le leur aurait appris. Mais à la suite du païen Aristote ou de quelque misérable commentateur, ils se contentent de répéter que l'âme est la *forme* du corps et ne la considèrent que dans ce rapport et cette union avec le corps [1]. Ces mêmes philosophes oublient que c'est Dieu qui fait tout, et ils peuplent le monde de forces, de vertus, vaines fictions, fantômes sans consistance, qui usurpent la puissance divine, et, semblables à autant de petites divinités, sont l'objet d'une idolâtrie d'un nouveau genre, puisqu'on les regarde comme des causes efficaces, pouvant agir sur les corps, et même éclairer les âmes et contribuer à leur perfection et à leur félicité [2]. Enfin ces philosophes mettent toute leur confiance dans le syllogisme, et, au lieu de contempler les idées des choses, s'amusent à des combinaisons de mots, ingénieuses et stériles. Ainsi les deux vérités fondamentales de la métaphysique, l'union immédiate avec Dieu, et l'action seule efficace de la cause universelle, sont ruinées par cette philosophie plus païenne que chrétienne ; et le précepte capital de la logique est également méconnu par elle. C'est la gloire de Descartes d'avoir ramené les esprits à eux-mêmes et à Dieu. Malebranche lui en a une reconnaissance profonde. « On sent une secrète joie,

---

1. *Recherche de la vérité*, préface.
2. Voir *Rech. de la vér.*, liv. III, part. II, ch. X. — Liv. VI, part. II, ch. II et III. — *Entret. métaph.*, passim et surtout VII. — *Méd. chrét.*

dit-il avec émotion, d'être né dans un siècle et dans un pays assez heureux pour nous délivrer de la peine d'aller chercher dans les siècles passés parmi les païens, et dans les extrémités de la terre parmi les barbares ou les étrangers, un docteur pour nous instruire de la vérité ou plutôt un moniteur assez fidèle pour nous disposer à en être instruits[1]. » Ainsi cette philosophie cartésienne, moderne et française, est essentiellement chrétienne : elle secoue le joug d'Aristote et des païens, le joug des commentateurs arabes ou scolastiques, le joug des formules et des mots, elle brise toutes les idoles : le corps, utile à sa place, mais destiné à servir, non à commander ; les prétendues causes naturelles, occasions de l'action divine mais dénuées par elles-mêmes de toute efficace ; les syllogismes, procédé quelquefois commode, mais obstacle à la science, si on les croit capables de produire la lumière ; l'autorité enfin des opinions érigées en dogmes infaillibles et consultées au lieu du maître intérieur : elle brise tout cela, et sur ces ruines dont un chrétien doit se réjouir, elle rétablit l'empire souverain

---

[1]. *Rech. de la vér.* Conclus. des trois derniers livres. — Voir aussi le ch. III de la 2ᵉ part. du liv. VI. Là, Malebranche oppose à la « misérable philosophie » païenne « qui ruine le culte du vrai Dieu » la philosophie « que l'on appelle nouvelle, » laquelle « ruine toutes les raisons des libertins par l'établissement du plus grand de ses principes, qui s'accorde parfaitement avec le premier principe de la religion chrétienne : qu'il ne faut aimer et craindre qu'un Dieu... »

de Dieu, seule lumière des esprits et seule cause efficace de toutes choses.

Nous devons mieux voir maintenant comment la pensée qui inspire la philosophie de Malebranche est étroitement liée à la foi ; on ne comprend rien à son système ni à sa méthode, si on ne tient pas compte du sentiment chrétien qui chez lui anime tout. Il aime la métaphysique, il l'aime passionnément, mais il la veut chrétienne dans ses principes et dans sa fin. Il donne des préceptes de méthode et fait une logique, mais c'est une logique tout imprégnée de christianisme et faite pour des chrétiens. Il admire Descartes, c'est pour des raisons chrétiennes ; il le suit souvent, c'est en chrétien. « La religion c'est la vraie philosophie, » dit-il quelque part[1], et il ajoute : « Ce n'est pas, je l'avoue, la philosophie des païens, ni celle des discoureurs qui disent ce qu'ils ne conçoivent pas, qui parlent aux autres avant que la vérité leur ait parlé à eux-mêmes. » Lui tâche d'écouter la raison, cette raison infaillible, immuable, incorruptible, qui doit toujours être la maîtresse et que Dieu même suit. En recueillant les divines réponses, il se fait une philosophie où tout ce que la foi possède implicitement et obscurément se retrouve déployé en quelque sorte et lumineux ; et de cette manière, la religion même, mais

---

1. *Traité de morale*, I, ch. II, 11.

comprise et goûtée dans la lumière, la religion, mais connue avec évidence et devenue toute éclatante de la lumière intelligible de la raison, est la vraie philosophie.

Dans ce travail par lequel l'esprit tâche d'acquérir l'intelligence des vérités de la foi, les dogmes ont-ils un rôle analogue à celui des définitions en géométrie? Non ; ils sont au-dessus de toute discussion, ils doivent être admis sans examen, ils sont supposés incontestables, mais c'est la théologie qui prend les dogmes pour principes et travaille à en tirer toutes les conséquences qu'ils contiennent, ce n'est pas l'œuvre de la philosophie. « Nous ne pensons aujourd'hui qu'à philosopher, dit Malebranche au commencement des Entretiens métaphysiques, et quoique vous soyez parfaitement soumis à l'autorité de l'Église, vous voulez que je vous parle d'abord comme si vous refusiez de recevoir les vérités de la foi pour principes de nos connaissances. En effet, la foi doit régler les démarches de notre esprit, mais il n'y a que la souveraine raison qui le remplisse d'intelligence [1]. » En philosophie les dogmes ont le même rôle que les expériences en physique. Le principal objet de ceux qui veulent connaître la vérité, ce sont les idées claires. Mais il faut s'appuyer sur des expériences incontestables. Les

---

1. *Entret. métaph.*, I.

expériences, ce sont, pour le philosophe, les faits dont nous sommes convaincus par le sentiment intérieur de ce qui se passe en nous, ce sont aussi les faits que la foi nous enseigne. La connaissance des dogmes n'est pas la science, elle la rend possible et la prépare.

Dans le quatorzième entretien sur la métaphysique, Malebranche nous explique toute sa pensée. « Je tâche de bien m'assurer des dogmes sur lesquels je veux méditer pour en avoir quelque intelligence, et alors je fais de mon esprit le même usage que font ceux qui étudient la physique. Je consulte, avec toute l'attention dont je suis capable, l'idée que j'ai de mon sujet, telle que la foi me la propose[1]. Je remonte toujours à ce qui me paraît de plus simple et de plus général, afin de trouver quelque lumière : lorsque j'en trouve, je la contemple, mais je ne la suis qu'autant qu'elle m'attire invinciblement par la force de son évidence. La moindre obscurité fait que je me rabats sur le dogme qui, dans la crainte que j'ai de l'erreur, est et sera toujours inévitablement ma règle dans les questions qui regardent la foi.

« Ceux qui étudient la physique ne raisonnent jamais contre l'expérience, mais aussi ne concluent-ils jamais par l'expérience contre la raison : ils hé-

---

1. C'est là ce que Malebranche appelait tout à l'heure « tâcher de bien s'assurer des dogmes sur lesquels on veut méditer. »

sitent, ne voyant pas le moyen de passer de l'une à l'autre. Les faits de la religion ou les dogmes décidés sont mes expériences en matière de théologie. Jamais je ne les révoque en doute : c'est ce qui me règle et me conduit à l'intelligence. Mais lorsque, en croyant les suivre, je me sens *heurter* contre la raison, je m'arrête tout court, sachant bien que *les dogmes de la foi et les principes de la raison* doivent être d'accord *dans la vérité*, quelque opposition qu'ils aient dans mon esprit. Je demeure donc soumis à l'autorité, plein de respect pour la raison, convaincu seulement de la faiblesse de mon esprit et dans une perpétuelle défiance de moi-même. Enfin, si l'ardeur pour la vérité se rallume, je recommence de nouveau mes recherches ; et par une attention alternative aux idées qui m'éclairent et aux dogmes qui me soutiennent et qui me conduisent, je découvre, sans autre méthode particulière, le moyen de passer de la foi à l'intelligence. Mais pour l'ordinaire, fatigué de mes efforts, je laisse aux personnes plus éclairées ou plus laborieuses que moi, une recherche dont je ne me crois pas capable, et toute la récompense que je tire de mon travail, c'est que je sens toujours, de mieux en mieux, la petitesse de mon esprit, la profondeur de nos mystères et le besoin extrême que nous avons tous d'une autorité qui nous conduise [1]. »

1. *Entret. métaph.*, XIV, 4.

Comprenons-le donc bien : les vérités de la foi ne sont pas pour Malebranche les principes de sa philosophie : elles ne sont pas pour lui des formules d'où il tire sa métaphysique par voie de déduction. Non, mais qu'il prie ou qu'il pense, qu'il écoute le maître intérieur en chrétien dans l'oraison, ou en philosophe dans le travail de la méditation, elles sont là ces vérités, elles demeurent vivantes dans son âme, elles l'inspirent, elles le soutiennent, elles le guident, présentes toujours, mais invisibles. Il n'appuie pas les dogmes sur le raisonnement, il les appuie sur l'autorité de l'Église [1]; mais quand il cherche les preuves de ces dogmes, c'est dans les principes les plus simples et les plus clairs que la raison nous fournisse. Ces principes simples et clairs, la raison les fournit, entendons-le bien, la raison, et non pas la foi. Si notre esprit a assez de force pour les atteindre et des prises assez puissantes pour les retenir, c'est que la grâce régénératrice le fortifie. Mais enfin ce sont des principes de raison. Il faut que l'âme soit purifiée, délivrée, guérie, vivifiée par les secours de la foi, pour contempler les idées véritables des choses, qui sont les vrais principes de la philosophie. Il n'en résulte pas que ces idées soient transmises par la révélation et connues par la foi : elles sont vues par l'esprit, connues avec

---

1. *Entret. métaph.*, XIV, 13.

évidence, et bien qu'une grâce médicinale soit nécessaire pour nous rendre notre clairvoyance, elles sont naturellement visibles et font partie de ce que l'on appelle l'ordre naturel.

Ainsi il y a des vérités que la foi n'enseigne pas, et, outre que la foi ne s'étend qu'à un certain nombre de vérités, il n'y a que l'évidence qui éclaire parfaitement l'esprit. C'est donc une chose incontestable que Malebranche ne professe pas une « philosophie fondée sur des principes révélés, » une philosophie qui soit « le développement de la parole sacrée [1]. » C'est une chose incontestable que sans cesse soutenu et réglé par la foi, animé et vivifié par la piété dans toutes les démarches de son esprit, il emprunte, non pas à l'autorité, mais à la raison seule, des principes que d'ailleurs sans le secours de la foi il ne découvrirait pas si nettement et n'affirmerait pas si fermement ; et qu'ainsi, ayant pour principes de sa philosophie les idées claires, mais prenant son point de départ dans la conscience et son point d'appui dans la foi, il s'efforce d'enchaîner rigoureusement les unes aux autres des vérités lumineuses dans un ordre simple et naturel pour se démontrer l'action incessante de la cause universelle dans le monde, expliquer par là toutes choses autant que la faiblesse de l'esprit humain le

---

1. L'abbé Bautain, *Psychologie expérimentale*, t. I, pages LXXXI et LXXXVIII.

permet, et « répandre sur les vérités de la foi cette lumière qui sert à rassurer l'esprit et à le mettre d'accord avec le cœur[1]. »

Une telle philosophie est indépendante de la foi, nous l'avons montré, mais une telle philosophie ne peut pas se passer de la foi, cela est évident. « Je me trouve court à tout moment, dit Malebranche, quand je prétends philosopher sans le secours de la foi[2]. »

Souvent, là où l'esprit demeure hésitant, la foi fournit des solutions nettes et précises qui raffermissent la pensée et lui ouvrent des horizons nouveaux.

De plus, sans la foi, l'esprit reste forcément dans le cercle des vérités naturelles ; et en supposant (ce qui n'est pas, nous l'avons vu) qu'il pût les atteindre toutes sans trop d'efforts, les retenir toutes sans mélange d'erreur, les démontrer toutes sans hésitation, il n'embrasserait encore que le premier de nos deux ordres de connaissances : le surnaturel lui échapperait entièrement. C'est la foi qui nous fait entrer dans le surnaturel, c'est elle par conséquent qui seule nous permet d'embrasser l'ensemble des choses. Or si la philosophie se propose d'étudier l'action de Dieu dans la création, il est clair qu'elle demeure incomplète si elle voit Dieu agissant dans

---

1. *Entret. métaph.*, xiv, à la fin.
2. *Id.*, ix, 6.

l'ordre naturel (physique et moral) sans le voir agissant dans l'ordre surnaturel ; et, puisque sans la foi le surnaturel demeure inconnu, sans la foi la philosophie est nécessairement incomplète. Mais il y a plus, comme l'ordre naturel existe pour l'ordre surnaturel, comme au fond tout existe en vue de Jésus-Christ, sans la foi, l'ordre naturel lui-même manque de son explication la plus haute ; il est donc mal connu ; la dernière fin des choses nous échappe, et le grand secret de la Providence que pourtant nous pouvions connaître, nous reste forcément inconnu.

Enfin, dans les limites mêmes de l'ordre naturel, accessible à la raison, on est à chaque instant en danger de s'égarer. Sans la foi, on est sans secours et sans protection contre tant de séductions, d'illusions et d'erreurs. « Ces fantômes caressants [1] » nous attirent et nous entraînent, « ces fantômes effrayants » nous déconcertent et nous troublent. Il y a des choses fausses qui sont tellement mêlées de vérité qu'on peut aisément se laisser tromper par ces belles apparences ; il y a des vérités si périlleuses, séparées de l'erreur par une ligne si délicate, qu'il est difficile de les garder dans leur intégrité. Ainsi le panthéisme a un faux air de vérité qui tente l'esprit, et cette grande vérité de l'action incessante et universelle de Dieu dans la création est

---

1. *Entret. métaph.*; v, 13.

entourée de mille erreurs dont il n'est pas aisé de se garantir. « O Dieu, s'écrie Malebranche, si vous ne m'éclairez de votre lumière, l'amour que j'ai pour la vérité me précipitera dans quelque erreur. Car je me sens porté à croire que ma substance est éternelle, que je fais partie de l'être divin, et que toutes mes diverses pensées ne sont que des modifications particulières de la raison universelle [1]. » Qu'est-ce qui arrêtera l'esprit sur cette pente glissante ? Qu'est-ce qui lui donnera assez de force pour considérer les principes qu'on oublie quand on en vient à ces conséquences « impies et téméraires [2] ? » N'est-ce pas la foi ? « Ceux mêmes qui ont le plus d'esprit, s'ils s'écartent de la foi, s'écartent du chemin qui mène à l'intelligence. Ils rompent l'enchaînement des vérités qui toutes se tiennent de manière qu'une seule *fausse vérité* étant supposée, on peut renverser toutes les sciences, si l'on sait raisonner conséquemment [3]. » Enfin, pour acquérir ces vertus de l'esprit que Malebranche appelle la force et la liberté, pour résister aux sens, à l'imagination, aux passions, et faire dans l'âme ce silence sans lequel on écoute mal le maître intérieur, il faut des efforts dont on n'est pas capable sans le secours de la foi [4].

1. *Médit. chrét.*, IX, 15.
2. Le « misérable Spinoza » va jusqu'au bout et s'égare. *Ib.* 13-16.
3. *Traité de morale*, I, ch. v, 7.
4. Voir le *Traité de morale*. — Fontenelle dit dans l'*Éloge de*

Ainsi, sans la foi, la philosophie, mal assurée dans ses commencements, hésitante souvent et prête à défaillir dans sa marche ou à s'égarer, sans secours contre les tentations et les difficultés de la route, a encore cet inévitable inconvénient de ne pouvoir pas embrasser son objet tout entier et de ne pas atteindre son but total, puisque le surnaturel lui demeure fermé et que dans le surnaturel se trouve l'explication suprême de tout le reste. C'est donc une méthode incomplète que celle qui dit : garde ta foi, mais philosophe comme si tu ne croyais pas. La vraie méthode dit : philosophe avec ta foi, tu cherches l'intelligence, tâche de l'acquérir par la science et par la foi réunies.

Telles sont les différences que l'on découvre entre la méthode de Malebranche et celle de Descartes, quand on les compare attentivement. Ces différences se retrouvent dans le style des deux philosophes. Je ne vois guère qu'un seul trait qui soit commun à l'un et à l'autre : c'est, dans une simplicité parfaite, la distinction naturelle et aisée. Hors de là tout est dissemblable. Quand Descartes expose, c'est avec une précision sévère et une sorte de hau-

---

Renaud d'Élisagaray : « Jamais Malebranchiste ne l'a été plus parfaitement, et comme on ne peut l'être à ce point sans *une forte persuasion des vérités du Christianisme* et, ce qui est infiniment plus difficile, *sans la pratique des vertus qu'il demande*, M. Renaud suivit le système jusque-là. »

teur : il explique sa pensée et la prouve, attentif à convaincre, non à toucher. Malebranche, non moins amoureux que Descartes de netteté et de rigueur, cherche dans les termes abstraits une exactitude toute scientifique. Mais, d'une part, voulant rendre avec la dernière précision des pensées parfois subtiles, il écrit çà et là des phrases étranges et obscures ; d'autre part, il porte dans l'abstraction et dans la science l'éclat ou la séduction d'un langage vif, animé [1], tour à tour éloquent et poétique. Au milieu même de ses démonstrations, il dit, selon le mot de Leibnitz, » beaucoup de belles choses [2]. » Veut-il, comme dans la *Recherche de la Vérité*, nous mettre sous les yeux nos faiblesses : il juge qu'il faut nous les « faire sentir [3] ; » et de là ces ingénieuses analyses, ces vives peintures, et aussi ces véhémentes exhortations où l'on admire la sagacité exquise du moraliste et la verve heureuse de l'écrivain. Comme cela diffère du *Discours de la Méthode*, du *Traité des Passions* et des *Règles pour la direction de l'esprit!* A-t-il le dessein de

---

1. Prière qui précède les *Médit. chrét.* « Donnez-moi dans le cours de cet ouvrage, que je compose uniquement pour votre gloire, des expressions claires et véritables, vives et animées, et telles qu'elles puissent augmenter en moi ou dans ceux qui voudront bien méditer avec moi, la connaissance de vos grandeurs et le sentiment de vos bienfaits. »
2. Leibnitz, 6ᵉ lettre à *Malebranche*. (Cousin, *Fragments de philosophie moderne*, t. II, p. 53.)
3. *Recherche de la vérité*, liv. I, ch. xx.

réduire ses principes à quelques propositions brèves, précises, semblables à des formules, comme dans le *Traité de Morale* et surtout dans le *Traité de la Nature et de la Grâce* : bientôt il s'échappe, et il ne peut se défendre d'être éloquent : tant il est touché des choses qu'il dit, et soucieux de toucher les autres! Considérez maintenant Descartes et Malebranche écrivant l'un et l'autre des *Méditations* : dans Descartes vous saisissez le travail d'une pensée vigoureuse se surveillant elle-même sévèrement et marchant froidement à son but ; dans Malebranche vous assistez à l'entretien d'une âme avec le Verbe divin : l'âme consulte le maître intérieur et l'interroge, lui soumet ses doutes et ses inquiétudes, lui oppose parfois quelque résistance, et puis se soumet et se rend : la divine lumière la pénètre et dissipe tous les nuages ; la voix intérieure l'instruit et triomphe de toutes les oppositions. Et dans tout cela, rien de factice, rien qui ressemble à une fantaisie d'artiste ; Malebranche est là dans son naturel : il ne fait pas un livre, il médite et il prie.

Quand le dialogue, au lieu d'être institué entre l'esprit créé et la Sagesse éternelle, se passe entre plusieurs personnages humains, la différence avec Descartes n'est pas moins éclatante. Qu'à l'*Inquisitio veritatis per lumen naturale*, le seul dialogue que Descartes ait écrit, on compare les *Conversations chrétiennes* et les *Entretiens métaphysiques*.

Descartes a voulu montrer par une conversation philosophique entre *honnêtes gens*, que l'application simple et régulière de l'esprit sans aucun appareil logique, sans grand savoir puisé dans les livres, sans aucun fatras d'école, est ce qu'il y a de plus efficace pour atteindre la vérité. Malebranche a de plus une préoccupation morale partout présente, et les écrits que je viens de nommer nous offrent l'image de ces entretiens où il se plaisait [1] et dont Dieu seul, selon ses propres expressions, était « l'âme, » en même temps que « le principe et la fin [2]. »

Ainsi, au plus absolu mépris pour tous les artifices de style il unit le soin de « rendre la vérité sensible, agréable, touchante [3]. » Et il y réussit sans effort. Métaphysicien profond et hardi, il écrit avec son âme, en présence de la vérité, c'est-à-dire de Dieu même, et avec le souci constant de faire du bien aux âmes de ses lecteurs. Là est le secret du charme irrésistible de ces « paroles par lesquelles il pénètre dans les esprits et verse dans les cœurs ce que le sien ne peut contenir [4]. » Je ne connais pas de langage plus complétement sincère. Quand il emploie des expressions fortes ou gracieuses, qui semblent poétiques, quand il a recours, comme Pla-

---

1. Voyez plus haut, ch. I, p. 17.
2. *Entret. métaph.*, VII, 14.
3. *Rech. de la vérité.* — *Médit. chrét.* — *Entret. métaph.* passim.
4. *Entret. métaph.*, VII, 14.

ton ou saint Augustin, à de belles métaphores, c'est qu'à son sens aucun autre mot ne rendrait mieux la pensée et la réalité : un terme abstrait serait moins exact ; car, semblable à un signe algébrique, il énoncerait l'idée, mais rien que l'idée ; et ce je ne sais quoi de vif et d'intime, qui ne se définit pas, qu'on ne peut renfermer dans l'enceinte d'un mot, ce qu'il y a au fond même de l'âme, et ce quelque chose de divin qui y apparaît, cela ne serait pas rendu. Rien donc ne serait plus inexact que ce terme prétendu exact. « Dieu est ma lumière, et il m'éclaire ; Dieu est ma vie et il me nourrit... Quoi ! serais-je donc moi-même ma propre lumière ? Je n'y puis penser sans quelque espèce d'horreur..... O Dieu, quand je découvre quelque vérité que ce puisse être, c'est vous qui m'éclairez ; quand je vois la beauté de l'ordre, c'est vous qui m'exhortez ; quand j'entends les reproches secrets de la raison, c'est vous qui me corrigez, et c'est vous encore qui me consolez et me punissez, lorsque je sens intérieurement des remords qui me déchirent les entrailles ou ces paroles de paix qui me remplissent de joie [1]. » Poétiques, mais substantielles paroles, dont l'âme habituée à ces spectacles intérieurs et à ces entretiens intimes comprend la solidité et goûte l'exquise douceur. Non, Malebranche ne s'amuse pas à faire

---

1. *Entr. métaph*, v, 4. — *Médit. chrét.*, ii, 15.

du style. Quand il nous dit que de croire les corps efficaces par eux-mêmes, ce serait en faire autant de divinités [1], il ne déclame pas, il ne fait que rendre sa pensée. Quand il parle de son âme qui ne peut s'appliquer qu'à son doigt offensé et qui est toute pénétrée de douleur [2], il ne fait pas une phrase, il exprime avec force une vérité d'expérience. Quand il montre en tant d'endroits (nous l'avons vu) les sens avertissant l'homme innocent et se taisant au premier signe, au lieu de l'inquiéter et de troubler son repos [3], il ne rêve pas, il prétend dire des choses précises, mais il les dit avec je ne sais quelle grâce émue. Enfin, quand il s'écrie : « toujours semblable à un enfant, je prends de la boue et des tuiles cassées, je m'amuse à bâtir une hutte qui ne peut contenir que la moindre et la dernière partie de mon être, » il ne songe pas à faire de la poésie, il constate avec douleur, avec terreur, cette malheureuse stupidité de l'âme qu'il expérimente en lui-même, par laquelle nous préférons « de faux biens qui passent aux vrais biens qui ne passent pas [4]. »

1. *Entret. métaph.*, VII.
2. *Entret. métaph.*, V.
3. *Entret. métaph.* et *Médit.*
4. *Médit. chrét.*, XVII, 9. On peut rapprocher de ce passage une belle page de saint François de Sales. « Quand nous étions petits enfants, avec quel empressement assemblions-nous des petits morceaux de tuile et de bois, et de la boue pour faire des maisons et des petits bâtiments ! Et si quelqu'un nous les minoit, nous en étions bien marris et nous pleurions ; mais maintenant nous connaissons bien que cela importait fort peu. Un jour nous ferons de mesme au ciel, où nous verrons que nos affections du monde n'étaient que de vraies en-

Voilà bien le style qui convient à un philosophe non moins préoccupé de morale que de rigueur scientifique, à un méditatif qui porte dans les spéculations métaphysiques son âme, sa foi et sa piété.

Dans la septième *Conversation chrétienne,* nous lisons : « Si M. Descartes est devenu si savant dans la géométrie, dans la physique et dans les autres parties de la philosophie, c'est qu'il a passé vingt-cinq ans dans la retraite, c'est qu'il a parfaitement reconnu les erreurs des sens, c'est qu'il en a évité avec soin l'impression, c'est qu'il a fait plus de méditations que de lectures ; en un mot, c'est que, tenant à peu de choses, il a pu s'unir à Dieu d'une manière assez étroite pour en recevoir toutes les lumières. Voilà ce qui l'a rendu véritablement savant.

« Que s'il se fût encore davantage détaché de ses sens ; que s'il eût encore été moins agité de ses passions ; que s'il eût encore été moins engagé dans le

fances. Je ne veux pas oster le soin que nous devons avoir de ces petites tricheries et bagatelles ; car Dieu nous les a commises en ce monde pour exercice. Mais je voudrais bien oster l'ardeur et la chaleur de ce soin. Faisons nos enfances, puisque nous sommes enfants, mais aussi ne nous morfondons pas à les faire, et si quelqu'un ruine nos maisonnettes et petits desseins, ne nous en tourmentons pas beaucoup ; car aussi, quand viendra le soir auquel il faudra nous mettre à couvert, je veux dire la mort, toutes ces maisonnettes ne seront pas à propos. » (*Lettres.*) C'est à peu près la même pensée, et parfois les mêmes mots que dans Malebranche, mais avec plus de mesure, de grâce et de douceur.

monde, et qu'il se fût autant appliqué à la recherche de la vérité, il est certain qu'il eût poussé bien plus avant les sciences qu'il a traitées, et que sa métaphysique ne serait pas telle qu'il nous l'a laissée dans ses écrits [1]. »

Ces paroles remarquables montrent bien comment Malebranche a entendu et pratiqué la méthode de Descartes, et comment il a compris son propre rôle à lui-même. Certes, si l'œuvre de Descartes a consisté surtout à secouer le joug de l'autorité en matière de science et de philosophie, et à rappeler l'âme à elle-même et à Dieu, Malebranche s'est regardé à bon droit comme son continuateur : qui donc a plus hautement proclamé que c'est à la Raison de régner et de décider en maîtresse ? et qui a cherché avec une plus respectueuse attention la lumière dans ces profondeurs de l'âme où Dieu même nous éclaire et nous instruit ? Mais s'il est vrai aussi que le propre de l'esprit cartésien c'est de vouloir connaître et voir clair sans faire aucune part en philosophie au sentiment ni à la foi, Malebranche, en donnant à la méthode de Descartes un caractère tout moral et même mystique, s'est montré animé d'un esprit fort différent. Porter dans les recherches philosophiques l'âme tout entière, consulter dans un recueillement religieux le maître intérieur,

---

1. Voir aussi *Rech. de la Vér.*, liv. III, part. I, ch. IV, 5.

faire de l'attention une prière naturelle et du travail de la pensée un entretien avec la Sagesse souveraine, enfin mêler sans cesse à la science le cœur, la foi, la piété, ce n'était pas, comme le croyait Malebranche, pratiquer avec plus de courage et de succès la méthode de Descartes, c'était la transformer. De même, élever la doctrine philosophique dont nous allons maintenant commencer l'exposition, ce n'était pas, comme il le pensait, développer « les suites nécessaires de la philosophie de Descartes, » c'était, avec l'aide de Descartes assurément, mais avec une âme et un génie différents, et grâce au commerce de saint Augustin, fonder une autre philosophie, qui, malgré de nombreuses et frappantes analogies avec la doctrine cartésienne, en diffère souvent par les principes et les conclusions non moins que par la méthode.

CHAPITRE III.

THÉORIE DE LA CONNAISSANCE.
DIEU, RAISON SOUVERAINE ET LUMIÈRE DES ESPRITS.

Les idées et l'étendue intelligible. — Les vérités éternelles et l'ordre immuable. — L'être universel et infini. — La vision en Dieu, et les différentes manières de connaître les choses.

Malebranche fait dans le *Traité de l'amour de Dieu* la remarque suivante : « On doit croire que les auteurs sont moins ignorants à cinquante ans qu'à trente ou quarante, et que les efforts qu'ils doivent faire pour avancer dans la connaissance de la vérité ne sont pas entièrement inutiles. Mais de plus, il ne faut pas s'imaginer que tout ce qu'a dit un auteur ce soit véritablement son sentiment. Car on dit bien des choses par préjugé ou sur la foi des autres et parce qu'elles paraissent d'abord vraisemblables, surtout quand ce qu'on dit ne regarde pas directement le sujet qu'on traite. On peut dire avec vérité qu'on n'a de sentiment déterminé qu'à l'égard de questions que l'on a sérieusement examinées. » Et dans la remarquable préface qui précède la plus complète et la plus exacte édition des *Entretiens métaphysiques*, celle de 1696, nous lisons : « C'est dans les dernières productions d'un auteur qu'on doit s'instruire à fond de ses sentiments. » Y aurait-il donc à chercher, en dépit des apparences, des différences sérieuses entre les premiers écrits de Malebranche et les derniers ? Pas le moins du monde. Il a pris soin de répéter souvent ses principes pour les éclaircir, les expliquer, en pénétrer les autres ; il a fait aussi des traités exprès sur les matières les plus importantes qu'il avait d'abord touchées. Mais de tout cela il ne résulte pas que le temps ait introduit dans sa philosophie quelque nouveauté [1]. Qu'on lise ses ouvrages dans l'ordre même où ils ont été écrits : si l'on se propose d'y suivre à des dates différentes le développement d'une pensée qui d'abord mal assurée se constitue peu à peu, s'affermit et grandit sous les yeux du lecteur, on sera déçu. Tout ce qu'on peut dire, c'est qu'à force de s'attacher aux mêmes choses la vue de l'esprit a coutume de devenir plus pénétrante et plus exacte ; et ainsi, les principes étant plus approfondis, et les conséquences se découvrant mieux, l'économie du système est plus régulière, plus fer-

---

1. La théorie de l'étendue intelligible est à peine indiquée dans le texte de la *Recherche;* mais un *éclaircissement* vient bientôt après où elle est exposée tout au long. Les lois du mouvement sont modifiées une première fois en 1692, et plus profondément ensuite en 1698, sur les objections de Leibnitz (voyez le premier chapitre du présent volume, p. 25) : mais c'est une opinion accessoire.

me, plus sûre dans les œuvres faites au temps de la pleine maturité. A ce titre seulement l'ordre chronologique peut avoir quelque intérêt quand on étudie Malebranche. Comment en aurait-il davantage puisque tout l'essentiel dans sa philosophie est dès le début arrêté et fixé ?

Les formes variées que reçoit cette pensée toujours la même dans le fond, ont-elles plus d'importance ? Oui, sans doute, s'il s'agit de saisir l'âme du philosophe, ses habitudes d'esprit, sa démarche intellectuelle ; car ces formes diverses ne tiennent pas chez lui à des caprices d'écrivain : elles ont dans les circonstances où il écrit et surtout dans ses dispositions intérieures leur principe et leur raison. Aussi nous sommes-nous bien gardés de les négliger dans nos recherches sur les origines de sa philosophie et dans nos études sur sa méthode. Mais quand on veut se rendre compte de la doctrine elle-même et en faire une exposition régulière, ces différences de formes n'ont plus autant d'importance. Il semble alors tout naturel de prendre pour guide une des grandes compositions d'ensemble de l'auteur, et de ne chercher dans ses autres écrits que des éclaircissements et des explications. Néanmoins entre ces ouvrages principaux le choix n'est pas arbitraire. Selon que l'on aura choisi la *Recherche de la Vérité*, ou les *Méditations chrétiennes*, ou les *Entretiens métaphysiques*, on aura de la philosophie de Malebranche une impression un peu différente, et on ne l'exposera pas tout à fait de la même façon.

La *Recherche de la Vérité* est un traité de l'entendement et une méthode, un traité des passions et une sorte de logique morale. Nous y trouvons bien le métaphysicien; mais, tandis que partout ailleurs on ne peut le perdre de vue un seul instant, ici il reste souvent dans une demi-ombre, et c'est surtout l'observateur pénétrant des choses de l'âme, le fin moraliste, le piquant satirique que l'on remarque et que l'on apprécie. Il y a là des pages entières qu'on peut lire sans connaître presque le système : c'est un grand charme, je l'avoue; mais si l'on veut aller jusqu'au fond de cette philosophie, il ne faut pas s'attarder dans ces régions moyennes. Prendre Malebranche par les côtés où il est le plus accessible, le considérer de préférence là où il a des pensées que tout le monde accepte sans effort et sans distinction de doctrine, c'est s'apprêter dans le commerce d'un si bel esprit, comme on aurait dit au xviie siècle, les plaisirs les plus délicats ; c'est aussi puiser dans l'expérience d'un observateur si perspicace de précieuses informations sur les mouvements les plus secrets de l'âme humaine : mais c'est courir le risque de ne pas le comprendre tout entier et de ne pas assez voir ni assez sentir ce qu'il a de plus profond et de plus élevé. Nous signalerons donc dans l'occasion ces choses excellentes dont la *Recherche de la Vérité* abonde et qui composent comme la *philosophie humaine* de notre auteur. Mais nous ne ferons pas de ce livre notre guide dans notre exposition.

Choisirons-nous les *Méditations ?* C'est le plus travaillé de ses ouvrages, et je ne m'en étonne pas. Où devait-il mettre à penser bien et à écrire avec une belle simplicité un soin plus attentif, que là où il ose faire parler la sagesse éternelle elle-même ? C'est aussi l'ouvrage qu'il aimait le mieux, et cela se comprend. Il n'en a pas fait où la parole soit plus près de la pensée, et la pensée de l'âme, et l'âme de Dieu. Dans le silence des sens et des passions, il puise sa doctrine aux sources éternelles, il la reçoit de Dieu qui la lui communique. Mais si ce livre est le plus propre à nous faire saisir et goûter la philosophie morale et religieuse de Malebranche, ce n'est pas celui qui donne de son système l'idée la plus complète. A ce point de vue, les *Entretiens métaphysiques* sont supérieurs. Écrits avec presque autant de religieuse émotion, mais plus près des hommes, puisque l'auteur y répand sa doctrine et la communique à ses amis, ces entretiens nous offrent le résumé dogmatique le plus parfait et le mieux suivi que Malebranche ait fait de sa philosophie. Ainsi que le disait le marquis d'Allemans : « Rien n'est plus achevé que le système que ce livre contient. » Ajoutons que la forme du dialogue permet, selon la remarque fine et ingénieuse du P. Lelong, de représenter librement, à plusieurs reprises, les mêmes principes, afin qu'ils deviennent plus familiers aux lecteurs qui doivent les avoir incessamment devant les yeux pour en bien entendre les suites. Il n'y a pas une vérité qui ne soit annoncée même plusieurs fois avant d'être exposée à sa place, puis qui ne soit rappelée en plusieurs endroits, en sorte qu'on voit toujours les principes, et en même temps on pressent ou l'on retrouve les conséquences qui en sortent. Que peut-on faire de mieux que de prendre pour guide dans l'exposition de la philosophie de Malebranche l'ouvrage excellent où il en présente lui-même l'ensemble ? c'est entrer dans sa pensée. N'est-ce pas en effet ce même ouvrage qu'en 1696 il recommandait, nous venons de le voir, comme le meilleur à lire et à méditer si l'on voulait s'instruire « à fond » de ses sentiments ? Et dans cette édition, lui-même, à chaque page, renvoyait en marge à ses autres écrits, indiquant les passages où se trouve éclairci, expliqué, discuté ce qui dans celui-ci est résumé avec tant de vigueur et d'éclat.

Voilà les raisons de notre choix. Elles nous semblent propres à le justifier. Commençons maintenant cette exposition. Nous en écarterons autant que possible toute critique. Notre but ici, c'est de montrer la suite et l'enchaînement du système, de marquer en quoi Malebranche ressemble à Descartes et à saint Augustin, et en quoi il en diffère, enfin de faire voir comment sa pensée est entraînée à l'idéalisme et au panthéisme spinoziste sans y aboutir jamais. Nous discuterons ses théories là où sans une discussion on ne pourrait les bien entendre ; mais nous ne les jugerons pas. La critique mêlée à l'exposition nous empêcherait de saisir la physionomie véritable du philosophe que nous étudions.

I.

Malebranche se met à philosopher, persuadé d'avance, nous l'avons vu, de l'incessante et universelle action de Dieu. Cette intime persuasion anime toute sa philosophie. C'en est le principe vivant [1]. Dans l'ordre scientifique, dans la disposition régulière et systématique de sa doctrine, son point de départ est le même que celui de Descartes : c'est un

---

1. Malebranche l'a reconnu lui-même. Au chapitre xiv du livre I de la *Recherche de la Vérité*, il dit que pour expliquer à fond ce qu'il vient de dire des sens « il faudrait faire voir la solidité du sentiment de ceux qui croient que Dieu est le vrai père de la lumière qui éclaire seul tous les hommes, sans lequel les vérités les plus simples ne seraient point intelligibles, et le soleil, tout éclatant qu'il est, ne serait pas même visible. » Car, ajoute-t-il, « c'est ce sentiment qui m'a conduit à la découverte de cette vérité, qui paraît un paradoxe : que les idées qui nous représentent les créatures ne sont que des perfections de Dieu qui répondent à ces mêmes créatures et qui les représentent. ». Ce texte est très-remarquable et très-significatif.

fait de conscience. C'est la pensée. Mais à peine a-t-il dit « *je pense*, » qu'il affirme l'existence et de ce qui pense et de ce qui est pensé ; et il énonce cette double affirmation en s'appuyant sur des vérités abstraites. Il pense, donc il existe : « le néant n'a pas de propriétés. » Il pense, donc l'objet de sa pensée existe : « le néant n'est pas visible. » Le moi qui pense, c'est-à-dire l'esprit, est quelque chose, est réellement ; de même tout ce que l'esprit aperçoit immédiatement, c'est-à-dire l'idée, est quelque chose, est réellement. La certitude de l'existence de la chose pensante ou de l'esprit et la certitude de l'existence de la chose pensée ou de l'idée sont tout d'abord posées. Elles apparaissent l'une et l'autre dans le même fait de conscience, et elles sont garanties par les mêmes principes rationnels. Voici donc le double point de départ de Malebranche : le moi qui pense et ce qui est pensé, l'esprit et les idées. Or, par la considération des idées, il entre dès le début en pleine métaphysique. Nous allons voir pourquoi et comment.

Tandis que Descartes incline partout à faire de l'idée une modification de notre esprit, Malebranche prend expressément l'idée pour l'objet même de la pensée et lui attribue un être tout intelligible, mais très-réel. Pour l'un et pour l'autre, l'idée est une représentation objective des choses. Mais pour Descartes cette représentation objective est un mode ou une façon de notre pensée. Elle suppose bien au dehors un original où soit contenue formellement toute la réalité qui se rencontre seulement objectivement en elle, et ainsi les idées considérées comme des images des choses ont des causes différentes et sont elles-mêmes fort différentes les unes des autres; mais, en tant que façons de penser, elles procèdent toutes de nous de la même manière; quelles que soient les choses qu'elles représentent, c'est toujours l'esprit qui les produit : toute idée est un ouvrage de l'esprit, et, à ce titre, toute idée ne demande de soi aucune autre réalité formelle que celle qu'elle reçoit et emprunte de la pensée ou de l'esprit dont elle est seulement un mode, c'est-à-dire une manière ou une façon de penser [1].

Pour Malebranche, au contraire, l'idée est une sorte d'être qui existe détaché de notre esprit; elle n'est pas le résultat d'une rencontre entre un sujet pensant et un objet, elle est l'objet intelligible lui-même. Elle est bien la représentation des choses, mais non pas au sens de Descartes [2]. Elle n'est pas

---

1. Voir la *IIIe Méditation*, 10, 11.
2. Voyez dans la Correspondance inédite (Blampignon, p. 52) une lettre de Malebranche au P. Lamy, bénédictin : « Je vous prie cependant, mon R. P., de méditer un peu sur la notion qu'on doit attacher » au mot de représenter. Car, pour moi, je crois qu'à parler exactement et en rigueur, rien de ce qu'on voit immédiatement n'est représenté, mais seulement présenté, qu'on ne voit que ce qui est, » que l'idée contient ce qu'on voit en elle, que c'est précisément ce » qu'on voit qui affecte l'âme par son efficace, qu'ainsi les réalités intelligibles sont plus nobles que celles que Dieu forme sur elles

précisément l'image de ce qui est, elle est le modèle de ce qui peut être ; elle n'est pas le tableau tel quel que l'esprit se fait des choses, elle est le type que les choses réalisent, type qui n'en serait pas moins tout ce qu'il est, intelligible et réel à sa manière, quand aucune chose à lui conforme n'existerait. Et par suite, bien loin d'être en aucune manière une production de notre esprit, comme le prétend Descartes, elle est l'objet même auquel l'esprit est immédiatement uni quand il pense[1]. Malebranche, admettant sans examen un vieux préjugé scolastique, croit que l'esprit ne peut rien connaître sans être immédiatement uni à son objet ; puis, approfondissant ce prétendu principe, il trouve que l'objet intelligible, présent à l'intelligence, doit y opérer pour ainsi dire la connaissance en agissant sur elle. L'idée, pour lui, n'est donc pas le produit de l'intelli-

» comme modèle : *sunt maxime qua sunt*, dit saint Augustin ; en un
» mot, je crois que la substance divine, comme participable par les
» créatures, en est représentative, parce qu'elle affecte les esprits
» par ce qui est en elle, qu'elle veut communiquer aux créatures.
» Mais on ne voit point les créatures qui sont formées sur ces idées,
» s'il ne contient les perfections qui sont en elles. Car, encore un
» coup, l'esprit ne voit immédiatement rien de distingué d'elles. Si
» donc la modalité de l'âme en était représentative, comme aussi de
» l'infini, il faudrait que toutes les créatures possibles ne fussent que
» des participations de l'âme, et que l'infini fût son essence ; et cela
» par cette raison qui à moi me paraît évidente, que pour présenter
» ou représenter activement, il faut que ce qui contient réellement
» nous affecte, et si ce qui nous affecte le fait non selon tout ce qu'il
» contient, nous verrons les créatures. »

1. Malebranche le répète partout. — Dans sa *Réponse à Régis* (à la suite de la *Rech. de la Vér.*), ch. ii, il dit : « Si mon idée, si *l'objet immédiat de mon esprit* (car c'est là ce que j'appelle mon idée.....) »

gence qui connaît, elle n'est pas le résultat de la connaissance; mais elle est le véritable et unique objet de la pensée et la cause efficiente de la connaissance elle-même.

L'idée ainsi entendue existe réellement, et cette existence, supérieure à celle des corps, est plus facile à démontrer. Qu'on suppose un corps anéanti, l'idée de ce corps se conserve : il n'existe plus matériellement, mais il demeure connaissable, car tous les caractères qui le faisaient ce qu'il était sont encore vrais même après qu'il a cessé d'être. On peut le supprimer, on ne peut pas supprimer son idée; on peut concevoir que cette existence grossière que nos sens saisissent, lui soit ôtée, on ne peut concevoir qu'il cesse d'être visible pour l'esprit avec les caractères propres qui le constituent. Quoi qu'on fasse, son essence et sa possibilité d'être demeurent : ce sont choses indestructibles. Avant qu'il fût, elles étaient; quand il n'aurait jamais été, elles seraient encore; le moindre corps est éternellement intelligible, éternellement possible : l'idée qui le représente, indépendante de son existence même, subsiste éternelle, immuable, nécessaire. N'est-il pas toujours immuablement vrai que ce corps est possible, et qu'il a une certaine essence? Conçoit-on qu'il puisse y avoir eu un temps où cela n'ait pas été, qu'il en puisse venir un où cela cesse d'être? Conçoit-on que cela puisse ne pas être? Ainsi la possibilité des choses et leur essence ne dépendent nullement de leur existence matérielle, et tandis que celle-ci est contingente, fugitive, changeante, cette possibilité et cette essence sont nécessaires, ne commencent pas et ne passent pas, ne subissent aucune altération ni aucun changement. Et cette possibilité et cette essence des choses, c'est précisément ce qui en elles est intelligible ; c'est ce qui en elles est lumineux, c'est ce que nous connaissons directement : c'est l'idée même des choses. Cette idée, nous ne la faisons pas : elle se montre, et nous la voyons. Notre attention ne la crée pas : où donc prendrions-nous l'être pour le lui donner? Notre indifférence et notre oubli ne l'anéantissent pas : que nous la considérions ou non, elle n'en est pas moins tout ce qu'elle est, toujours intelligible, toujours lumineuse, toujours subsistante.

Distinctes des choses qu'elles représentent, les idées le sont aussi de nos perceptions qui les découvrent[1]. Ces perceptions, fugitives et imparfaites

---

1. Voici un texte où cette distinction est exprimée avec beaucoup de force : c'est dans la *Réponse à M. Régis*, ch. II, § 14. « Enfin la différence qu'il y a entre nos perceptions et les idées me paraît aussi claire que celle qui est entre *nous qui connaissons*, et *ce que nous connaissons*, car nos perceptions ne sont que des modifications de notre esprit, ou que notre esprit même modifié de telle ou telle manière, et ce que nous connaissons ou que nous voyons n'est proprement que notre idée. » Et un peu plus loin : « Les esprits créés seraient peut-être plus exactement définis, substances qui aperçoivent

modifications de notre être propre, n'ont aucun des caractères des idées. Nos perceptions sont à nous, les idées ne sont pas à nous : elles sont communes à tous les esprits, les éclairent tous, s'imposent à tous avec une égale autorité. Si nous entreprenons de les altérer, elles résistent invinciblement. Pouvons-nous faire que deux pieds d'étendue n'en fassent qu'un ? Non, c'est impossible, tant il est vrai que les idées ne dépendent pas de nous, tant il est vrai qu'elles nous sont supérieures. Elles ont donc une réalité intelligible qui se montre d'une manière incontestable et par leur indépendance à l'égard des choses qu'elles représentent et par leur action dans notre esprit qu'elles modifient. Le vulgaire est tenté de les prendre pour des chimères parce qu'elles sont impalpables, et il croit que ce sont des fantômes sans consistance. Mais leur réalité est la première que nous connaissions. Pour savoir si effectivement il y a des corps, il faut être instruit de la volonté divine, il faut apprendre par une révélation que Dieu a créé des êtres matériels où s'expriment les idées éternelles ; mais ces idées elles-mêmes, pour les connaître, pour savoir qu'elles existent, il suffit d'être raisonnable : c'est qu'elles ne dépendent pas, comme l'existence des corps, d'un décret arbitraire de Dieu. Elles sont

ce qui les touche ou les modifie, que de dire simplement que ce sont des substances qui pensent. » V. encore § 22 de la même *Réponse*.

éternellement, immuablement, nécessairement, comme Dieu même[1].

Nous voilà bien loin de Descartes. Assurément le doute cartésien sur l'existence de la matière a pu habituer Malebranche à séparer des choses elles-mêmes les idées des choses. Mais voilà tout. Hors de là, que voyons-nous en comparant les opinions des deux philosophes? Rien que des différences, à ce qu'il semble. Je ne prétends pas que dans toutes les phrases où ils ont employé le mot idée, éclate le désaccord que je viens de signaler. Mais c'est une chose hors de doute que Malebranche, voulant parler exactement et dans la rigueur des termes, entend par idée l'objet intelligible, et non la perception : ce qui est en opposition formelle avec l'opinion de Descartes. Arnauld croit trouver dans le premier chapitre du premier livre de la *Recherche* le langage d'un pur cartésien, et puis au troisième livre du même ouvrage, un langage très-différent et même contradictoire. La contradiction n'est qu'apparente. Il est bien vrai que dans ce premier chapitre du premier livre, Malebranche ne se proposant pas d'établir sa théorie particulière, n'emploie pas le mot idée d'une manière très-précise ; mais il faut remarquer que s'il a l'air de faire de l'idée une modification de l'entendement, il ne

---

1. Sur la nature des *idées* voir surtout le premier *Entretien sur la métaphysique* et le xe *Eclaircissement* à la *Recherche de la Vérité*.

le dit pourtant pas, réservant toujours ce mot de modification pour le sentiment ; que c'est à dessein, on le voit bien ; que cette manière de parler, *recevoir les idées, c'est-à-dire apercevoir les objets*, est amenée par la comparaison, fâcheuse d'ailleurs, qu'il fait de l'esprit et de la matière, mais peut s'accorder avec ce qu'il dira plus loin de la nature des idées : ne reçoit-on pas d'une certaine façon les idées divines quand on pense ? enfin que même dans ce chapitre il confond si peu les idées avec les perceptions qu'il écrit ces mots : « Les perceptions que l'âme a des idées sont de deux sortes. » C'est la passivité de l'entendement qu'il cherche à prouver dans ce premier chapitre. Au troisième livre, il montrera que dans la connaissance, passive en ce qui concerne l'entendement humain, la vraie cause efficace, c'est Dieu. Y a-t-il contradiction ? Pour bien juger un philosophe il ne faut pas mettre aux prises des termes qui paraissent se contredire, et triompher parce qu'ils s'entrechoquent ; il faut entrer dans l'esprit même de la doctrine.

Ainsi entre Descartes et Malebranche, l'opposition est formelle et constante touchant la nature des idées. L'idée, dans Descartes, est la connaissance même ; dans Malebranche, elle est l'objet de la connaissance : Descartes y voit un acte de l'esprit, Malebranche en fait une réalité indépendante de l'esprit, supérieure à l'esprit. En un mot, Descartes considère l'idée à un point de vue psychologique, comme une façon de penser, comme une manière d'être de l'intelligence ; Malebranche se jette tout d'abord dans la métaphysique, et commence, non par la théorie de l'intelligence, mais par celle de l'intelligible. Néanmoins, malgré tant de différences, ne pouvons-nous pas nous demander si, dans ces spéculations métaphysiques elles-mêmes, Malebranche ne doit pas encore quelque chose à son maître?

Descartes distingue dans tous ses ouvrages l'essence et l'existence. Ce qu'il appelle l'essence, n'est-ce pas précisément ce que Malebranche appelle l'idée? Descartes aurait-il donc, lui aussi, sous un autre nom, sa théorie des idées? Pour répondre à cette question, il faut tâcher de bien apprécier ce que signifie pour Descartes cette distinction sans cesse proclamée entre l'essence et l'existence.

A l'article 59 des *Principes*, nous lisons que les idées générales ou universaux se font de cela seul que nous nous servons d'une même idée pour penser à plusieurs choses particulières qui ont entre elles un certain rapport. Les idées générales ne sont rien hors de notre pensée. Nous remarquons entre plusieurs objets particuliers des ressemblances, et nous formons un concept commun qui les représente tous : c'est une œuvre d'abstraction et de généralisation, rien de plus. Quelle est alors la dernière origine des idées générales? Régis me semble l'expliquer très-bien dans ce passage de son *Système de philosophie métaphysique*[1] : « Toutes les vérités soit numériques, soit géométriques, soit métaphysiques, sont composées de deux parties dont l'une tient lieu de matière, et l'autre tient lieu de forme. La matière de ces vérités consiste dans les substances et dans les modes, et la forme dans l'action par laquelle l'âme considère les substances et les modes d'une certaine manière..... Toutes les vérités étant considérées formellement ne peuvent exister que dans l'âme qui les conçoit, mais étant considérées dans leur matière première, elles existent actuellement hors de l'âme. » Avec une pareille théorie, le pur intelligible est une chimère : il y a les êtres avec leurs manières d'être, et puis il y a l'esprit et ses procédés d'analyse, d'abstraction, de généralisation; avec les données empiriques la pensée fait l'universel et l'intelligible. Mais ici une question se pose : quelle est la valeur de ces conceptions de l'esprit humain? Est-ce arbitrairement que notre pensée réunit en un concept commun plusieurs objets particuliers? sont-ce de pures fictions inventées pour la commodité du discours? Ou bien y a-t-il, en effet, dans les choses

---

[1]. Liv. II, part. I, ch. ix.

certains caractères constitutifs par où elles se ressemblent ou diffèrent, une constance dans les manières d'être et les phénomènes, des traits naturellement communs et une parenté naturelle entre certains individus? Dans le premier cas, les idées générales n'ont aucune valeur : avec la matière que fournit l'expérience la pensée fait des ouvrages de fantaisie ; l'intelligible sans fondement réel est un accident purement humain ; la vérité, fiction de l'esprit, dépourvue de tout caractère de nécessité, est une chose humaine, mobile et passagère, comme tout le reste. Dans le second cas, si la pensée, au lieu de façonner à sa guise les éléments empiriques, trouve dans les choses mêmes des ressemblances et des différences réelles et y découvre l'intelligible au lieu de l'y mettre, les êtres ont donc une nature à eux, une nature déterminée ; si les distinctions que nous y faisons ont en eux une raison, si les idées générales que nous formons en les considérant, nous sont suggérées par leurs manières d'être, ils ont une essence indépendante de notre pensée, et c'est cette essence qui, se retrouvant avec des différences individuelles dans plusieurs êtres particuliers, nous permet de ramasser les idées de ces êtres en une idée commune. Mais cette nature, mais cette essence que nous découvrons et que nous n'avons pas faite, où est-elle ? Ne supposet-elle pas un modèle idéal, un type intelligible, un plan des choses qui existe en dehors des choses mêmes, aussi bien qu'en dehors de notre esprit? Descartes avait le génie trop pénétrant pour ne pas apercevoir ces questions. Aussi le voyons-nous, dans certains de ses ouvrages, expliquer d'une autre manière l'origine des idées générales. Il ne faut pas trop s'étonner de ces hésitations et même de ces contradictions. Descartes a renouvelé la philosophie, il ne l'a pas organisée. Il a paru donner aux mêmes questions des solutions opposées, parce que les traitant à des points de vue différents et dans des circonstances diverses, il laissait dans l'ombre, certains jours, les côtés qui au moment donné ne l'intéressaient pas, sauf à les placer une autre fois dans une pleine lumière et à négliger ceux que d'abord il semblait avoir seuls aperçus.

Ainsi, quand il a en vue la logique de l'École, voulant débarrasser son esprit et la philosophie des vaines entités des dialecticiens, il se propose avant tout de montrer que les idées générales ne sont rien hors de notre pensée, ce qui est vrai en un sens, et, toutes les fois qu'il parle des universaux, il répète la même chose et s'attache à en expliquer l'origine par une opération logique de l'esprit travaillant sur les données de l'expérience. Pourquoi cette insistance? C'est qu'il veut en finir avec les chimères des réalistes qui des universaux font des êtres. Mais parle-t-il des essences, son langage change : « encore qu'il n'y ait peut-être en aucun lieu du monde, hors de ma pensée, une telle figure, dit-il, dans la cinquième *Méditation* en parlant du triangle rectiligne, il ne laisse pas néanmoins d'y avoir une certaine nature ou forme ou essence déterminée de cette figure, laquelle est immuable et éternelle, que je n'ai point inventée et qui ne dépend en aucune façon de mon esprit [1]. » Peut-on s'exprimer avec plus de précision et plus de force ? et Descartes ajoute que c'est de cette essence même du triangle que découlent toutes les propriétés démontrées en géométrie, « lesquelles, soit que je le veuille ou non, je reconnais très-clairement et très-évidemment être en lui, encore que je n'y aie pensé auparavant en aucune façon, lorsque je me suis imaginé pour la première fois un triangle ; et partant on ne peut pas dire que je les aie feintes et inventées. » Voilà d'excellentes paroles.

Pressé par Gassendi, Descartes, reprenant pour exemples les figures géométriques, déclare que les essences de ces choses n'ont point été tirées d'aucunes choses existantes, qu'assurément les figures géométriques ne sont pas des substances, mais que

1. *Médit.*, v, 2.

les idées que nous en avons n'ont pas été formées des idées des choses singulières : les figures triangulaires tracées sur le papier n'ont pu nous apprendre comment il faut concevoir le triangle géométrique, parce qu'elles ne le représentent pas mieux qu'un mauvais crayon une image parfaite. Nous ne pourrions jamais connaître le triangle géométrique par celui que nous voyons tracé sur le papier, si notre esprit d'ailleurs n'en avait eu l'idée. Ainsi, à la vue du triangle peint, nous concevons le véritable triangle que les sens ne peuvent pas saisir. Toutes ces idées des essences et de toutes les vérités qui en dépendent ne sont donc ni de simples généralisations des choses sensibles, ni de pures fictions de l'esprit humain ; elles sont « conformes à cette véritable nature des choses qui a été faite et construite par le vrai Dieu [1]. » Or, au commencement même de ce morceau où Descartes explique sa pensée si nettement, il disait à Gassendi : « Ce que vous alléguez contre les universaux des dialecticiens, ne me touche point, puisque je les conçois d'une tout autre façon qu'eux [2]. » Il distingue donc entre les universaux et les essences : mais pourquoi alors donner, dans ce passage des *Principes* où la formation des universaux est expliquée, exactement le même exemple qui

---

1. *Rép. aux* 5ᵉˢ *obj.* 54 et 55.
2. *Ib.*, 54.

sert, dans les *Réponses aux cinquièmes objections*, à expliquer les essences? Ici et là il s'agit du triangle rectiligne : « Lorsque nous considérons une figure de trois côtés, nous formons une certaine idée que nous nommons l'idée du triangle, et nous nous en servons ensuite à nous représenter généralement toutes les figures qui n'ont que trois côtés[1]. » Voilà ce qui est dit dans les *Principes* : c'est clair, l'idée générale du triangle se tire des idées des choses singulières. « Lorsque nous avons la première fois aperçu en notre enfance une figure triangulaire tracée sur le papier, l'idée véritable du triangle était déjà en nous...... ayant vu cette figure composée, nous ne l'avons pas conçue elle-même, mais plutôt le véritable triangle. » Voilà ce que nous lisons dans la *Réponse aux cinquièmes objections* : ce n'est pas moins clair. L'idée du triangle, loin d'être tirée des choses singulières, est une règle, un modèle qui nous permet de juger des triangles sensibles. Descartes parle presque comme Malebranche. Comment concilier ces textes?

Evidemment il y a dans la pensée de Descartes une sorte de malentendu. Le genre, nous le formons par un travail de notre esprit, c'est vrai ; l'essence, nous ne la faisons en aucune

---

1. *Principes*, I, 59.

manière. Mais le genre véritable a sa raison d'être dans l'essence, et voilà ce que Descartes me semble n'avoir pas vu. Les idées générales qui ont de la valeur, sont celles qui, au lieu d'être un groupement artificiel, réunissent les individus ayant même essence, même type. On ne peut donc pas opposer partout et toujours les universaux et les essences, comme le fait Descartes; mais on doit dire que certains universaux formés par caprice ou par la commodité de l'esprit, n'ont qu'une valeur purement logique, tandis que les universaux véritables ont précisément la même valeur que les essences : car découvrir l'essence, c'est découvrir les caractères communs aux individus d'un même genre, et déterminer un genre, c'est grouper ensemble des individus présentant les mêmes caractères essentiels. Dans une lettre de Descartes à Henry Leroy[1], nous lisons : « Vous dites que de ce qu'il y a en nous quelque sagesse, quelque pouvoir, quelque bonté,... nous formons l'idée d'une sagesse, d'une puissance, d'une bonté infinie, ou du moins indéfinie, et des autres perfections que nous attribuons à Dieu... Je vous accorde volontiers tout cela et je suis pleinement convaincu que nous n'avons point d'autre idée de Dieu que

---

1. Ed. Garnier, t. III, lettre XXXI (en latin p. 384, en français p. 387).

celle qui se forme en nous de cette manière ; mais toute la force de ma preuve consiste en ce que je prétends que ma nature ne pourrait être telle que je pusse augmenter à l'infini, par un effort de ma pensée, ces perfections qui sont très-petites en nous, si nous ne tirions notre origine de cet être en qui ces perfections se trouvent actuellement infinies. » Descartes, ce me semble, aurait pu raisonner de la même manière pour expliquer nos idées générales : oui, aurait-il pu dire, nous les formons ces idées générales par un travail de notre esprit, réunissant les individus entre lesquels nous remarquons des ressemblances, et ainsi l'on peut dire que les universaux sont notre œuvre ; mais nous ne pourrions pas former d'idées générales, nous ne songerions même pas à ramasser dans une idée unique les idées des êtres particuliers, si ces êtres particuliers n'avaient pas la même nature, la même essence, et ainsi l'idée générale a beau être formée par nous, elle n'est pas une fiction : nous ne faisons des genres que parce qu'il y a des types. Voilà, si je ne me trompe, ce que Descartes aurait pu dire ; mais au lieu de chercher dans les essences le fondement des universaux, il a opposé les universaux et les essences ; et, à cause de cela même, il les a parfois confondus.

Nous pouvons maintenant répondre à la question que nous nous posions tout à l'heure.

Entre ce que Descartes appelle l'essence et ce que Malebranche appelle l'idée, les rapports sont frappants. Dans les choses matérielles, Descartes distingue l'existence connue par les sens, et l'essence dont l'idée nous vient d'ailleurs. Malebranche distingue des objets eux-mêmes leurs idées[1]. C'est l'idée qui représente l'essence des objets sensibles ; c'est l'idée qui nous fait connaître leur nature, leurs propriétés, les rapports qu'ils ont ou qu'ils peuvent avoir entre eux, en un mot, la vérité. Comment ne pas remarquer entre la pensée des deux philosophes une évidente analogie ?

Mais ce que Descartes indique seulement, Malebranche l'approfondit. Sa théorie des idées, c'est le fondement et en même temps le résumé de sa philosophie tout entière. Aussi, tandis que Descartes semble parfois ne voir dans les idées générales qu'une sorte de transformation des données empiriques, Malebranche oppose partout et toujours de la manière la plus formelle et la plus forte les idées aux objets et soutient que les idées existent indépendamment des choses et de notre esprit. Tandis que Descartes

---

1. *Entret. métaph.*, v, 2.

laisse bien des questions indécises sur le rôle de l'intelligible dans la connaissance du sensible, Malebranche établit entre le sentiment et l'idée une distinction profonde, et par là, nous le verrons plus tard, prétend donner de la connaissance humaine une explication exacte et complète. Enfin, tandis que Descartes, cherchant aux essences et aux vérités une origine en dehors de nos pensées, les rattache à la volonté indifférente du Créateur et méconnaît ainsi leurs caractères de nécessité et d'immutabilité, Malebranche pénètre plus avant, et trouve à ces idées et à ces vérités éternelles, immuables, nécessaires, leur origine dernière dans la substance divine elle-même. C'est ainsi que Malebranche fixe la doctrine un peu incertaine de Descartes ; puis il la dépasse de beaucoup et s'élève bien plus haut. Mais, alors même qu'il s'éloigne le plus de son maître, un souvenir cartésien le poursuit. Descartes, parlant des essences, emprunte toujours ses exemples aux figures géométriques ; on dirait qu'il réduit à de pures formes logiques les autres idées générales et qu'il n'a de l'essence une notion nette que quand il s'agit du triangle, du cercle, en un mot des idées géométriques. Malebranche, lui, étend expressément à toutes les choses matérielles, quelles qu'elles soient, la distinction entre l'essence et l'existence, entre l'idée ou archétype, modèle intelligible, et l'objet sensible, matériellement existant. Mais allons au fond : ce qui est intelligible dans les objets, c'est le géométrique, si je peux m'exprimer ainsi ; leur essence, c'est l'étendue, l'étendue mathématique : quoi de plus cartésien ?

Il faut justifier toutes ces assertions par l'étude des textes.

Malebranche, avons-nous dit, fixe la doctrine un peu flottante de Descartes. Il voit bien qu'il y a des idées générales sans valeur réelle, des idées générales, pures abstractions de notre esprit, inventées pour la commodité du discours. Il les appelle idées de logique [1] : le mot est juste. Nous formons ces idées de logique en faisant dans les choses des distinctions purement abstraites et même arbitraires. Puis, à ces abstractions nous prêtons une réalité ; ces idées générales, nous en faisons des êtres que nous douons d'une infinité de propriétés, et ainsi ces chimères logiques, ces entités imaginaires, qui n'existent que dans la raison de quelques philosophes, prenant la place des vrais principes, produisent une science vague, superficielle et stérile [2]. On

---

1. *Recherche de la Vérité*, liv. III, part. II, ch. IX, 4.
2. *Ibid.*, liv. III, part. II, ch. VIII, 2. Voyez aussi l'*Entretien avec un philosophe chinois*, p. 372, édit. Genoude : « Vos abstractions

ne peut pas signaler avec plus de sagacité que Malebranche les dangers que font courir à l'esprit ces abstractions réalisées ; on ne peut pas railler avec plus de finesse les faux savants qui font consister dans ces chimères toute la science ; on ne peut pas déplorer avec plus d'émotion le péril auquel ces fausses explications exposent l'âme en supposant partout de prétendues causes[1], au lieu de montrer la vraie cause qui est Dieu, et en peuplant le monde de forces occultes qui font oublier le créateur, sa puissance souveraine et sa souveraine sagesse. Mais Malebranche, aussi sévère que Descartes pour ces idées de logique, voit mieux que Descartes comment elles se forment. Il comprend qu'une idée générale, même fictive, ne peut s'expliquer par une opération purement logique ; que pour abstraire et généraliser, il faut, comme nous dirions maintenant, des données rationnelles. L'assemblage confus de mille et mille idées (Malebranche prend ici le mot idée au sens vulgaire) ne serait jamais qu'un composé confus incapable d'aucune généralité. « Prenez vingt couleurs différentes, mêlez-les ensemble pour exciter en vous une cou-

---

vous trompent. » — Et l'*Eclairc. XII* : « Tout ce qui est intelligible se réduit à l'être et à la manière de l'être. »

1. *Eclairc. XII*, à la fin. « Ces termes ne sont propres qu'à couvrir l'ignorance des faux savants et à faire croire aux stupides et aux libertins que Dieu n'est point seul la vraie cause de toutes choses. »

leur en général ; produisez en vous dans un même temps plusieurs sentiments différents pour en former un sentiment en général, vous verrez bientôt que cela n'est pas possible. Car, en mêlant diverses couleurs, vous ferez du vert, du gris, du bleu, toujours quelque couleur particulière. L'étourdissement n'est qu'un assemblage confus d'une infinité de sentiments ou de modifications de l'âme ; mais ce n'est néanmoins qu'un sentiment particulier[1]. » D'où vient donc que nous formons des idées générales ? De ce que nous trouvons dans l'idée de l'infini assez de réalité pour donner de la généralité à nos idées[2]. Nous ne pourrions jamais penser à ces formes abstraites de genres et d'espèces, si l'idée de l'infini qui est inséparable de notre esprit ne se joignait tout naturellement aux idées particulières que nous apercevons. Ainsi nous formons l'idée de cercle en général en répandant l'idée de la généralité sur les idées confuses des cercles que nous avons imaginés. Et cette idée de la généralité nous ne saurions la tirer de notre fonds. Elle a trop de réalité ; il faut que l'infini nous la fournisse de son abondance[3]. Ainsi Malebranche voit que la raison joue un rôle dans la formation

---

1. *Entret. métaph.*, II, 10.
2. *Ibid.*, II, 9.
3. *Ibid.*, II, 10.

des idées générales, même fictives. L'idée générale n'est pas le souvenir effacé des perceptions particulières ; si vague et si arbitraire qu'elle soit, l'idée générale consiste toujours à ramasser en un les données éparses de l'expérience ayant entre elles certaines ressemblances, certains rapports. L'idée générale implique donc un choix et une synthèse : ce choix, ce qui le motive, ce sont les rapports que les choses ont entre elles ; cette synthèse, ce qui nous pousse à la faire, c'est la présence de l'idée de l'infini dans notre esprit. Nous ne songerions pas à ramener la multitude à l'unité, si, réduits à nos facultés expérimentales, nous ne saisissions que la multitude ; mais, ayant d'ailleurs l'idée de l'un, nous cherchons à ramasser en un toute multitude ; et voilà comment il y a de l'être dans nos idées générales.

Approfondissons encore : tâchons d'entrer plus avant dans la pensée de Malebranche. Si nous sommes capables de généraliser, c'est que l'infini nous fournit de son abondance l'idée de la généralité. Qu'est-ce à dire ? Généraliser, c'est ramener à l'unité, c'est ramasser en un. Bien généraliser, c'est voir en un le multiple ; mais comment voit-on en un le multiple, si ce n'est en le voyant dans sa vraie nature, dans son essence, dans son idée ? Cette idée s'applique à tout le multiple ; cette idée, très-déterminée quant à sa compréhension, est indéterminée quant à son extension, elle est à la fois simple et infinie, elle est un et toutes choses par rapport à tout le multiple qu'elle représente et comprend : car elle est type et genre tout ensemble. L'idée ainsi entendue n'est pas un ouvrage de l'esprit humain ; c'est une réalité. Voilà donc tout le secret. A la lumière de l'infini, notre esprit peut généraliser de deux manières : d'abord, il généralise d'une manière vague et confuse, pour sa propre commodité, pour les besoins du langage : alors il forme ces notions de logique, ces entités purement abstraites et imaginaires, qu'il est porté à réaliser, parce qu'après tout il ne les forme qu'à cause de son union avec l'infini qui est très-réel ; et puis, en second lieu, il généralise d'une manière claire et distincte[1], conforme à la vraie nature des choses, et il faut bien discerner des entités imaginaires, ces entités réelles qui ne sont autres que les essences elles-mêmes, les idées. Ces idées éternelles, immuables, nécessaires, sont dans la substance divine qui seule est nécessaire, immuable, éternelle. L'intelligible est donc très-réel, il est divin : le seul intelligible, à vrai dire, c'est Dieu. Descartes rattache les essences à la volonté divine, il se trompe. Les essences n'ont

---

1. *Recherche de la Vérité*, liv. III, part. II, ch. III, 2.

pas été établies par un décret arbitraire ; c'est supposer qu'elles auraient pu ne pas être, qu'elles pourraient cesser d'être : erreur qui renverse toute la raison. Les essences ont leur origine dans la substance universelle et infinie, *source et exemplaire* de tous les êtres [1] : c'est jusqu'à l'être en général, jusqu'à l'être indéterminé et sans restriction, qu'il faut aller pour expliquer les idées et la généralité qui s'y trouve. L'être renferme toutes choses dans la simplicité de sa substance infinie, l'être est tout à la fois un et toutes choses [2] : voilà pourquoi les idées nous offrent ce même caractère. Elles sont infinies : qu'y a-t-il à cela d'étonnant? Elles sont l'infini même en tant qu'il a rapport aux créatures, en tant qu'il renferme en lui l'archétype de tous les êtres.

Creusons cela, ne parlant pour le moment que des objets matériels. Qu'est-ce que l'idée d'une chose matérielle? C'est cette chose pensée, conçue comme possible, connue dans son essence ; et il est très-vrai qu'avant d'être faite, elle peut être vue comme faisable, et qu'anéantie elle est encore intelligible ; et que, si son existence est contingente, fugitive, changeante, son essence et sa possibilité sont nécessaires, éternelles, immuables. Ainsi l'essence des choses est indestructible, la

---

1. *Entret. métaph.*, II, 6.
2. *Ibid., ibid.*

possibilité d'être est éternelle : mais, qu'est-ce à dire ? n'est-ce pas que les choses sont éternellement vues telles qu'elles peuvent être par une intelligence qui, sans aucune lumière étrangère, les connaît ? Et si elles sont possibles, si elles sont faisables, n'est-ce pas qu'il y a une souveraine puissance qui de toute éternité est capable de les créer ? L'idée d'une chose, c'est donc la connaissance éternelle que Dieu en a, et, Dieu la connaissant comme possible, c'est précisément aussi la puissance que Dieu a de la faire être. L'idée est *représentative* des corps et elle est *participable* par eux : modèle idéal qu'ils expriment, s'ils reçoivent en effet l'existence, source primitive, d'où ils tirent cette existence même, et qui, si rien n'existait, n'en serait pas moins éternellement capable de donner l'être à tout ce qui est et peut être. L'idée, c'est donc Dieu même, Dieu connaissant tout, Dieu tout-puissant ; l'idée c'est la substance divine en tant qu'elle a rapport aux êtres créés, en tant qu'elle les connaît et peut les faire ; ou plutôt, il faut dire, en tant qu'elle les représente, car elle les connaît, ces êtres, en elle-même et dans sa propre lumière ; et il faut dire, en tant qu'elle est participable par eux, car c'est par son énergie propre, sans avoir besoin d'une matière empruntée, qu'elle les fait subsister. Elle leur fournit toute leur intelligibilité et toute leur réalité : sa pensée fait leur essence, sa puissance leur possibilité ; et ils n'ont point d'autre modèle ni d'autre principe que la substance divine qui en est représentative et qui est participable par eux. Voilà ce qu'est l'idée ; et l'ensemble des idées, c'est le monde intelligible, le monde en Dieu, tel que Dieu le voit et tel que Dieu peut le faire, et par conséquent Dieu même en tant qu'il voit le monde et qu'il peut lui donner l'être. Dans les profondeurs de la sagesse divine se trouve le modèle de tout ce qui est, et dans les entrailles de la puissance divine se trouve la cause productrice de tout ce qui est. Dieu n'a pas fait le monde de sa substance[1], mais Dieu porte en soi l'idée du monde et l'énergie créatrice qui a produit le monde ; et cela c'est dans sa substance, et cela c'est sa substance même en tant qu'elle est représentative des corps et participable par ces mêmes corps.

Ainsi, la considération des essences a mené Malebranche jusqu'à Dieu. Dieu connu d'ailleurs, Descartes rattachait les essences à Dieu par un lien presque extérieur. Connaissant d'abord les essences, Malebranche entre, par elles, au plus intime de la substance divine. « L'idée du cercle en général, ou l'essence du cercle, représente des

---

1. *Entret. métaph.*, ii, 4.

cercles infinis, convient à des cercles infinis. Cette idée renferme celle de l'infini ; car penser à un cercle en général, c'est apercevoir comme un seul cercle, des cercles infinis[1]. » Réfléchissons, et nous voilà conduits jusqu'à Dieu, être infini, à qui tous les êtres particuliers participent, mais qu'aucun être particulier n'égale : que dis-je? que tous les êtres créés et possibles, avec toute leur multiplicité, ne peuvent égaler.

Des idées des objets matériels nous allons à Dieu qui renferme toutes ces idées, à Dieu substance universelle et par cela même seule intelligible, source et modèle des êtres, lumière des esprits ; mais toutes ces idées des choses matérielles se résument en une seule. Quelle est l'essence des corps? c'est l'étendue. L'idée des corps, l'archétype des corps, c'est donc l'étendue intelligible ; et ce n'est pas là une entité imaginaire, une idée de logique : non, c'est tout ce qu'il y a de plus réel. Ce n'est pas une abstraction, une forme vide ; c'est le fonds commun de tous les corps, la source et l'exemplaire de toutes les créatures matérielles. Entendons-le bien, dans la pensée de Malebranche, remonter des idées à l'étendue intelligible qui les comprend toutes, ce n'est pas s'élever par un procédé purement lo-

---

1. *Entret. métaph.*, II, 4.

gique à un concept d'autant plus vide de réalité qu'il a une extension plus large. C'est, au contraire, sortir des distinctions de pure pensée pour entrer dans le réel même. Les idées particulières non encore ramenées à leur source, ont toujours un certain air d'abstraction. On dit qu'elles sont des êtres, des êtres intelligibles, et l'on a raison, parce que ce langage marque bien leur réalité. Mais enfin, quand on parle de la sorte, il semble qu'on réalise des abstractions ; et aussi bien les idées ne sont pas des êtres particuliers, ce sont des limitations de l'étendue intelligible infinie, laquelle est Dieu même en tant que sa substance est représentative des corps et participable par eux. Quoi de plus réel que cette étendue intelligible infinie, principe et modèle de toutes les créatures matérielles, objet unique et lumière de notre esprit quand il pense aux corps?

Ne puis-je pas dire, sans la moindre subtilité, qu'au point où nous sommes arrivés, nous sommes à la fois et très-près et très-loin de Descartes? Très-près, car faire de l'étendue l'essence même des corps et par suite voir dans l'étendue la seule idée générale, en ce qui concerne les corps, qui ait de la valeur, c'est être pur cartésien ; très-loin, car soutenir que l'idée est une réalité, qu'elle est l'unique objet de l'intelligence, qu'elle est Dieu même, c'est donner au mot idée un sens que

Descartes ne lui donne pas, et c'est expliquer les essences et leur rapport à Dieu tout autrement que Descartes.

Ainsi Malebranche, prenant son point de départ dans le fait de la pensée, s'arrête à peine au sujet pensant pour s'attacher à l'objet pensé, et, dans cet objet, considère, non pas la réalité matérielle et sensible, mais l'idée, la réalité intelligible. Il ne sait pas si les corps existent et il ne s'en inquiète guère ; mais, considérant les idées que nous avons des choses, il pénètre dans le monde intelligible dont le monde sensible, s'il existe, n'est que l'ombre ; dans ce monde idéal, il prétend trouver la source de toute réalité et de toute connaissance, et ainsi, avant de s'être assuré de l'existence des corps, sûr de son existence personnelle, puisqu'il pense, mais ne s'y arrêtant guère, par la seule considération de l'idée qu'il trouve en lui de ces corps qui peut-être n'existent pas, il affirme qu'un être existe, qui les pense éternellement, puisqu'ils sont intelligibles ; qui a la puissance de les créer, puisqu'ils sont possibles ; qui éclaire notre esprit, puisque nous en avons l'idée. L'éternelle possibilité des choses créées se montrant à nous dans les idées, suffit donc pour attester l'existence réelle de l'être infini, de Dieu [1]. Théorie hardie, singulière, qui

---

1. Voyez le Ier et le IIe *Entret. métaph.* « Vous voilà transporté dans un monde intelligible, dit Théodore à Ariste, à la fin du Ier entretien...

heurte nos habitudes intellectuelles et semble défier le bon sens, et qui en même temps séduit la pensée par son étrange beauté. Venir nous dire que ce que nous voyons, ce ne sont pas les corps eux-mêmes, mais leurs idées en Dieu, n'est-ce pas nous proposer un paradoxe qui semble peu fait pour entrer dans l'esprit des hommes? Soutenir, tous les sens criant à l'encontre, que le monde sensible n'est peut-être pas, au moment même où nous le voyons et le touchons, n'est-ce pas étonner tous les esprits? Mais, quand on a réduit tous les êtres que les sens atteignent à une sorte de demi-existence d'ailleurs incertaine, retrouver dans un monde idéal la réalité, la lumière et la vie même, quelle audace et quelle grandeur!

Ce sont ces hardiesses métaphysiques qui ont fait tant de fois comparer Malebranche à Platon. Cette comparaison s'offre d'elle-même à l'esprit. Et d'ailleurs si Malebranche n'a pas connu Platon directement, il a certainement aperçu, à travers saint Augustin, la doctrine platonicienne. Nous savons que lui-même reconnaît partout saint Au-

préparez-vous à entrer plus avant dans ce pays inconnu... Je tâcherai de vous conduire jusqu'au trône de la majesté souveraine... » Ariste « tout surpris et tout chancelant » craint que « la tête ne lui tourne, » mais, le lendemain, au début du second entretien, il annonce qu'après être « demeuré quelque temps tout chancelant et tout interdit, » il a consulté la raison, il l'a suivie, et « elle m'a conduit, dit-il, à celui qui la possède en propre et par la nécessité de son être. »

gustin comme son maître : il tient à honneur de répéter qu'il lui doit beaucoup, et qu'entre sa propre doctrine et celle de ce Père les rapports sont nombreux et étroits. Comment donc espérer d'entendre sa pensée et l'apprécier sûrement, si l'on n'examine en quoi sa théorie ressemble à celles de Platon et de saint Augustin, en quoi elle en diffère ? Et puisque saint Augustin a eu en grande estime les nouveaux platoniciens et surtout Plotin, où il croit voir le plus fidèle interprète de Platon[1], puisque tout en signalant les nombreuses et graves erreurs de ces philosophes, il a loué leur sagesse, goûté leurs écrits, profité de leurs vues, comment se rendre un compte exact de sa doctrine sans dire ce que la théorie des idées était devenue dans les *Ennéades*, et de quelle manière elle y était comprise et exposée ? Enfin, comme Malebranche a très certainement connu saint Thomas d'Aquin, a invoqué en plusieurs endroits son autorité et surtout en a cité à deux reprises un texte très-remarquable, nous devrons dire quelque chose de la solution donnée par le grand docteur du moyen âge à la question des idées.

Dans Platon, l'idée c'est le genre où se ramène la

---

1. *De civit. Dei*, lib. IX, cap. x. Plotin passe pour avoir mieux que personne entendu Platon. Lib. X, cap. ii. Plotin est un grand platonicien.

multitude des choses particulières, et c'est aussi le type qui résume les ressemblances essentielles entre les choses. C'est donc, en un sens, l'unité logique qui les comprend toutes, abstraction faite de leurs différences ; mais c'est plus encore et mieux que cela, c'est le modèle où se trouvent, dans une exquise pureté, sans mélange et sans défaut, les traits essentiels qu'elles reproduisent d'une façon imparfaite et défectueuse. L'idée d'une chose, ce n'est pas simplement cette chose pensée ; non, c'est cette chose considérée dans ce qu'elle a de général et d'absolu, ou plutôt c'est le genre et le type conçus à propos de cet échantillon et de cette copie : voilà ce que c'est que l'idée platonicienne. Le monde intelligible est donc le modèle parfait des réalités imparfaites ; les êtres particuliers sont les copies fugitives et toujours défectueuses des types éternels ; ils n'existent que par une sorte de participation aux essences. C'est la présence de l'idée dans les choses sensibles qui les fait être et nous permet de les connaître. Cette présence, Platon ne l'explique pas clairement ; mais de quelque manière qu'il essaie d'en rendre compte, que ce soit par une participation, μέθεξις, ou par une imitation, μίμησις, toujours est-il qu'il la juge nécessaire à l'existence même et à l'intelligibilité des choses sensibles. Otez ce quelque chose de général et d'absolu qui en descendant pour ainsi dire en elles les soutient, et voilà qu'elles s'évanouissent. Elles sont à la fois et ne sont pas : elles sont par leur participation à leur idée ; elles ne sont pas, en ce sens qu'elles ne participent à l'idée que d'une façon limitée, imparfaite et défectueuse. Ce qu'elles ont de positif et de réel leur vient donc de l'idée ; le reste n'est que négation et néant. Aussi peut-on dire que l'idée est non-seulement la loi et la raison d'être du réel, mais qu'elle est, en un sens très-élevé, ce qu'il y a de plus réel, que même elle est seule réelle. C'est donc dans l'universel et dans l'absolu qu'il faut chercher la source de toute existence et de toute connaissance. S'arrêter aux choses particulières, c'est rester dans la région des ombres et se contenter d'une connaissance imparfaite dont les animaux mêmes paraissent capables ; c'est non point penser, mais sentir. Le propre de l'homme, c'est de ramener les notions particulières à l'idée qui les domine et les explique, c'est de saisir, au-dessus de la pluralité, l'unité, c'est d'atteindre le genre universel et le type absolu : cela c'est penser.

Les idées sont rattachées à l'Idée du Bien, où elles trouvent leur explication suprême. Quelle est au juste la nature du lien qui rattache les essences à la plus excellente et à la plus haute des idées ? Platon ne le dit pas nettement. Il ne paraît pas que ce soit la nécessité de réduire les idées à des opérations de l'intelligence, et de leur donner ainsi un support réel, qui le conduise aux dernières limites du monde intelligible, là où l'Idée du Bien brille semblable au soleil, et répand sur toutes choses la lumière de la vérité. Cette marche dialectique s'explique plutôt par le besoin de ramener tout à l'unité et de trouver un principe intelligible qui n'en suppose pas d'autre. Mais enfin, ces idées ou essences, et cette idée des idées qui les domine et les explique toutes, comment existent-elles? Si d'admirables textes semblent nous montrer dans le Bien un être vivant et personnel qui est Dieu même, que d'obscurités cependant rendent indispensable un commentaire, et combien ce commentaire, si fidèle qu'il soit à l'esprit de Platon, paraît s'éloigner de ses théories en leur donnant une précision qu'elles n'ont pas! Platon remontait aux idées pour y trouver la lumière de la pensée et les règles des choses; mais une fois dans ces régions supérieures, se sentait-il pressé de définir l'existence des objets intelligibles, et en les proclamant divins, éprouvait-il le besoin de déterminer le rapport qu'ils avaient avec la divinité? ne se contentait-il pas pour eux de je ne sais quelle existence d'un genre à part, très-différente de celle des réalités sensibles, et pourtant, selon lui, nullement chimérique, telle que les idées, n'étant point précisément des choses ou des substances, pussent néanmoins exister en dehors de notre esprit, et que le Bien auquel toutes se ramènent, n'ayant lui-même que cette existence idéale, fût l'objet suprême de la pensée et la source de toute lumière intelligible, sans qu'on pût dire nettement en quoi consiste sa réalité, ni quel est son principe substantiel, ni peut-être même s'il faut lui en chercher un?

Dans Plotin, les essences, ou les idées, εἴδη, ἰδέαι, sont des actes, des pensées, νοήσεις. Elles subsistent éternellement dans l'Intelligence première, conçues toutes à la fois et pourtant distinctes comme les notions diverses qui composent une même science [1]. Ce n'est pas qu'elles répondent à quelque objet extérieur dont elles seraient l'image et l'empreinte. Comment se ferait-il que l'intelligence les reçût du dehors, puisque précisément ce dehors n'est formé que sur elles? Comment la puissance qui fait l'univers les contemplerait-elle dans les choses sensibles, puisque c'est la conformité des choses sensibles à ces modèles nécessairement préexistants qui explique l'univers [2]? Si les idées peuvent être appelées de belles formes, καλὰ ἀγάλματα, ce n'est pas que, semblables aux images peintes, elles imitent et représentent des choses qui leur soient antérieures; c'est, au contraire, qu'elles sont les archétypes du monde,

---

1. *Ennéades*, VI, vi, 7; ix, 5.—Trad. franç. de M. Bouillet, t. III, p. 375 et 546.
2. *Enn.* V, ix, 5. — Bouillet, t. III, p. 137.

les exemplaires que les choses sensibles imitent, et en ce sens, les réalités véritables, ὄντα καὶ οὐσίαι[1]. Et, tandis que la sensation ne possède pas son objet, mais en reçoit quelque chose, sans qu'il cesse d'être en dehors d'elle, et se trouve ainsi réduite à l'opinion (δόξα de δέχεσθαι), l'Intelligence première, en contemplant les idées qui sont les véritables êtres, n'aperçoit rien qui lui soit extérieur, mais a la possession intime de son objet, ne fait qu'un avec lui, et ainsi connaît véritablement sans être jamais exposée à oublier ni à chercher autour d'elle[2] : elle pense par elle-même ce qu'elle pense, elle possède par elle-même ce qu'elle possède. Or, puisqu'elle pense d'elle-même et par elle-même, elle est elle-même ce qu'elle pense. Elle est donc elle-même les êtres véritables, et quand elle les pense, ils ne sont pas hors d'elle; ils ne lui sont ni antérieurs ni postérieurs. Elle est le premier législateur, ou plutôt elle est la loi même de l'existence. On a donc raison de dire : la pensée est la même chose que l'être[3]. L'Intelligence est le lieu où habite la vérité et où subsistent les essences. Elle n'a besoin ni de foi ni de démonstration pour croire aux réalités intelligibles : elle est elle-même ces réalités. Et elle a d'elle-même une

---

1. *Enn.* V, viii, 5. — Bouillet, t. III, p. 117.
2. *Enn.* V, v, 1 et 2. — Bouillet, t. III.
3. *Enn.* V, ix, 5.

conscience claire. Elle voit quel est son principe, elle voit également ce qui est au-dessous d'elle et qu'elle produit : elle sait que, pour connaître sa propre nature, elle ne doit se fier à aucun autre témoignage qu'au sien propre, puisqu'elle est essentiellement la réalité, et par conséquent la vérité même : en elle, l'être et ce qui en affirme l'existence ne font qu'un ; la réalité s'y affirme elle-même. L'Intelligence, avec les essences et la vérité, ne constitue donc qu'une seule et même nature, nature vraiment divine. Ce n'est pas encore le Dieu suprême, mais c'est le second Dieu qui se manifeste à nous avant que nous ne voyions le Dieu suprême, le Bien, l'Un ineffable. C'est comme le trône magnifique que celui-ci s'est donné, et où il est assis immobile. C'est l'éclatante beauté qui le précède et fait sentir son approche. C'est la divine Sagesse qui contient l'archétype universel et la raison d'être des choses[1]. Avant que rien ne fût fait, toutes choses étaient déjà en Dieu : elles y étaient de toute éternité ; elles y étaient de telle sorte qu'on devait pouvoir dire plus tard : Ceci est après cela. En effet, quand les choses qui sont en Dieu viennent à se développer et à se montrer, alors on voit que l'une est après l'autre ; mais en tant qu'elles existent toutes ensemble, elles constituent l'Etre universel, c'est-

---

1. *Enn.* V, v, 1 et 2.

à-dire le principe qui renferme en lui la cause elle-même[1]. Ainsi les idées sont à la fois *essences* et *puissances*[2] : les exemplaires éternels du monde, et la source féconde de son existence; les formes immuables qu'il reproduit, et les principes vivants auxquels il participe; les types indestructibles qu'il imite, et les raisons séminales qui, présentes partout, sont l'origine de l'universelle activité. Et ces réalités intelligibles, actives et agissantes, objet de l'intelligence, sont dans l'intelligence, et ne font qu'un avec elle : ce qui pense, ce qui est pensé, et la pensée elle-même ne sont qu'un seul et même acte, et voilà comment il y a une pensée substantielle, νόησις οὐσιώδης, qui est l'Intelligence première[3].

Plotin admet donc, comme Platon, le monde idéal : mais il a appris d'Aristote, d'une part que cela seul existe véritablement qui est en soi, le reste n'étant que mode ou qualité, d'autre part que la suprême Intelligence est tout acte et se pense elle-même; il a appris des stoïciens que tout est vie et raison dans les choses sensibles elles-mêmes, sans quoi elles n'auraient rien de réel ni d'intelligible.

---

1. *Enn.* VI, vii, 1. — Bouillet, t. III, p. 410.
2. *Enn.* V, viii, 9. — Bouillet, t. III, p. 123. — Les idées sont appelées non-seulement εἴδη et ἰδέαι, mais παραδείγματα, μορφαί, ἀρχίτυπα, λόγοι, πρῶτα τὰ ποιοῦντα.
3. *Enn.* VI, ix. — Bouillet, t. iii, p. 575. — Voyez aussi V, iii, 5; t. III, p. 40. — Il serait curieux de rapprocher de ces textes de Plotin les commentaires de Thomassin dans les *Dogmata theologica*. Il y a en particulier au t. i, p. 138, un texte fort remarquable.

Combinant ces données nouvelles avec l'ancien platonisme, il transporte le monde idéal dans la pensée divine, pensée substantielle et tout en acte, donnant ainsi aux idées le support réel dont Platon ne semblait pas se soucier, et rendant à l'Intelligence souveraine la conception des types et des essences qu'Aristote lui refusait; et puis il montre dans ces idées divines l'origine de tout ce que le sensible a d'intelligible et de réel, expliquant par leur présence et leur action dans les choses intelligemment faites et vivantes, l'ordre et la beauté, l'activité et la vie qu'on y rencontre, mais néanmoins maintenant aux idées, contrairement à l'opinion stoïcienne, une existence réelle distincte des choses qu'elles *informent*, une existence supérieure et excellente, puisqu'elles sont les pensées mêmes de la divine Intelligence.

Il y a encore entre Platon et Plotin une autre différence capitale.

Platon voit dans l'idée un principe de généralité : il n'admet pas qu'il y ait des idées des choses individuelles. Plotin dit expressément qu'il est impossible que des choses différentes aient une même raison, c'est-à-dire s'expliquent par la même essence et par la même vertu *informante*. Ici encore, on le voit, il modifie la théorie platonicienne par des vues empruntées à Aristote et aux stoïciens. « Il ne suffit pas, ajoute-t-il, de l'homme *même* (en soi) pour être le modèle d'hommes qui diffèrent les uns des autres non-seulement par la matière, mais encore par des différences spécifiques (εἰδικαῖς διαφοραῖς). Ils ne peuvent être comparés aux images de Socrate qui reproduisent leur modèle (ἀρχέτυπον). La production des différences individuelles ne peut provenir que de la différence des raisons séminales[1]. » Et alors Plotin admet qu'il y a non-seulement des idées des universaux, τὰ καθόλου, mais aussi des idées des individus, τὰ καθ' ἕκαστα. Selon lui, les choses sensibles avec tous leurs détails subsistent dans le monde intelligible, si bien que les sensations ici-bas sont des pensées obscures, ἀμυδραὶ νοήσεις, et les pensées là-haut sont des sensations claires, ἐναργεῖς αἰσθήσεις[2]. Il y a une terre intelligible, une mer intelligible, un air intelligible, un univers intelligible, où tout le sensible subsiste en idée, plus beau et plus vivant que dans les imparfaites copies que nos sens saisissent[3]. Et tout cela constitue le Vivant universel, l'immense Animal intelligible qui embrasse d'autres animaux dans lesquels on découvre d'autres animaux encore plus petits, d'autres puissances encore moins grandes, et ainsi de suite, jusqu'à ce

---

1. *Enn.* V, vii. — Bouillet, t. III, p. 102 et suivantes.
2. *Enn.* VI, vii, 7. — Bouillet, t. III, p. 422-423.
3. *Enn.* V, ix, 10, 11 ; VI, vii, 9-12. — Bouillet, t. III, p. 142-145 et 427 et suivantes.

qu'on arrive à la forme individuelle, εἶδος ἄτομον[1]. Quand Plotin, de même que Platon, transforme la théorie des idées en une théorie des nombres, les individus ont leurs nombres, comme tout à l'heure ils avaient leurs idées, nombres premiers, véritables essences et causes de ce qui est, et ces nombres forment une hiérarchie, comme tout à l'heure les idées, et ils sont tous contenus dans le Nombre universel et essentiel qui n'est autre chose que l'Animal premier dont nous avons parlé plus haut[2]. Nombre universel ou Animal premier, peu importe, c'est toujours l'ensemble des choses, considéré, non dans ces êtres fugitifs que la sensation atteint, mais en Dieu même qui les pense éternellement et éternellement les peut faire. Vie parfaite et suprême Sagesse, l'Intelligence est la *cause* en même temps que l'*archétype* de l'univers.

Ces théories ont été très-certainement connues de saint Augustin, et ont exercé sur lui une grande influence. Quand il dit que les idées sont des formes permanentes et immuables, et les raisons des choses, il est fidèle à Platon sans doute, mais il répète les expressions de Plotin. Quand il expose cette théorie des nombres qui lui est si chère et qui, avec de mystiques obscurités et un symbolisme

---

1. *Enn.* VI, vii, 14. — Bouillet, t. III, p. 439.
2. *Enn.* VI, ii, 21; vi, 8, 15, 18. — Bouillet, t. III, p. 140, 376, 393 et 404.

mathématique assez subtil, contient une belle et profonde métaphysique, on reconnaît la théorie platonicienne, mais les ressemblances avec Plotin sont plus sensibles encore. Les nombres intelligibles expliquent la beauté qui est essentiellement ordre et harmonie. Ils sont les lois éternelles de la divine Sagesse, et quand ils s'impriment sur les choses créées, ils en font tout l'ornement et tous les charmes : répandus sur les créatures, ils sont les signes que nous fait la Sagesse pour nous avertir et nous rappeler sans cesse à l'excellence des beautés éternelles. Ainsi le nombre éternel est à la fois vérité, beauté, et bien ; et c'est son ineffable splendeur qui illumine toutes choses. Les êtres sensibles ne sont vrais, beaux et bons que par une sorte de participation aux nombres : les nombres sont les lois des choses, les raisons des choses, le principe de tout ordre, de toute harmonie, de toute beauté et de tout bien[1]. Comment n'être pas frappé des ressemblances que ces passages curieux offrent avec les *Ennéades ?* Enfin, saint Augustin, contrairement à Platon, mais conformément à Plotin, admet qu'il y a des idées, des formes, des raisons des choses individuelles ; et, tandis que Platon ne déterminait pas nettement l'existence des idées, il en fait, comme Plotin, les pensées mêmes de l'Intelligence souveraine.

---

1. *De lib. arb.*, liv. II, ch. XVI, 42 et 43.

Maintenant, il y a dans saint Augustin, outre ces analogies avec les platoniciens, quelque chose qui lui est propre, quelque chose qui vient de lui et du christianisme, une profondeur de vues et une exactitude tout à fait remarquables, avec une foi vive, ardente, en un Dieu vivant et personnel. Il distingue très-nettement l'intelligence créée de l'intelligence divine, et, regardant la vérité qui est Dieu même comme la lumière éternelle qui nous éclaire et nous vivifie, il ne fait pas de nos esprits des émanations de la souveraine intelligence. Ensuite, il n'établit pas entre la raison première, chose divine, et Dieu même une inégalité injustifiable ; il ne suppose pas qu'au delà de l'intelligence et de la vérité, il y a quelque chose de supérieur et de meilleur, qui serait le principe vraiment premier ; il regarde la Sagesse éternelle, le Verbe où subsiste toute vérité, comme étant Dieu même. Enfin, il conserve à l'auteur des choses sa liberté et le considère comme véritablement *créateur;* il ne le fait pas agir par une nécessité naturelle, il veut que la divine Sagesse accomplisse ce merveilleux ouvrage qui est le monde, avec une indépendance souveraine aussi bien qu'avec un art infini. Ainsi, la théorie des idées, entendue surtout à la façon de Plotin, mais dégagée des erreurs que Plotin y mêlait, se retrouve ici avec une précision supérieure, et comme animée d'un nouvel esprit.

Saint Augustin se plaît à dire que le monde, œuvre de Dieu, n'a pas été fait sans dessein, que Dieu porte dans son intelligence infinie l'idée éternelle de toutes les choses que sa puissance produit, enfin que Dieu voit de toute éternité ce qui n'est pas, tel qu'il sera ; autrement il faudrait dire qu'il agit au hasard, sans raison et sans sagesse. Remarquons-le bien, ce que Dieu voit ainsi, ce ne sont pas seulement les genres et les types, non, ce sont les choses elles-mêmes, ce sont les individus ; et quand il forme le monde, il n'a pas seulement les yeux sur un modèle parfait auquel il conforme par son action toute-puissante et souverainement bonne la réalité nécessairement défectueuse : mais le détail même des choses, mais tous les êtres particuliers avec leur essence propre et dans leurs rapports innombrables entre eux, il les a présents à sa pensée ; il n'applique pas seulement des règles éternelles et il ne fait pas en les appliquant une œuvre dont il ne connaissait, avant de l'avoir faite, que les principales lignes et le dessein général : tout ce qu'il produit, il le voit de toute éternité ; toute créature est éternellement en idée avant d'être effectivement, et de cette manière toute créature est éternelle, éternelle dans l'intelligence divine qui la voit, et dans la puissance divine qui la crée.

« Si vous étiez capable, dit saint Augustin, d'entreprendre quelque bel ouvrage de sculpture, et que vous en prissiez la résolution, il faudrait commencer par en former le dessein dans votre idée, et ce dessein serait comme la production que concevrait et qu'enfanterait votre esprit ; car c'est par là que commencent tous les ouvrages que nous voyons sur la terre ; il faut qu'ils soient déjà faits dans l'idée de l'ouvrier avant qu'il travaille sur la matière dont il se sert pour les exécuter. Il les voit et les examine dans son idée comme s'ils étaient déjà faits extérieurement [1]. » Voilà qui est clair, et c'est à Dieu créateur que saint Augustin applique cette comparaison. « Dieu a une connaissance très-claire et très-secrète de toute chose... Dieu connaissait tout ce qu'il devait créer. Cette connaissance que Dieu a des choses est telle que les choses étaient même déjà, et qu'elles subsistaient en lui d'une manière ineffable avant qu'elles fussent créées [2]. »

« Il n'y a personne assez stupide pour croire que Dieu a fait les choses qu'il ne connaissait pas ; si donc il les connaissait avant de les faire, avant qu'elles fussent faites, elles lui étaient connues de la manière dont elles vivent éternelles et immuables dans sa sagesse ; et par conséquent supérieures à ce qu'elles seraient après la création. Comment donc les êtres, avant d'être créés, étaient-ils connus

---

1. *In Joannem Evang. tract.* I, cap. I.
2. *Serm. in Psalm.* Ps. XLIX.

de Dieu? car il n'a pu faire ce qu'il ne connaissait pas. Ils existaient dans la science de Dieu, et ils n'existaient pas dans leur nature. C'est dans sa science que Dieu les voit de toute éternité[1]. »

Ainsi, de toute éternité Dieu pense le monde, de toute éternité Dieu voit l'ensemble et les détails, les types et les individus, les lois générales et les choses particulières, et comme de toute éternité il a la volonté de créer, la créature est éternelle dans la science et dans la puissance de Dieu, quoiqu'en elle-même elle ait eu un commencement et que son existence successive se développe dans le temps. *Singula propriis sunt creata rationibus: has autem rationes ubi arbitrandum est esse, nisi in mente Creatoris*[2]? et ailleurs : *Antequam fierent et erant et non erant : erant in Dei scientia, non erant in sua natura*[3]. Le monde, c'est le poëme de Dieu, dirais-je volontiers, en usant d'une comparaison qui me paraît conforme au génie et au goût de saint Augustin : il l'a employée lui-même en parlant de la Providence[4]. Le monde est le poëme de Dieu. Éternellement présent à la pensée divine, non-seulement dans son ensemble et dans son dessein général, mais dans tous ses dé-

---

1. *De Genesi ad litt.* lib. V, cap. xv, 18.
2. *De div. quæst. octog. tribus*, quæstio XLVI.
3. *De Genes. ad litt.* lib. V, cap. XVII.
4. *De civit. Dei*, lib. IX, cap. XVIII. — *De Genes.* imperf. lib., XVI. — *De ordine*, lib. I, 18.

tails, le monde est éternel à titre d'idée; Dieu le voit possible avant de le faire réel, et cette possibilité suppose une intelligence souveraine et une souveraine puissance; l'idée des choses, c'est leur possibilité éternelle, c'est leur essence connue et leur existence voulue; c'est la connaissance de leur nature propre avec ses lois et ses conditions d'existence, et c'est la puissance même de les faire exister substantiellement. Ainsi Dieu porte dans sa pensée le monde à la façon d'un poëme qui serait conçu et tout fait dans l'esprit du poëte avant d'être écrit et représenté. Quand le poëme est écrit, l'idée est d'une certaine manière dans ces lettres où elle s'imprime, et même c'est elle qui communique à ces lettres mortes une sorte de vie; quand le poëme est représenté, l'idée encore est d'une certaine manière dans les mouvements des acteurs et dans le son de leur voix; elle s'exprime par ces gestes et ces sons, et si grâce à eux elle prend une existence réelle, n'est-il pas vrai aussi que c'est elle qui en s'y exprimant leur communique un souffle de vie? image imparfaite, je le sais, de ce qu'est l'idée divine, mais image vive pourtant et même assez juste. Supposez que le poëte crée lui-même les êtres qui doivent représenter son poëme et réaliser les personnages conçus dans sa pensée, supposez que les ayant enfantés par son seul génie, sans aucun secours extérieur, il ait encore la vertu de leur donner une réalité substantielle, alors ce poëte n'est plus un homme, c'est l'artiste souverain qui a fait l'univers.

Ainsi, tandis que Platon voit dans l'idée le principe intelligible de la généralité, le type rationnel qui permet de ramener à l'unité du genre la multitude des individus, saint Augustin y voit plutôt le principe intelligible de l'individualité, la conception rationnelle qui relie par une loi spéciale à chaque être les détails de l'existence de cet être [1]. Mais comme toutes ces lois spéciales, comme toutes ces raisons des êtres sont ensemble présentes à la pensée divine, qui conçoit le plan du monde et l'ordre universel, saint Augustin retrouve ainsi un principe de généralité, et sa théorie, conciliant sans effort les deux points de vue opposés, explique, ce semble, et l'essence spécifique et l'essence individuelle, l'intelligible dans l'univers et l'intelligible dans chaque être.

Saint Thomas d'Aquin a professé la même doctrine. Entendant par *idée* ou *forme* des choses l'exemplaire selon lequel les choses sont faites et leur représentation dans la pensée qui les connaît, il déclare que dans ces deux sens il y a en Dieu des idées. L'univers n'est pas le produit du hasard, mais l'œuvre de Dieu, et Dieu en créant sait ce qu'il

---

1. Voyez l'appréciation de Ritter dans l'*Hist. de la philos. chrét.*, t. II, p. 287, 288.

fait ; il faut donc que les idées des êtres préexistent dans son intelligence comme types et modèles de tout ce qu'il crée. Il n'y a point d'idées subsistant par elles-mêmes : « Dieu même est par son essence le modèle de tous les êtres, en sorte que l'idée n'est autre chose en Dieu que son essence même [1]. » Mais la parfaite simplicité de l'intelligence divine n'empêche point la pluralité des idées. En effet, Dieu se propose pour fin l'ordre universel : il en a donc l'idée dans son intelligence ; mais on ne peut avoir l'idée d'un ensemble sans avoir l'idée des parties qui le composent. « Dieu donc, connaissant son essence parfaitement, la connaît, non-seulement selon ce qu'elle est en elle-même, mais selon qu'elle est participable par des créatures qui lui ressemblent en quelque manière comme à leur modèle, *secundum quod est participabilis secundum aliquem modum similitudinis a creaturis*. Chaque créature a sa forme intelligible propre, selon qu'elle participe en quelque manière à la divine essence qui en est représentative, *unaquæque au-*

---

[1]. *Somme théologique.* Part. I, question xv, art. 1. « Necesse est quod in mente divina sit forma ad similitudinem cujus mundus est factus... Deus secundum essentiam suam est similitudo omnium rerum : unde *idea in Deo nihil est aliud quam Dei essentia.* » Malebranche s'est souvenu de cette dernière proposition dans le Xe *éclaircissement à la Recherche*, Rép. à la 2e objection. On y lit en effet : « Les idées que Dieu a des créatures ne sont, comme dit saint Thomas, que son essence, en tant qu'elle est participable ou imparfaitement imitable. »

tem creatura habet propriam speciem secundum quod aliquo modo participat divinæ essentiæ similitudinem. Ainsi donc, en tant que Dieu connaît son essence comme imitable par telle créature, il connaît son essence comme la raison propre et l'idée de cette créature ; et ainsi des autres : d'où il suit manifestement que Dieu conçoit plusieurs types d'êtres, ce qui est avoir plusieurs idées. *Sic igitur in quantum Deus cognoscit suam essentiam ut sic imitabilem a tali creatura, cognoscit eam ut propriam rationem et ideam hujus creaturæ, et similiter de aliis : et sic patet quod Deus intelligit plures rationes proprias plurium rerum, quæ sunt plures ideæ* [1]. » Ainsi les conceptions divines sont multiples ; mais, quelles que soient les choses que Dieu pense, il les voit toujours comme des imitations de son essence très-simple, « des ressemblances de sa substance [2], » des participations à sa perfection souveraine, et il connaît « au dedans de lui-même tous les êtres en considérant ses propres perfections qui les lui représentent [3]. » Et non-seulement Dieu

---

1. Part. I, question xv, art. 2. C'est ce texte, si caractéristique, que Malebranche a commenté à sa manière dans la *Recherche*, liv. IV, ch. ii, 2, et cité tout entier et exactement dans la préface de l'édition de 1696 des *Entretiens métaphysiques*. Voir aussi quest. xvi, art. 6.

2. C'est la traduction que donne Malebranche. *Rech.* IV, ch. xi, 2.

3. Encore une phrase de Malebranche qui peut servir de traduction à saint Thomas. Voici le texte remarquable que Malebranche lui-même (*Rech.* liv. III, part. ii, ch. iv) commente, en ayant soin de le citer en note. « Quum essentia Dei habeat quidquid perfectionis habet essentia cujuscumque rei alterius, et adhuc amplius, Deus in seipso potest omnia propria cognitione cognoscere. Propria enim natura

connaît ce qu'il fait, et a dans sa pensée les exemplaires de ce qui existe, mais les possibles mêmes sont en lui à titre de choses intelligibles, *rationes cognoscendi;* car enfin ce que Dieu ne fait pas, mais pourrait faire, a une certaine nature propre, sans quoi ce ne serait rien du tout, et cette nature propre de ce qui n'est pas mais pourrait être, Dieu la connaît en lui-même. Il a donc des idées qui sont principes de production, *principia factionis rerum*, ou idées *pratiques*, et puis des idées qui ne sont que principes de connaissance, *principia cognitionis*, ou idées purement *spéculatives* [1]. De cette manière, tout ce qui est intelligible a en Dieu sa raison, et il y a autant d'idées que de choses subsistantes et concevables; mais cette multiplicité n'est ni dispersion ni confusion. Un plan d'ensemble, reliant tous les détails, les ramène à l'ordre qui est harmonie et unité [2]; et l'essence divine qui pense les choses et les contient éminemment [3] est unique et d'une parfaite simplicité.

uniuscujusque consistit secundum quod per aliquem modum divinam perfectionem participat. » Part. I, quest. XIV, art. 6.

1. Part. I, quest. xv, art. 3.

2. Part. I, quest. xv, art. 2. Voir aussi Ire et IIe partie, quest. XCIII, art. 1, rép. au 1er arg. « In rationibus idealibus quæ respiciunt proprias naturas singularum rerum invenitur quædam distinctio et pluralitas... Ea autem quæ sunt in seipsis diversa, considerantur ut unum, secundum quod ordinantur ad aliquod commune. »

3. Quest. IV, art. 2. « Oportet omnium rerum perfectiones præexistere in Deo secundum eminentiorem modum... Deus est ipsum

Malebranche déclare, comme Platon, que le sensible ne s'explique que par l'intelligible, que l'intelligible a une réalité distincte, indépendante, divine, que l'idée enfin, modèle éternel des choses, est le seul objet de la connaissance véritable. Puis il rattache, comme Plotin et saint Augustin, l'intelligible à l'intelligence souveraine, et il veut que les idées soient en Dieu, qu'elles soient Dieu même. Mais quel sens précis donne-t-il au mot idée? L'entend-il comme Platon ou comme saint Augustin, ou d'une autre façon encore qui lui serait propre? Si l'on regarde les textes de près, on est frappé d'un spectacle curieux. Au début des *Entretiens métaphysiques*, de quoi s'agit-il? D'entrer dans le pays des idées, de se promener par la pensée dans un monde tout rempli de beautés intelligibles. Et dans ce monde que contemple-t-on? Les essences, dans l'acception toute platonicienne du mot? Non pas, mais bien plutôt les essences individuelles. Dans les *Conversations chrétiennes* (conv. III), nous apprenons que Dieu « a fait toutes choses selon l'image ou idée vivante qu'il en a; » et dans la *Recherche de la vérité* (liv. III, part. II, ch. IV), nous lisons que toutes les créatures, même les plus matérielles et les plus terrestres, sont en Dieu, quoique

---

esse per se subsistens : ex quo oportet quod totam perfectionem essendi in se contineat... Quæ sunt diversa et opposita in seipsis, in Deo præexistunt ut unum, absque detrimento simplicitatis ipsius. »

d'une manière toute spirituelle et que nous ne pouvons comprendre. » Voilà qui est net et décisif. L'idée, ce n'est pas le type commun à toutes les choses du même genre, c'est le modèle intelligible et la représentation éternelle dans la pensée divine de tout objet. Mais que l'on continue la lecture du premier *Entretien sur la métaphysique*. Bientôt, aux idées particulières une seule idée se substitue, qui les comprend toutes : l'étendue intelligible, archétype du monde matériel. De même, dans la *Recherche de la vérité*, que l'on passe du sixième chapitre au huitième, on voit que : « l'essence d'une chose étant ce qu'il y a de premier dans cette chose, ce qui en est inséparable, et d'où dépendent toutes les propriétés qui lui conviennent, » l'essence de la matière, c'est l'étendue, et qu'en elle consiste « l'être même de la matière. » Enfin, qu'on lise le X° *Éclaircissement à la Recherche :* « Je n'ai pas prétendu précisément, dit Malebranche, qu'il y eût en Dieu certaines idées particulières qui représentassent chaque corps en particulier. » Ici toutes les idées particulières sont définitivement remplacées par l'étendue intelligible. L'essence ou l'idée est donc redevenue un principe de généralité. Tout à l'heure Malebranche parlait comme Plotin et saint Augustin; maintenant il semble parler comme Platon. Je dis : *Il semble*, car si c'est prendre l'idée au sens platonicien que d'y voir le type générique des choses, c'est s'éloigner entièrement de Platon que de vouloir que ce type soit unique pour tous les êtres matériels, puisque c'est supprimer toute distinction entre les essences.

Ainsi, on a raison de rapprocher Malebranche de Platon, si l'on veut dire seulement qu'il a des aspirations platoniciennes, qu'il est dédaigneux des sens, épris du monde idéal, enfin que c'est un esprit de même race, de même famille. Mais, vues de près, les théories des deux philosophes n'offrent pas moins de différences que d'analogies. S'ils parlent l'un et l'autre des idées et du monde intelligible, ce langage n'a pas, dans la *Recherche de la vérité*, dans les *Entretiens métaphysiques*, dans les *Méditations chrétiennes*, le même sens que dans la *République*, le *Phèdre* et le *Banquet*. Platon, lisant les ouvrages de Malebranche, trouverait son moderne disciple bien souvent infidèle. Avec Plotin, les ressemblances sont nombreuses et frappantes ; dans les passages des *Ennéades* que nous avons cités plus haut, il y avait des phrases entières qu'on eût pu croire de Malebranche ; mais dès que la théorie de l'étendue intelligible se montre, le désaccord commence. Avec saint Augustin, les rapports sont nombreux et intimes, la parenté évidente et sans cesse reconnue par Malebranche lui-même. Ce sont manifestement les écrits de saint Augustin qui l'ont initié aux secrets du monde intelligible, et l'examen attentif des textes aussi bien que les conjectures tirées de la marche ordinaire de l'esprit, tout semble établir que, conduit aux *idées* par ce Père, il a dû tout d'abord les entendre vaguement dans le même sens et y voir comme lui les essences individuelles. Mais le jour où il a voulu approfondir sa propre pensée et se l'expliquer nettement, il a interprété en cartésien la doctrine de son maître, ramenant à l'étendue intelligible toutes les idées des êtres matériels, parce que, selon Descartes, l'essence de la matière, c'est l'étendue.

C'est de la même manière qu'il a pu faire à saint Thomas certains emprunts d'expression, se croire d'accord avec lui, l'invoquer plusieurs fois comme un appui, tout en soutenant une doctrine très-différente de celle que nous trouvons dans la *Somme*. On ne peut pas affirmer plus nettement que saint Thomas la pluralité des idées ; Malebranche semble ne l'admettre qu'à la condition de l'expliquer ensuite par l'étendue intelligible, qui la détruit. Il est donc en dissentiment avec saint Thomas, aussi bien qu'avec saint Augustin ; mais c'est à son insu et sans en avoir même le soupçon. Il rencontre dans la *Somme* de brèves et puissantes formules qui le frappent ; il s'en empare, les transporte dans ses théories, et en fait le résumé net et l'expression vive de ses propres pensées. Ce grand contempteur des scolastiques parle souvent le langage de leur plus illustre représentant. Là il apprend à dire que la substance divine peut être considérée et selon ce qu'elle est et selon qu'elle est imitable ou participable [1] par les créatures ; là il trouve cette proposition qu'il répétera si souvent, à savoir que Dieu, qui est absolument simple, renferme éminemment toutes les perfections des choses créées, et plus encore [2]; là il lit que la divinité est l'être des êtres, non par essence, mais en tant qu'elle en est la source et l'exemplaire [3]. On pourrait multiplier les rapprochements. Mais dans saint Thomas, non plus que dans saint Augustin, dans Plotin ou dans Platon, il n'y a rien qui ressemble à la théorie de l'étendue intelligible. C'est une conception qu'un cartésien platonisant pouvait seul avoir : après quelques hésitations Malebranche l'a eue, et s'y est arrêté.

Il y a donc deux parts à faire dans la philosophie des idées : il y a un certain nombre de points établis avant qu'il soit question de l'étendue intelligible, et demeurant indépendants de cette théorie; et puis il y a cette théorie elle-même. Voilà ce qu'il faut bien distinguer. Malebranche soutient que

---

1. Saint Augustin dit que les biens finis et imparfaits participent au Bien suprême, et le mot de participation était dans la tradition platonicienne. Mais saint Thomas l'emploie, en parlant des idées, avec une précision et une force singulières, et dans des textes que Malebranche a lui-même cités.

2. Voir le texte cité plus haut p. 195, note 3.

3. Part. I, quest. III, art. 8. « Deitas dicitur *esse omnium effective et exemplariter*, non autem per essentiam. »

l'essence et la possibilité des êtres sont indépendants de l'existence de ces mêmes êtres, que ces essences et ces possibilités, lors même que nous ne les voyons pas, subsistent toujours à titre d'idées éternelles, et que la réalité de ces possibles doit être fondée, selon l'expression de Leibnitz, dans quelque chose d'actuel, c'est-à-dire en Dieu. Il comprend que les êtres créés ne sont intelligibles que parce que Dieu les pense éternellement, et il voit que cette pensée éternelle enveloppe la puissance de créer ce qu'elle connaît; il comprend que sans Dieu, non-seulement rien n'existerait, mais rien ne serait possible, et il voit que la simple possibilité suppose une éternelle intelligence et une puissance éternelle. Voilà ce que, d'accord avec saint Augustin, il établit avec force dans tous ses ouvrages. Mais à cette doctrine, la théorie de l'étendue intelligible vient s'ajouter comme éclaircissement et comme développement. Les idées sont distinctes des choses : cela veut dire que, outre l'étendue locale, matérielle, sensible, il y a une étendue idéale, intelligible, laquelle est infinie. Les idées sont les modèles éternels des êtres créés : cela signifie que l'étendue intelligible est le modèle sur lequel tous les corps sont formés. Les idées sont divines et subsistent en Dieu dont la pensée connaît tout et la puissance peut tout faire ; traduisez ainsi : l'étendue intelligible, infinie et divine, est Dieu même, c'est la substance divine en tant qu'elle a rapport aux êtres matériels, en tant qu'elle est représentative des corps et participable par eux. Voilà ce que Malebranche, se séparant de saint Augustin, répète toujours et prétend établir comme une chose essentielle et indubitable [1].

Ne faut-il voir dans cette théorie étrange et obscure qu'une aberration métaphysique, et à ce titre en sourire et puis la laisser là? Non, elle vaut la peine d'être considérée. C'est l'effort original d'un esprit profond et hardi aux prises avec une grave difficulté. Est-ce assez pour expliquer la matière de placer en Dieu une idée éternelle qui y corresponde et d'ajouter que Dieu a éternellement la puissance de créer des corps? Malebranche ne le croit pas. Il veut trouver dans la substance divine quelque chose qui y soit, d'une manière infinie, ce que les corps sont avec des limites; quelque chose qui soit divinement l'analogue de ce qui existe dans l'univers. Comment Dieu aurait-il l'idée de la matière, comment pourrait-il créer des corps, s'il n'était pas lui-même, par la nécessité de sa nature, substantiellement, non pas matière ou corps, mais réalité infinie possédant en soi tout ce que dans la matière et dans le corps il y a de positif [2]. Il s'agit

---

1. Outre les passages cités plus haut, voir les *Entret. métaph.* I et II. — VIII, 8 et 9. — *Entret. sur la mort*, I. — *Médit. chrét.* IX.

2. « Les qualités du corps n'ont rien de commun avec celles de l'esprit; car le corps ne peut penser, ni l'esprit être étendu. Mais

donc de trouver dans l'Etre absolu, plus que l'idée des créatures matérielles, plus que la puissance de les faire, mais ce qui apparaît comme le principe même et la raison de cette idée et de cette puissance, ce par quoi cet Etre est lui-même d'une manière infinie, nécessaire et parfaite, ce que les choses matérielles sont d'une manière finie, contingente et défectueuse. C'est jusque-là que Malebranche veut aller. Et, comme dans les théories cartésiennes, l'essence de la matière, c'est l'étendue, Malebranche déclare que Dieu, qui a l'idée des corps et peut créer des corps, est étendu, aussi bien que les corps, sans être corps. Dieu renferme dans la simplicité de son être les idées de toutes choses ; ce n'est pas assez dire, il renferme dans la simplicité de son être tous les êtres particuliers, en ce sens qu'il est participable par eux et qu'ils ne sont réellement que par leur participation à sa substance infinie. Il est à la fois un et toutes choses. L'étendue intelligible, c'est donc Dieu même, non pas tout Dieu, si je puis m'exprimer ainsi, mais

l'un et l'autre *participent à l'être divin*. Dieu, qui leur donne leur réalité, la possède ; car il possède toutes les perfections des créatures sans leurs limitations. Il connaît comme les esprits, *il est étendu comme les corps*, mais tout cela d'une autre manière que ses créatures. » *Entret. métaph.* viii, 6. — « La substance de l'âme n'a rien de commun avec la matière. L'esprit ne renferme point les perfections de tous les êtres qu'il peut connaître. Mais *il n'y a rien qui ne participe à l'être divin.* » *Entret. métaph.* v, 3. — Toutes les créatures ne sont que les *participations imparfaites de l'être divin.* » (*Recherche de la Vérité*, liv. III, part. II, ch. VI.)

Dieu vu selon le rapport qu'il a aux créatures matérielles, en tant qu'il pense ces créatures, en tant qu'il peut leur donner l'être, c'est-à-dire au fond en tant qu'il est lui-même l'être où elles puisent toute leur réalité empruntée, et enfin, si je l'ose dire, en tant qu'il est leur être[1]. Tel est le sens

---

[1]. « L'étendue est une réalité, et dans l'infini toutes les réalités s'y trouvent. Dieu est donc étendu, aussi bien que les corps, puisque Dieu possède toutes les réalités absolues, ou toutes les perfections ; mais Dieu n'est pas étendu comme les corps ; car il n'a pas les limitations et les imperfections de ses créatures... Dieu est étendu aussi bien que les corps ; mais il n'y a point de parties dans sa substance. Une partie n'enferme point, comme dans les corps, le néant d'aucune autre, et le lieu de sa substance n'est que sa substance même. Il est toujours un et toujours infini, parfaitement simple, et composé, pour ainsi dire, de toutes les réalités ou de toutes les perfections. C'est que le vrai Dieu, c'est l'être, et non tel être... C'est l'Être sans restriction, et non l'être fini, l'être composé, pour ainsi dire, de l'être et du néant. » (*Entret. métaph.* IX, 7.) — Il faut remarquer que Malebranche établit entre l'immensité divine et l'étendue intelligible une différence qu'il déclare infinie. « L'immensité de Dieu, c'est sa substance même répandue partout, et partout tout entière, remplissant tous les lieux sans extension locale. Voilà tout ce que je prétends être tout à fait incompréhensible. Mais l'étendue intelligible n'est que la substance de Dieu, en tant que représentative des corps, et participable par eux avec les limitations ou les imperfections qui leur conviennent, et que représente cette même étendue intelligible, qui est leur idée ou leur archétype... Rien n'est plus clair que l'étendue intelligible. Rien n'est plus intelligible que les idées des corps, puisque c'est par elles que nous connaissons fort distinctement, non la nature de Dieu, mais la nature de la matière... Tous les attributs absolus de la Divinité sont incompréhensibles à l'esprit humain, quoiqu'il puisse clairement comprendre ce qu'il y a en Dieu de relatif à des créatures, je veux dire les idées intelligibles de tous les ouvrages possibles... Une étendue corporelle infinie... n'aurait encore rien de divin ; car Dieu n'est pas l'infini en étendue, c'est l'infini tout court, l'Être sans restriction. Or, c'est une propriété de l'infini qui est incompréhensible à l'esprit humain, d'être en même temps un et toutes choses ; composé, pour ainsi dire, d'une infinité de perfections, et tellement simple, que chaque perfection qu'il possède renferme toutes les autres sans aucune distinction réelle. » (*Entret. métaph.* VIII, 8 et 9.)

profond de cette théorie, voilà pourquoi Malebranche y revient sans cesse et y attache une si grande importance. On peut, on doit la trouver étrange et périlleuse : mais quand on a essayé de s'en rendre compte, on ne peut plus la dédaigner comme une rêverie sans intérêt. On voit bien que d'un concept vide obtenu par abstraction, elle fait la réalité même, et qu'elle confond ce pur abstrait avec Dieu; on voit encore que, poussée à ses dernières conséquences, elle ne laisse rien à l'étendue créée qui la distingue réellement de l'étendue intelligible, et qu'ainsi elle incline au spinozisme. Mais aussi comment oublier que, tandis que dans Spinoza, l'étendue indéterminée, attribut infini de la Substance universelle, se développe et se manifeste dans ses modes qui sont les corps, Malebranche maintient entre « les attributs essentiels des choses et les circonstances de leur existence[1], » entre les idées éternelles et les substances créées, une distinction qu'il juge ineffaçable, veut que l'étendue matérielle soit un ouvrage libre de Dieu, et prétend, par l'étendue intelligible, non pas remonter à l'unique substance d'où sortirait l'uni-

---

1. *Méd. chrét.* ix, 12. — Voyez aussi *Rép. à M. Regis*, ch. 2. « Comme tous les corps particuliers sont composés d'une étendue ou matière commune et générale, et d'une forme particulière, de même les idées particulières des corps ne sont faites que de l'idée générale de l'étendue, vue sous des formes ou par des perceptions intellectuelles ou sensibles toutes différentes. »

vers, mais trouver dans les profondeurs de l'Etre divin la raison dernière de l'existence matérielle? Cette vue bien digne d'un métaphysicien et cette résistance aux entraînements de la logique donnent à la théorie que nous interprétons une grandeur véritable et un cachet original.

En résumé, Malebranche appelle idée ce que Descartes appelle essence ; puis dépassant Descartes, il établit avec Platon la réalité éternelle des idées, avec Plotin, saint Augustin et saint Thomas, leur existence en Dieu. Arrivé là, qu'entend-il au juste par l'essence ou l'idée? Si d'abord il semble admettre avec saint Augustin qu'il y a autant d'idées que d'êtres, bientôt il ne voit plus dans les différentes idées des choses matérielles, que les limitations d'une idée universelle, unique, qui est celle de l'étendue : cartésien alors, en ce qu'il considère l'étendue comme l'essence de la matière, platonicien en ce qu'il donne à cette idée une réalité intelligible et divine, mais aussi en désaccord avec Descartes qui ne voit dans les idées que des façons de penser de l'esprit humain, et dans les essences que des ouvrages de la volonté divine, en désaccord avec Platon, qui admet autant d'idées qu'il y a de types génériques. Lors donc que Malebranche parle des idées, on est toujours tenté d'entendre ce mot au sens de saint Augustin, et sa théorie semble s'expliquer à merveille de cette manière-là ; mais toutes les fois qu'il parle d'étendue intelligible, tout change, les mêmes mots prennent une autre signification ; la pensée du philosophe est là sous sa forme précise, arrêtée, systématique : le sens du mot idée n'est plus douteux. Ces variations qui se produisent dans l'esprit du lecteur, n'auraient-elles pas leur cause dans les textes mêmes ? et n'y aurait-il pas eu dans l'esprit de Malebranche une sorte de conflit inaperçu entre deux théories diverses ? On le dirait bien : seulement cette opposition lui échappe, et le jour même où elle lui est signalée par Arnauld, il ne consent pas à s'en troubler, et ne semble pas la voir. C'est qu'à ses yeux, l'étendue étant l'essence de la matière, dire : « toutes les idées sont en Dieu, » ou dire : « l'étendue intelligible est en Dieu, » c'est soutenir la même chose, avec cette différence que dans le second cas on parle d'une manière générale. Mais ce concept général, il le traite comme une réalité : pour lui, l'abstraction la plus haute, et partant la plus vide, coïncide avec l'être à son degré suprême, et l'étendue intelligible se trouve enfin être Dieu même considéré selon le rapport qu'il a aux êtres matériels.

II.

Nous savons maintenant ce que sont les idées pour Malebranche. Des idées ou essences il distingue les vérités. Qu'est-ce pour lui que la vérité ? et par quel lien la rattache-t-il à Dieu ? Voilà ce que nous devons examiner, en comparant sur ce point les vues de Malebranche et celles de Descartes.

Écoutons d'abord Descartes. Si deux et deux font quatre, c'est parce que Dieu le veut. Dieu a disposé les vérités éternelles de la même manière qu'il a créé toutes choses, c'est-à-dire comme cause efficiente et totale. « Il est aussi bien l'auteur de l'essence comme de l'existence des créatures; or cette essence n'est autre chose que ces vérités éternelles. . . . . . . Vous demandez qui a nécessité Dieu à créer ces vérités : et je dis qu'il a été aussi libre qu'il ne fût pas vrai que toutes les lignes tirées du centre à la circonférence fussent égales, comme de ne pas créer le monde, et il est certain que ces vérités ne sont pas plus nécessairement conjointes à son essence que les autres créatures[1]. » Après cette étrange déclaration, comment Descartes

---

1. Lettre 45e, édit. Garnier. — Voir encore la lettre 47e (au P. Mersenne), où nous lisons : « Pour les vérités éternelles, je dis derechef

peut-il encore avoir confiance dans la vérité; et quand il la fait dépendre d'une volonté toute-puissante que rien ne règle, comment ne craint-il pas que toutes les notions de l'esprit soient bouleversées d'un moment à l'autre par un caprice divin, comment peut-il avoir foi dans l'évidence et dans la lumière naturelle, se rassurer contre le doute par un appel à la véracité divine, déclarer immuables et éternelles les essences, parler enfin de vérité et de raison? C'est qu'il croit à la perfection divine : Dieu, l'être parfait, ne défera pas les lois qu'il a lui-même établies; Dieu, nature parfaite et immuable, détermine par un acte libre la vérité et la bonté des choses, et quand elles sont une fois déterminées, il ne les change point. Sa perfection est l'infaillible garantie des vérités que l'on appelle éternelles. « Tout ainsi que les poëtes, dit Descartes, feignent que les destinées ont bien à la vé-

que *sunt tantum veræ aut possibiles quia Deus illas veras aut possibiles cognoscit, non autem contra veras a Deo cognosci, quasi independenter ab illo sint veræ.* » Ces derniers mots sont excellents; mais Descartes, pour les expliquer, ajoute que les vérités mathématiques, par exemple, *sont quelque chose de sujet à la puissance incompréhensible* de Dieu. C'est ce qu'il déclare de la façon la plus nette dans une autre lettre (la 71e) au même P. Mersenne, où il dit : « C'est parler de Dieu comme d'un Jupiter ou d'un Saturne, et l'assujettir au Styx et aux destinées que de dire que ces vérités sont indépendantes de lui. Ne craignez point, je vous prie, d'assurer et de publier partout que c'est Dieu qui a établi ces lois en la nature, *ainsi qu'un roi établit les lois en son royaume.* » Dans la lettre 48e (à Arnauld), il écrit . « Je n'ose pas même dire que Dieu ne peut faire une montagne sans vallée. » Voyez enfin la lettre 58e et la *Réponse aux 6es objections*, 11-13.

rité été faites et ordonnées par Jupiter, mais que depuis qu'elles ont une fois été par lui établies, il s'est lui-même obligé à les garder ; de même je ne pense pas à la vérité que les essences des choses et ces vérités mathématiques que l'on en peut conclure, soient indépendantes de Dieu, mais néanmoins je pense que parce que Dieu l'a ainsi voulu et qu'il en a ainsi disposé, elles sont immuables et éternelles[1]. » On ne peut s'empêcher de répondre à Descartes que la vérité étant fondée sur la volonté de Dieu et cette volonté étant libre, la vérité aurait pu être autre qu'elle n'est, ce dont il convient, et qu'elle pourrait bien être changée, ce dont il devrait convenir. Elle n'existe que par un décret arbitraire de la toute-puissante volonté du Créateur. Dire que cette volonté sage ne peut pas vouloir changer la vérité, c'est se contredire soi-même ; car cette volonté, telle qu'elle est supposée, ne connaît aucune loi, aucune règle différente d'elle-même ; elle fait la vérité : souverainement libre, ne peut-elle pas défaire ce qu'elle a fait ? Quelle force s'y oppose ? A cette argumentation, Descartes répondrait toujours en invoquant la perfection divine. De toutes les idées rationnelles, l'idée du parfait est la seule qu'il ait approfondie, la seule dont il ait bien connu les caractères, bien marqué l'origine. Nécessité, immutabilité, éternité, tous ces carac-

---

1. *Rép. aux* 5es *object.* 53.

tères de la vérité absolue, qu'il démêle assez mal quand il s'agit des autres notions rationnelles, il les saisit d'une vue nette et les affirme sans hésiter quand il s'agit de la perfection. On pourrait dire que toute sa théorie de la raison est dans l'analyse de l'idée du parfait. Et c'est cette idée de la perfection divine qui produit dans son esprit et lui cache en même temps les inconséquences et les contradictions que nous relevions tout à l'heure. En effet, tout rempli et pénétré de l'idée de l'être parfait, il veut accorder l'indifférence absolue de la volonté et l'immutabilité absolue de la sagesse, parce que l'une et l'autre lui paraissent convenir à une nature parfaite. Selon lui, donner à la vérité une sorte d'indépendance à l'égard de la libre volonté du Créateur, c'est borner la toute-puissance divine : il ne peut concevoir que la volonté de l'être infini trouve dans son action une règle et comme une limite dans une vérité qu'elle n'a pas faite, et, pour sauver la toute-puissance et la souveraine liberté de Dieu, il met dans la volonté créatrice une indifférence absolue et se la représente déterminant le vrai et le bien par un acte pleinement libre, sans choix, sans motif, sans raison, en sorte que les choses sont vraies et bonnes parce que Dieu les a voulues, et, si Dieu avait voulu le contraire, c'est le contraire qui serait la vérité et le bien, tout ce que Dieu veut étant, quoi que ce soit, vrai et bon, puisque

Dieu est l'être parfait. Mais à cause de cette perfection même, Descartes ne redoute pas dans les volontés divines une mobilité manifestement incompatible avec elle, puisque ce serait une marque de caprice, c'est-à-dire d'imperfection. Le souverain législateur qui établit la vérité avec une indépendance absolue, ne revient pas sur ses décisions, et elles participent, puisqu'elles viennent de lui, à la nécessité et à l'immutabilité de sa nature. « Dieu n'a pas voulu que les trois angles d'un triangle fussent égaux à deux droits, parce qu'il a *connu* que cela ne *pouvait* se faire autrement....... Mais, au contraire, parce qu'il a voulu que les trois angles d'un triangle fussent nécessairement égaux à deux droits, cela est vrai maintenant, et il ne peut pas en être autrement[1]. »

C'est ainsi que Descartes s'explique la nature des vérités éternelles. Pour les lois du monde il les croit très-belles et très-sages, fondées sur la perfection divine elle-même. Aussi pense-t-il pouvoir les connaître *a priori*. « De cela que Dieu n'est point sujet à changement et qu'il agit toujours de même

---

1. *Rép. aux* 6es *object.* 11-13. — Voir encore dans les *Principes*, liv. IV, l'art. 206. Descartes parlant de la certitude métaphysique, dit qu'elle se produit « lorsque nous pensons qu'il n'est aucunement possible que la chose soit autre que nous la jugeons. » Et il ajoute « qu'elle est fondée sur ce principe très-assuré que Dieu étant souverainement bon et la source de toute vérité, il est certain que la puissance qu'il nous a donnée de discerner le vrai d'avec le faux, ne se trompe pas, lorsque nous en usons bien, et qu'elle nous montre évidemment qu'une chose est vraie. »

sorte, nous pouvons parvenir à la connaissance de certaines règles que je nomme lois de la nature et qui sont les causes secondes des divers mouvements que nous remarquons en tous les corps[1], » et il ajoute: « Ces lois ou ces manières de régler le mouvement, comme modes d'action de Dieu, participent à son immutabilité, et la représentent dans l'univers[2]. » Enfin il pense que la puissance et la bonté de Dieu étant infinies, nous ne devons point craindre de faillir en imaginant ses ouvrages trop grands, trop beaux, trop parfaits, mais que nous pouvons bien manquer, au contraire, si nous supposons en eux quelques bornes ou quelques limites dont nous n'ayons aucune connaissance certaine[3].

Ainsi, nous le voyons, tout s'explique par la volonté toute-puissante de Dieu, les essences et les vérités éternelles, les existences et les lois de la nature. Cette volonté, souverainement libre et indifférente, est à elle-même sa propre règle, elle crée, en agissant, la vérité et le bien, et étant la volonté de l'être parfait, elle ne fait rien que de bon.

Malebranche n'est pas moins pénétré que Descartes de l'idée de la perfection divine, mais il a sur la nature de la vérité une opinion toute différente. Il ne se laisse pas séduire par une théorie

---

1. *Principes*, II, 37.
2. Voyez *Principes*, II, 37 et 42, et *le Monde*, ch. VII (édit. Cousin, t. IV).
3. *Principes*, III, 1.

qui semble exalter la toute-puissance de Dieu en la rendant maîtresse de la vérité elle-même ; il soutient que par là on assimile la vérité à la créature, on la rend arbitraire et changeante, et sous prétexte de ne pas mettre la volonté divine dans une prétendue dépendance, on détruit la sagesse éternelle. « Je suis certain, dit-il, que les idées des choses sont immuables, et que les vérités et les lois éternelles sont nécessaires, il est impossible qu'elles ne soient pas telles qu'elles sont[1]. » Et, après avoir marqué avec force les caractères propres aux notions rationnelles, comme nous dirions maintenant : « La raison, ajoute-t-il, est nécessaire et indépendante, nous la concevons, en un sens, plus indépendante que Dieu même ; car Dieu ne peut guère agir que selon cette raison, il dépend d'elle en un sens ; il faut qu'il la consulte et qu'il la suive. Or, Dieu ne consulte que lui-même, il ne dépend de rien ; cette raison n'est donc pas distinguée de lui-même. Elle lui est donc coéternelle et consubstantielle. Nous voyons donc la règle, l'ordre, la raison de Dieu ; car quelle autre sagesse que celle de Dieu pourrions-nous voir, lorsque nous ne craignons point de dire que Dieu est obligé de la suivre ? » Voilà une doctrine entièrement opposée à celle de Descartes : Malebranche le sait et le dit. Il attaque la théorie de

---

1. *Éclairciss.* x.

son maître et en montre le faible. « Certainement, dit-il, si les vérités et les lois éternelles dépendaient de Dieu, si elles avaient été établies par une volonté libre du Créateur ; en un mot, si la raison que nous consultons n'était pas nécessaire et indépendante, il me paraît évident qu'il n'y aurait plus de science véritable et qu'on pourrait bien se tromper si l'on assurait que l'arithmétique ou la géométrie des Chinois est semblable à la nôtre. Car enfin, s'il n'était pas absolument nécessaire que deux fois quatre fissent huit, ou que les trois angles d'un triangle fussent égaux à deux droits, quelle preuve aurait on que ces sortes de vérités ne seraient point semblables à celles qui ne sont reçues que dans quelques universités ou qui ne durent qu'un certain temps ? Voit-on clairement que Dieu n'a pas pu vouloir certaines choses pour un certain temps, pour un certain lieu, pour certaines personnes ou pour certains genres d'êtres ; supposé, comme on le veut, qu'il ait été entièrement libre et indifférent dans cette volonté ? Pour moi, je ne puis concevoir de nécessité dans l'indifférence, je ne puis accorder ensemble deux choses si opposées. » Et Malebranche montre que ce décret divin qui assure, selon Descartes, l'immutabilité aux vérités et aux lois éternelles est une pure fiction de l'esprit. On aperçoit tout d'abord d'une simple vue et avec évidence que la nature des idées intelligibles, des vérités et des lois éternelles est immuable, nécessaire, indépendante. Mais, quand on ne veut pas en chercher l'origine là où elle est, c'est-à-dire dans la divine sagesse, alors, « sachant que Dieu est la cause de toutes choses, on se croit obligé d'imaginer un décret pour assurer l'immutabilité à des vérités qu'on ne peut s'empêcher de reconnaître pour immuables. » Or, « si ce n'est pas un ordre nécessaire que l'homme soit fait pour son auteur, et que notre volonté soit conforme à l'ordre qui est la règle essentielle et nécessaire de la volonté de Dieu; s'il n'est pas vrai que les actions soient bonnes ou mauvaises, à cause qu'elles sont conformes ou contraires à un ordre immuable et nécessaire...., enfin, si tous les hommes n'ont pas naturellement une idée claire de l'ordre, mais d'un ordre tel que Dieu même ne peut vouloir le contraire de ce que cet ordre prescrit, parce que Dieu ne peut pas vouloir le désordre, certainement je ne vois plus que confusion partout. Car que peut-on trouver à redire dans les actions les plus infâmes et les plus injustes des païens auxquels Dieu n'avait pas donné de lois? Quelle sera la raison qui osera les juger, s'il n'y a point de raison souveraine qui les condamne, s'il n'y a point d'ordre immuable, de loi indispensable selon laquelle on les doit juger? » Non, les vérités et les lois éternelles ne dépendent point d'un décret arbitraire de Dieu : elles sont immuables et nécessaires. « Il a toujours été vrai que deux et deux font quatre, il est impossible que cela devienne faux. » De même, « c'est un ordre immuable que les esprits soient plus nobles que les corps, » qu'il faille préférer son ami à son chien. « Cela est clair, sans qu'il soit nécessaire que Dieu, comme souverain législateur, ait établi ces vérités, ainsi que le dit M. Descartes dans sa réponse à la sixième objection contre ses *Méditations métaphysiques*. »

En contredisant ainsi Descartes, Malebranche se montrait le fidèle disciple de saint Augustin. Dans tous les écrits de ce Père, et spécialement dans le *De Magistro*, l'immutabilité et la souveraineté de la vérité éternelle est hautement proclamée. C'est une lumière qui éclaire tous les hommes, une règle qui s'impose même aux impies et les condamne quand ils s'en écartent, un maître intérieur qui instruit, sans bruit de paroles, ceux qui le consultent, et reprend encore, malgré eux, ceux qui le méprisent. C'est le soleil des esprits; c'est la sagesse éternelle de Dieu, le Verbe divin, la substance divine qui illumine nos âmes et les vivifie [1]. Saint

---

1. *De Trinitate*, lib. XIII, cap. 15. « Ab illa incommutabilis luce veritatis, etiam impius, dum ab ea avertitur, quodammodo tangitur... » et le reste qui est très-beau. — *Confess.* lib. x, cap. 26. « Ubique veritas præsidet omnibus consulentibus te... » — *Ibid.* lib. xi, cap. 3. « Intus in domicilio cogitationis, nec Hebræa, nec Græca, nec Latina, nec Barbara veritas, sine oris et linguæ organis, sine strepitu syllabarum... » — *Solil.*, 1. « Deus intelligibilis lux, in quo, et a quo, et per quem intelligibiliter lucent quæ intelligibiliter lucent omnia. » — *In Joannem tract.* 23. « Insinuavit nobis Christus animam humanam

Thomas, à son tour, déclare que Dieu est la vérité première et suprême : car l'intelligence est vraie par la ressemblance de ses conceptions avec les choses, et les choses sont vraies par la conformité de leur être avec l'intelligence ; or, en Dieu l'être est conforme à l'intelligence, ou plutôt l'être et l'intelligence ne font qu'un (*esse* ejus est ipsum suum *intelligere*), et son intelligence est la mesure et la cause de tout autre être et de toute autre intelligence [1]. Et comme l'entendement divin est éternel et immuable, toutes les vérités ont dans cet entendement qui les conçoit et les fait être, l'éternité et l'immutabilité [2].

Malebranche développe la même doctrine dans

---

et mentem rationalem non vegetari, *non illuminari*, non beatificari, nisi ab ipsa substantia Dei. » — *Epist.* 101. « Quum hoc (c'est-à-dire ce qui est déraisonnable) Deum non posse dicimus, non derogamus potestati ejus, sed æternitatem veritatemque laudamus. » — *Contra Faust. Manich.*, lib. XXVI, cap. v. Semper verum erit fuisse illud quod erat, et non est... Huic veritati Deus non potest adversari, in quo est ipsa summa et incommutabilis veritas, quo illustratur ut sit, quidquid in quorumque animis et mentibus veri est. » — *De Trinit.*, lib. XV, cap. xiv. « Hoc (l'absurde ou le mal) non potest ; nec est infirmitas ista, sed firmitas, qua falsa esse non potest veritas. »

1. *Somme théolog.* I, xvi, art. 5, 7 et 8 ; xxv, 4 ; et puis Ire et IIe part., xc, 1 ; xci, 1 et 2 ; xciii, 1, 2 et 3. Là est la théorie de la loi. « La loi est une règle et une mesure des actes, selon laquelle chacun est obligé à agir ou à n'agir pas ; or la règle et la mesure n'appartiennent qu'à la raison ; la volonté, pour avoir force de loi, doit être réglée par la raison. La loi éternelle, c'est la raison divine elle-même ; la loi naturelle est une sorte de participation à la loi éternelle dans la créature raisonnable. La volonté divine, prise en elle-même, étant l'essence même de Dieu, n'est point soumise à la loi éternelle, mais est la même chose que cette loi. Mais ce qu'elle veut par rapport aux créatures est soumis à la loi éternelle, puisque la raison en est dans la divine sagesse. »

tous ses ouvrages : « Mon fils, dit le Verbe éternel à son disciple, dans les *Méditations chrétiennes*, mon fils, je vois bien que tu as de la peine à te défaire de tes préjugés et à t'empêcher de juger de Dieu par toi-même. Comme tu voudrais bien n'avoir point de loi, tu crains d'en donner une à Dieu ; et parce que tu préfères la puissance et l'indépendance à la sagesse et à la justice, tu ferais plutôt Dieu injuste et bizarre que de le soumettre à mes lois. Mais, prends garde ; lorsque Dieu suit la raison, lorsqu'il obéit à l'ordre, il ne suit que sa propre lumière, il demeure indépendant. Ta sagesse et ta raison n'est pas ta propre substance; tu n'es pas ta lumière à toi-même. Mais comme je suis consubstantiel à mon Père, la raison, la sagesse, l'ordre, la loi de Dieu, c'est sa propre substance : de sorte qu'il se soumet à mes lois et demeure absolu et indépendant [1]. »

Nous trouvons encore le même langage dans le *Traité de morale*. « Il est évident, dit Malebranche, qu'il y a du vrai et du faux, du juste et de l'injuste ; et cela à l'égard de toutes les intelligences. Que ce qui est vrai à l'égard de l'homme est vrai à l'égard de l'ange et à l'égard de Dieu même ; que ce qui est injuste ou déréglement à l'égard de l'homme est aussi tel à l'égard de Dieu même [2]... Les souverains

---

1. *Médit. chrét.* XIX, 13.
2. *Traité de Morale*, I, ch. I, 7.

n'ont pas le droit d'user sans raison de leur autorité. Dieu même n'a pas ce droit misérable. Il est essentiellement juste et la raison universelle est sa loi inviolable [1]... Ni le juge, ni le prince, ni le père, ni Dieu même, si cela était possible, si le Verbe ne lui était pas consubstantiel, s'il pouvait s'empêcher de l'engendrer et de l'aimer, ni Dieu même, dis-je, n'a pas ce droit de se servir de sa puissance pour soumettre les hommes, faits pour la raison, à une volonté qui n'y serait pas conforme [2]. » Le vrai Dieu « c'est l'être infiniment parfait, et non pas un fantôme épouvantable, un Dieu puissant, absolu, souverain, tel que les hommes souhaitent d'être, mais sans sagesse et sans bonté [3]. » Aussi « celui qui aimerait mieux qu'il n'y eût point de Dieu que d'y en avoir un qui se plût à rendre éternellement malheureux ceux-là même qui véritablement aiment l'ordre et la raison, est juste, parce que ce Dieu fantastique, injuste et cruel, n'est point aimable [4]. »

Enfin, dans les *Entretiens métaphysiques*, nous lisons: « Je suis si certain que les hommes, les anges et Dieu même voient les mêmes vérités que je vois, qu'il ne m'est pas possible de douter, que c'est la même lumière qui éclaire tous les esprits... Vous voyez une vérité immuable, nécessaire, éternelle:

1. *Traité de Morale*, II, ch. IX, 4.
2. *Ibid.* II, ch. XI, 7.
3. *Ibid.* I, ch. VIII, 17.
4. *Ibid.* II, ch. XIV, 5.

car vous êtes si certain de l'immutabilité de vos idées, que vous ne craignez point de les voir demain toutes changées. Comme vous savez qu'elles sont avant vous, aussi êtes-vous bien assuré qu'elles ne se dissiperont jamais. Or, si vos idées sont éternelles et immuables, il est évident qu'elles ne se peuvent trouver que dans la substance éternelle et immuable de la divinité... Dieu est infiniment sage, et cela essentiellement et par lui-même, par la nécessité de son être... L'ordre immuable de la justice est une loi dont Dieu même ne se dispense jamais[1].... Nous aimons tous l'indépendance, et ce nous est à nous une espèce de servitude que de nous soumettre à la raison, une espèce d'impuissance de ne pouvoir faire ce qu'elle défend. Ainsi, nous craignons de rendre Dieu impuissant à force de le faire sage; mais Dieu est à lui-même sa sagesse. La raison souveraine lui est coéternelle et consubstantielle. Il l'aime nécessairement, et, quoiqu'il soit obligé de la suivre, il demeure indépendant. Tout ce que Dieu veut est sage et raisonnable : non que Dieu soit au-dessus de la raison, non que ce qu'il veut soit juste précisément et uniquement parce qu'il le veut ; mais parce qu'il ne peut se démentir soi-même, rien vouloir qui ne soit conforme à la loi, à l'ordre immuable et nécessaire des perfections di-

---

1. *Entret. métaph.* viii, 11, 12, 14.

vines..... C'est tout renverser que de prétendre que Dieu soit au-dessus de la raison, et qu'il n'a point d'autre règle dans ses desseins que sa pure volonté. Ce faux principe répand des ténèbres si épaisses, qu'il confond le bien avec le mal, le vrai avec le faux, et fait de toutes choses un chaos où l'esprit ne connaît plus rien. » Et Malebranche ajoute avec ironie : « Il est bon d'avoir les yeux au haut de la tête, mais ils eussent été aussi sagement placés partout ailleurs, si Dieu les y avait mis. Qu'on renverse donc le monde, qu'on en fasse un chaos : il sera toujours également admirable, puisque toute sa beauté consiste dans sa conformité avec la volonté divine, qui n'est point obligée de se conformer à l'ordre. Mais quoi! cette volonté nous est inconnue. Il faut donc que toute la beauté de l'univers disparaisse à la vue de ce grand principe, que Dieu est supérieur à la raison qui éclaire tous les esprits, et que sa volonté toute pure est l'unique règle de ses actions [1]. »

Ces textes nombreux prouvent que Malebranche a bien mieux connu que Descartes les caractères propres aux vérités rationnelles, et bien mieux compris par quel lien elles se rattachent à Dieu. Nécessaires et immuables, c'est de l'essence divine qu'elles dépendent et non de la volonté du Créateur.

---

1. *Entret. métaph.* ix, 13. — Voyez aussi la belle préface de la *Recherche de la Vérité*.

Mais enfin, en quoi consiste ce lien même? Malebranche, avec une heureuse hardiesse, essaie de l'expliquer d'une manière précise. Toutes les idées sont présentes à la pensée divine. Entre ces idées, il y a des rapports nécessaires et immuables, et ces rapports sont de deux sortes : les uns sont des rapports de grandeur, les autres des rapports de perfection. Deux et deux font quatre, les triangles qui ont même base et qui sont entre mêmes parallèles, sont égaux, voilà des rapports de grandeur. Une bête est plus estimable qu'une pierre et moins estimable qu'un homme, voilà des rapports de perfection [1]. Les rapports de grandeur sont entre les idées de même nature, comme entre l'idée d'une toise et l'idée d'un pied; et les idées des nombres mesurent ou expriment exactement ces rapports, s'ils ne sont incommensurables. Les rapports de perfection sont entre les idées des êtres ou des manières d'être de différente nature, comme entre le corps et l'esprit, entre la rondeur et le plaisir. Mais on ne peut mesurer exactement ces rapports. Il suffit seulement que l'on comprenne que l'esprit, par exemple, est plus parfait ou plus noble que le corps, sans savoir exactement de combien ; et l'on n'en doutera pas, si l'on sait bien distinguer l'âme du corps, et si l'on compare ce qui arrive au corps

1. *Traité de Morale*, I, ch. i, 6, 13.

avec les propriétés admirables de l'esprit[1]. Ainsi, entre les idées intelligibles que renferme la substance divine, il y a des rapports réels et intelligibles, lesquels se trouvent aussi contenus dans cette substance infinie : ces rapports, Dieu les voit éternellement en lui-même. Or ces rapports ne sont autre chose que les vérités; mais les rapports de grandeur sont des vérités purement spéculatives qui n'excitent par leur évidence que des jugements; les rapports de perfection sont des vérités pratiques qui excitent en outre des mouvements. Je vois avec évidence que deux et deux font quatre. Ce rapport réel d'égalité se montrant à mon esprit, je suis éclairé, et voilà tout; cette vérité n'excite dans mon âme aucun mouvement, ni amour, ni haine, ni estime, ni mépris[2]. Il en est de même de tous les rapports de grandeur[3], ce sont des vérités toutes pures, abstraites, métaphysiques. Au contraire, les rapports de perfection ne peuvent se montrer clairement sans apparaître comme la règle inviolable de tous les mouvements de l'esprit. L'homme vaut mieux que la bête, c'est une vérité; mais cela n'est pas seulement une vérité spéculative : « c'est un rapport d'inégalité en perfection qui exige, non-seulement que l'esprit s'y rende, mais que l'amour

---

1. *Médit. chrét.* IV, 7.
2. *Entret. métaph.* VIII, 13.
3. *Médit. chrét.* IV, 8.

et l'estime se règlent par la connaissance de ce rapport ou de cette vérité[1]. » Ce n'est donc pas assez que le jugement soit conforme au rapport aperçu, il faut y conformer les mouvements de l'esprit. Ce n'est pas seulement une *vérité*, c'est une *loi;* c'est l'ordre immuable et nécessaire que les volontés doivent suivre. La vérité se voit et rend savants ceux qui la voient. L'ordre doit être suivi, et il rend plus parfaits ceux qui en font leur règle[2]. Or Dieu découvre dans sa substance simple et infinie les rapports de perfection qui sont entre les êtres intelligibles, il voit donc en lui-même l'ordre immuable, et il conforme à cet ordre son estime, son amour, son action : il suit invinciblement et inviolablement la loi éternelle qui est lui-même[3]. Ainsi, à proprement parler et dans la rigueur des termes, on ne peut dire que la vérité soit Dieu, puisque toute vérité n'est qu'un rapport. Il est donc permis de ne pas accepter la façon de parler de saint Augustin qui, montrant que la vérité est incréée, immuable, immense, éternelle, au-dessus de toutes choses, dit qu'elle est Dieu[4]. Non, à ne donner aux mots que leur valeur exacte, les vérités ne sont pas des êtres absolus, bien loin qu'elles soient Dieu même : ce sont des rapports intelli-

---

1. *Entret. métaph.* VIII, 13.
2. *Médit. chrét.* III, 21.
3. *Médit. chrét.* IV, 8.
4. *Rech. de la Vér.*, liv. III, part. II, ch. VI.

gibles entre les idées intelligibles, rapports qui dépendent des idées, lesquelles sont en Dieu, rapports éternellement vus par Dieu à qui toutes les idées sont présentes éternellement. Mais les idées étant d'une certaine façon la substance même de Dieu, les rapports qui sont entre les idées sont aussi d'une certaine manière dans cette divine substance toute lumineuse ; et ainsi, quoique abstraits en tant que rapports, ils sont réels en tant que dépendant des idées, et compris avec elles dans la substance souverainement intelligible de Dieu. C'est en ce sens que l'on peut dire que Dieu est la vérité éternelle et l'ordre immuable. Les idées intelligibles, avec leurs rapports infinis, étant renfermées en lui, il ne reçoit pas d'ailleurs sa lumière et sa loi. Il connaît la vérité, « parce qu'il se connaît parfaitement, ses attributs, ses perfections, toute sa substance, non-seulement selon ce qu'elle est en elle-même, ou prise absolument ; mais aussi selon ce qu'elle est, prise relativement à toutes les créatures possibles, c'est-à-dire en tant qu'elle est leur idée ou leur modèle éternel [1]. » Il suit l'ordre, parce qu'il aime invinciblement sa substance toute parfaite, non point par « une impression qui lui vienne d'ailleurs, ni qui le porte ailleurs ; mais par la complaisance qu'il prend en lui-même ; » et,

---

[1]. *Traité de l'amour de Dieu*, au commencement.

comme ses créatures participent inégalement à son être, imitent inégalement ses perfections, ont plus ou moins de rapport à lui, il les aime inégalement, puisqu'il n'aime rien que par l'amour qu'il se porte à lui-même, que selon l'ordre immuable des perfections auxquelles ses créatures participent[1]. On peut donc dire qu'il est la vérité même et l'ordre même.

Ici Malebranche, complétant la philosophie par la foi et commentant la foi par la philosophie[2], n'hésite pas à reconnaître que cette souveraine raison, en qui réside toute vérité et tout ordre, est le Verbe divin, la sagesse du Père, le Fils incréé que le Père engendre éternellement; et c'est cette même sagesse qui, pour frapper par les sens les hommes grossiers et stupides, s'est rendue visible par l'incarnation, en sorte que l'unique maître des esprits, c'est Jésus-Christ qui nous éclaire au plus secret de la raison par la lumière de la vérité et qui nous instruit au dehors par l'enseignement de l'Eglise. Malebranche se réjouit de cet accord de sa philosophie et de sa foi, et, toutes les fois qu'il le signale, je devrais dire qu'il le chante, il a, pour parler de l'éternelle sagesse, des expressions tout éclatantes d'une sévère beauté et animées de toute la vivacité de l'amour. Oui, Jésus, c'est la lumière

---

1. *Traité de l'amour de Dieu.*
2. *Médit. chrét.* II, 12. « Rentre en toi-même et écoute-moi, et compare ce que je vais te dire avec ce que t'apprend la religion que tu professes. »

incréée, c'est la raison souveraine [1]. Dans le Verbe sont toutes les idées, dans le Verbe tous les rapports nécessaires et immuables entre les idées ; et quand Dieu agit, il consulte toujours et suit inviolablement son Verbe qui ne fait qu'un avec lui. Voilà l'unique source de la vérité et du bien : là, dans les profondeurs mêmes de la substance divine, seule nécessaire par sa nature, seule éternelle, seule immuable, par delà les régions de l'arbitraire et du créé, dans le Verbe se trouve l'origine des vérités nécessaires et des lois éternelles ; par là s'explique cette nécessité, cette éternité, cette immutabilité ; de là vient cette indépendance, et de là cette souveraineté à laquelle tout cède : bien loin qu'un décret divin ait établi la vérité et l'ordre, c'est encore en consultant la vérité et l'ordre que Dieu porte ses décrets libres. Les lois générales de la nature et de la grâce, comparées aux lois éternelles, sont arbitraires ; mais Dieu les a établies parce que l'ordre demande qu'il agisse ainsi : « De sorte, dit le Verbe divin, que c'est l'ordre éternel, immuable, nécessaire que je renferme comme personne divine et comme sagesse éternelle, qui est la loi que mon Père consulte toujours, qu'il aime invinciblement, qu'il suit inviolablement, et par laquelle il a fait et conserve toutes choses [2]. » Ainsi, le libre et l'ar-

---

[1]. Voyez surtout la 2e et la 3e *Médit. chrét.*
[2]. *Médit. chrét.* VII, 18.

bitraire même ont leur fondement et leur raison d'être dans le nécessaire : autrement la liberté ne serait que caprice. La simplicité et la généralité des lois naturelles, effet d'un choix libre, mais non capricieux, arbitraire, en un sens, mais non aveugle, s'expliquent par cet ordre absolument nécessaire qui est la règle de la volonté. Et c'est pour cela que les lois de la nature sont belles. Il ne faut pas dire qu'elles sont raisonnables et bonnes par le seul fait que Dieu les a établies, il faut dire que Dieu les a choisies et établies parce qu'elles sont raisonnables et bonnes, c'est-à-dire conformes à cette loi inviolable de la vérité et de l'ordre renfermée dans le Verbe divin.

Nous devons comprendre maintenant comment tout se lie dans la théorie de Malebranche. Des idées ou essences dépendent les vérités; des essences et des vérités dépendent les lois générales. Dieu connaît ses perfections infinies, et, renfermant dans son infinie simplicité « les idées intelligibles de tous les ouvrages possibles, » il connaît ces idées[1]. Il faut ajouter qu'il connaît les rapports qui sont entre ces idées et qu'il juge et agit selon ces rapports parce qu'il suit en tout l'ordre immuable de ses perfections; enfin, conformément à cette éternelle sagesse, il veut que ses ouvrages expri-

---

1. *Entret. métaph.* VIII, 8.

ment ses perfections, et, à cette fin, il ordonne toutes choses d'après certaines lois générales qui, par leur simplicité et leur fécondité, portent le caractère de ses divins attributs[1]. Là se trouve indiquée, mais non encore nettement définie, la distinction qu'en langage moderne nous établissons entre les principes absolus et les principes généraux, entre les vérités purement rationnelles et les vérités inductives : celles-ci improprement nécessaires, d'une nécessité relative et conditionnelle, tandis que les autres sont nécessaires absolument ; les lois que découvre l'induction, fixes et constantes, parce qu'elles sont l'œuvre de la sagesse, admettant néanmoins des exceptions motivées par un ordre supérieur, parce que, après tout, elles ont été librement établies, tandis que les principes de la raison, principes spéculatifs ou principes pratiques, ne peuvent subir aucune exception d'aucune sorte, le contraire étant absurde et inconcevable. Cette distinction si importante, cette absolue nécessité des vérités rationnelles, ce caractère mixte des vérités inductives, Malebranche a vu tout cela. Les notions absolues reposent sur ces rapports infinis entre les idées, lesquels sont renfermés dans la substance divine et ont leur dernière raison d'être dans l'ordre même des attributs divins; les notions

---

1. *Médit. chrét.* VII, 19.

générales reposent sur ces lois que Dieu, libre mais sage, a établies sans y être contraint, mais en se conformant à la souveraine raison qui est lui-même; il n'y a pas au-dessus du monde créé des lois abstraites, des types abstraits, des universaux, abstractions réalisées : ce qui est au-dessus du monde créé et ce qui l'explique et le rend intelligible, c'est la substance divine, rien que la substance divine, renfermant en elle les idées des choses, voyant entre ces idées des rapports infiniment variés, et puis ordonnant toutes choses par des lois qui sont la volonté même, toujours constante, toujours sage, toujours efficace.

C'est donc toujours à Dieu que la pensée est ramenée, soit qu'elle considère les idées, soit qu'elle considère les vérités. Elle trouve que l'unique objet intelligible, c'est Dieu, et elle entrevoit que s'il est l'unique objet intelligible, c'est parce qu'il est la seule cause efficace. Le seul fait de la connaissance, bien étudié et approfondi, révèle Dieu et sa sagesse et son universelle action : car Dieu seul est connaissable, si je puis dire, et cela, encore une fois, parce que Dieu seul agit véritablement, parce que Dieu seul est infiniment et absolument. Penser aux êtres matériels, c'est penser à Dieu; penser à la vérité, c'est penser à Dieu : tout nous conduit à Dieu.

III.

Mais nous ne connaissons encore la substance divine que dans son rapport avec les créatures : nous la connaissons en tant qu'elle est l'archétype du monde matériel et la lumière des esprits. Nous savons qu'elle est, et ce qu'elle est par rapport à nous : mais sa nature même, nous l'ignorons. Penser à l'étendue intelligible, c'est assurément penser à Dieu ; néanmoins c'est en un sens penser plutôt à la matière qu'il peut produire[1]. Penser aux vérités éternelles, c'est entrer plus profondément dans la substance divine ; toutefois c'est encore faire attention aux rapports des idées intelligibles entre elles plutôt qu'à Dieu même ; c'est voir les vérités que Dieu voit, ce n'est pas voir Dieu selon tout ce qu'il est. Une seule idée égale la nature divine, c'est l'idée de l'être indéterminé, ou plutôt ce n'est pas une idée ; car quel archétype pourrait représenter l'infini ? La substance divine est le modèle et l'archétype des êtres créés en tant qu'elle les représente et est participable par eux. Mais elle-même n'a pas besoin

---

1. *Entret. métaph.* II, 2. — Voyez aussi *Entret. métaph.* VIII, 8. Par l'étendue intelligible, « nous connaissons fort distinctement, non la nature de Dieu, mais la nature de la matière. »

d'un archétype qui la représente, et il n'y a pas d'idée qui contienne toute sa réalité intelligible. L'être est à lui-même son archétype, et il renferme en lui l'archétype de tous les êtres. On ne peut distinguer dans l'être l'essence et l'existence. Tel être, quoique connu, peut n'exister point : pourquoi? C'est que l'idée de tel être subsiste en Dieu, indépendante de l'existence de cet être, puisque, n'étant pas réellement, il est possible et intelligible. Mais l'être sans restriction, l'être indéterminé, l'être tout court, on ne peut voir son essence sans son existence; car où la verrait-on? On ne peut voir son idée sans lui, car où serait cette idée? Son idée n'est pas distincte de lui-même. Donc, puisqu'on peut penser à l'être, il est, et l'être c'est Dieu, Dieu considéré selon ce qu'il est, non plus en tant que sa substance représente les créatures et est participable par elles, mais en tant qu'il est Dieu, « non plus selon sa réalité générale et relative à des ouvrages possibles, mais *selon sa réalité particulière et absolue*[1]. » Ainsi, lorsque nous ne pensons plus à tel ou tel être, mais à l'être, nous pensons à Dieu; et c'est là, au sens où nous venons de l'expliquer, la véritable idée de Dieu. « L'idée de l'être sans restriction, de l'infini, de la généralité, n'est point l'idée des créatures ou

---

1. *Entret. métaph.* II, 2.

l'essence qui leur convient, mais l'idée qui représente la divinité ou l'essence qui lui convient [1]. »
Et, encore une fois, les mots d'idée ou de représentation ne sont plus ici pris au sens exact : ils signifient seulement que penser à l'être indéterminé, c'est penser à Dieu selon ce qu'il est ; tandis que penser à l'étendue intelligible, c'est penser à Dieu en tant qu'il renferme en lui l'archétype du monde des corps ; et penser aux vérités éternelles, c'est penser à Dieu en tant qu'il éclaire toutes les intelligences [2]. Sans doute en pensant à l'être indéterminé, nous n'avons encore de Dieu qu'une connaissance confuse ; si nous voyons alors l'infini, ou l'être sans restriction, c'est d'une manière fort imparfaite [3]; nous ne pouvons pas embrasser « la simplicité et l'université divine, » quoique nous en trouvions dans notre âme « un léger crayon ; » nous ne pouvons pas comprendre « cette propriété de l'infini d'être en même temps un et toutes choses, composé, pour ainsi dire, d'une infinité de perfec-

---

1. *Entret. métaph.* II, 4.
2. Pour tout ce qui regarde l'idée de l'être indéterminé, voir *Entret. métaph.*, II, 2, 3, 4, 5. — Dans la *Recherche*, nous lisons (liv. III, part. II, ch. VII, 2) que « *l'être sans restriction*, l'être *universel* ne peut être aperçu par une idée ; » et (liv. IV, ch. XI, 2) que « l'idée de Dieu ou de *l'être en général*, de *l'être sans restriction*, de l'être infini, n'est point une fiction de l'esprit... car il est évident que *l'être* (je ne dis pas un *tel* être) a son existence par lui-même. » — Dans l'*Entret. entre un philos. chrét. et un philos. chin.* nous trouvons : « Notre Dieu, c'est l'être. »
3. *Entret. métaph* II, 6.

tions, et tellement simple que chaque perfection qu'il possède, renferme toutes les autres sans aucune distinction réelle [1]. » Mais, du moins, quand nous pensons à l'être indéterminé, nous ne limitons Dieu d'aucune manière. Nous ne l'embrassons pas, mais nous ne le bornons pas ; nous ne voyons pas distinctement tout ce qu'il est, mais nous voyons qu'il est tout : notre pensée, en restant indéterminée, semble trouver dans sa faiblesse même un moyen de s'égaler en quelque manière à l'être, son divin objet [2].

1. *Entret. métaph*, VIII, 9.
2. Nous trouvons dans saint Thomas (*Somme théologique*, part. I, quest. XIII, art. 11) le texte très-remarquable que voici : « Le nom *Celui qui est* (*Qui est*) est-il par excellence le nom propre de Dieu ? Ce nom exprime, non pas une forme, mais l'être même (*ipsum esse*). Puis donc que l'être de Dieu est son essence (*quum esse Dei sit ipsa ejus essentia*), et Dieu seul a ce privilége, ce nom est par excellence le nom propre de Dieu... Tous les autres noms présentent une signification moins générale, ou s'ils renferment au fond le même sens, ils y joignent toujours quelque autre idée par laquelle ils l'*informent* et le *déterminent* d'une certaine manière (*addunt aliquid supra ipsum secundum rationem, unde quodammodo informant et determinant ipsum*). Notre pensée ne peut, dans l'état de la vie présente, connaître l'essence divine en elle-même (*ipsam secundum quod in se est*), et toutes les fois qu'elle détermine le mode sous lequel elle conçoit Dieu (*quemcumque modum determinet circa id quod de Deo intelligit*), elle reste au-dessous de ce que Dieu est en soi (*deficit a modo quo Deus in se est*). D'après cela, moins les noms sont déterminés, plus ils sont généraux et absolus, plus ils se disent de Dieu avec propriété. Aussi saint Jean Damascène dit-il que « le premier nom de Dieu, c'est *Celui qui est*; car ce nom renferme l'être tout entier, comme l'océan infini et sans bornes de la substance (*pelagus infinitum et indeterminatum substantiæ*). » Tout autre nom détermine quelque mode de la substance ; mais celui-ci ne précise aucune manière d'être, et, par son indétermination même, s'étend à toutes, et c'est ainsi qu'il exprime l'océan sans bornes de la substance. Ce nom convient donc à Dieu par son universalité même (*propter universalitatem*). » Mais saint Thomas, un peu plus loin, dans le même article,

Dans cette théorie de Malebranche, il faut remarquer deux choses surtout : Premièrement, Malebranche, comme Descartes, soutient qu'en Dieu l'essence et l'existence se confondent; secondement, à l'idée de la perfection, Malebranche substitue l'idée de l'être. Si donc il raisonne de la même manière que Descartes, c'est en apparence seulement; la forme de la pensée est la même, l'objet est différent. Ici se montre une fois de plus l'esprit de Malebranche avec ses aspirations et ses tendances. Parle-t-il des idées, il les conçoit, ce semble, comme les modèles intelligibles de tous les êtres particuliers ; puis, voulant approfondir, à toutes les idées il substitue l'étendue intelligible, pure abstraction qu'il identifie avec la réalité suprême, en ce qui concerne le monde des corps; et néanmoins il échappe aux conséquences extrêmes de sa théorie, se retient sur les pentes fâcheuses où elle l'entraîne, et allant droit au panthéisme idéaliste, n'y aboutit pas. De même, parle-t-il de Dieu, Dieu c'est l'être

---

appelle la substance de Dieu, considérée en elle-même, incommunicable et, si l'on peut parler ainsi, singulière (*et ut sic liceat loqui, singularem*). Il ne nomme jamais Dieu l'être en général, et il oppose même quelque part l'être divin, *ens divinum*, et l'être en général, *ens commune* (I, quest. ɪɪɪ, art. 4). Enfin il distingue avec soin : d'une part, l'infini au sens du grec ἄπειρον, infini purement potentiel, et non actuel, qui n'est que la possibilité indéfinie de recevoir des formes et des déterminations, pur concept de l'esprit; d'autre part, l'infini véritable, qui n'est point l'être incomplet et indéterminé en soi, mais au contraire, l'être parfait, principe actif de tout ce qui est, et en lui-même suprême et excellente réalité (I, question ᴠɪɪ, art. 1 et 2).

parfait, être vivant et personnel ; puis, quand il veut sonder le mystère de la nature divine, il a peur de limiter Dieu en le déterminant, il écarte toute pensée distincte, il ne regarde plus que l'idée de l'être tout court ; alors il lui semble qu'il est arrivé le plus près de la divinité qu'il est possible [1].

Va-t-il donc, comme Plotin, placer le premier principe par delà les régions lumineuses de l'intelligence, dans je ne sais quelles profondeurs inaccessibles où le regard impuissant se trouble et où un mystérieux contact, συνάφη, peut seul mettre l'âme en possession de son divin objet, l'Un absolu, source de toute beauté et de toute vérité, de toute vie et de tout être, et lui-même insaisissable et ineffable, abîme sans fond, βάθος, d'où sort toute chose et où l'esprit se perd ? Ou bien si, en vrai cartésien, il se garde d'éteindre les lumières de la raison pour mieux s'unir à Dieu, va-t-il du moins admettre, comme Spinoza, une substance universelle et indéterminée qui, prise en elle-même, n'est ni ceci ni cela, et qui, considérée d'une autre manière, est tout ce qui est ? Écoutez-le donc qui répète que « l'être est » et que « l'être est un et toutes choses. » Voyez-le tendant, malgré son amour pour la connaissance claire, à égaler par l'indétermination de sa pensée l'infini de l'être, et inclinant à confondre la

---

[1]. *Entret. métaph.*, II, 2.

généralité suprême avec la suprême réalité. Qu'il est près de tomber dans la commune erreur des faux mystiques et des idéalistes de tous les temps ! Mais attendez : saint Augustin le retient et le ramène. Comme saint Augustin, il a foi en son âme et foi au Dieu vivant : il ne perd pas de vue cette âme, il la sent et la connaît d'une connaissance expérimentale, avec ses misères, mais aussi dans son incontestable réalité, et il demeure attaché par l'amour vivant au Dieu vivant. Aussi, malgré toutes les témérités de l'esprit de système, il évite le panthéisme, où l'abus de la géométrie et un faux mysticisme devaient le conduire. Son Dieu, c'est l'être parfait, tout-puissant, tout sage, tout bon ; et l'on dirait qu'en parlant de l'être indéterminé, il n'a voulu que marquer par des expressions fortes l'incompréhensibilité divine et l'impuissance où nous sommes de nous faire de Dieu une idée exacte.

IV.

L'unique objet de la connaissance, selon Malebranche, c'est Dieu, nous venons de le voir. Reste à chercher ce qu'est pour lui la connaissance elle-même.

Dieu étant l'unique objet intelligible, connaître,

c'est connaître Dieu. Si l'idée est Dieu, la perception qui découvre l'idée est une vue de Dieu ; si Dieu est seul visible, l'âme qui voit quelque chose voit Dieu. Considérez les êtres créés : ils ne sont intelligibles que par la substance divine qui les représente et à laquelle ils participent ; considérez l'esprit capable de connaître : il ne connaît que dans la lumière de la substance divine, ou plutôt il ne connaît que cette substance divine elle-même ; à elle seule il est immédiatement uni, elle seule agit en lui pour y opérer la connaissance. Car il faut bien comprendre que, d'après Malebranche, la connaissance suppose de la part de l'objet connu une action sur le sujet connaissant ; nous l'avions déjà remarqué, mais il importe de le rappeler ici [1]. Donc Dieu seul est connaissable et connu ; Dieu seul rend l'âme capable de connaître et connaissante. L'idée qui éclaire l'esprit est divine ; la perception qui découvre l'idée est une modification de l'esprit humain, mais produite par l'action divine. Dieu, cause formelle de la connaissance, en est encore la cause efficiente. C'est lui qui est connu dans tous les êtres, et on pourrait presque dire que c'est lui qui connaît en nous.

1. C'est ce qui est fortement exprimé dans une lettre au P. Lamy, déjà citée au commencement du présent chapitre, p. 145 : « Pour présenter ou représenter passivement, il faut contenir réellement, et pour représenter activement il faut que ce qui contient réellement, nous affecte. »

Malebranche examine les diverses explications que l'on peut donner du fait de la connaissance, et aucune ne lui paraît satisfaisante, hormis la vision en Dieu [1]. Toutes supposent en l'homme une puissance qu'il n'a pas, ou attribuent à Dieu des voies compliquées qui ne conviennent point à l'être parfait. Si l'âme connaît par elle-même, elle est à elle-même sa propre lumière et sa propre raison, ce que l'on ne peut pas penser *sans quelque espèce d'horreur* [2]. On veut qu'elle crée les idées ou qu'elle découvre en elle-même, en se considérant, les idées des choses : folle prétention des deux côtés. Comment l'âme créerait-elle ces idées supérieures aux êtres existants, modèles des êtres, mille fois plus nobles et plus parfaites que le monde même? Et comment, d'autre part, n'étant point l'être universel, pourrait-elle trouver dans la considération de sa substance propre et de ses modifications les essences des choses [3]? Est-ce donc parce qu'elle pense les objets qu'ils sont intelligibles, et est-ce elle qui les rend possibles? Il est trop clair que non. Il faut donc bien comprendre que l'âme n'étant point la cause formelle de la connaissance, parce qu'elle n'est point l'être universel, ne peut pas

---

1. *Rech. de la Vér.*, liv. III, part. II, ch. I-VI, et *Eclaircissement X*.
2. *Entret. métaph.*, v, 4.
3. Sur ce point, il faut lire surtout un fort beau passage du Xe *éclaircissement*, Rép. à la 2e object.

être non plus la cause efficiente de cette connaissance, et que prétendre, par quelque détour que ce soit, trouver dans l'homme l'origine des idées qui l'éclairent, c'est le diviniser. Dieu seul peut opérer en nous la connaissance, et comme la façon la plus simple dont Dieu puisse rendre une créature connaissante, c'est de lui faire voir dans la substance infinie ce qui y est contenu, comme c'est en même temps la manière qui marque le mieux la dépendance essentielle de l'intelligence créée, puisque ainsi elle ne voit qu'autant que Dieu le veut bien, et qu'elle ne voit rien que Dieu ne le lui fasse voir, il faut conclure de là que Dieu a dû employer ce moyen pour rendre les créatures capables de connaître et qu'il l'a employé.

Ainsi, Dieu toujours présent à notre esprit nous découvre ses idées éternelles, c'est-à-dire nous découvre sa substance en tant qu'elle est représentative des êtres créés et participable par eux : seul il peut nous éclairer, parce que seul il contient en lui tous les êtres d'une façon intelligible. Rien n'existe, rien n'est possible que par lui ; de même rien n'est connu qu'en lui et par sa lumière. Connaître un objet quelconque, c'est connaître la substance divine qui le représente et dont il est une participation. De même que Dieu est, d'une certaine façon, tout être, de même la connaissance immédiate, mais confuse, que nous avons de Dieu, enveloppe toute connaissance. Penser les êtres créés, c'est pour Dieu voir sa propre substance se limitant : connaître les êtres créés, c'est pour l'homme limiter l'idée générale de l'être. « Nous ne voyons aucune chose que par la connaissance naturelle que nous avons de Dieu ; *et toutes les idées particulières ne sont que des limitations de l'idée du Créateur*[1]. »

C'est par la théorie de l'étendue intelligible que Malebranche développe sa pensée sur ce point si grave. L'étendue intelligible, archétype du monde matériel, est sans cesse présente à notre esprit. En elle et par elle, nous voyons toutes les choses matérielles. Elle explique la possibilité, l'essence et l'être ; c'est elle aussi qui explique la connaissance. Elle est la source et l'exemplaire des créatures matérielles ; elle est aussi la lumière des esprits en tant qu'ils connaissent le monde des corps.

Ce qu'il y a de plus curieux dans cette théorie de la vision en Dieu, c'est la manière dont Malebranche explique la différence qu'il y a entre connaître, sentir et imaginer, et le rôle de l'étendue intelligible dans chacune de ces trois opérations[2]. Connaître, au sens propre du mot, c'est avoir une idée claire de la nature d'un objet et en découvrir tels et tels rapports par lumière

---

1. *Recherche de la Vérité*, liv. III, part. II, chap. VI.
2. Voyez *Entret. métaph.* III, 4 et 5. — *Entret. sur la mort*, I. — *Rép. à Régis*, ch. II, et *Éclairciss.* VI et X à la *Rech. de la Vér.*

et par évidence. Sentir, c'est apercevoir non plus l'essence même des choses, mais le rapport qu'elles ont avec notre corps. Imaginer, c'est se représenter intérieurement ce rapport des choses à nous. La notion, la perception, l'image, voilà nommés en langage moderne les trois faits différents que Malebranche distingue avec beaucoup de netteté, et il voit très-bien que ces trois choses si profondément distinctes, sont ordinairement liées ensemble ; que les pures intellections, comme il le dit, se mêlent aux sensations et aux imaginations, et que, d'un autre côté, l'on imagine quelque peu dans le même temps que l'on conçoit une vérité abstraite[1]. Il rapporte donc ces trois faits à la même faculté, l'esprit, qu'il appelle sens ou imagination, lorsque le corps est cause naturelle de ses pensées, et entendement lorsque l'esprit agit par lui-même, ou plutôt lorsque Dieu agit en lui et que la lumière divine l'éclaire en plusieurs façons différentes, sans aucun rapport nécessaire à ce qui se passe dans son corps[2]. Mais Malebranche ne s'en tient pas à ces indications générales : il veut approfondir. C'est l'étendue intelligible qui explique la connaissance proprement dite ou intellection ; c'est encore l'étendue intelligible qui explique nos sensations et nos

---

1. *Rech. de la Vér.*, liv. V, ch. i et ii.
2. *Rech. de la Vér.*, liv. I, ch. i, 1. — Liv. V, ch. i.

imaginations. Comment donc l'intelligible devient-il sensible ?

D'abord les corps n'agissent pas sur notre esprit. Il faudrait pour cela qu'ils fussent d'une nature plus excellente que la nôtre, doués d'une puissance toute divine, ce qui est monstrueux et horrible à penser. Toutes les qualités sensibles que nous leur attribuons sont de pures modifications de notre esprit. Ni la lumière, ni les couleurs, ni la chaleur, ni la douceur, ni l'amertume n'appartiennent aux corps ni ne sont dans les corps. Ces choses sont en nous. Il faut juger des ouvrages de Dieu par les idées qui représentent ces ouvrages et sur lesquelles ils ont été formés. Or, si l'on consulte les idées qui éclairent et non les sentiments qui touchent, on comprend que les corps n'ont point d'autres qualités que celles qui résultent de leurs figures, ni d'autre action que leurs mouvements divers; on voit que les corps ne sont que l'étendue capable de mouvement et de diverses figures, on se convainc qu'ils n'ont rien de semblable aux sentiments que nous avons.

Voilà donc toutes les qualités sensibles enlevées aux corps, et du même coup toute communication réelle rompue entre les corps et l'âme. Non-seulement le sentiment ne nous instruit pas de l'essence des choses, mais il ne nous met en aucune façon en relation avec elles; il n'est point le résultat d'une action qu'elles exerceraient sur nous. Ces suppositions sont autant de chimères qu'il faut rejeter. Les sens nous avertissent par des sentiments prévenants de ce qui regarde le bien du corps. C'est là tout leur office : faux témoins, par rapport à la vérité, moniteurs fidèles par rapport à la conservation et à la commodité de la vie, ils nous donnent des preuves courtes, vives, sûres, mais confuses du rapport que les objets ont à notre corps selon les dispositions où il est actuellement. Ils ne nous font pas apercevoir les objets eux-mêmes. Si toutes les qualités que nous prêtons aux corps ne sont que nos propres modalités, est-ce donc à dire que l'âme se modifie elle-même quand elle sent? Mais elle subit ces modifications et ne les fait pas. Ces sentiments sont en elle; mais elle n'en est nullement la cause. C'est Dieu même qui touche l'âme par le sentiment, comme c'est lui qui l'éclaire par l'idée. L'étendue intelligible infinie est toujours présente à notre esprit : si nous la considérons en elle-même avec attention, nous connaissons; si une partie déterminée de cette étendue touche sensiblement notre âme et *la modifie par le sentiment de quelque couleur,* nous sentons ou nous imaginons. « Ainsi l'étendue intelligible, diversement appliquée à notre esprit, peut nous donner toutes les idées que nous avons des figures mathématiques (exemple de connaissance pure), comme aussi de tous les objets que nous admirons dans l'univers (exemple de connaissance sensible), et enfin de tout ce que notre imagination nous représente, car de même que l'on peut par l'action du ciseau former d'un bloc de marbre toutes sortes de figures, Dieu peut nous représenter tous les êtres matériels par les diverses applications de l'étendue intelligible à notre esprit [1]. » La douleur et toutes les autres qualités qui font sentir à l'âme l'étendue, ne sont point étendues elles-mêmes. C'est toujours « l'idée ou l'archétype des corps qui touche l'âme lorsqu'elle voit ou qu'elle sent les qualités sensibles comme répandues dans les corps. » « C'est l'idée ou l'archétype des corps qui nous affecte diversement. Je veux dire que c'est la substance intelligible de la raison qui agit dans notre esprit par son efficace toute-puissante et qui le touche et le modifie de couleur, de saveur, de douleur, par ce qu'il y a en elle qui représente les corps [2]. » Et c'est pour cela que nous pouvons apprendre quelques vérités évidentes par le témoignage des sens. L'étendue intelligible est là présente : l'idée est jointe au sentiment. Ce n'est pas le sentiment, pure modalité de l'âme, qui nous apprend quelque chose par lui-même ; c'est l'idée, et cette idée, quoique jointe à la couleur ou à la douleur, sentiments qui la rendent sensible, n'est point

---

1. *Entret. métaph.*, I, 10.
2. *Entret. métaph.*, V, 5.

pour cela une modalité. Cette idée ne devient sensible ou ne se fait sentir que parce que la substance intelligible de la raison agit dans l'âme et lui imprime une telle modalité ou un tel sentiment.

Ainsi, nous ne connaissons que Dieu, nous ne sommes touchés que par Dieu. « Le sentiment est une modification de notre âme, et c'est Dieu qui la cause en nous... l'idée est en Dieu et nous l'y voyons. » Dieu produit en nous la connaissance, il produit le sentiment. Ces modalités de notre être sont des actions de Dieu en nous. Dieu n'est pas seulement l'objet unique de la connaissance, il en est la cause même. Il ne se montre pas seulement, il *se fait voir* dans toute la force du terme. Toujours présent à l'esprit, il se découvre selon certaines lois qu'il a établies lui-même. Est-ce à l'occasion de notre attention excitée en nous par lui, qu'il nous montre et nous fait voir, dans sa substance toute lumineuse, ce que nous souhaitons de connaître ? Alors nous connaissons véritablement, la pure lumière de l'idée nous éclaire. Est-ce à l'occasion d'un mouvement du cerveau, prévu, réglé, produit par lui, qu'il nous découvre une partie de son infinie substance ? Alors nous connaissons encore, mais aussi nous sentons, à l'idée claire se mêle un sentiment confus. L'idée est divine, le sentiment est une modification de notre être ; mais, s'il faut distinguer profondément de l'idée qui éclaire le sentiment qui touche, il faut dans le sentiment, aussi bien que dans la perception de l'idée, voir l'action de Dieu : soit que nous connaissions, soit que nous sentions ou imaginions, la cause des modifications de notre être, c'est toujours Dieu et Dieu seul [1].

Platon, qui plaçait au-dessus du monde visible le monde des idées, établissait entre la connaissance pure ou la pensée et la sensation ou perception sensible une distinction profonde. Mais il ne prétendait pas que chaque corps particulier eût besoin, pour être aperçu, de la lumière de l'idée. Il admettait qu'on ne peut avoir de connaissance véritable qu'en remontant aux idées; mais pourquoi? Parce que connaître véritablement, c'est avoir la science, et il n'y a pas de science de ce qui passe, et dans les idées seules se trouve un élément de permanence et de généralité. Il disait donc que les choses sen-

---

1. Dans le sixième *Éclaircissement*, Malebranche recommande de « faire une sérieuse réflexion sur ces vérités : que les corps ne peuvent agir sur les esprits ni se faire voir à eux; et que ceux qu'on regarde en ouvrant les yeux sont bien différents des idées qui les représentent et qui nous affectent; que notre âme ne trouve sa lumière, sa vie et sa nourriture qu'en Dieu; qu'elle ne peut avoir de rapport immédiat et direct qu'à lui; et que le rapport qu'elle a avec son corps, et ceux qui l'environnent, dépend nécessairement de celui qu'elle a avec la substance efficace et lumineuse de la Divinité : substance qui nous découvre les créatures *comme possibles*, ou *comme existantes*, ou *comme nous appartenantes*, selon les diverses manières dont elle nous affecte, en tant qu'elle en est représentative ; comme possibles, si la perception dont l'idée nous affecte est pure ; comme existantes, si la perception est sensible ; et comme nous appartenantes et faisant partie de nous-mêmes, si elle est fort intéressante et fort vive : telle qu'est la douleur. » Ce texte est très-remarquable : la théorie que nous étudions y est résumée d'une façon fort vive.

sibles, à vrai dire, ne peuvent être connues. Elles deviennent toujours, et ne sont jamais; on ne saisit par la sensation que des apparences, des phénomènes; on porte sur ces apparences des jugements (δοξάζειν), jugements qui peuvent être vrais, mais qui, étant irrationnels (ἄλογοι), ne sont jamais que des opinions dépourvues de tout caractère scientifique. Voilà ce que Platon pensait des données sensibles. Comme elles sont particulières et fugitives, il les déclarait incapables de servir de principe à la science, incapables d'être en elles-mêmes un objet de connaissance rationnelle. Mais il ne niait pas que le particulier, en tant que particulier, fût aperçu par les sens; il ne supprimait pas la perception directe du sensible en tant que sensible; en un mot, il maintenait la connaissance expérimentale du monde matériel, et il n'y a dans sa philosophie rien qui ressemble à une vision des corps en Dieu.

Saint Augustin, comme Platon, voit l'insuffisance des données sensibles, et il incline même à refuser le nom de connaissance à la perception par les sens. Mais il ne songe pas plus que Platon à chercher dans les idées divines l'origine de la connaissance des corps, et dans une action immédiate de Dieu sur l'âme l'origine du sentiment grâce auquel l'idée, selon Malebranche, nous modifie sensiblement. Il admet la perception directe des choses. Nous entrons par les sens en communication avec le monde des corps et nous saisissons les objets matériels en recevant l'impression qu'ils font sur nous ; puis, nous dégageant avec effort des images sensibles, nous nous élevons par la raison à la connaissance véritable, à la connaissance de pure intelligence. Or, saisir les choses par les sens, c'est les apercevoir en elles-mêmes, c'est-à-dire dans leur réalité individuelle ; les connaître véritablement, d'une manière purement intelligible, c'est les connaître dans la raison même selon laquelle elles ont été faites, dans le modèle et le type qu'elles expriment, dans l'immuable vérité où leur essence subsiste éternellement [1]. « Toutes les merveilles de la création sont autrement connues des anges dans le Verbe de Dieu, où elles ont leurs causes et leurs raisons éternellement subsistantes selon lesquelles elles ont été faites, qu'elles ne peuvent être connues en elles-mêmes. Ici, connaissance obscure qui n'atteint que les ouvrages de l'art ; là, connaissance claire qui atteint l'art lui-même [2]. » Ces textes sont décisifs. Saint Augustin n'imagine entre les objets

---

1. « Multum enim differt utrum in ea ratione agnoscatur aliquid secundum quam factum est, an in seipso. Sicut aliter scitur rectitudo linearum seu veritas figurarum, quum intellectu conspicitur, aliter quum in pulvere scribitur ; et aliter justitia in veritate incommutabili, aliter in anima justi. » (*De civit. Dei*, lib. XI, cap. 29.) Il faut remarquer que, pour Platon, connaître les choses en elles-mêmes, c'est les connaître dans leur essence ; pour saint Augustin, ces mots *in seipso*, ou encore, *in sua natura* (*De Genes. ad litt.*, lib. V, cap. 17) désignent, non pas l'essence idéale, mais la réalité substantielle.

2. *De civit. Dei*, lib. XI, cap. 29.

sensibles et nous aucun intermédiaire : point d'êtres représentatifs [1], point de vision en Dieu : nous connaissons les ouvrages de Dieu en eux-mêmes, nous en avons la perception directe, nous sommes réellement en communication avec le monde sensible. C'est seulement pour avoir la notion et la science des choses qu'il nous faut entrer dans le monde intelligible [2]. Je ne puis trop remarquer cette opposition si simplement et si nettement exprimée par ces mots : connaître une chose en elle-même, la connaître dans son essence : peut-on mieux marquer les limites où l'idéalisme doit s'arrêter ? Cette limite, Malebranche l'a franchie.

« J'avoue, dit-il lui-même, que saint Augustin n'a jamais dit que l'on voyait les corps en Dieu. Il n'avait garde de le dire, lui qui croyait qu'on voyait les objets en eux-mêmes, ou par des images corporelles [3] ; et que les couleurs qui les rendent visibles

---

[1]. Plotin avait fait justice de la théorie des *idées-images*, admise, de son temps, « par un dogmatisme vulgaire, issu du stoïcisme. » (*Essai sur la métaphysique d'Aristote*, par M. Ravaisson, t. II, p. 404.) « Les formes sensibles ne sauraient être ni des empreintes (ἐνσφραγίσεις), ni des impressions (ἀντερείσεις), ni des images (τυπώσεις) ; il n'y a dans l'âme aucune empreinte semblable à celle d'un cachet sur la cire, et l'opération même par laquelle elle perçoit les choses sensibles est une espèce de pensée. » (*Enn.* IV, III, 26.)

[2]. Saint Thomas distingue de même entre la connaissance par les sens ou perception des objets matériels, et la connaissance par l'intellect ou connaissance rationnelle de ces mêmes objets. Et dans la connaissance rationnelle, il sait faire la part de notre activité intellectuelle tout en montrant notre esprit éclairé dans son travail par la lumière divine. Voir *Somme théolog.*, I, q. LXXXIV, art. 1 et 5 ; et q. LXXXV, art. 1 et 2.

[3]. En eux-mêmes, oui, mais non par des images corporelles.

étaient répandues sur leur surface. Assurément si l'on voit les corps en eux-mêmes, ce n'est pas en Dieu qu'on les voit : cela est clair. Mais s'il est démontré, comme je le crois, qu'on ne les voit point en eux-mêmes, et que les traces qu'ils impriment dans le cerveau ne leur ressemblent nullement, comme le savent tous ceux qui ont étudié l'optique; s'il est certain de plus que la couleur n'est que la perception par laquelle l'âme les voit, je soutiens que, suivant les principes de saint Augustin, on est obligé de dire que c'est en Dieu qu'on voit les corps[1]. »

Descartes a-t-il contribué à jeter Malebranche dans ces excès? Je le crois. Non pas que Descartes ait jamais admis de vision en Dieu : il est trop persuadé que les idées sont des façons de penser, des manières d'être de notre esprit. Mais la théorie des idées innées rompt toute communication réelle entre le monde extérieur et nous. On croit souvent que les idées innées, ce sont les idées rationnelles, et celles-là seulement. On se trompe : Descartes incline presque partout à considérer comme innées toutes les idées des choses corporelles. Bien qu'il les appelle quelquefois *adventices*, il pense qu'à vrai dire elles nous viennent de notre propre fond, aussi

---

1. *Préface des Entret. métaph.* (1696). Nous retrouverons plus loin, à propos de l'âme des bêtes, une argumentation semblable : Malebranche, admettant des théories que saint Augustin a repoussées, prétend encore suivre ses principes.

bien que les autres : seulement elles se forment en nous à l'occasion du mouvement des nerfs suscité par le mouvement des objets matériels ; et c'est pourquoi l'entendement n'est pas alors intellection pure. Écoutons Descartes lui-même : « Il ne vient par les sens, dit-il, que quelques mouvements corporels, mais ni ces mouvements, ni les figures qui en proviennent ne sont conçus par nous tels qu'ils sont dans les organes des sens : d'où il suit que même les idées du mouvement et des figures sont naturellement en nous, et à plus forte raison les idées de la douleur, des couleurs, etc., afin que notre esprit, à l'occasion de certains mouvements corporels avec lesquels ils n'ont aucune ressemblance, se les puisse représenter[1]. »

[1]. Ceci se trouve dans les *Remarques sur un écrit intitulé : Explication de l'esprit humain* (édit. Cousin, t. X, p. 96 ; édit. Garnier, t. IV, *Lettre* XXXVIII, art. 13). — Comparer *Principes* II, 1. — La théorie de Plotin sur la sensation est, si je ne me trompe, à peu près semblable. Refusant de considérer « l'âme comme un tablette où viennent se graver des figures, » et écartant, nous l'avons vu tout à l'heure, « toute similitude tirée des modifications passives de la matière, » Plotin fait de la perception sensible un acte. Mais cet acte, comment l'explique-t-il ? Il veut que « l'activité cognitive trouve en soi seule son seul objet... Sentir n'est pas recevoir en soi les choses comme en un dépôt, c'est les posséder d'une certaine manière qui est précisément l'intuition, c'est-à-dire devenir en acte ces formes qu'on n'était qu'en puissance. Raison séminale qui renferme toutes les choses sensibles, l'âme en était grosse, pour ainsi dire ; par la sensation, elle les met au jour pour les faire briller à ses propres yeux. Ou plutôt, elle était elle-même toutes ces choses d'une manière faible et obscure : elle les devient d'une manière plus forte et plus manifeste ; elle passe de l'état du sommeil à celui de la veille, et de la puissance à l'acte. » (Ravaisson, *Essai* cité plus haut, t. II, p. 402-404. — *Enn.* IV, VI, 3 ; Trad. franç., p. 429, 430.) Ainsi Plotin explique la connaissance du sensible de la même manière que la connaissance de l'intelligible, avec

Voilà ce que dit Descartes. Marquez mieux la distinction entre les idées qui éclairent et le sentiment qui touche; ôtez à l'esprit la puissance de produire les idées; concevez que Dieu seul peut éclairer l'âme par les idées et la toucher par les sentiments : vous avez la théorie de la vision en Dieu de Malebranche. Descartes supprime entre la

cette différence que si c'est elle-même que l'âme aperçoit dans les objets des sens, c'est encore comme quelque chose d'autre, de différent d'elle-même (αὑτὴν μὲν ἡ ψυχὴ δύο καὶ ὡς ἕτερον ὁρᾷ), la forme sensible impliquant la matière où elle devient comme extérieure et étrangère à elle-même, tandis que dans l'intellection pure aucun élément étranger ne se mêle à la forme intelligible. (Voir les textes cités plus haut dans le présent chapitre, p. 180.) Aussi Plotin a-t-il pu dire que « les choses intelligibles sont à quelque égard sensibles; elles sont corps en effet (d'une manière idéale), mais elles sont perçues d'une manière différente des corps. Les sensations ici-bas (dans le monde sensible) sont des *pensées obscures,* ἀμυδραὶ νοήσεις, et les pensées là-haut (dans le monde intelligible) sont des *sensations claires,* ἐναργεῖς αἰσθήσεις. » (*Enn.*, VI, vii, 7. — Trad. franç. t. II, p. 422-423.) Il m'a paru naturel de rapprocher ces textes des assertions de Descartes citées plus haut. Il y a aussi de l'analogie entre cette théorie et celle de Leibnitz qui prétend « que nos idées, même celles des choses sensibles, viennent de notre fond (*Réflexions sur l'Essai de Locke*, Erdmann, p. 137); » que « l'âme est un petit monde où les idées distinctes sont une représentation de Dieu, et les confuses une représentation de l'univers (*Nouv. Essais sur l'entend.*, II, ch. i, 1); » que si elle n'avait que des pensées distinctes et claires, « elle serait un Dieu (*Répl. aux réfl. de M. Bayle*, Erdmann, p. 187); » enfin que « chaque âme connaît l'infini, connaît tout, mais confusément (*Principes de la nature et de la grâce*), » tandis que « Dieu seul a l'avantage de n'avoir que des connaissances intuitives (*Nouv. Ess.*, IV, xvii, 18). » On sait que tout le premier livre des *Nouveaux Essais* est consacré à établir qu'il y a des principes *innés* et en quel sens ils sont innés; ce qui fait supposer que les autres connaissances ne sont point innées et nous viennent vraiment des sens : mais Leibnitz déclare lui-même qu'il parle ainsi « dans le système commun, parlant de l'action du corps sur l'âme, comme les coperniciens parlent avec les autres hommes du mouvement du soleil, et avec fondement; » mais persuadé que dans la réalité « toutes les pensées et actions de notre âme viennent de son propre fond. »

substance pensante et la substance étendue tout rapport réel : Malebranche explique par l'action immédiate de Dieu le rapport apparent des deux substances. Descartes ne veut trouver aux idées, même sensibles, qu'une seule origine, l'activité de l'esprit : Malebranche qui croit l'esprit essentiellement inactif, ce que Descartes lui-même incline à croire en beaucoup d'endroits, Malebranche remplace les idées innées par la vision en Dieu ; et, ôtant à la fois aux corps la puissance d'agir sur l'esprit pour s'en faire voir ou pour le toucher, et à l'esprit la faculté de connaître quoi que ce soit par sa propre lumière ou de se modifier par sa propre vertu, il considère Dieu comme l'objet immédiat et unique de la connaissance, et comme la cause immédiate aussi et unique de toute perception et de tout sentiment. Descartes isolait l'esprit des corps et l'enfermait en soi-même ; Malebranche le met et l'enferme en Dieu.

Aussi, voyez ce qui arrive. Ces deux philosophes, supprimant d'un commun accord tout rapport réel entre le monde extérieur et l'âme, mettent en doute l'un et l'autre l'existence de la matière.

Platon, dans son langage métaphysique d'une si vive énergie, avait dit que les objets sensibles sont et ne sont pas, et il paraissait ne reconnaître de réalité véritable qu'à l'être absolu, τῷ παντελῶς ὄντι. Mais du moins il ne disputait pas aux corps cette existence sensible, qui n'est qu'une ombre, comparée à la réalité des idées, et qui pourtant est en soi quelque chose, et est attestée certainement par les sens.

Saint Augustin, à son tour, nomme les choses sensibles, les choses qui sont moins, et il dit positivement que, comparées à Dieu, elles ne sont pas; mais il affirme aussi que n'étant pas comparées à Dieu, elles sont, puisqu'elles sont par lui [1], et il n'élève jamais sur leur réalité un doute chimérique.

Descartes et Malebranche ont besoin, pour croire au monde philosophiquement, de se prouver l'existence du monde. Et cela se comprend. Voyez Descartes: il n'admet entre le monde matériel et l'âme aucune communication réelle; dès lors ne se pourrait-il point que, par une perpétuelle illusion, toutes les idées que nous avons fussent produites dans notre esprit, bien qu'aucun corps n'existât? Descartes ne voit et ne peut voir à cela aucune impossibilité; et contre la supposition d'un malin génie employant sa toute-puissance à nous tromper, il n'a qu'une ressource, c'est d'invoquer la véracité divine. Nous avons une inclination naturelle à croire qu'il y a des corps; s'il n'y en a pas, c'est Dieu même qui nous trompe; or, Dieu, qui est l'être infiniment parfait, ne peut pas nous tromper. Voilà comment

---

1. « Ita enim ille est ut in ejus comparatione ea quæ facta sunt, non sint. Illo non comparato sunt, quia ab illo sunt; illi autem comparata, non sunt, quia verum *esse*, incommutabile *esse* est (l'être vrai, c'est l'être immuable) quod ille solus est. » (*Enarrat. in Psalm.* cxxxiv.)

Descartes se rassure [1]. Par la lumière naturelle, nous connaissons la perfection et par suite la véracité divine; par une inclination naturelle, nous sommes portés à croire que les corps existent réellement : cet instinct ainsi justifié par la raison fonde notre foi à l'existence du monde sensible.

Malebranche partage le doute spéculatif de Descartes. Comment ne douterait-il pas? L'idée représentant l'essence des corps nous instruit de leur nature, de leurs propriétés, des rapports qu'ils ont entre eux; mais si elle nous fait connaître la vérité, elle ne nous avertit pas de l'existence des objets [2]. L'essence est nécessaire et éternelle, mais l'existence est arbitraire. « Les créatures supposent en Dieu des décrets libres qui leur donnent l'être [3]. » Dieu a-t-il voulu créer? Nous ne pouvons le savoir que par une espèce de révélation. Dieu lui-même, par les sentiments dont il nous frappe, nous révèle, à nous, ce qui se fait hors de nous, je veux dire dans notre corps et dans ceux qui nous environnent [4]. Mais cette révélation, depuis le péché, n'est pas infaillible, ou plutôt, n'étant jamais fausse en elle-même, elle devient, en conséquence des lois

---

1. Descartes, *Médit.*, III, 9. (Remarquez la distinction qu'il établit entre la lumière naturelle et les inclinations naturelles.) — *Ib.*, v, 8, 9. — *Principes*, II, 7. — *Lettre* 38 (édit. Garnier).
2. *Entret. métaph.*, v, 2.
3. *Traité de morale*, I, ch. I, 5.
4. *Entret. métaph.*, VI, 3.

T. I.

générales de l'union de l'âme et du corps, une occasion d'erreur, parce que nous ne savons pas faire de nos sens l'usage pour lequel ils nous sont donnés [1]. Ainsi, l'idée n'enveloppe pas l'existence, et le sentiment pourrait être excité en nous par Dieu qui le produit, sans qu'il y eût aucun corps. Il est donc légitime et raisonnable de douter de l'existence des corps. Mais Malebranche, comme Descartes, se rassure en pensant que Dieu ne nous trompe pas : il peut bien arriver depuis le péché que sur l'existence de tel corps nous portions un faux jugement ; mais que, d'une manière générale, il n'y ait pas de corps, ce n'est pas croyable ; car nos sentiments sont tellement suivis, tellement enchaînés, si bien ordonnés, qu'il paraît *comme certain* que Dieu voudrait nous tromper s'il n'y avait rien de tout ce que nous voyons [2]. Néanmoins, le doute spéculatif n'est pas entièrement vaincu : pour faire de l'existence des corps une démonstration exacte, il faut recourir à la révélation surnaturelle, à la foi qui nous apprend positivement que Dieu a créé [3].

Ainsi, les idées nous font connaître la nature des corps ; le sentiment nous avertit de leur existence ;

---

1. *Entret. métaph.*, vi, 7.
2. *Entret. métaph.*, vi, 7. — Voyez Leibnitz, *Nouveaux Essais*, IV, ch. ii, 14.
3. *Entret. métaph.*, vi, 8. — *Rech. de la vér.*, liv. I, ch. x ; liv. VI, part. ii, chap. vi.— *Éclairc.* VIe.

la foi confirme cette révélation naturelle. Voilà comment nous connaissons le monde sensible. Et ce qui ressort de cette théorie de la connaissance des objets matériels, c'est que Dieu seul nous éclaire, nous touche et nous instruit. C'est que nous ne sommes unis immédiatement qu'à lui, et que lui seul agit en nous. C'est enfin qu'il est la seule substance intelligible, la lumière des esprits, la raison universelle commune à tous les êtres raisonnables [1].

C'est par un sentiment que l'âme est avertie de sa propre existence. Mais tandis que les sentiments qui se produisent en nous à l'occasion des corps ne nous assurent point de la réalité des objets, le sentiment intérieur que l'âme a d'elle-même est infaillible et ne laisse au doute aucune place. C'est que l'âme n'étant point séparée d'elle-même se sent en elle-même [2]. Ce sentiment ou cette *conscience* lui atteste, d'une manière intime et irrécusable, son existence. Mais si elle se sent, à vrai dire, elle ne se connaît pas [3]. Ses modalités, si vives

---

1. *Entret. métaph.*, II, 2, 3, 4.
2. « L'âme n'a pas besoin d'idées pour apercevoir toutes ces choses (ses propres *pensées* ou ses différentes modifications, les faits de conscience, comme nous dirions aujourd'hui) de la manière dont elle les aperçoit, parce qu'elles sont au dedans de l'âme ou plutôt parce qu'*elles ne sont que l'âme même* d'une telle ou telle façon. » *Rech. de la vér.*, liv. III, part. II, ch. I, 1.
3. *Entret. métaph.*, III, 7. — *Médit. chrét.*, IX.

qu'elles soient, ne lui apprennent rien de sa vraie nature : elle est inintelligible à elle-même. Comme tout ce qui est créé, elle ne peut être connue que par son idée ou archétype : cette idée, renfermée dans le Verbe divin, Dieu ne nous la découvre pas. La connaissance que nous avons de notre âme par sentiment ou *conscience* suffit, quoique imparfaite, pour nous la faire distinguer des corps[1]. Et si, de plus, nous connaissions l'âme par son idée, cette connaissance si claire nous la ferait trop considérer comme séparée du corps, et, en diminuant notre union avec lui, irait contre le dessein de Dieu : au lieu que la connaissance que nous avons des corps par sentiment ou conscience, si l'on peut dire, serait non-seulement imparfaite, mais fausse si l'idée ne la corrigeait[2]. Il fallait donc que nous connussions la substance corporelle par son idée. Connaître l'esprit de la même façon n'était pas nécessaire, et c'eût été plutôt un inconvénient. Mais voici un autre danger, plus grave encore : se voyant dans la lumière de son idée et connaissant mal Dieu, en qui elle se verrait, l'âme éprise d'elle-même s'enivrerait d'un fol orgueil et s'arrêterait

---

1. *Rech. de la vérité*, liv. III, part. II, ch. VII, 4, — et XIe *éclaircissement*. — « Quoique nous soyons très-unis avec nous-mêmes, nous sommes et nous serons inintelligibles à nous-mêmes, jusqu'à ce que nous voyions en Dieu et qu'il nous présente à nous-mêmes l'idée parfaitement intelligible qu'il a de notre être renfermé dans le sien. » *Rech. de la vér.*, liv. III, part. II, ch. I, 1.

2. *Médit. chrét.*, IX, 19, 23.

dans sa propre contemplation au lieu d'aller à Dieu. « Dieu ne t'a pas fait pour ne penser qu'à toi, dit le Verbe à son fidèle disciple. Il t'a fait pour lui. Ainsi je ne te découvrirai point l'idée de ton être que dans le temps heureux auquel la vue de l'essence même de ton Dieu effacera toutes tes beautés et te fera mépriser tout ce que tu es pour ne penser qu'à la contempler [1]. »

Ainsi, la nécessité de tenir l'âme unie au corps en cette vie, l'excellence même et la beauté de l'âme qui, vues clairement, raviraient notre attention et notre amour au point de nous rendre incapables de penser à autre chose, le danger où cette contemplation de nous-mêmes nous exposerait en nous détournant de nos devoirs et de Dieu, voilà les raisons principales pour lesquelles Dieu n'a pas voulu qu'en cette vie nous eussions de notre âme une idée claire. Descartes prétend que l'âme est plus aisée à connaître que le corps : il faut s'entendre. Les corps sont en eux-mêmes tout à fait invisibles ; mais nous les voyons clairement dans l'idée de l'étendue. L'âme se sent elle-même, mais nous ne la voyons pas. Si donc l'on veut parler d'une connaissance expérimentale, celle que nous avons de l'âme étant très-intime et très-vive, l'âme est plus aisée à connaître que le corps, et même de

---

1. *Médit. chrét.*, IX, 21.

cette façon, nous ne connaissons que l'âme, puisque toutes les prétendues qualités sensibles ne sont que nos propres modalités. Mais si l'on parle de la connaissance véritable, ce que nous connaissons le mieux, ce n'est pas l'âme, dont nous n'avons pas d'idée, ce sont les corps. « Rien n'est plus intelligible que les idées des corps [1]. » La conscience ne nous montre peut-être que la moindre partie de notre être [2]. Sait-on tout ce qu'est l'âme ? Ne se peut-il faire qu'il y ait dans l'âme quelque chose qui précède la pensée [3] ? Assurément, « encore que nous connaissions plus distinctement l'existence de notre âme que celle de notre corps et de ceux qui nous environnent, cependant nous n'avons pas une connaissance aussi parfaite de la nature de l'âme que de la nature des corps, et cela peut servir à accorder les différents sentiments de ceux qui disent qu'il n'y a rien qu'on connaisse mieux que l'âme et de ceux qui assurent qu'il n'y a rien qu'ils connaissent moins [4]. »

Malebranche contredit, on le voit, l'opinion de Descartes. Si dans le passage que je viens de citer, ce dissentiment paraît lui causer quelque embarras, partout ailleurs il proclame sans aucun mé-

---

1. *Entret. métaph.*, VIII, 8.
2. *Rech. de la vér.*, liv. III, part. II, ch. VII, 4.
3. *Ib.*, liv. III, part. I, ch. I, 3.
4. *Ib.*, liv. III, part. II, ch. VII, 4. — Voir aussi le *XIe éclaircissement*.

nagement sa manière de voir : c'est, à ses yeux, une conséquence logique et nécessaire de ses principes. Sans doute, immédiatement unie, comme elle l'est, au Verbe divin, l'âme doit à une sorte de reflet de cette lumière éternelle la connaissance imparfaite qui se mêle au sentiment qu'elle a d'elle-même. Il le faut bien : Malebranche ne le dit pas explicitement, mais, de son aveu même, il n'y a point de sentiment auquel ne se joigne confusément une idée. De plus, l'âme en regardant Dieu, arrive à connaître quelque chose de ce qu'elle doit être[1]. Mais jamais l'âme ne se voit clairement dans son idée, dégagée de tout sentiment ; elle ne peut pas se connaître comme un objet différent d'elle-même, d'une connaissance en quelque sorte mathématique ou du moins toute rationnelle ; elle ne se voit pas en Dieu comme elle y voit les corps : donc, à vrai dire, elle ne se connaît pas ; et s'il faut rentrer en soi-même pour connaître la vérité, ce n'est pas que l'âme soit lumineuse en elle-même, c'est que les idées brillent en elle, rendant toutes choses visibles par leur divine lumière. Quant aux âmes des autres hommes et aux purs esprits, nous ne les connaissons que par conjecture[2].

La vraie connaissance est celle que l'on obtient

---

[1]. C'est ce que nous avons vu plus haut II, p. 97.
[2]. *Rech. de la vér.*, liv. III, part. II, ch. VII, 5.

en consultant les idées. Ce que nous voyons quand nous connaissons les objets matériels, ce ne sont pas ces objets eux-mêmes, mais les idées divines qui les représentent. C'est en Dieu aussi que nous voyons les vérités immuables et les lois éternelles. C'est dans sa substance souverainement intelligible que nous découvrons, soit les rapports de grandeur, soit les rapports de perfection, et quand nous les découvrons, nous voyons les mêmes vérités que Dieu voit [1], nous les voyons dans la même lumière, nous voyons Dieu. Enfin, quand nous pensons à l'Etre indéterminé, à l'Etre infini qui « est à lui-même son idée, » il est clair qu'alors l'unique objet et en même temps l'unique cause de notre pensée, c'est Dieu même [2]. Nous sommes donc unis étroitement à la souveraine raison, et Dieu agit sans cesse sur notre esprit pour l'éclairer. Nous comprenons maintenant que la raison n'est pas nous et n'est pas à nous : lumière incréée, lumière illuminante, elle est le Verbe divin lui-même ; notre esprit, qui est à nous et qui est nous, n'est qu'une lumière créée, lumière illuminée, qui reçoit du Verbe divin toutes les idées par lesquelles il connaît [3]. Ou encore, la raison, le Verbe, c'est le

---

1. *Traité de morale*, I, ch. I. — Voir le Xe éclairc. à la *Rech. de la vér.*
2. *Entret. métaph.*, II, 5; VI, 1. *Lettre* au P. Lamy, citée plus haut, p. 140.
3. *Médit. chrét.*, I, 27. — *Entret. métaph.*, III, 4. « La *raison*

Maître intérieur qui sans cesse parle au plus secret de notre être ; et notre esprit, c'est le disciple qui interroge et qui écoute [1]. Non, il n'y a pas d'être créé qui soit *lumière* et *puissance* à notre égard [2]; Dieu est la cause universelle qui fait tout en toutes choses, immédiatement et par lui-même [3]. « Ne sens-tu pas, ô âme, que la lumière de ta raison t'est toujours présente, qu'elle habite en toi, et que lorsque tu rentres en toi-même, tu en deviens tout éclairée ? N'entends-tu pas qu'elle te répond par elle-même d'abord que tu l'interroges, lorsque tu sais l'interroger par une attention sérieuse, lorsque tes sens et tes passions sont dans le silence ?... Quoi ! mon Jésus, c'est donc vous-même qui me parlez dans le plus secret de ma raison ? C'est donc votre voix que j'entends ?.... Quoi ! c'est vous seul qui éclairez tous les hommes ! Hélas ! que j'étais stupide lorsque je pensais que les créatures me parlaient quand vous me répondiez ? Que j'étais superbe, lorsque je m'imaginais que j'étais ma lumière à moi-même, quand vous m'éclairiez ! Que j'étais insensé, lorsque je voulais rendre aux in-

créée, notre âme, l'esprit humain, les intelligences les plus pures et les plus sublimes, peuvent bien voir la lumière, mais ils ne peuvent la produire..... Ils ne peuvent se nourrir de leur propre substance. Ils ne peuvent trouver la vie des intelligences que dans la raison universelle qui anime tous les esprits. »

1. *Médit. chrét.*, III.
2. *Ib.*, II, 5.
3. *Ib.*, II, 10.

telligences le culte et la reconnaissance que je ne dois qu'à vous! O mon unique Maître, que les anges mêmes vous adorent avec tout ce qu'il y a d'esprits, puisque vous êtes seul leur raison et leur lumière ; et que les hommes sachent que vous les pénétrez de telle manière que, lorsqu'ils croient se répondre à eux-mêmes et s'entretenir avec eux-mêmes, c'est vous qui leur parlez et qui les entretenez! Oui, lumière du monde, je le comprends maintenant, c'est vous qui nous éclairez, lorsque nous découvrons quelque vérité que ce puisse être ; c'est vous qui nous exhortez, lorsque nous voyons la beauté de l'ordre ; c'est vous qui nous corrigez, lorsque nous entendons les reproches secrets de la raison ; c'est vous qui nous punissez ou nous consolez, lorsque nous sentons intérieurement des remords qui nous déchirent les entrailles ou ces paroles de paix qui nous remplissent de joie. Vous venez tout d'un coup de m'éclairer l'esprit, et je comprends clairement qu'il n'y a que vous qui soyez notre Maître [1]. »

Admirable et délicieuse page! Peut-on mieux montrer que ne l'a fait Malebranche l'intime présence de Dieu dans la raison? Mais l'exagération et la chimère gâtent cette belle vérité si vivement exprimée. Ce n'est pas assez pour notre philosophe

---

1. *Médit. chrét.*, ii, 11, 15.

que l'intelligence humaine juge des choses dans la lumière de Dieu présent et agissant en elle : il faut qu'elle voie Dieu même d'une vue directe et immédiate; et ainsi ce que la foi promet comme la récompense surnaturelle de la sainteté dans l'autre vie, devient, dans la vie actuelle même, la naturelle et indispensable condition de toute connaissance.

Platon dit que l'Idée du Bien est la source de la vérité et de la science ; que c'est elle qui rend les objets intelligibles et les esprits intelligents, que l'on ne connaît rien que dans sa lumière et par sa lumière. Mais il ne prétend pas que l'œil de l'âme, sans cesse éclairé par elle, l'aperçoive sans cesse directement. C'est l'ambition et l'espoir de la dialectique de la voir en elle-même, et un travail continu et des efforts persévérants nous rapprochent peu à peu de ce terme désiré : l'atteindre est-il possible ? Ici Platon hésite : ou cette divine vision est un privilége réservé à la vie future[1], ou si elle n'est pas entièrement incompatible avec les conditions de la vie présente, du moins, on n'en peut jouir ici-bas qu'à grand'peine, et fort rarement[2].

Saint Augustin admet que connaître l'éternelle et immuable vérité, c'est la voir, et la vérité, pour

---

1. Voyez le *Phédon*.
2. Voyez le livre VII de la *République*.

lui, c'est Dieu même. Il emploie donc à chaque instant et sans scrupule les mots de vue et de vision appliqués à la connaissance de l'intelligible[1]. Mais comprenons bien sa pensée. Ce qu'il tient à établir, c'est que la perception du sensible et les images ne sont pas toute la connaissance ; que nous avons certaines notions, pures en elles-mêmes de tout élément sensible ; que, jugeant de la vérité des choses ou de la bonté morale des actions, nous appliquons des règles que nous ne trouvons ni dans les données des sens, ni même dans notre propre être ; que ces règles, supérieures aux choses et à nous, éternelles, immuables, sont connues par elles-mêmes, vues intelligiblement dans une lumière tout intelligible[2] ; et qu'ainsi, de même que les yeux du corps saisissent les choses sensibles éclairées par les rayons du soleil, de même l'œil intérieur saisit l'intelligible dans la lumière de la vérité[3], c'est-à-dire de Dieu même[4], qui, semblable

---

1. Videre, cernere, conspicere, intueri, ces mots reviennent dans tous les écrits de saint Augustin. La raison est appelée *aspectus mentio*. (*Soliloq.*, lib. I, cap. 12.) Une notion pure, c'est *res quæ intellecta conspicitur*. *De Genesi ad litt.*, lib. XII, cap. 6. — *De Trinit.*, lib. XV, cap. 3.

2. « Intelligibiliter lucet. » *Epist.* 85.

3. *Epist.* 85. — *De Genesi ad litt.*, lib. XII, cap. 7. — *De immort. anim.*, cap. 10. — *Confess.*, lib. X, cap. 11. « Ea quæ intelliguntur, sine imaginibus, sicuti sunt, per seipsa intus cernimus. »

4. « Quid aliud lux Dei nisi veritas Dei? aut quid veritas Dei nisi lux Dei? » *In Psalm.* 42. — « Hoc ipsum animæ quod intellectus et mens dicitur, illuminatur luce superiore. Jam superior illa lux, qua mens humana illustratur, Deus est. » *Tract.* 15, *in Joann.*

au soleil, resplendit dans les âmes[1]. Donc, quand nous concevons l'intelligible, c'est Dieu qui nous éclaire, c'est Dieu qui nous fait penser, présent en nous, *præsto est*[2], au fond de l'âme, *intus apud animum*[3], sans qu'aucune créature s'interpose entre lui et nous, *nulla interposita natura*[4] ; et quand nous pensons expressément aux vérités éternelles qui ne sont que par lui, ou mieux encore, quand nous pensons à lui-même, le concevant, nous sommes avec lui, *cum Deo est quidquid intelligit Deum*[5], étant sages, nous sommes unis à lui, *sapiens Deo mente conjunctus*, et touchant en quelque sorte la vérité, nous le touchons lui-même par l'intelligence, *Deus est veritas, nec ullo pacto sapiens quisquam est, si non veritatem mente contingat*[6]. Ainsi Dieu, auteur des choses et souverain bien des âmes, est en même temps la lumière des esprits, *lumen rerum cognoscendarum, lumen nostrum*[7], et, de même qu'il faut chercher en lui la fin suprême de toute aspiration et la cause première de toute existence, c'est en lui seul que l'on

---

1. « Tanquam sol fulget in anima. » *Lib. de Genesi, contr. Manich.*, cap. 9.
2. *De lib. arb.*, lib. II, cap. 11.
3. « Quod intellectu capitur, intus apud animum est. » *De utilit. credendi*, cap. 13.
4. *De musica*, lib. VI, cap. 1 et 2. — *De vera Relig.*, cap. 55.
5. *De ordine*, lib. II, cap. 2.
6. *De utilit. credendi*, cap. 15.
7. *De civit. Dei*, lib. VIII, cap. 3 et 4. — « Noli putare te ipsam esse lucem. » *In Psalm.* 25.

peut trouver le point d'appui de la raison, *ratiocinandi fiduciam* [1].

Est-ce à dire pour cela que nous voyons Dieu de cette vue pleine qui, embrassant l'objet tout entier, en suit tous les contours, en atteint les dernières limites, en sonde toutes les profondeurs? Non, nous ne voyons point Dieu de la sorte: car voir ainsi c'est comprendre, et nulle créature ne comprend Dieu [2]. Le voyons-nous du moins de cette autre vue qui, sans pénétrer l'objet de part en part, le saisit néanmoins dans une vive clarté et le possède pour ainsi dire tel qu'il est? Non, ce n'est pas encore une pareille vision que nous avons de Dieu en ce monde : connaître de cette manière-là, c'est atteindre du regard la chose connue elle-même, la considérer dans une lumière pleine et sans ombre, l'envisager à découvert, et c'est là la connaissance surnaturelle réservée à l'âme fidèle dans l'autre vie où Dieu se montrera à elle dans son essence même [3]. Ici-bas nous n'avons de sa présence intime qu'un sentiment tel quel, une obs-

---

1. *Epist.* 18.
2. *Epist.* 112, cap. 9. « Illud comprehenditur quod ita totum videtur ut nihil ejus lateat videntem, aut cujus fines circumspici possunt. » — *Ib.*, cap. 8. « Deum nemo vidit unquam... plenitudinem divinitatis ejus nemo conspexit, nemo mente aut oculis comprehendit. »
3. *De Trinit.*, lib. XV, cap. 6-11. « Nemo miretur etiam in isto modo videndi qui concessus est huic vitæ, *per speculum* (c'est le mot de saint Paul), scilicet *in ænigmate* (encore saint Paul), laborare nos ut quomodocumque videamus. » cap. 9.— *In Psalm.* 37, 48, 149.— *Solil.* lib. II, cap. 19.

cure et faible perception, *videtur quod præsens utcumque sentitur*[1]. Nous ne le contemplons pas face à face. Les objets intelligibles nous apparaissent tout illuminés des rayons du divin Soleil, *disciplinarum spectamina aliquo quasi suo sole illustrantur*[2] : en jouissant du spectacle, nous ne voyons pas dans sa source la lumière qui le rend visible, et souvent nous ne songeons même pas à cette source divine ou nous la méconnaissons[3]. Mieux avisés et plus sages, attentifs à purifier notre âme par la vertu et à la vivifier par la piété, nous montons comme par degrés, *gradibus*, plus près de l'éternel foyer de toute lumière[4]. Le travail de la pensée, guidée par la foi et soutenue par la grâce, rend notre vue intérieure plus nette, plus forte, plus pénétrante[5].

---

1. *Epist.* 112, cap. 9.
2. *Soliloq.*, lib. I, cap. 8.
3. « Umbra dum amatur, languidiorem facit oculum animi, et invalidiorem ad perferendum conspectum (veritatis). » *De lib. arb*, lib. II, cap. 16. — « Qui se avertunt a lumine tuo (Deus), ...tanquam dorsum ad te ponentes in carnali opere velut in umbra sua defiguntur, et tamen etiam ibi quod eos delectat, adhuc habent de circumfulgentia lucis tuæ. » *Ib.* — Il arrive à l'âme de ne point savoir « quo lumine aspergatur. » *Confess.*, lib. VII, cap. 17.
4. « Ratio est mentis *motio*... » *De ordine*, lib. II, cap. 14. — « Ratio ...quæsivit gradus. » *Ib.* — Utamur *gradibus*, quos nobis divina providentia fabricare dignata est. » *De vera Relig.*, cap. 50. — « Videamus quatenus ratio possit *progredi* a visibilibus ad invisibilia, et a temporalibus ad æterna conscendere... In quorum (les choses naturelles) consideratione non vana et peritura curiositas exercenda est, sed gradus ad immortalia et semper permanentia faciendus. » *Ib.*, cap. 29. — « Transibo et istam vim naturæ meæ, *gradibus* ascendens ad eum qui fecit me. » *Confess.*, lib. X, cap. 8.
5. *Soliloq.*, lib. I, cap. 13. — *De civil. Dei*, lib. VIII, cap. 3. — *De vera Relig.*, cap. 52. — *Tract. in Joann.* 18.

Nous essayons alors de la fixer sur Dieu même : mais aussitôt elle se trouble ; faible et impuissante, elle se détourne de cette lumière trop éclatante qui l'éblouit, et elle retourne à ses ténèbres ou se contente de ces pâles reflets de la divine splendeur que nous offrent les choses créées et les vérités abstraites [1]. Ainsi, il est bien vrai qu'entre l'âme et Dieu, il n'y a, en cette vie même, aucun intermédiaire, puisque Dieu, loin d'être intelligible par quelque autre chose, est précisément ce qui rend tout le reste intelligible ; mais il est bien vrai aussi que l'âme voit dans la lumière, ou encore voit la lumière, plutôt qu'elle n'atteint le soleil même d'où la lumière émane. Entre l'intelligence et Dieu, point de créature qui s'interpose ; mais néanmoins, dans la connaissance du divin, plusieurs degrés, parce que l'œil intellectuel, malade et faible, doit être guéri et fortifié peu à peu. Dieu, toujours présent, et la créature raisonnable toujours enveloppée de sa lumière ; mais aussi notre pauvre âme incapable sans exercice de soutenir l'éclat de cette lumière, inhabile sans préparation à en reconnaître le prin-

---

[1] « Invisibilia tua, per ea quæ facta sunt, intellecta conspexi ; sed aciem figere non valui. » *Confess.*, lib. VII, cap. 17. Il faut lire tout cet admirable chapitre. — « Ubi ad divina perventum est (mens) avertit sese, *intueri non potest*, palpitat, æstuat, inhiat amore, reverberatur luce veritatis, et ad familiaritatem tenebrarum suarum, non electione, sed fatigatione, convertitur. » *De mor. Eccles.*, cap. 7. — *De Trinit.*, lib. VIII, cap. 2.

cipe, et enfin, quoi qu'elle fasse en ce monde, impuissante, sans un secours miraculeux, à en regarder fixement le foyer.

Saint Thomas est plus explicite encore et plus précis que saint Augustin. L'intelligence humaine, dans la vie présente, ne peut voir Dieu : qui dit voir, dit atteindre directement son objet ; or, en ce monde, nul ne pense sans le secours des choses créées : c'est par les œuvres de Dieu, le monde matériel ou l'âme, que l'homme conçoit Dieu ; nul, à moins d'une miraculeuse exception, ne voit Dieu directement, nul ne le contemple dans son essence [1]. Telle est notre condition sur la terre, pendant le chemin, *in via* : la claire vue nous sera donnée dans la patrie, *in patria* [2]. Mais, s'il nous faut avoir recours aux créatures pour connaître le Créateur, ce n'est pas que le Créateur soit loin de nous : il est très-près de nous au contraire, il est présent en nous par sa puissance, par son action, par son essence même [3], quoique non immédiatement aperçu.

---

1. *Summa theolog.*, pars I^a, quæst. XII, art. XI et XII. — *Comment. in epist. Pauli ad Rom.*, cap. I, lect. 6, 7 et 14. — *Contra gentes*, cap. III. « Ad substantiam ipsius (Dei) capiendam intellectus humanus non potest naturali virtute pertingere. Sensibilia ad hoc ducere intellectum nostrum non possunt ut in iis divina substantia videatur quid sit ; nec ipsa anima, per quam intellectus humanus in Dei cognitionem ascendit. »

2. *Summa theolog.*, I^a, q. XII, art. I, II et IV. — *Opusc.*

3. *Summa theolog.*, I^a, q. XII, art. XI, ad 4^m. — Voyez encore quæst. VIII, art. III.

Et ce n'est pas non plus que les créatures nous fournissent quelque lumière qui nous le rende intelligible ; elles ne sont elles-mêmes intelligibles que par lui[1]; c'est lui qui est la lumière : seulement, au lieu d'être éclairés par un rayon direct, nous ne recevons que des rayons réfléchis, et la création nous est comme un miroir où nous apercevons Dieu[2]. Par elle, nous allons à lui parce qu'elle-même vient de lui[3]. Toute chose nous le montre, parce que toute chose l'a pour modèle et pour auteur. Et notre raison le conçoit, parce que, étant elle-même force ou vertu dérivée de lui qui est la suprême intelligence[4], elle est d'une certaine façon lumière, non point lumière primitive, incréée, mais lumière empruntée, créée[5], ou, pour mieux dire, reflet de la divine clarté dans l'âme, *refulgentia divinæ claritatis in anima*[6], image de la vérité incréée réfléchie en nous, *similitudo veritatis in-*

---

1. *Summa theolog.*, I*, q. XIV, art. v, vi, viii; q. XV, *de ideis;* q. XVI, *de veritate*, art. v et vi.

2. *Comment. in Paul.* I Corinth., XII, lect. 14.

3. *Summa theolog.*, I*, q. II, art. iii ; q. XII, art. xii.

4. *Summa theolog.*, I*, q. LXXVIII, art. iv. « In ipsa (anima) est aliqua virtus derivata a superiori intellectu... Sed intellectus separatus... est ipse Deus, qui est creator animæ... Unde ab ipso anima humana lumen intellectuale participat. »

5. « Ipsum *lumen naturale rationis.* » *Summa theolog.*, I*, q. XII, art. xi, ad 3ᵐ. Dans tous les écrits de saint Thomas, la raison est appelée lumière naturelle, ou lumière créée, participée.

6. *Exposit. in David.*, psalm. 36. — *Comment. in Paul.*, I, Corinth. XII, 14.

creatæ in nobis resultantis[1], participation à la lumière éternelle, *quædam participatio illius lucis æternæ*[2]. Si donc il est vrai que nous ne pouvons connaître Dieu que dans ses œuvres, il faut dire aussi que nous voyons tout et jugeons de tout en Dieu, en ce sens que nous connaissons et jugeons par une participation de sa lumière, *omnia dicimur in Deo videre, et secundum ipsum de omnibus judicare, in quantum per participationem sui luminis omnia cognoscimus et dijudicamus*[3]. Ainsi c'est Dieu qui nous éclaire ; mais comme pour voir un objet des yeux du corps, il n'est pas nécessaire de voir la substance du soleil, pour voir les choses intelligibles, il n'est pas nécessaire non plus de voir l'essence de Dieu[4]. Cette vue pleine et directe dépasse les forces naturelles ; la grâce seule peut rendre l'intelligence créée capable, non de comprendre Dieu, ce qui est impossible, mais de le voir en lui-même et dans son essence, tel qu'il est et face à face[5]. C'est de cette connaissance que la foi

---

1. *Summa theolog.*, I^a, q. XVI, art. i, ad 1^m. — *Verit.*, q. XIV, *De fide*, art. vii.
2. *Opusc.*
3. *Summa theolog.*, I^a, q. XII, art. xi, ad 3^m. Et saint Thomas ajoute : « Nam et ipsum lumen naturale rationis participatio quædam est divini luminis. »
4. *Ibid.*, loco citato. Saint Thomas explique le passage de saint Augustin cité plus haut : « Disciplinarum spectamina videri non possunt, nisi aliquo velut suo sole illustrentur. » — *Exposit. in David*, ps. 36. « Rationalis creatura videt *in lumine* Dei. ...videt *lumen* Dei. » Mais elle ne voit pas l'essence même de Dieu.
5. *Ibid.*, art. iv, v, vii.

est ici-bas le commencement et l'avant-goût, puisque, aussi bien que la vision béatifique, elle a pour objet la vérité incréée, et non une image créée de cette vérité, Dieu en lui-même et non une image de Dieu. Mais la foi n'est pas pour cela vision véritable : car son objet lui est présent, sans lui apparaître clairement[1], il se fait sentir et goûter plutôt que voir ; ou, s'il se montre quelque peu, il éblouit la vue par l'abondance même des rayons qui s'en échappent[2]. Il est donc établi que la créature raisonnable, quoique voyant dans la lumière de Dieu, ne peut voir naturellement l'essence divine, et que cette intuition, sauf quelque cas miraculeux, est réservée pour la vie à venir.

Descartes ne cherche point à l'idée de Dieu d'autre origine que Dieu même présent à l'entendement. L'idée de l'infini et du parfait, c'est-à-dire l'idée de Dieu, n'est point une grossière image, distincte de l'esprit qui pense, et empreinte on ne sait comment dans la pensée : elle *est cela même que nous apercevons* quand nous pensons ; elle est l'infini, elle est le parfait, elle est Dieu conçu ou pensé.

---

1. *Verit.*, q. XIV, art. II. « Fides quædam *prælibatio* brevis quam in futuro habebimus cognitionis. » art. VII. « Objectum fidei, veritas prima, veritas increata. ...Veritas prima est objectum visionis patriæ, ut in sua specie apparens, fidei autem ut non apparens. »
2. *Opusc.* « Alio modo (par la foi) lumen communicatur nobis in abundantia quadam et quasi in quadam solis præsentia ; et ibi acies mentis nostræ reverberatur, quia supra nos et super sensum hominis quod nobis ostentum est ; et hoc est lumen fidei. »

Mais comment concevons-nous l'infini et le parfait? Est-ce parce qu'il se montre à nous directement et en lui-même? Nullement : c'est en nous, c'est dans notre âme, faite à son image et ressemblance, que nous en trouvons l'idée[1]. Connaissant notre être, nous connaissons Dieu, parce que Dieu est notre modèle et notre cause. C'est la pensée de saint Thomas. L'œuvre nous révèle en quelque sorte l'ouvrier, parce que l'ouvrier a imprimé dans son œuvre la marque de son excellence propre; et ce que nous avons de perfection nous mène à Dieu, par cette raison que ce que nous avons de perfection vient de Dieu même.

Malebranche répète sans cesse que nous voyons d'une vue directe et immédiate la substance même de Dieu. Il affirme résolûment et hautement ce que Platon semble juger à peu près impossible, ce que saint Augustin ne veut point dire, ce que saint Thomas repousse formellement, ce dont Descartes n'a même pas l'idée. Je sais bien qu'il déclare qu'en cette vie nous ne voyons Dieu que d'une manière *confuse* et *éloignée;* je sais qu'entre cette vue naturelle et la vision béatifique il prétend maintenir une distinction profonde; il explique que, si on voit la substance divine *en elle-même*, en ce sens qu'on ne la voit point par quelque chose de

---

[1]. Voy. la IIIe *Méditation*, surtout § 24, et la *Lettre* à Henry Le Roy, citée plus haut, p. 159.

fini qui la représente, néanmoins on ne la voit point en elle-même, en ce sens qu'on atteigne à sa simplicité et que l'on y découvre ses perfections. Ces déclarations, plusieurs fois renouvelées, sont importantes, et elles prouvent bien que Malebranche n'a ni cru ni voulu attribuer à l'âme, dans la connaissance naturelle, la vue même de l'essence divine. Mais autant il y aurait d'injustice à ne pas tenir compte des intentions de l'auteur et des explications qui les établissent, autant il y aurait d'aveuglement à ne point reconnaître que ces intentions sont impuissantes et que ces explications laissent subsister, avec la témérité des mots, la tendance systématique qui s'y trahit. Ses maîtres n'affirment positivement qu'une seule chose, c'est que Dieu est présent dans la raison; lui soutient que Dieu est continuellement vu par l'âme, et d'une vue directe, immédiate. Tous s'accordent à dire que le soleil intelligible nous éclaire de sa lumière; lui se persuade que nous avons sans cesse les regards fixés sur ce divin soleil. Il oublie alors la faiblesse de l'esprit et ces misères qu'il a cependant si soigneusement étudiées et si vivement décrites. Aussi bien il supprime dans la connaissance tout ce qui est humain, pour n'y laisser que l'opération de la substance « lumineuse et efficace » de Dieu. Il semble trop donner à la pensée humaine : au fond, il lui ôte tout. Voir Dieu en lui-même, c'est trop pour l'homme purement homme : oui, sans doute; mais dans la vision intuitive[1] que ce système suppose, qu'y a-t-il encore qui soit de l'homme?

V

Résumons dans leurs traits les plus saillants cette théorie de l'intelligible et cette théorie de l'intelligence, que nous venons d'étudier dans leur développement parallèle.

Descartes fait de l'idée une modification de l'esprit : Malebranche veut que l'idée soit l'objet intelligible lui-même. Descartes distingue l'essence de l'existence : Malebranche approfondit cette distinction, et, avec Platon et Plotin, saint Augustin et saint Thomas, il conçoit au-dessus du monde sensible un monde idéal qui en est le modèle et l'archétype. Contrairement à Platon, il semble placer dans ce monde intelligible autant d'idées qu'il y a d'êtres particuliers; mais bientôt, contrairement à Plotin, à saint Augustin, à saint Thomas, il absorbe

---

1. Nous verrons dans le second volume du présent ouvrage, ch. II, de la Raison, que la vision de l'essence divine (vision surnaturelle et réservée à l'autre vie) supprime les défaillances de la pensée sans lui enlever toute activité. Dans la vision, telle que l'entend Malebranche, l'activité créée n'est pas surnaturellement aidée, elle est supprimée.

toutes les idées dans une seule, celle de l'étendue, faisant de l'essence entendue à la façon de Descartes une idée entendue à la façon de Platon ; alors il est infidèle en même temps à tous ses maîtres ou devanciers, tout en reproduisant quelque chose de chacun d'eux. Contrairement à Platon, il supprime toute hiérarchie entre les idées ramenées à une seule. Contrairement à saint Augustin et à saint Thomas, il semble détruire en Dieu la connaissance des objets individuels : contrairement à Descartes, il réalise et divinise une conception abstraite. Mais il établit avec force que le sensible suppose l'intelligible et que la source des essences et des possibilités est dans la sagesse et dans la puissance de Dieu. Cela est solide. Sur la nature de la vérité et son rapport à Dieu, il est plus explicite que Platon, plus précis peut-être que saint Augustin, non moins ferme et plus abondant que saint Thomas, plus net, plus décidé et plus profond que Descartes. Il établit vigoureusement l'indépendance de la vérité, en marque avec force les caractères, explique d'une façon originale en quoi elle consiste, et montre excellemment de quelle manière elle se rattache à Dieu. C'est le bel endroit de la théorie. Il distingue assez bien des vérités éternelles les lois générales, et reconnaît entre ces choses maintenues distinctes un lien, un rapport. Enfin, sans réaliser des abstractions comme sans tomber dans un faux mysticisme, il place dans le Verbe divin l'origine de toute vérité et de tout ordre. Il ne prête pas, comme Platon, une sorte de réalité aux vérités éternelles; il ne dit pas, comme saint Augustin, qu'elles sont Dieu, ou, s'il le dit, c'est en l'expliquant d'une manière heureuse; il ne les fait pas dépendre, comme Descartes, de la volonté arbitraire de Dieu : il sauve tout à la fois l'indépendance de la vérité et l'honneur de la sagesse divine, sans diminuer en rien la toute-puissance du Créateur. Mais quand, après avoir traversé les idées et les vérités, il s'approche plus près encore de la divinité, et déclare que l'idée de l'être indéterminé est la véritable idée de Dieu, il est infidèle à Descartes en substituant l'idée de l'être à l'idée de la perfection, et il rappelle, non pas le Platon de la République, qui place aux dernières limites du monde intelligible le bien, mais le Platon de certains dialogues, trop imité par Plotin et les panthéistes de tous les temps, qui confond avec le premier principe l'être pur, l'être en général, vaine abstraction. Il soutient avec Descartes que l'essence en Dieu se confond avec l'existence : cela seul est cartésien dans cette partie de sa doctrine où sa hardiesse métaphysique lui fait courir les mêmes périls que dans la théorie de l'étendue intelligible.

Dans l'explication de la connaissance elle-même, il se met de nouveau en désaccord avec ses initiateurs et ses maîtres. Platon dit que l'idée du bien est comme le soleil du monde intelligible. Saint Augustin et saint Thomas disent que Dieu nous éclaire de sa lumière. Mais chez aucun d'eux cette illumination de l'âme ne suppose une vue directe de Dieu. Malebranche développant et exagérant leurs doctrines, admet une vision immédiate des vérités éternelles dans la substance divine, et explique de la même manière la connaissance du monde matériel : nous voyons en Dieu les idées des corps. Par là il fait du monde extérieur une sorte de fantôme. Puis, par une bizarre intervention du sentiment, il rend à cette ombre une apparente réalité, et, grâce à la foi, lui donne enfin l'existence. Mais quelle existence! Toute activité est chassée de l'univers. Sans doute, jusque dans ces étranges théories, le génie de Malebranche se retrouve : la distinction du sentiment et de l'idée cache une distinction profonde et vraie entre la perception sensible et la notion proprement dite dans la connaissance des corps; d'un autre côté, la guerre faite aux vaines entités et aux idées de logique purge la science de bien des préjugés et la théodicée de bien des superstitions. C'est l'œuvre de Descartes que Malebranche continue en poursuivant les fausses chimères du sentiment au nom des idées claires. Malheureusement il va trop loin. Descartes déjà incline à ôter aux êtres créés leur activité propre, Malebranche n'hésite pas : il déclare les corps incapables d'agir sur les esprits, les esprits incapables de se modifier eux-mêmes, et, outrant Descartes, s'éloignant de saint Augustin, il détruit par sa vision en Dieu toute activité et tend à détruire toute réalité et dans le monde matériel et dans l'âme. Enfin, se séparant positivement de Descartes sur un point grave, il nie que l'âme se connaisse elle-même, et dans la conscience (il emploie le mot) il ne veut voir qu'un sentiment, vif et sûr, mais sans évidence véritable. La seule connaissance digne de ce nom est celle qu'on obtient en consultant les idées claires.

Voilà comment Malebranche a modifié les théories de Platon, de saint Augustin, de Descartes. Il ne les a pas combinées artificiellement : il les a mêlées, et il a fait cette œuvre originale qui s'est appelée de son temps la philosophie des idées.

Ainsi les véritables objets intelligibles, selon Malebranche, ce sont les idées avec les rapports qui en dépendent. Les idées sont divines ; elles supposent en Dieu quelque chose qui représente les êtres créés, quelque chose qui soit participable par eux : elles sont donc lumière et puissance, elles sont donc l'exemplaire et la source des êtres, elles sont Dieu même qui connaît tout en soi et peut tout par soi. En Dieu donc est l'origine des essences. En Dieu est aussi l'origine des vérités : les vérités sont les rapports des êtres intelligibles entre eux, rapports nécessaires, immuables, éternels. Les vérités spéculatives et l'ordre immuable sont donc, non par l'effet de la volonté divine, mais parce que Dieu est Dieu : c'est la sagesse même de Dieu, c'est le Verbe divin. Les lois générales, quoique établies par un décret libre, dépendent elles-mêmes de l'ordre immuable, car elles lui sont conformes. La conclusion de tout ceci, c'est que rien n'est intelligible que par Dieu, rien n'est intelligible qu'en Dieu, parce qu'il est tout être, parce qu'il est l'être même.

Introduisez maintenant dans le monde une intelligence créée, quelle qu'elle soit : elle ne connaîtra rien qu'en Dieu et par Dieu. D'elle-même elle aura conscience, mais ce sentiment vif n'est pas une connaissance proprement dite : les corps, elle les connaîtra par leurs idées, c'est-à-dire en Dieu. Les vérités, elle les verra en Dieu ; et Dieu même elle le verra en lui-même sans idée. Donnez à cette âme un corps : elle éprouvera des sentiments. Grâce à ces modifications, l'étendue intelligible qui tout à l'heure éclairait cette âme, maintenant la touchera en l'éclairant. Mais, de même que la lumière de l'idée ne vient ni des corps ni de l'âme, de même le sentiment n'est pas causé par une efficace qui soit propre au corps ou à l'âme. Dieu seul touche par le sentiment comme Dieu seul éclaire par l'idée.

Dieu avec les idées et les rapports qui dépendent des idées, voilà l'origine de l'intelligible. L'âme avec ses modifications, voilà l'origine du sensible. Il ne reste aux corps qu'une étendue matérielle, mal définie, certaine par la foi seule, difficile à distinguer de l'étendue intelligible qui semble seule réelle. Mais l'âme, de son côté, n'a que des facultés purement passives : l'entendement, c'est la faculté de recevoir les idées ou les sentiments; l'esprit pur reçoit les idées, les sens avec l'imagination reçoivent les sentiments. Or, non-seulement les idées ne sont pas nos propres façons de penser, non-seulement la raison qui nous éclaire n'est pas à nous, mais nos perceptions et nos sentiments qui sont nôtres, ne sont après tout que des actions de Dieu en nous. Je regarde le monde : Dieu m'apparaît comme le modèle intelligible de tout ce qui est et presque comme l'unique réalité. Je regarde mon âme : Dieu m'apparaît comme l'unique objet de mon intelligence et comme l'unique cause qui agit en moi. Je vois tout en Dieu, et Dieu fait tout en moi. Je comprends ma dépendance, je sens que la cause première est plus présente en moi que moi-même, je reconnais que je tiens d'elle la lumière, le mouvement et l'être; mais je m'effraie en voyant toute réalité créée tellement atténuée que Dieu seul semble être encore; je m'effraie, non par orgueil, mais parce que les êtres créés s'évanouissant en Dieu, c'est logiquement une nécessité que Dieu ne soit plus que la somme des êtres mêmes ou une vaine abstraction.

C'est ainsi que dans la théorie de l'intelligible et

dans celle de l'intelligence, toute la philosophie de Malebranche est en germe. Nous allons voir, dans la suite de cette étude, se manifester de toutes parts l'incessante et universelle action de Dieu. Ce sera la conclusion où aboutiront toutes les théories du philosophe. Mais nous verrons aussi les créatures tendre de toutes parts à s'absorber en Dieu : c'est le continuel danger du système. Cette grande vérité, affirmée, démontrée, exagérée, ce grand péril toujours rencontré et tour à tour évité, surmonté, cherché, voilà le spectacle que nous donne, dans son développement, la philosophie de Malebranche.

CHAPITRE IV.

THÉORIE DE LA VOLONTÉ.
DIEU, BIEN SOUVERAIN ET MOTEUR DES ESPRITS.

La volonté et la liberté. — Les inclinations et les passions. — Le plaisir, le péché et la grâce. — Dieu, objet, principe, modèle et fin de l'amour.

Dieu est à la fois le principe et la cause, le modèle et la fin de toute intelligence créée : nous connaissons en lui et par lui, comme lui et pour lui; et à vrai dire, nous ne connaissons que lui seul. Ce qui est vrai de l'intelligence est vrai aussi de la volonté[1]. L'intelligence consiste à connaître, la volonté à aimer. Or, le principe et la cause, le modèle et la fin de notre amour, c'est Dieu ; nous aimons en lui et par lui, comme lui et pour lui, et dans le fond nous n'aimons que lui seul[2].

---

1. *Rech. de la vér.*, liv. V, ch. v. « Voir comme Dieu voit, aimer comme Dieu aime. »
2. Les principaux textes relatifs à la volonté et à l'amour se trouvent dans les ouvrages suivants : *Rech. de la vér.*, liv. I, ch. I, II, III; liv. IV, ch. I, II, IX; liv. V, ch. I, II, V. *Éclairc.* I et II. — *Entret.*

En effet, Dieu infiniment parfait s'aime infiniment lui-même; et comme il voit ses perfections inégalement participables par une multitude de créatures, non-seulement il aime ses perfections en elles-mêmes et prises absolument, mais ces êtres intelligibles qu'il voit, il les aime selon le degré de perfection qu'il aperçoit en eux, c'est-à-dire suivant qu'ils ressemblent plus ou moins à la perfection divine, qu'ils l'expriment et l'imitent d'une façon plus ou moins approchante. Ainsi, Dieu s'aime invinciblement lui-même, et en lui, toutes choses selon le rapport qu'elles ont à lui. Et cet amour divin, amour nécessaire et parfait, est conforme à l'ordre immuable des perfections divines, à la loi éternelle de la vérité et de la justice. Enfin, dans cet amour parfait, Dieu trouve une joie parfaite. Être infini et perfection souveraine, il est le bien, et il ne se peut pas qu'étant le bien et s'aimant, il ne jouisse pas de lui-même : la perfection connue et aimée produit la souveraine félicité.

Maintenant, que Dieu fasse un esprit, c'est-à-dire un être capable de connaître et d'aimer. Pour qui Dieu fera-t-il cet esprit? Pour qui lui donnera-

---

métaph., passim et spécialement vii, 16, et viii. — *Médit. chrét.* passim ; mais surtout iii et iv sur l'ordre; vi, sur la puissance que les hommes ont de vouloir ou d'aimer le bien ; x, sur le plaisir; xiv, sur la grâce de sentiment. — *Traité de morale*, passim, surtout I, ch. i. — *Traité de la nature et de la grâce*, spécialement Disc. II, part. iii, et Disc. III, part. i, sur la liberté. — *Traité de l'amour de Dieu.*

t-il la capacité de connaître et d'aimer? Si Dieu est à soi-même sa propre fin, il ne se peut pas qu'il propose aux êtres créés par lui une fin différente. Il doit les faire pour lui-même, il doit les faire capables de connaissance et d'amour, pour être connu et aimé d'eux. C'est lui seul qu'ils doivent connaître, lui seul qu'ils doivent aimer. Et cela, remarquons-le bien, d'une double manière : d'abord par l'institution même de leur nature, et puis par un choix libre; car, étant des esprits, il faut qu'ils s'attachent librement à celui qui est seul leur principe et leur fin, et que par là ils méritent la félicité. Mais n'anticipons pas. Comprenons bien d'abord que par l'institution même de leur nature, sans aucun choix de leur part, les esprits créés aiment invinciblement Dieu, et aiment en lui et par lui tout ce qu'ils aiment d'autre. De même que toute connaissance s'explique par la présence en nous et la vision de l'être indéterminé, et que les connaissances particulières sont des limitations de cette vaste idée de l'être, de même tout amour a son origine dans le mouvement même qui nous porte vers le bien indéterminé, et tous nos amours particuliers sont des déterminations actuelles de cette impression première. Nous allons, par un mouvement naturel, invincible, incessant, vers le bien en général : or, dès que l'esprit nous représente un certain bien particulier, ce bien qui nous apparaît dans la lumière de l'idée, nous l'aimons, et, l'aimant, nous en jouissons. La vérité pure nous éclaire, mais le bien nous touche : quand l'esprit nous représente une chose comme un bien, nous découvrons dans cette chose déclarée bonne une certaine beauté, qui nous attire et nous charme; nous sommes donc heureux, et cette chose nous apparaît comme la cause de notre perfection et de notre félicité. Considérons l'âme telle qu'elle doit être. Elle voit clairement que Dieu seul est son bien, comme seul il est sa lumière. Dieu se montrant à elle, non-seulement elle le connaît, mais elle l'aime. Elle suit sans y faire obstacle cette impression naturelle qui la porte vers Dieu ; et comme ce mouvement part de Dieu, il va jusqu'à Dieu, tout droit, sans que rien le détourne, et l'âme y cédant sans contrainte et le laissant se terminer à Dieu comme en sa fin naturelle et seule légitime, goûte le bien qu'elle aime, et trouve dans cet amour une joie solide, durable et délicieuse. Présentez à cette âme un bien particulier : elle verra clairement deux choses : la première, c'est que ce bien est une limitation du bien indéterminé ; la seconde, c'est que ce bien mérite d'être aimé selon la mesure où il participe au bien en général. Aussi, que fera cette âme? Elle déterminera à ce bien particulier le mouvement qu'elle a reçu vers le bien indéterminé, mais elle n'arrêtera pas ce mouvement à ce bien particulier : elle lui donnera l'amour qu'il mérite, dans la mesure que l'ordre exige, et puis elle passera outre ; et, reconnaissant que ce bien n'est bien que par sa participation à Dieu même, à l'occasion de ce bien, elle pensera à Dieu qui en est le principe, elle laissera le mouvement du cœur aller jusqu'à Dieu, et elle reconnaîtra d'une part que rien, en dehors d'elle comme en elle-même, n'est bon que par Dieu, d'autre part que Dieu seul la touche et la réjouit. Ainsi, de même que rien n'est vrai et intelligible qu'en Dieu et par Dieu, de même rien n'est bon et aimable qu'en Dieu et par Dieu, et comme l'unique principe de l'intelligibilité et de l'intelligence est l'être parfait, ce même être parfait est le principe de l'amabilité et de l'amour ; enfin, comme c'est lui qui opère dans les âmes le *connaître*, c'est encore lui qui y opère le *vouloir* et *l'aimer*, si je puis parler ainsi, et tout amour produisant de la joie, Dieu, cause de l'amour, est aussi la cause de la joie, et par là l'unique auteur de notre félicité.

Qu'est-ce donc que la volonté ? c'est l'impression ou le mouvement naturel qui nous pousse vers le bien indéterminé. Cette impression ne contraint pas, mais elle nécessite : dans l'inclination naturelle, il n'y a donc pas de place pour la liberté d'indifférence ; nous ne sommes pas libres d'aimer ou de n'aimer pas le bien en général, nous ne sommes pas libres de désirer ou de ne désirer pas d'être heureux. Mais les biens particuliers nous laissent libres : quand notre entendement nous représente comme bon tel ou tel objet particulier, nous pouvons retenir notre amour, penser à d'autres choses et aimer d'autres biens, ou encore considérer cet objet particulier, voir dans quelle mesure il est aimable, l'aimer selon l'ordre, après l'avoir comparé à d'autres objets, et ainsi, au lieu de terminer à lui notre amour, aller jusqu'au bien universel et souverain qui renferme en soi tous les autres biens, de même qu'étant l'être universel et souverain, il renferme en soi tous les êtres. A l'égard donc des biens particuliers nous sommes libres; non-seulement ils ne contraignent pas notre amour, mais ils ne le nécessitent pas, et à cause de cela nous devenons capables d'aimer d'un amour libre Dieu même vers qui nous pousse la nécessité de notre nature. En effet, si Dieu se montrait à nous dans toute sa splendeur, il effacerait tous les biens particuliers, et nécessairement notre amour irait à lui sans pouvoir se détourner ailleurs : ravis et charmés, nous n'aimerions que lui seul. Mais Dieu en cette vie ne nous apparaît point avec cet éclat. Les biens particuliers venant à nous toucher, nous pouvons les comparer à Dieu, les estimer leur prix dans cette lumière, les sacrifier à Dieu, et par là déterminer librement vers Dieu notre mouvement vers le bien, puisque nous ne l'arrêtons pas dans la créature : toujours dépendants de Dieu dans ce pouvoir même, puisque ne faisant rien de positif, nous n'avons qu'à ne pas entraver le mouvement naturel qui vient de Dieu et va à Dieu; libres cependant, puisque ce mouvement pouvait se détourner vers quelque bien particulier, s'y arrêter, et qu'en suspendant notre jugement et notre amour, nous avons empêché cet arrêt et laissé le mouvement se terminer en Dieu. Voilà donc comment notre amour pour l'auteur de tout bien peut être libre et méritoire.

On voit aussi par là quel lien étroit il y a entre l'entendement et la volonté, et comment la lumière de l'idée déterminant le mouvement de la volonté, nous ne serions pas libres si nous n'étions pas capables de porter l'entendement vers tels ou tels objets. La liberté du jugement fait la liberté de l'amour.

Il est à remarquer que, si les choses que l'esprit nous représente comme vraies nous apparaissent quelquefois avec une évidence telle qu'en y consentant nous ne sommes pas libres d'une liberté d'indifférence, celles qu'il nous représente comme bonnes ne se montrent pas dans une aussi grande lumière; nous pouvons toujours trouver quelque raison de douter que nous les devions aimer[1]. De

---

1. *Recherche de la vérité,* liv. I, ch. II, 2.

cette liberté où nous sommes à l'égard des biens particuliers en tant que notre esprit nous les représente, découle notre liberté à leur égard en tant qu'ils sollicitent notre amour. Toutes les fois que nous pouvons suspendre notre jugement, nous pouvons suspendre notre amour. Pour ne pas aimer une chose qui semble bonne, il faut penser à d'autres choses afin de détourner ailleurs le mouvement de la volonté; pour aimer selon l'ordre, il faut voir les rapports vrais qui sont entre les choses; pour sacrifier à Dieu les biens particuliers et ainsi aimer Dieu d'un amour libre et méritoire, il faut voir que Dieu vaut infiniment mieux que toutes les créatures ensemble, connaître l'excellence de cette nature parfaite et en juger bien. Donc, si nous sommes libres dans nos amours, c'est que nous le sommes dans nos jugements; si nous pouvons déterminer à tel ou tel bien le mouvement de la volonté, c'est que nous pouvons consentir ou non aux représentations de l'entendement et porter notre esprit vers tel ou tel objet. Et comment le pouvons-nous? Par notre union à Dieu, être universel en qui sont tous les biens. Étant en Dieu, nous avons sans cesse présents à notre esprit tous les êtres, à notre cœur tous les biens : cette inépuisable abondance fait qu'aucun être particulier ne peut arrêter en lui notre connaissance, aucun bien particulier terminer à lui notre amour. Quels que soient les objets que l'esprit nous représente, « l'âme ne s'en contente pas, parce qu'il n'y a rien qui puisse arrêter le mouvement de l'âme que celui qui le lui imprime. Tout ce que l'esprit se représente comme son bien est fini, et tout ce qui est fini peut détourner pour un moment notre amour, mais il ne peut le fixer[1]. » Par notre union à Dieu, nous sommes donc libres à l'égard des êtres et des biens particuliers, parce que, en communication incessante avec la source de l'être et du bien, nous pouvons toujours y puiser d'autres pensées qui portent ailleurs notre amour. Sans cette union à Dieu, si par impossible nous pouvions encore penser et aimer, nous serions les esclaves des êtres et des biens particuliers. D'un autre côté, nous l'avons vu, si Dieu nous apparaissait tel qu'il est dans une vive lumière, notre volonté acquiescerait à la vérité totale et évidente, consentirait au bien universel et souverain, sans contrainte, mais invinciblement ; et si alors on pouvait dire d'elle qu'elle serait libre d'une parfaite liberté, ce ne serait assurément pas de cette liberté d'indifférence que nous avons en cette vie. Cette liberté d'indifférence, nous savons ce qui la rend possible, et nous pouvons maintenant dire ce qu'elle est : c'est la force qu'a l'esprit de détourner l'impression naturelle vers les objets qui nous plai-

---

1. *Rech. de la vér.*, liv. IV, ch. II.

sent, et de déterminer ainsi à quelque objet particulier nos inclinations naturelles, qui étaient auparavant vagues et indéterminées vers le bien en général ou universel, c'est-à-dire vers Dieu qui est seul le bien général, parce qu'il est le seul qui renferme en soi tous les biens [1].

C'est donc une chose certaine que nous n'aimons rien que par une impression continuelle de la volonté divine sur nous. Or, Dieu s'aime, il nous aime, il aime toutes ses créatures. Il ne fait donc point d'esprits qu'il ne les porte à l'aimer, à s'aimer, à aimer toutes les créatures [2]. Sa fin principale, c'est lui-même, car il est le souverain bien ; et s'il mettait ailleurs sa fin, il commettrait une erreur et une faute. Mais il peut avoir d'autres fins moins principales qui se rapportent à cette fin dernière : faisant des êtres qui participant tous de sa bonté, sont bons et même très-bons, il les conserve par son amour : lui-même ou sa gloire, voilà sa fin principale ; la conservation de ses créatures, mais pour sa gloire, voilà une fin seconde. Telle est la volonté divine, tel est l'amour divin. Comme « la volonté de Dieu fait et règle la nôtre [3], » nos inclinations naturelles nous portent nécessairement, d'abord vers le bien en général qui est Dieu, ensuite

---

1. *Rech. de la vér.*, liv. I, ch. 1, 2.
2. *Rech. de la vér.*, liv. IV, ch. 1, 4.
3. *Rech. de la vér.*, liv. IV, ch. 1, 4.

à la conservation de notre être propre, et à la conservation des autres êtres. Nous avons donc trois sortes d'inclinations primitives : l'une pour le bien en général, laquelle est le principe de tous nos mouvements, la seconde pour la conservation de notre être ou de notre bien-être, la troisième pour les autres créatures. Comme ces inclinations ne peuvent rencontrer leur objet sans qu'il y ait en nous quelque amour actuel et un sentiment de plaisir, dans ces inclinations se trouve l'origine de tous nos amours et de tous nos plaisirs. Comme nous sommes libres, et que, tournés vers Dieu naturellement, nous avons la puissance de nous détacher et de nous détourner de lui, nos inclinations ne sont réglées que lorsque nous aimons Dieu de toutes nos forces, et toutes choses pour Dieu par le choix libre de notre volonté[1]. Voilà quel est le principe de nos inclinations; voilà quelle en est la fin, et comment elles doivent être réglées.

Or, ce qui ressort évidemment de cette doctrine, c'est que l'unique objet de l'amour est au fond Dieu même. Lui seul est aimable par soi, le reste est aimable en lui et par lui. Il est en conséquence le principe et la cause de l'amour : étant ce que l'on aime, il est aussi *ce qui fait qu'on aime*[2], et pour

---

1. *Rech. de la vér.*, liv. IV, ch. I, 4.
2. *Rech. de la vér.*, liv. IV, ch. I, 4. « C'est Dieu qui fait aimer. » — *Traité de morale*, I, ch. III, 15. « Certainement l'homme ne voit

ces raisons il doit seul être aimé pour soi, en sorte qu'il est encore la fin dernière de l'amour. Imprimant dans les êtres créés un amour pareil au sien, il est leur modèle et leur règle. Ils aiment comme lui par la nécessité même de leur nature, et ils doivent encore aimer comme lui par un choix libre de leur volonté. Dans ce choix est la part faite à la créature dans l'amour ; et ce choix consiste moins à agir positivement qu'à ne pas entraver le mouvement naturel imprimé par Dieu. On ne l'entrave pas en suspendant son consentement à l'égard des faux biens et de l'erreur, et on a ce pouvoir de ne pas s'arrêter aux faux biens et à l'erreur parce qu'on « *a du mouvement pour aller plus loin.* » Errer ou pécher c'est s'arrêter avant le temps. C'est cela qui est proprement et uniquement de nous. Les consentements positifs qui tendent au bien ne sont point tant des consentements que des mouvements qui se continuent [1].

Ainsi Dieu nous pousse sans cesse et par une impression invincible vers le bien en général ; Dieu nous représente l'idée d'un bien particulier et nous

que parce que Dieu l'éclaire ; il ne veut que parce que Dieu l'anime ou le fait aimer. »

1. *Médit. chrét.*, VI, 19. — Voir, dans les *Réflexions sur la prémotion physique*, les efforts que fait Malebranche pour montrer que l'âme, impuissante *physiquement* à se donner aucune modalité, dépourvue de toute efficace, n'ayant de modifications que celles que Dieu produit en elle, est cependant la *cause immédiate et directe* de ses déterminations *morales* et de ses actes libres.

en donne le sentiment; Dieu nous porte vers ce bien particulier. Mais ce dernier mouvement n'est pas invincible : si nous nous reposons dans ce bien particulier, c'est que nous ne le considérons pas assez pour voir qu'il ne renferme pas tout bien et ne mérite pas d'arrêter notre amour. Or, avertis par les reproches secrets de la conscience, sinon éclairés par la lumière de la raison, nous pouvons voir que ce bien ne renferme pas en soi tous les biens, et cela à cause de notre union au bien universel, qui nous permet de vouloir penser à d'autres biens, et, y pensant, de les aimer[1]. Ainsi tout ce qu'il y a de réel et de positif dans l'amour est de Dieu : le pécheur ne fait rien, car le péché n'est rien.

Comment, la volonté ainsi entendue, peut-on expliquer les passions? De la même manière que l'on explique les sens et l'imagination, bien que l'entendement soit essentiellement uni à Dieu.

On appelle *sens* ou *imagination* l'esprit, lorsque le corps est cause naturelle ou occasionnelle de ses pensées; et on l'appelle *entendement* lorsqu'il agit par lui-même, ou plutôt lorsque Dieu agit en lui, et que sa lumière l'éclaire en plusieurs façons différentes, sans aucun rapport nécessaire à ce qui se passe dans le corps.

De même, la volonté, prise en soi, n'est autre chose que l'impression de la nature qui nous porte

---

1. *Rech. de la vér.*, liv. I, ch. 1, 2, et ch. 11.

vers le bien en général, et par conséquent elle dépend essentiellement de l'amour que Dieu se porte à lui-même et de la loi éternelle. Mais la volonté, « *comme volonté d'un homme,* » dépend essentiellement du corps ; car ce n'est qu'à cause des mouvements du sang, ou plutôt des esprits animaux, qu'elle se sent agitée de toutes les émotions sensibles. On peut donc appeler *inclinations naturelles* tous les mouvements de l'âme qui nous sont communs avec les pures intelligences : ce sont des impressions de l'auteur de la nature, qui nous portent principalement à l'aimer comme souverain bien, et notre prochain sans rapport au corps. Et l'on peut appeler *passions* toutes les émotions que l'âme ressent naturellement à l'occasion des mouvements extraordinaires des esprits animaux et du sang : ce sont des impressions de l'auteur de la nature, qui nous inclinent à aimer notre corps et tout ce qui peut être utile à sa conservation. Les passions sont inséparables des inclinations, et les hommes ne sont capables de quelque amour ou de quelque haine sensible, que parce qu'ils sont capables d'un amour ou d'une haine spirituelle. Otez les inclinations : il n'y a plus de passions ; il ne reste que des mouvements corporels, pur jeu de machine. Mais ôtez le corps, et par suite, les passions : les inclinations demeurent [1].

1. *Rech. de la vér.*, liv. V, ch. i.

On peut se demander si cette alliance des pensées de l'esprit de l'homme avec les mouvements de son corps est une peine de son péché ou un don de la nature. Qu'on réfléchisse, et l'on trouvera étrange que cette économie si juste et si merveilleuse des sens et des passions pour la conservation du corps soit une corruption de la nature plutôt que sa première institution. Maintenant l'homme est esclave de ses passions au lieu d'en être le maître ; il est attaché aux choses sensibles, et son esprit est devenu comme matériel et comme terrestre : voilà l'effet du péché, et en cela, la nature est corrompue. L'union de l'âme et du corps s'est changée en dépendance, mais les passions n'en sont pas moins de l'ordre de la nature, et même elles sont très-réglées, si on ne les considère que par rapport à la conservation du corps. Il faut dire qu'elles ont pour cause première cette volonté générale de Dieu qui fait l'ordre de la nature [1].

Mais d'où vient que faits pour le bien souverain, nous nous arrêtons à de faux biens ? Selon l'institution de la nature, nos inclinations vont droit à Dieu ; dans le fait elles se détournent et s'arrêtent aux choses inférieures. De même que le sentiment, action de Dieu sur nous, nous fait supposer dans les corps une efficace qu'ils n'ont pas ; de même le

---

1. *Recherche de la vérité*, liv. V, ch. I, et Ier *Éclairc.*

plaisir sensible causé en nous par l'action de Dieu, nous fait attribuer aux choses qui nous paraissent bonnes, la puissance de nous rendre heureux. Cette double erreur nous conduit à une véritable idolâtrie : douée du pouvoir d'agir sur nous et de contribuer à notre félicité, la substance corporelle est à nos yeux une sorte de divinité, et nous lui donnons notre amour. Séduits par ces plaisirs sensibles si vifs, oubliant que Dieu est l'unique cause de tout plaisir, nous devenons indifférents à la beauté de la vérité et du bien véritable ; nous ne pensons plus qu'aux corps, nous n'aimons plus que les corps. Eclairés de la divine lumière, touchés par l'efficace divine, mus par le divin amour, nous abusons de Dieu même, et nous faisons servir son action à notre injustice. L'union de l'âme au corps, singulièrement augmentée aux dépens de l'union avec Dieu, voilà ce qui cause nos erreurs et nos misères[1]. Cette union médiate avec la matière nous fait oublier l'union immédiate avec notre auteur, sans laquelle nous ne penserions pas, nous ne sentirions pas, nous n'aimerions pas, sans laquelle nous ne serions pas. Les plaisirs prévenants dont le corps est l'occasion, nous aveuglent et nous asservissent. Nous n'avons plus une vue claire et distincte des choses et de leur vraie nature ; nous ne sommes plus à l'égard des biens particuliers dans

---

1. Voir la *Préface* de la *Recherche de la vérité*.

cet équilibre où consiste la liberté. A peine le bien sensible s'est-il présenté à notre esprit et a-t-il ému notre cœur, trompés et emportés par l'apparence, nous consentons, ou plutôt nous cédons. C'est « aimer par instinct » que d'aimer avant de voir clairement qu'une chose est bonne ; c'est avoir le plaisir actuel uniquement pour principe et pour motif[1]. Alors nos inclinations sont corrompues par le péché, corrompues, non pas détruites. « Tous les pécheurs tendent à Dieu par l'impression qu'ils reçoivent de Dieu, quoiqu'ils s'en éloignent par l'erreur et l'égarement de leur esprit. Ils aiment bien, car on ne peut jamais mal aimer, puisque c'est Dieu qui fait aimer[2], mais ils aiment de mauvaises choses ; mauvaises seulement, parce que Dieu, qui donne même aux pécheurs le pouvoir d'aimer, leur défend de les aimer, à cause que depuis le péché elles les détournent de son amour ; car les hommes, s'imaginant que les créatures causent en eux le plaisir qu'ils sentent à leur occasion, se portent avec fureur vers les corps, et tombent dans un entier oubli de Dieu, qui ne paraît point à leurs yeux[3]. »

1. *Médit. chrét.*, xiv, 5.
2. La même chose est dite avec beaucoup de force dans la *Morale*, I, ch. iii, 15. « Pour aimer le mal, il faut aimer le bien ; car on ne peut aimer le mal que parce qu'on le regarde comme un bien, que par l'impression naturelle qu'on a pour le bien. » Voir encore *Convers. chrét.*, iii.
3. *Rech.* IV, ch. i, 4. — Voir encore *Rech.* III, part. ii, ch. vi.

L'amour déréglé du corps renverse donc toute l'économie de notre nature. Etant unis à un corps, il faut bien que nous éprouvions des émotions sensibles, et ces émotions qui nous inclinent à aimer notre corps et tout ce qui peut être utile à sa conservation, ce sont les passions. Le corps venant à prédominer, ces passions qui se produisent à l'occasion du corps, et qui ont son bien pour objet et pour fin, agitent l'esprit d'une manière violente[1], et le jettent dans une entière dépendance du corps fait pour servir, et dans une indifférence déplorable pour Dieu, son auteur, sa lumière et son bien, la seule cause de son être, de sa perfection et de sa félicité. C'est là, manifestement, un désordre.

Le péché du premier homme est la cause de ce désordre. Avant la chute, le plaisir et la douleur, au lieu de troubler les idées, de tirer l'homme hors de lui[2], d'appliquer l'âme tout entière aux besoins du corps[3], respectant en Adam son innocence et la majesté divine[4], l'avertissaient sans le rendre incapable de penser aux vrais biens[5]. Maintenant,

---

1. *Rech.* V, 1. — *Ibid.* IV, ch. x, 1. « Le plaisir, au lieu de nous attacher à celui qui seul est capable de le causer, nous en détache pour nous unir à ce qui semble faussement le causer : il nous détache de Dieu pour nous unir à une vile créature. »
2. *Médit. chrét.*, v, 19.
3. *Médit. chrét.*, xi, 4.
4. *Entret. métaph.*, xi, 11. « Ces cruelles bêtes (les ours et les lions), dont Dieu se sert maintenant pour nous punir, respectaient en Adam son innocence et la majesté divine. »
5. *Entret. métaph.*, iv, 16. « On me pique le bout du doigt et je souffre... »

le corps agit avec trop de force sur l'esprit : au lieu de lui représenter ses besoins avec respect, il le tyrannise et l'arrache à Dieu à qui il doit être inséparablement uni, et il l'applique sans cesse à la recherche des choses sensibles qui peuvent être utiles à sa conservation. L'esprit est devenu comme matériel et comme terrestre après le péché [1]. Voilà donc tout l'équilibre rompu dans l'âme par le péché. Placée entre ces passions qui crient si haut [2], et l'ordre qui se manifeste au plus secret de la raison, l'âme sacrifie l'ordre. Sans doute, la beauté de l'ordre est plus aimable que toutes les beautés sensibles [3] ; sans doute quand elle apparaît clairement à l'esprit, elle gagne le cœur [4] ; car elle ne peut se faire voir sans montrer ses charmes et sans nous exhorter à l'aimer [5]. Mais les passions nous empêchent de rentrer en nous-mêmes pour la contempler ; et séduits comme nous le sommes par les fausses apparences, cette divine beauté de l'ordre se montrant à nous malgré nous, pour nous découvrir nos fautes et nous reprendre, au lieu de nous charmer, nous fait horreur, parce qu'en nous voyant à sa lumière, nous nous voyons tout remplis de péchés [6]. Aussi, bien que notre cœur soit

---

1. *Rech.*, v, ch. i.
2. *Médit. chrét.*, v, 19.
3. *Ibid.*, iv, 1.
4. *Ibid.*, iii, 23.
5. *Ibid.*, iv, 1.
6. *Ibid.*, iii, 23, 24. — Préface de la *Rech. de la vérité*.

fait pour elle, nous détournons d'elle nos regards. Si nous pouvions la bien contempler, elle nous pénétrerait d'amour et de joie. Sa nature est telle, qu'elle doit être aimée par raison, et l'on aime par raison quand le mouvement de l'âme est déterminé par la vue claire de l'esprit, lorsqu'on voit clairement que ce qu'on aime est bon, ou capable d'augmenter sa perfection ou son bonheur. Vue clairement, la beauté de l'ordre nous ravirait ; mais précisément, le péché ne nous permet pas de la bien voir : elle nous laisse froids et insensibles au moment même où les plaisirs sensibles très-vifs et très-agréables nous entraînent. Dans ce misérable état, pour rétablir l'équilibre et nous rendre notre libre arbitre, il faut que l'ordre se fasse sentir avant même de se faire voir clairement, et que cette délectation prévenante, nous déterminant comme par instinct vers le vrai bien, nous rende capables de combattre le plaisir sensible qui, par instinct, nous détermine à de fausses apparences. Alors nous trouvons de la douceur dans l'exercice de la vertu. Une sainte concupiscence contre-balance la concupiscence criminelle : la *grâce* nous rend notre liberté[1]. Ainsi, l'amour véritable doit naître ou procéder de la lumière, conforme en cela à son

---

1. Il s'agit ici de la grâce que Malebranche appelle *grâce de sentiment*, par opposition à la *grâce de lumière*. Voir le chapitre VII du présent volume.

principe et à son modèle, l'amour substantiel et divin ; il doit être uniquement réglé par la raison ; le plaisir actuel n'en doit pas être uniquement le principe ou le motif : qu'il l'accompagne, qu'il le soutienne, qu'il en soit la récompense, mais qu'il n'en corrompe pas la pureté [1]. Le péché ayant tout bouleversé, les plaisirs sensibles séduisant et dominant l'âme, la raison parlant bas et ne flattant pas, pour la faire écouter il faut qu'un sentiment agréable prévienne en sa faveur ; et voilà pourquoi, dans l'ordre de la grâce, l'âme est attirée à l'amour de l'ordre, du vrai bien, de Dieu par la douceur du plaisir [2], conforme à la raison, mais prévenant la raison : redevenue vraiment libre par ce secours, l'âme peut, suivant l'impression de la grâce par son choix, y consentir non pas seulement volontairement, mais librement, et ainsi aimer Dieu non plus par instinct et par le goût du plaisir, mais par raison, par la connaissance qu'elle a qu'il est aimable, étant le bien même et la cause de tous nos plaisirs et de toutes nos joies. Dans cette âme réformée sur le divin modèle [3], la raison domine, le plaisir accompagne et suit : c'est la loi, c'est la perfection, c'est la félicité. « Lorsqu'on aime Dieu, on est parfait, lorsqu'on en jouit on est heureux ; et

---

1. *Médit. chrét.*, xiv, 4, 5, 8.
2. *Traité de la nature et de la grâce.* Disc. III, part. II, art. 21.
3. *Médit. chrét.*, v, 1.

lorsqu'on l'aime avec plaisir, on est heureux et parfait tout ensemble [1]. »

Consultant à la fois l'expérience et la raison, et puis comparant leurs enseignements avec ceux de la foi, nous avons reconnu dans notre entendement et dans notre volonté un désordre originel, et nous avons vu que ce désordre consiste à considérer les êtres créés et en particulier les corps comme des causes efficaces capables de produire en nous diverses modifications, puis, dans cette fausse persuasion, à les aimer comme s'ils pouvaient causer notre perfection et notre félicité. Là est l'erreur, là est le mal. Mais cette double corruption ne détruit pas entièrement notre union à Dieu, notre lumière et notre bien. Le Verbe divin nous éclaire, l'amour substantiel et éternel nous attire : nous connaissons par la raison de Dieu; nous aimons par son amour [2]. Nous ne sommes ni notre lumière ni notre bien; mais l'objet, le principe, la cause, le modèle de notre connaissance et de notre amour, c'est Dieu, parce qu'il est l'être universel et que seul il agit en nous et sur nous. Tout est lié. Dieu est, Dieu connaît, Dieu aime : nous sommes,

---

1. *Traité de la nature et de la grâce.* Disc. III, art. 9.
2. *Rech. de la vér.*, III, part. II, ch. VI. — *Médit. chrét.*, XIV, 5 et passim. — *Traité de la nature et de la grâce.* Disc. III, art. 1. — *Morale*, I, ch. III, 15. « Toute la lumière vient donc du Verbe, tout le mouvement vient de l'Esprit saint; puisqu'enfin *Dieu seul agit*, et qu'il n'agit que par la sagesse qui l'éclaire et par l'amour qu'il se porte à lui-même. »

nous connaissons, nous aimons, et si nous connaissons et n'aimons qu'en Dieu et par Dieu, c'est que nous ne sommes qu'en Dieu et par Dieu ; et la dernière raison de tout cela, c'est que Dieu est l'Être. Celui-là seul est par soi, connaît par soi, aime par soi, qui est l'Être, l'Être tout court, l'Être sans restriction, et lui seul agit efficacement, produisant par son incessante opération l'être, la connaissance et l'amour dans toutes les créatures qui sont représentées dans sa substance, qui y participent, qui la limitent, qui l'expriment, images finies et imparfaites de l'Être indéterminé et parfait.

Ainsi toute la métaphysique est dans cette double théorie de la connaissance et de l'amour. Dans ces hautes spéculations, Malebranche, disciple de saint Augustin, et par saint Augustin, de Platon, dépasse de beaucoup Descartes. Nous avons vu combien la théorie cartésienne de la connaissance était indécise et incomplète. Il en est de même de la théorie de la volonté.

Descartes fait dépendre le bien de la volonté divine qui, d'ailleurs, ne peut être que bonne, étant la volonté de l'être parfait : théorie peu consistante, contradictoire si on la presse, destructive et du bien et de la perfection divine si on la prend à la lettre.

L'idéal de la volonté pour Descartes, c'est la pleine et absolue indifférence : cette indifférence qui, de son aveu même, est dans l'homme le plus bas degré de la liberté[1], est conçue comme l'essence même de la liberté divine. Dans l'homme, elle dénote plutôt un défaut dans la connaissance qu'une perfection dans la volonté ; en Dieu elle apparaît comme seule compatible avec la souveraine indépendance ; et voici la raison que Descartes en donne : l'homme trouvant le bien établi et constitué avant de le vouloir, serait entièrement libre sans être jamais indifférent, s'il connaissait toujours clairement ce qui est bon[2] : il suffit de bien juger pour bien faire[3]. Mais en Dieu la volonté constituant elle-même le bien n'est pas déterminée par l'entendement : antérieurement à ses décrets il n'y a rien, elle est indifférente à tout, c'est elle qui détermine le vrai et le bien.

A la place de cette théorie que trouvons-nous dans Malebranche? Nous l'avons vu tout à l'heure : la volonté divine assujettie à la sagesse divine, et le bien et l'ordre identifiés avec Dieu. L'indifférence absolue, pour Malebranche, n'est pas la souveraine indépendance, mais bien le caprice, le hasard, la vaine agitation de la volonté dans les ténèbres. Hésiter dans son choix parce qu'on voit mal, c'est une marque de faiblesse et d'imperfection. Ne pas voir du tout et se déterminer sans raison, serait-ce donc

---

1. *Médit.*, IV.
2. *Ibid.*
3. *Discours de la méthode*, III.

être fort et parfait? Non, la volonté parfaite est celle qui se détermine dans la pleine lumière; la volonté parfaite procède de la connaissance parfaite. Mais Dieu n'a besoin pour aimer et vouloir d'aucune impression étrangère, de même que pour voir et connaître il n'a besoin d'aucune lumière extérieure : renfermant en soi toutes les perfections, il est le bien; se connaissant tel qu'il est, il s'aime, et il connaît et il aime en soi tout le créé, représenté dans ses divines idées et participant à sa substance. S'aimant soi-même d'un amour souverain et aimant les choses créées selon leur prix, telles qu'il les voit dans sa substance où les êtres intelligibles sont renfermés, il est l'ordre même comme il est le bien et parce qu'il est le bien. Ainsi sa volonté n'est point indifférente puisqu'elle aime le bien et selon l'ordre, mais elle n'a d'autre principe ni d'autre fin que lui-même puisqu'il est le bien et l'ordre.

Contrairement à Descartes et d'accord avec saint Augustin[1], Malebranche établit donc ces deux choses : premièrement la volonté de Dieu ne détermine pas le bien par son acte, mais est déterminée par le bien même; elle n'agit pas avec une toute-

---

1. Voyez surtout *De Trinitate*, lib. VIII, cap. III, où saint Augustin montre admirablement que Dieu est le bien; et *Epist.* 101, où il dit que Dieu ne peut point faire l'absurde, ou ce dont il n'y a point de raison : « Quum hoc Deum non posse dicimus, non derogamus potestati ejus, sed æternitatem veritatemque laudamus. »

puissance aveugle, mais elle agit éclairée par la sagesse; secondement le bien, non plus que la vérité, n'est pas quelque chose qui soit séparé de Dieu, c'est d'une certaine façon Dieu même [1]. Théorie excellente si ces mots de bien indéterminé ou de bien en général, répétés si souvent par Malebranche, ne trahissaient pas la même préoccupation et ne ramenaient pas le même danger que les mots d'être indéterminé ou d'être en général appliqués à Dieu dans la théorie des idées.

Redescendant à l'homme, Malebranche, toujours inspiré et soutenu par saint Augustin, explique la volonté [2] d'une manière bien autrement profonde que Descartes.

Descartes regarde l'admiration comme la première de toutes les passions, comme la passion mère : vue étroite. Malebranche déclare que l'admiration est une passion imparfaite où tous les caractères des passions ne se retrouvent point; et il maintient que ce qui met tout en branle dans l'âme, c'est l'inclination. Descartes parle du plaisir, mais il n'en explique pas la nature. Malebranche montre que le plaisir est le goût du bien présent, distingue entre les plaisirs prévenants qui devancent et surprennent la raison et les plaisirs réfléchis qui l'accompagnent et la suivent; fait voir

---

[1]. V. les textes de saint Thomas cités p. 218; et puis *Somme*, I, vi.
[2]. Je prends ce mot dans le sens qu'il a au xviie siècle.

que dans toutes les passions les plus violentes et dans la tristesse même il y a une secrète douceur venant de ce que l'âme sent entre son état actuel et l'émotion éprouvée une sorte de convenance[1] ; enfin essaie de déterminer le rôle du plaisir dans la vie, soit du plaisir sensible qui nous unit aux objets qui semblent le répandre, soit du plaisir pur et solide que nous goûtons dans l'amour du vrai bien[2].

Descartes expliquant les différents mouvements des passions, fait la part si grande au corps, qu'on ne sait pas bien ce qui reste à l'âme, hors le jugement qui est une vue de l'esprit, et non une émotion; Malebranche, par une analyse délicate, montre admirablement ce qui, dans la passion, revient au corps et ce qui revient à l'âme[3]. Descartes parle très-bien, dans une de ses lettres, de l'amour intellectuel, qui engendre une joie, une tristesse ou un désir également intellectuels[4]; mais on ne voit pas comment ces vues très-justes se concilient avec sa théorie générale des passions où il n'y a de place, ce semble, que pour les sentiments excités par quelque mouvement corporel et liés à quelque phé-

---

1. *Rech. de la vér.*, liv. V, ch. III.
2. Nous verrons plus tard ce qu'il faut penser de la *grâce de sentiment*, telle que l'entend Malebranche, et comment on peut trouver à la fois des traces de jansénisme et de pélagianisme dans ses spéculations sur la grâce.
3. *Rech. de la vér.*, liv. V.
4. *Lettre XXII*[e]. — Édit. Garnier, t. III, p. 260.

nomène physiologique. Malebranche, par la distinction nette qu'il établit entre l'inclination et la passion, éclaircit tout : la passion est à l'inclination ce que les sens sont à l'entendement ; et ces choses, profondément distinctes, sont cependant liées entre elles. L'inclination subsiste indépendamment du corps ; mais, dans une âme unie à un corps, elle donne naissance aux passions, et les sentiments les plus purs et les plus intellectuels ne vont pas sans quelque émotion sensible qui s'y mêle.

Enfin, Descartes pose avec raison le libre arbitre comme un fait incontestable ; mais il n'établit pas de lien entre la détermination libre et l'amour, et la source même d'où sortent tous les amours et toutes les passions lui échappe. Malebranche nous montre la volonté créée faite à l'image de la volonté divine, ayant même principe et même fin, consistant en une impression continuelle de l'amour divin sur l'âme, ou un mouvement donné de Dieu vers le bien en général, c'est-à-dire au fond vers Dieu même.

C'est ce que Platon entrevoyait quand il disait qu'en toute chose l'âme poursuit le bien, qu'elle est incapable d'aimer le mal pour le mal, mais que dans le choix du mal même elle est séduite par l'apparence du bien, en sorte que, d'une certaine manière, nul ne fait le mal de plein gré.

C'est ce qu'Aristote disait lui aussi quand il expliquait la volonté par l'attrait du désirable et concevait l'âme intelligente comme suspendue au bien souverain, et y aspirant par une continuelle et irrésistible aspiration.

C'est ce que saint Augustin exprimait d'une manière à la fois précise et vive, montrant dans l'amour la racine de la volonté, et dans le bien l'objet de l'amour, et en Dieu le principe de tout bien, le bien lui-même dont la notion est imprimée en nous [1], qui est présent au plus intime de notre être, sève vivifiante de l'âme, source de lumière et de joie [2], beauté souverainement aimable qui rend belle toute belle chose, que l'on aime en toute chose aimable, que l'on poursuit jusque dans les égarements du cœur, mais qu'il faut aimer pour elle-même d'un amour éclairé, ardent, fort, pour trouver en elle la vie pleine et le repos véritable [3].

C'est enfin ce que saint Thomas enseignait, distinguant sous le nom de volonté de nature et de volonté formelle, d'une part ce désir inné et instinctif du bien qui n'est autre chose que l'impulsion divine, principe de la volonté, et d'autre part le

---

1. *De Trinit.*, lib. VIII, cap. III. « Nobis impressa notio ipsius boni. »

2. *De musica*, VI, ch. XIII, 40. « Vegetari Dei præsentia. » — *In Joan. tractatus*, XXIII, 5. « Animam humanam et mentem rationalem non *vegetari*, non illuminari, non beatificari, nisi ab ipsa substantia Dei. » — Voir encore *Confess.*, lib. X, cap. XIV.

3. *Confess.*, lib. X, cap. XXIX. « Irrequietum est cor nostrum donec requiescat in te, Deus. »

choix éclairé qui est l'œuvre de la volonté en acte, du libre arbitre[1].

Malebranche, avec les plus grands philosophes, cherche donc dans l'amour l'origine même de notre faculté de vouloir, et explique l'amour par une incessante impulsion du souverain bien qui est Dieu. Puis il montre la liberté apparaissant dans le consentement et dans le choix, la liberté nettement distinguée de l'entendement et de l'inclination, mais qui n'existerait point sans la connaissance et sans l'amour. L'amour éclairé et libre, voilà le fruit commun de toutes nos facultés se déployant harmonieusement et selon leur fin.

C'est ainsi que Malebranche corrige et complète Descartes par saint Augustin. Et, chose remarquable, dans cette belle théorie de l'amour et de la volonté, il se garde des excès des néo-platoniciens et des quiétistes où quelques-unes de ses opinions semblaient l'entraîner. Il parle souvent du bien indéterminé, du bien en général qui est Dieu même, et il réduit presque à rien la part de la créature, tout en déclarant libre la volonté. S'il fût venu dire avec Plotin que pour s'unir au bien il faut sortir de soi-même par l'extase, et se perdre et s'abîmer dans le divin objet de l'amour, s'il eût dit avec le Fénelon des *Maximes des saints*, que passant au-dessus

---

1. *Summa theolog.*, I\ua, II\uae, q. VIII, art. 1; q. x, art. 1 et 4; q. XIII, art. 1 et 6.

de tout ce qui est sensible et *distinct*, compréhensible et limité, l'âme ne doit s'arrêter qu'à l'idée purement intellectuelle et *abstraite* de l'être qui est sans bornes et sans restriction, et une fois là, s'oublier complétement elle-même, se perdre, s'anéantir, eût-il fait autre chose, ce semble, que de tirer les conséquences naturelles de ses doctrines? Et si nous ouvrons le *Traité de l'amour de Dieu*, n'y lisons-nous pas, en effet, que dans le ciel notre union avec Dieu étant très-étroite, « notre transformation, pour ainsi parler, sera parfaite, » que l'âme « s'oubliera elle-même, » qu'elle « s'anéantira » (les mots sont textuels); et plus loin : « qu'on s'anéantit, qu'on se perd, qu'on se transforme dans l'objet aimé? » et enfin, « qu'on ne peut concevoir une transformation plus parfaite, un amour plus pur ou avec moins de retour sur soi que celui des saints, eux qui connaissent clairement leur vide et l'impuissance de leur nature, et qui savent bien qu'ils ne sont à eux-mêmes ni leur lumière, ni leur vie, ni leur béatitude, mais une pure capacité du souverain bien. » Or, malgré toutes les apparences, Malebranche n'admet rien qui ressemble à l'extase de Plotin, ou au renoncement chimérique des quiétistes, et dans les textes mêmes où se trouvent les fortes expressions que nous avons rapportées, il se propose de montrer et il montre que, bien que la nature de l'amour soit d'occuper si fort de l'objet aimé qu'on s'oublie soi-même d'une certaine manière (ce qui est vrai), néanmoins, on ne peut pas s'empêcher de trouver son plaisir dans ce qu'on aime, on ne paraît précisément s'oublier que parce qu'on trouve son bonheur dans la jouissance de ce qu'on aime, et ainsi l'amour le plus ardent et le plus pur ne détruit pas le sentiment de notre personnalité. D'un autre côté, Malebranche n'entend jamais l'amour d'une façon qui en exclue la connaissance; il ne croit pas que la méditation le puisse troubler ou corrompre; il n'aurait jamais écrit ces mots de Plotin : « Dans la contemplation, œuvre de l'intelligence, l'âme est encore prudente et raisonnable; mais le bien est comme un nectar qui l'enivre de l'ivresse de l'amour. Et mieux vaut pour l'âme être en une telle ivresse que de demeurer plus sage[1]. » Il n'aurait pas dit non plus avec les quiétistes que l'oraison parfaite est celle qui n'est pas aperçue de celui qui la fait. Pour lui, il n'y a rien de plus excellent que la sagesse, rien « de plus sûr que la lumière; » il veut être rempli du bien, le posséder, le goûter, comme il le dit si souvent; mais comment goûter le bien sans le connaître? Aimer véritablement, est-ce donc « aimer d'instinct? » Non, c'est « aimer par raison; » et il n'y a de bons et de beaux que les actes où resplendit la lumière

---

1. *Ennéades*, VI, vii, 35. C'est ainsi que traduit M. Ravaisson (*Essai sur la métaph.*, t. II, p. 452).

de la raison [1], aussi bien qu'il n'y a de solides et paisibles plaisirs « que ceux qui sont éclairés et raisonnables. »

Malebranche a donc su éviter l'écueil où l'on pouvait croire qu'il irait se briser. Mais, malgré tant de mérites, sa théorie de la volonté nous laisse, comme tout à l'heure sa théorie de la connaissance, inquiets et défiants. Et en effet, le péril conjuré d'un côté reparaît de l'autre. Est-ce que l'action de Dieu ne se substitue point partout à l'activité créée? Si Dieu faisait tout et était tout dans la connaissance, n'est-ce point Dieu encore qui fait tout et qui est tout dans l'amour et la volonté? Et dès lors, s'il est vrai que la liberté reste à l'âme, on se demande si, Dieu faisant tout, ce peut être autre chose qu'un semblant de liberté. Que va devenir la créature dans ce système où nous la voyons peu à peu diminuer, s'effacer et s'évanouir?

---

1. C'est une belle expression de saint Thomas, « in quibus lumen rationis resplendet. »(*In epist. I ad Cor.*, cap. xi, lect. 2.). Malebranche a parlé lui-même quelque part de l'âme « tout éclatante de la lumière de la raison. » (*Médit. chrét.*)

CHAPITRE V.

THÉORIE DE LA CAUSE.
DIEU, SEULE CAUSE EFFICACE.

Impuissance des créatures matérielles et spirituelles. — Dieu, cause unique qui fait tout et qui règle tout. — Les créatures, causes occasionnelles.

La conclusion naturelle des deux théories que nous venons d'exposer, c'est que l'être créé n'a en soi aucune efficace, c'est-à-dire n'est pas véritablement cause.

L'objet intelligible pour se faire voir, l'objet aimable pour se faire aimer et goûter, doivent agir sur l'âme qui voit, aime et jouit. Ces modifications supposent de la puissance, non pas dans l'âme qui les reçoit, mais bien dans l'objet qui les produit ; et la détermination volontaire elle-même consiste moins en un acte positif de l'âme qu'en un mouvement qui se continue. A parler exactement, l'esprit créé n'a que des capacités, et l'activité qui paraît dans la connaissance et dans l'amour, appartient tout entière à l'objet connu et aimé. Or, le seul objet véritable de toute connaissance et de tout amour, c'est Dieu. Il n'y a donc de puissance véritable ni dans l'âme ni dans les choses. La créature n'a aucune efficace : l'unique vraie cause, c'est Dieu[1].

La théorie de la cause est ainsi tout entière dans la théorie de la connaissance et dans celle de la volonté. Lisez les *Entretiens métaphysiques*. C'est dans le septième *Entretien* qu'il est traité de l'inefficace des causes naturelles ou de l'impuissance des créa-

---

1. Malebranche revient dans tous ses écrits, et presque à chaque page, sur l'impuissance des créatures, l'efficace divine, et les causes occasionnelles. Mais il traite particulièrement ce sujet dans les endroits suivants :
Recherche de la vérité, liv. VI, part. II, ch. III. De l'erreur la plus dangereuse de la philosophie des anciens (ce titre est significatif). — Xe *Éclaircissement* (Rép. à la 1re object.) : sur les mots *faculté* et *nature*. — XVe *Éclaircissement* : touchant l'efficace attribuée aux causes secondes. — *Convers. chrét.* I et II. — *Médit. chrét.* V et VI. Dieu et la seule cause véritable de tout ce qui se fait dans le monde, et Dieu seul fait, comme cause véritable, tout ce que les hommes font comme causes occasionnelles ou naturelles. Dieu fait tout comme cause véritable et comme cause générale. — Remarquer le § 5 de la VIe *méditation*, où ce qui est établi jusque-là est résumé avec beaucoup de force, et le § 22 où se trouve la conclusion : « Non, Seigneur, la puissance qui donne l'être et le mouvement aux corps et aux esprits, ne se trouve qu'en vous. Je ne reconnais point d'autre cause véritable que l'efficace de vos volontés. Toutes les créatures sont impuissantes : je ne les crains point ; je ne les aime point. Soyez l'unique objet de mes pensées et la fin générale de tous les mouvements de mon cœur. » — IX. *De la puissance de Dieu* : on n'a point d'idée claire de la puissance. — XII, 2-9. Devoirs envers Dieu, et raisons de ces devoirs tirées de la souveraineté du Créateur sur les créatures. — *Entret. métaph.* IV, 11, et VII. De l'inefficace des causes naturelles ou de l'impuissance des créatures. — *Réflexions sur la prémotion physique*.

tures. Mais les six premiers, que contenaient-ils, implicitement du moins, sinon l'affirmation de ce même principe ? Et souvent même Malebranche s'était plu à l'énoncer formellement, comme pour s'animer lui-même et exciter son lecteur par la vue anticipée du terme de ses recherches. La même remarque s'applique aux *Méditations chrétiennes*. C'est d'ailleurs un procédé ordinaire à Malebranche : nous avons déjà eu occasion de le remarquer. Il n'y a pas dans ses ouvrages de théorie importante qui ne soit ainsi montrée d'avance, et même plusieurs fois, avant que le moment vienne de l'exposer en détails. C'est que tout se tient dans cette philosophie : les théories diverses s'impliquent les unes les autres, et de quelque endroit que l'on parte, la chaîne des déductions se déroule avec la même facilité et la même rigueur. Seulement, tantôt on remonte, tantôt on redescend la série. Prenez le fait de la connaissance : vous ne pouvez pas l'expliquer sans arriver à ce principe que toute connaissance a Dieu pour cause première, en même temps que pour objet immédiat. Prenez le fait de l'amour : l'expliquerez-vous sans admettre un mouvement imprimé par Dieu à la créature, et la poussant vers le bien qui est Dieu même, en sorte que la cause première en même temps que l'objet de l'amour, c'est encore Dieu ? Ainsi, toutes les explications aboutissent à un même principe, et

cela, parce que toutes supposent ce principe.
Quand donc on a usé d'un principe dans les théories particulières qui se sont faites grâce à lui, et
qui ont servi à le mettre en lumière, que reste-t-il
à faire encore, sinon de l'énoncer sous une forme
générale? Malebranche ayant expliqué la connaissance par la vision en Dieu, l'amour par l'impression de Dieu sur nous, n'a plus qu'à déclarer que tout ce qui se fait dans l'être créé est
une action immédiate de Dieu même. Mais ce
principe étant ainsi présenté dans toute sa généralité, les raisons qui l'ont établi doivent également
être ramenées à des propositions générales, simples
et évidentes ; puis, comme l'expérience semble le
contredire, ces apparentes difficultés doivent être
dissipées, et alors il faut, à la lumière du principe
général, examiner de nouveau les faits, non pour vérifier le principe qui est assuré, mais pour mieux
voir que, dans sa féconde généralité, il renferme
l'explication de ces faits que tout d'abord on était
tenté de lui opposer. Voilà ce que fait Malebranche.
Il consulte l'idée de la créature, et il trouve que
l'idée de puissance ou d'efficace n'y est point contenue. Il y a plus : il découvre entre ces deux idées
une absolue incompatibilité. Qu'est-ce que la puissance ou l'efficace ? Une liaison nécessaire entre
une volonté et ce que l'on appelle ses effets[1]. Mais

1. « Une cause véritable est une cause entre laquelle et son effet,

en quoi consiste cette liaison nécessaire? l'homme l'ignore; et aucun être créé ne peut le savoir. Pourquoi? parce que précisément c'est quelque chose de divin qui n'a point d'analogue dans la créature[1] : « si l'on vient à considérer attentivement l'idée que l'on a de cause ou de puissance d'agir, on ne peut douter que cette idée ne représente quelque chose de divin[2]. » Celui-là seul peut agir et agit qui est l'être par soi. Or, qu'est-ce qu'une créature? un être qui n'est point par soi, mais qui est par autrui; un être essentiellement dépendant de celui qui le fait être[3], et par cela même nécessairement impuissant. Attribuez-lui la puissance, vous lui ôtez son caractère essentiel qui est la dépendance absolue, pour lui donner quoi? un caractère divin par excellence. C'est une évidente contradiction. Supposer dans la créature la moindre efficace, c'est la diviniser, puisque toute efficace, quelque petite qu'on la suppose, est quelque chose de divin et d'infini[4]. La créature adhère sans cesse, si je puis dire, à celui qui la fait être :

---

l'esprit aperçoit une liaison nécessaire. » *Recherche de la vérité,* VI, part. II, ch. III.

1. *Médit. chrét.* IX, 2.
2. *Rech. de la vér.*, VI, part. II, ch. III.
3. *Entret. métaph.* VI, 6-10.
4. *Médit. chrét.* IX, 7. — « Dieu ne communique point sa puissance aux créatures. » C'est là « le plus grand, le plus fécond et le plus nécessaire de tous les principes. » *Entret. métaph.*, VII, 10. « Il y a contradiction que tous les anges et les démons joints ensemble puissent ébranler un fétu. » *Ibid.*

elle ne reçoit pas de lui une certaine puissance par l'efficace de laquelle elle puisse agir [1] ; cela n'a pas de sens. C'est lui qui agit en elle ; elle ne peut pas subsister un seul instant sans être soutenue, sans être faite par lui ; il la crée à chaque instant, elle reçoit à chaque instant de l'action créatrice et le fond de son être et ses manières d'être : incapable d'agir comme de subsister par soi-même, puisque ses apparentes actions ne sont que les effets successifs de l'acte éternel du Créateur continuant de vouloir qu'elle soit [2]. Toute force qui se montre dans les êtres créés ne consiste donc que dans l'efficace de la volonté de celui qui leur donne l'être incessamment et successivement. Considérez les corps : ils n'ont aucune vertu, aucune puissance; ils n'agissent point sur les esprits ; leur force mouvante n'est point une chose qui leur appartienne, une qualité distincte de leur être et qui soit en eux : c'est la volonté divine qui, continuant de vouloir qu'ils soient, les fait être successivement en différents lieux. Mais considérez les esprits : quelle intime union avec Dieu ! Rien de créé n'agit sur eux. Impuissants eux-mêmes, puisque ce sont des créatures, ils sont éclairés, touchés, mus par l'action toute-puissante de leur auteur, ils subsistent par lui et en lui. Leurs idées sont les idées divines ; leur amour, l'amour

---

1. *Entret. métaph.* VII, 2.
2. *Ibid.*, VII. — *Médit. chrét.* V et VI.

divin ; leurs plaisirs, des actions de Dieu sur eux ; leur être, une participation de l'être de Dieu : tout ce qu'ils ont de positif et de vraiment réel est de Dieu, et cela seul est d'eux qui est erreur ou péché, c'est-à-dire défaut, c'est-à-dire rien. C'est donc l'efficace de la substance divine qui nous fait à chaque instant ce que nous sommes, et entre Dieu et nous le rapport est non-seulement nécessaire et continuel, mais intime et vivant.

Malebranche n'ignore pas que l'expérience semble démentir ces déductions. Les hommes attribuent aux corps une certaine puissance ; faites qu'ils reconnaissent sur ce point leur erreur, ils continueront du moins à se croire eux-mêmes capables d'agir sur leur propre corps et par son moyen sur les objets qui les environnent. Délivrez-les encore de cette fausse persuasion, montrez-leur qu'ils ne peuvent rien en dehors d'eux, ils s'attribueront à tout le moins le pouvoir de produire leurs idées. Détrompez-les : quand vous aurez ainsi vaincu leur résistance sur tous les points, ils se diront encore les maîtres absolus de leurs volontés, et ils ne consentiront pas aisément à se dessaisir de cette prétendue puissance qu'ils se flattent de posséder. Mais l'inflexible logique exige encore ce dernier sacrifice. On a beau protester que cette efficace, on l'a reçue de Dieu, cela ne suffit pas : il faut reconnaître que nous n'avons aucune puissance à nous, et que cette efficace que nous nous attribuons est celle de Dieu même.

Malebranche s'applique donc à montrer que, si le principe évident de l'inefficace des créatures rencontre en nous de la résistance, cette résistance vient de l'imagination et de l'orgueil. Les sens et la conscience ne nous autorisent nullement à supposer, soit dans les corps, soit dans notre esprit, une puissance véritable; car ni les sens ni la conscience ne nous montrent de liaison nécessaire entre les faits successifs que leur témoignage nous révèle. Que devons-nous faire? Rejeter ce témoignage? Non pas. Les sens sont d'assez bons témoins quand il s'agit de faits, et le sentiment intérieur que nous avons de ce qui se passe en nous ne trompe jamais. Accepter le témoignage des sens et de la conscience, mais ne pas le dépasser, voilà la règle que prescrit la prudence, ou, en d'autres termes, ne supposer précisément que ce que l'expérience nous apprend. Or, que faisons-nous? Ayant une idée vague de puissance ou d'efficace à cause de notre union immédiate avec l'être infini qui est la cause générale et seule puissante, nous appliquons cette idée toutes les fois que nos sens et notre conscience nous montrent un effet produit; et nous avons raison de juger que cet effet produit suppose de la puissance : mais nous avons tort de mettre cette puissance soit dans les corps, soit dans les esprits. En effet, les sens et la conscience ne nous attestant que le fait, c'est à nous d'en juger par les idées claires. Si nous jugions de la sorte, nous ne supposerions point dans les êtres créés une efficace que l'expérience ne nous fait pas voir et que la raison nous montre comme incompatible avec la condition de créature. Mais, peu attentifs aux idées claires, nous jugeons en suivant notre imagination et notre orgueil; et voilà comment ignorants et philosophes arrivent, d'un commun accord et par les mêmes causes, quoique par des voies différentes, à peupler le monde de puissances, de vertus, de facultés, ou de formes substantielles, toutes vaines fictions, qui, sous des noms divers, transportent à la créature la puissance créatrice et lui attirent les hommages d'adoration dus à Dieu seul. Ainsi l'expérience n'est pas contraire à la raison, comme elle paraissait l'être; ce qui ne s'accorde pas avec la raison, c'est l'imagination, esclave des passions, c'est l'orgueil que la vue de notre impuissance désole. Malebranche dissipe toutes ces illusions; il se réjouit de rétablir, avec la vérité claire, les droits de Dieu, et de retrancher à l'homme successivement tout sujet de vanité. Consultant l'idée claire de l'étendue, il n'y trouve que la figure et le mouvement qui y sont renfermés; rien d'autre ne peut donc appartenir aux corps; les voilà dépouillés de toutes les qualités de toutes sortes qu'on leur attribue et qui les humanisent, ou plutôt les divinisent. Reste la force mouvante ; mais ce qui est renfermé dans leur idée, c'est le mouvement et non pas la force mouvante : les voilà absolument impuissants. Considérant les esprits, Malebranche s'efforce de montrer qu'entre nos volontés et les effets produits, nous ne voyons aucune liaison nécessaire, que l'effort n'est point l'efficace, qu'il est plutôt une marque d'impuissance : nous avons de cet effort un sentiment intérieur ; mais sentons-nous qu'il soit la cause véritable des mouvements qui le suivent? Non, nous ne sentons pas cela, et pour peu que nous réfléchissions, nous voyons que ce n'est pas possible. « Rien n'est plus mobile qu'une sphère sur un plan : toutes les puissances imaginables ne pourront l'ébranler si Dieu ne s'en mêle[1]. » Il n'y a que celui-là seul qui crée les corps qui puisse les mouvoir, et le plus puissant des esprits n'a point véritablement la force de remuer ce qu'on appelle un atome. Notre impuissance ne se montre pas moins clairement dans la connaissance. Les idées nous apparaissent quand nous souhaitons de les voir ; mais conclure de là que nous les produisons nous-mêmes, c'est mettre une liaison nécessaire et une puissance efficace là où l'expérience ne nous montre qu'une exacte correspondance ou une succession régulière. Que la raison

---

1. *Entret. métaph.* VII, 11.

vienne alors et déclare que l'homme ne peut pas être à lui-même sa lumière : en quoi ce principe sera-t-il contraire à l'expérience? Enfin nos volontés mêmes ne nous appartiennent pas absolument, et ici encore le sentiment ne nous empêche point de reconnaître notre faiblesse et notre impuissance; car ici, comme partout, le sentiment n'atteste que des faits ; il n'explique rien, il ne saisit nulle part de liaison nécessaire, d'efficace propre à la créature, il ne nous révèle aucune cause ni en dehors de nous, ni en nous; et la raison, qui seule peut se prononcer là-dessus, démontrant par des principes clairs que Dieu seul peut être cause véritable, il faut bien proclamer l'impuissance essentielle de tous les êtres créés, et avouer que toutes les apparentes difficultés soulevées contre cette vérité sont des fantômes forgés par l'imagination que les passions égarent et que l'orgueil séduit.

Ainsi, en toutes choses, si l'on veut avoir l'explication vraie, il faut remonter à la cause générale. Ces grands mots de forces, de facultés, de vertus, n'expliquent rien. C'est Dieu qui agit : il faut le reconnaître et le dire. « Dieu ne demeure pas les bras croisés [1]. » « C'est Dieu, et Dieu seul, qui *fait* et qui *règle* tout [2]. » On parle sans cesse des forces de la nature et des lois de la nature; mais qu'est-ce que

---

1. *Entret. métaph.* IV, 10.
2. *Médit. chrét.* VII, 15.

la nature? C'est, ou l'ensemble des êtres, ou Dieu même. Si c'est l'ensemble des êtres, c'est un terme collectif, et rien de plus ; veut-on lui attribuer une puissance véritable, elle est le nom profane de Dieu. Autrement on la divinise elle-même, et c'est une folie. Non, il n'y a pas de nature, si par nature on entend une cause véritable qui produirait par sa vertu tous les effets que nous voyons. « Toutes les forces de la nature ne sont que la volonté de Dieu toujours efficace [1]. » Toutes les lois de la nature ne sont que cette même volonté toujours sage et toujours constante. Il y a de l'activité et de la puissance dans l'univers ; mais c'est Dieu qui agit. Les causes naturelles n'agissent pas, puisque, si elles agissaient, elles cesseraient d'être créées, et elles seraient autant de divinités. Elles ne sont pas vraiment des causes ; Dieu fait tout en elles. De même il y a dans l'univers de l'ordre et de l'harmonie ; mais c'est Dieu qui ordonne tout. Il n'y a pas de lois qui soient par elles-mêmes quelque chose. Que seraient ces lois? De pures abstractions, ou bien des propriétés inhérentes aux êtres. Ne nous payons pas de mots ; les lois ne peuvent être que la sagesse même de Dieu : Dieu règle tout comme Dieu fait tout. Si donc l'on écarte tous ces mots vagues et généraux qui font illusion à l'esprit, si l'on veut

---

1. *Rech. de la vér.*, liv. VI, part. II, ch. III.

voir les choses telles qu'elles sont et les dire telles qu'on les voit, il faut reconnaître que la volonté divine est la cause efficiente et la cause finale de toutes choses, il faut répéter ces mots très-simples et très-clairs où la philosophie se résume : Dieu fait tout et règle tout. Que sont les êtres? Des substances dépourvues de toute efficace, sans cesse créées, sans cesse faites ; leur fond, c'est Dieu, Dieu qui les fait être, qui les fait agir, qui agit en elles. Que sont les lois? La manière sage et constante dont Dieu fait toutes choses, c'est-à-dire Dieu même, agissant selon ce qu'il est, sagement, en Dieu. Voilà donc toutes les vaines abstractions chassées de la science, et toutes les prétendues substances bannies du monde.

Malebranche se plaît à répéter sous toutes les formes cette « vérité » dont il veut se pénétrer lui-même et remplir les autres. Tantôt il se raille de cette « misérable » philosophie [1] païenne, trop chère aux chrétiens, qui, prêtant aux corps une prétendue puissance, les humanise, que dis-je, les divinise. « Ariste, vous faites un homme de votre fauteuil!..... [2] » Et ailleurs : « Défais-toi entièrement de ce faux principe; ou ajoute aux fausses conséquences que tu en tires que les poireaux, les oignons et les choux sont ton bien. Manges-tu du pain, des confitures, des perdrix, sans plaisir? Mais

---

1. *Rech. de la vér.*, liv. VI, part. II, ch. III.
2. *Entret. métaph.* VII, 5.

ce plaisir actuel rend actuellement heureux; regarde donc ces vains objets comme les véritables causes de ton bonheur.....¹ » Tantôt il gémit sur la folie des hommes qui, recevant tout de Dieu, n'ont de curiosité que pour les choses vaines, et ne pensent pas à la main qui leur fait tant de bien. « Malheur aux insensés qui recherchent la perfection de leur être dans ce qui est au-dessous d'eux, la lumière de leur esprit dans les objets visibles, la cause de leur félicité dans les corps, le mouvement et la vie dans des créatures mortes et incapables d'aucune action! Malheur encore aux superbes qui se contentent d'eux-mêmes, qui pensent pouvoir se rendre sages et heureux par leurs propres forces, et qui s'imaginent produire en eux-mêmes les plaisirs dont ils jouissent à l'occasion des corps, et les idées qui les éclairent à la présence des objets ou selon les différents désirs que la curiosité excite en eux! ² » Et lui-même s'apercevant que, « conduit et séduit par les sens, » il a trop souvent partagé l'erreur commune, il se reproche amèrement sa « stupidité; » ou, se plaignant de sa faiblesse, il s'écrie : « O mon unique maître, je sens encore que j'ai de l'attachement pour ces objets que votre lumière me fait mépriser; je sens que je les aime....³. Seigneur,

---

1. *Médit. chrét.* VI, 5.
2. *Ibid.* II, 19.
3. *Ibid.* V, 19.

pourquoi m'avez-vous donné un corps qui me remplit de ténèbres et qui me tire à tous moments de votre présence pour me répandre et me dissiper parmi les corps? Lorsque vous voyez, Seigneur, qu'on m'entraîne, arrêtez-moi à vos pieds?[1] »

D'autres fois, plus calme, oubliant sa misère pour ne penser qu'à Dieu, il exalte la toute-puissance divine, et se réjouit de trouver Dieu partout présent et hors de lui et au dedans de lui-même. « Je ne tiens rien de ma nature, rien de la nature imaginaire des philosophes; tout de Dieu et de ses décrets[2]. » Il s'applaudit de voir diminuer et disparaître les occasions d'orgueil à mesure que la lumière de la vérité croît et grandit : « Voilà bien des sujets de vanité retranchés... Oui, mon Sauveur, je reconnais volontiers mon impuissance[3]. » Tout plein de Dieu, en qui il a l'être et la vie, la pensée et le sentiment, il est saisi de respect pour cette présence divine : « Rien n'est plus sacré que la puissance, rien n'est plus divin; c'est une espèce de sacrilége que d'en faire des usages profanes. Nous ne pouvons agir que par l'efficace de la puissance divine, donc nous ne devons rien vouloir que selon la loi divine[4]. » Il est transporté de reconnaissance et enflammé d'amour à la pensée de cette

1. *Médit. chrét.* v, 12.
2. *Entret. métaph.* vii, 13.
3. *Médit. chrét.* vi, 15 et 22.
4. *Entret. métaph.* vii, 14.

action incessante de Dieu en lui, action qui le fait tout ce qu'il est, action sage et bienfaisante qui le rend capable de connaître et d'aimer, qui seule le peut modifier, qui seule le rend heureux ou malheureux ; et il conclut que « les mouvements de l'âme ne doivent tendre que vers celui qui seul est au-dessus d'elle, seul assez puissant pour agir en elle[1]. » C'est ainsi que « la connaissance de nos devoirs dépend de celle de la souveraineté et de la puissance de Dieu[2]. » « C'est ma puissance, dit le Verbe divin à son disciple, c'est ma puissance qui te donne et conserve l'être à tous moments. Donc ton être et tous les moments de sa durée m'appartiennent..... Emploie donc, mon fils, le temps ou la durée de ton être selon mes désirs. C'est par ma puissance que j'agis en toi et que je t'éclaire de ma lumière. Sans moi tu ne penserais à rien, tu ne verrais rien, tu ne concevrais rien ; toutes tes idées sont dans ma substance et toutes tes connaissances m'appartiennent : ainsi tu ne dois occuper ton esprit que de moi et que par rapport à moi..... C'est ma puissance qui te transporte sans cesse vers le bien en général ; comme je n'agis que pour moi, je ne crée aucun esprit sans lui donner une impression invincible pour le bien en général, c'est-à-dire pour ma substance, qui seule renferme

---

1. *Médit. chrét.* XII, 7.
2. *Ibid.* XII, 1.

tous les biens..... Ainsi tu vois bien que tu me dois aimer de toutes tes forces, puisque la force que tu as d'aimer vient de moi, et que ne pouvant agir que pour moi, je ne puis pas te donner de mouvement pour aimer quelque autre chose que moi ou sans rapport à moi. » Enfin « il n'y a que moi qui puisse être bien à ton égard. Il n'y a que moi qui agisse véritablement dans les esprits..... C'est ma puissance qui fait tout..... » « Tu ne dois aimer et tu ne dois aussi craindre que moi, car la véritable cause du plaisir et la véritable cause de la douleur, c'est moi[1]. »

Il fallait indiquer ces conséquences morales et religieuses de la théorie de Malebranche. Les renvoyer par scrupule de méthode à l'exposition de la morale où nous les retrouverons longuement développées[2], ce serait altérer la physionomie du philosophe et ne pas comprendre l'esprit de sa doctrine. Cette métaphysique est toute pénétrée de morale et de religion. Dans ces théories profondes, hardies, subtiles, où l'intelligence s'aventure avec une intrépide confiance et risque de se perdre, la curiosité philosophique n'est pas, nous le savons, le seul mobile de tant de recherches. Malebranche veut savoir pour mieux aimer et mieux vivre. Il méprise la

---

1. *Médit. chrét.* xii, 2-6.
2. *Traité de morale*, II, ch. ii, notamment § 10 et 11.

science si elle se termine à elle-même[1]; il l'estime et la poursuit avec ardeur si elle conduit à Dieu. Lors donc qu'il est arrivé à la théorie capitale de sa philosophie, lorsqu'il a établi que Dieu seul agit en toutes choses, il ne peut se taire sur les conséquences morales et religieuses de cette vérité essentielle. Il est là au point central de sa doctrine : c'est là que tout aboutit; c'est de là que tout part. Il vient d'établir le plus grand des principes de la philosophie nouvelle qui s'accorde parfaitement avec le premier principe de la religion chrétienne[2]; il vient de montrer que « toutes les causes secondes ou toutes les divinités de la philosophie, ne sont que de la matière et des volontés inefficaces. » N'est-ce pas le désir de se mieux convaincre de ce grand principe qui l'a rendu philosophe? Ah! maintenant il ne sera plus de ceux qui, par piété, se croyant obligés de dire que Dieu fait tout, le disent de bouche et même de bonne foi, mais sans savoir nettement ce qu'ils disent. Ces esprits mal éclairés ne laissent pas d'attribuer aux créatures une force véritable pour agir. Dans leur pensée Dieu fait tout par un concours inintelligible, et les créatures par une force toute naturelle. Si on examine de près leur sentiment, ou l'on n'y comprend rien, ou l'on

---

1. « Je veux étudier la religion et la morale... » *Médit. chrét.* ix, 25.
2. *Rech. de la vér.*, liv. VI, part. II, ch III, à la fin.

voit bien que Dieu a tout fait, mais que maintenant il laisse tout faire et ne fait plus rien[1]. Malebranche, en disant que Dieu fait tout, sait ce qu'il dit; il a pénétré le sens de ces mots vulgaires si profonds et si vrais; il tient la vérité fondamentale d'où toutes les autres dépendent; le but où il aspirait est atteint : il saura désormais que « notre imagination et notre esprit ne doivent point s'abattre devant la grandeur et la puissance imaginaire des causes qui ne sont point causes, qu'il ne faut ni les aimer ni les craindre; qu'il ne faut point s'en occuper, qu'il ne faut penser qu'à Dieu seul, voir Dieu en toutes choses, adorer Dieu en toutes choses[2]. »

Mais si Dieu fait tout par son action immédiate, à quoi servent les créatures? Incapables d'aucune action, mortes, comme le dit énergiquement Malebranche[3], quel rôle ont-elles à remplir? Elles ne se modifient pas les unes les autres; toutes les prétendues actions ou réactions réciproques n'étant que des chimères, voilà tout lien rompu entre les êtres, et chaque substance isolée en elle-même, et là, impuissante à se modifier, inerte, absolument inutile à ce qu'il semble. D'où vient donc que les créatures paraissent agir et se modifier mutuellement? et pourquoi existent-elles? Deux questions qui n'en

---

1. *Médit. chrét.* v, 18.
2. *Rech. de la vér.*, liv. VI, part. ii, ch. iii.
3. *Médit. chrét.* ii, 19.

font qu'une. Les créatures sont *causes occasionnelles*, et déterminent l'auteur de la nature à agir de telle et telle manière en telle et telle rencontre. Voilà ce qui explique les rapports des êtres entre eux et ce qui motive leur existence. Le lien qui paraît entre eux n'est pas dans leur action, mais dans les lois qui règlent l'action divine; la raison de leur existence substantielle n'est pas dans leur activité réelle et véritable, mais dans le rôle qu'ils ont à remplir à titre de causes occasionnelles de l'action divine. Au fond Dieu seul agit; et pourtant les substances créées ont entre elles des relations, et elles ne sont pas inutiles. Elles n'agissent pas les unes sur les autres, mais il y a une exacte correspondance entre les modalités des unes et les modalités des autres. Les corps ne remuent point les corps, c'est Dieu qui meut le corps choquant, c'est Dieu qui meut le corps choqué; la force mouvante d'un corps n'est que l'efficace de la volonté divine qui le conserve successivement en différents lieux. Mais l'action de Dieu est réglée par des lois sages, et la rencontre ou le choc des corps est la cause occasionnelle de la distribution de leur mouvement selon ces lois générales que Dieu a établies. Ainsi, point d'efficace appartenant aux corps, mais l'action divine toujours efficace et toujours réglée; point de communication réelle entre les corps, mais une harmonie constante entre leurs modalités, parce que Dieu les meut selon des lois fixes. Les rapports de l'âme et du corps s'expliquent de la même manière. Le corps ne peut rien sur l'âme, ni l'âme sur le corps ; l'union qui est entre ces deux substances est à vrai dire une union idéale, et non point réelle : elles sont l'une et l'autre unies immédiatement à Dieu seul qui les accorde, et cet accord fait toute leur union. Or, qu'est-ce au fond que cet accord, sinon l'action efficace de Dieu réglée par certaines lois? Dieu meut le corps, et Dieu produit dans l'âme certains sentiments : entre ces sentiments et le mouvement du corps il y a harmonie, l'efficace divine obéit aux lois qu'elle s'impose à elle-même. Dieu produit dans l'âme un désir, et Dieu opère dans le corps un mouvement correspondant à ce désir : qu'est-ce que ce désir, sinon la cause occasionnelle de ce mouvement du corps? Et pourquoi cette cause occasionnelle détermine-t-elle Dieu à agir, sinon parce que Dieu a établi entre ses volontés toujours efficaces et nos désirs toujours impuissants un accord constant? Il est donc vrai de dire qu'entre les deux parties dont nous sommes composés il y a dépendance et union : mais « ce n'est que la réciprocation mutuelle de nos modalités, appuyée sur le fondement inébranlable des décrets divins : décrets qui, par leur efficace, me communiquent la puissance que j'ai sur mon corps, et, par lui, sur quelques autres; décrets qui par leur immutabilité m'unissent à mon corps, et par lui, à mes amis, à mes biens, à tout ce qui m'environne. » Non, « je ne puis de moi-même remuer les bras, changer de place, de situation, de posture, faire aux autres hommes ni bien ni mal, mettre dans l'univers le moindre changement. Me voilà dans le monde sans aucune puissance, immobile comme un roc, stupide, pour ainsi dire, comme une souche. Que mon âme soit unie à mon corps si étroitement qu'il me plaira..., quel avantage tirerai-je de cette union imaginaire? Comment ferai-je pour remuer seulement le bout du doigt, pour prononcer seulement un monosyllabe?... Il n'y a que le créateur des corps qui puisse en être le moteur. Dieu a voulu que mon bras fût remué dans l'instant que je le voudrais moi-même (je suppose les conditions nécessaires), sa volonté est efficace, elle est immuable. Voilà d'où je tire ma puissance et mes facultés [1]. »

Ainsi toutes les créatures ne sont unies immédiatement qu'à Dieu seul; et si tout paraît lié dans le monde, ce n'est pas que les êtres créés exercent les uns sur les autres une action véritable, mais les décrets divins sont les liens indissolubles de toutes les parties de l'univers et l'enchaînement merveilleux de la subordination de toutes les causes. Ces

---

1. *Entret. métaph.* vii, 13.

causes ne sont que les occasions qui déterminent l'action divine[1] : voilà leur rôle, voilà leur raison d'être ; et ainsi les rapports mutuels des créatures et leur existence se trouvent expliqués sans qu'il soit porté atteinte à la toute-puissante action de Dieu.

Les lois générales des communications des mouvements expliquent tous les changements que nous voyons dans l'univers matériel. Par ces lois, Dieu fait tout ce que font les causes secondes[2]. Les lois générales de l'union de l'âme et du corps expliquent la dépendance de ces deux substances et les effets qui en résultent : par elles, Dieu nous unit à tous ses ouvrages. L'âme recevant de Dieu qui l'éclaire toutes ses idées, c'est encore suivant certaines lois générales qu'est réglée cette union de la créature avec la substance intelligible de la raison universelle, et la cause occasionnelle de ces lois c'est notre attention. Par ces lois, Dieu nous rend capables de penser. Si nous ajoutons à ces trois lois générales connues par la raison et l'expérience, les lois de la grâce, dont il sera parlé plus loin, nous saurons par quel ensemble de lois générales Dieu accomplit ses desseins dans le cours ordinaire de sa providence ; nous comprendrons comment il fait et règle tout,

---

1. « Dieu accommode l'efficace de son action à *l'action inefficace* de ses créatures. » *Entret. métaph.*, VII, 10.

2. *Ibid.* XIII, 9.

comment toutes les créatures lui sont unies immédiatement et par lui unies entre elles ; comment enfin il les a établies causes occasionnelles pour produire certains effets, en conséquence des lois qu'il se fait pour exécuter ses desseins d'une manière uniforme et constante, par les voies les plus simples, les plus dignes de sa sagesse et de ses autres attributs.

Ainsi Dieu seul a la puissance ; et « cette perception claire, *que Dieu seul a la puissance*, nous oblige à former les jugements qui suivent :

» 1° Que Dieu seul est la cause véritable de notre être ;

» 2° Que lui seul est la cause de la durée de notre être ;

» 3° Que lui seul est la cause de nos connaissances ;

» 4° Que lui seul est la cause des mouvements naturels de nos volontés ;

» 5° Que lui seul est la cause de nos sentiments, le plaisir, la douleur, la faim et la soif, etc. ;

» 6° Que lui seul est la cause de tous les mouvements de notre corps ;

» 7° Que ni les hommes, ni les anges, ni les démons, ni aucune créature ne peut par elle-même nous faire ni bien ni mal ; qu'ils peuvent néanmoins, *comme causes occasionnelles*, déterminer Dieu, *en conséquence de quelques lois générales*, à nous faire du bien et du mal, par le moyen du corps auquel nous sommes unis ;

» 8° Que nous non plus, nous ne pouvons faire ni bien ni mal à personne par nos propres forces, mais seulement obliger Dieu, par nos désirs pratiques, en conséquence des lois de l'union de l'âme et du corps, à faire du bien et du mal aux autres hommes ; car c'est nous qui voulons remuer notre bras et notre langue ; mais Dieu seul sait et peut les remuer[1]. »

Maintenant que reste-t-il à faire pour achever la philosophie ? Il reste à étudier les lois générales de la nature et de la grâce, il reste à pénétrer avec une respectueuse audace dans les secrets de la Providence divine pour apprendre à l'aimer davantage et à se mieux conformer à ses desseins. C'est ce que fera Malebranche.

Mais, avant de le suivre dans ses nouvelles recherches, arrêtons-nous un instant.

Descartes, nous l'avons remarqué déjà, inclinait à ôter aux créatures toute activité. L'univers matériel n'est pour lui qu'une grande et admirable machine. Tout dans les corps s'explique mécaniquement. Les lois qui règlent ce mécanisme et la force motrice qui le fait marcher ne sont autre chose que la volonté divine elle-même, toute-puissante et

---

1. *Traité de morale*, II, ch. II, 10.

toute sage. Tout ce qu'il y a de pensée et d'activité dans cet univers appartient à Dieu seul. La physique tout entière peut se ramener à la géométrie : mais au principe des choses, il y a Dieu, Dieu qui crée sans cesse puisque la conservation n'est qu'une création continuée, Dieu qui sans cesse obéit dans son action aux lois qu'il s'est faites. Donnez donc à Descartes de l'étendue et du mouvement, et il fera le monde. Oui, car tout se réduit à un problème de mécanique. Mais l'étendue, qui la fait ? C'est Dieu, et il la fait sans cesse ; et le mouvement, qui le produit et le règle ? C'est Dieu encore. Il faut donc toujours en revenir à Dieu, à son action incessante, à son immuable sagesse. On ne comprend pas que Pascal ait accusé Descartes de se passer de Dieu dans l'explication du monde. Le mécanisme cartésien suppose tellement, au contraire, l'action divine, qu'il conduit tout naturellement au système de Malebranche, et qu'au fond, ces créatures toutes passives ne sont déjà pour Descartes comme pour Malebranche que des causes occasionnelles entre les mains du Créateur. Seulement les pensées religieuses et morales n'animent pas la philosophie de Descartes comme celle de Malebranche ; sans en être absentes, elles ne s'y montrent pas sans cesse, elles ne vivifient pas toutes les recherches, elles ne dominent pas tout : la préoccupation scientifique l'emporte. Et puis, autre différence, Descartes n'a pas la hardiesse métaphysique de Malebranche. Considérez leur langage : Malebranche dit sans cesse que la créature ne peut rien, que Dieu est la seule cause ; il aime ces mots vifs qui mettent la pensée à nu et en laissent voir toutes les profondeurs et aussi tous les dangers. Descartes, le plus souvent, s'abrite en sûreté sous les bons vieux mots autorisés par l'usage, éprouvés par le temps. Pour désigner l'action divine, quel terme emploie-t-il de préférence ? Celui de concours. Il parle sans cesse du concours divin. Je sais bien que s'il vient à expliquer ce mot, il dira que le concours divin consiste dans la création continuée ; et il déclarera que c'est attribuer aux créatures la perfection du créateur que de vouloir qu'elles persévèrent dans l'être indépendamment de lui ; il s'appuiera sur tous les arguments reproduits ensuite par Malebranche, et se servant d'une comparaison reprise aussi par son disciple, il dira qu'une maison peut bien subsister sans l'architecte qui l'a faite, parce qu'elle dépend de lui seulement quant à sa production, *secundum fieri*, tandis que la créature ne peut subsister sans Dieu, parce qu'elle dépend de lui dans le fond de son être, *secundum esse*. Je sais tout cela ; mais, à part ce qui est dit de la création répétée à chaque instant, je ne vois là que l'affirmation de la dépendance essentielle de l'être créé à l'égard du créateur, et je ne puis pas ne pas remarquer que, la plupart du temps, cette dépendance est exprimée par le mot de concours, mot timide, si l'on veut, mais sage, qui semble laisser quelque chose à la créature sans aucun préjudice pour la toute-puissance divine. Or, ce même mot, Malebranche le déclare « inintelligible. » N'est-ce pas une chose caractéristique ?

Si nous considérons particulièrement les rapports de l'âme et du corps, nous avons à faire les mêmes remarques. Descartes tend à la théorie des causes occasionnelles, y arrive presque, et pourtant se retient. Il ôte à l'âme le pouvoir de produire du mouvement : il ne lui laisse que la puissance de le diriger. Et puis, voyez comment il explique la connaissance des objets sensibles. Les idées qu'il appelle quelquefois adventices, ne sont-elles pas innées, à vrai dire, et de son aveu même [1] ? Elles ne sont pas dues à l'action des organes ; elles naissent dans l'âme à l'occasion des mouvements qui ont lieu dans les organes ; à l'occasion, le mot y est, et il faut le noter. Mais l'âme agit-elle sur le corps ? Non. Écoutons cette phrase : « C'est Dieu qui a disposé toutes les autres choses qui sont hors de nous, pour faire que tels ou tels objets se présentassent à nos sens à tel ou tel temps, à l'occasion desquels il a su que notre libre arbitre nous déterminerait à telle ou

---

1. Voir le texte cité au chapitre III du présent ouvrage, p. 253.

telle chose¹. » A l'occasion, voilà le mot pour la seconde fois; nous sommes bien près des causes occasionnelles de Malebranche. Cependant cherchons dans Descartes un seul passage où il nie formellement toute communication réelle entre les substances créées : nous n'en trouverons point. Nous lisons, au contraire, dans un de ses ouvrages, ces lignes remarquables : « que l'esprit qui est incorporel puisse faire mouvoir le corps, il n'y a ni raisonnement, ni comparaison tirée des autres choses, qui nous le puisse apprendre; mais néanmoins nous n'en pouvons douter, puisque des expériences trop certaines et trop évidentes nous le font connaître tous les jours manifestement. Et il faut bien prendre garde que cela est l'une des choses qui sont connues par elles-mêmes et que nous obscurcissons toutes les fois que nous voulons les expliquer par d'autres². »

Considérons maintenant l'âme en elle-même avec les facultés dont elle est douée. Nous trouverons dans Descartes la comparaison de l'esprit et de la cire que Malebranche a développée au commencement de la *Recherche de la Vérité*. Voilà l'âme passive. Descartes nous dira encore que Dieu a mis en nous toutes les inclinations de notre volonté. Il ne

---

1. *Lettre* VIII. — Édit. Garnier, t. III, p. 211.
2. Lettre à Arnauld, juillet 1648. — Édit. Garnier, t. IV, p. 201, texte latin; p. 206, version de Clerselier fils.

faut pas oublier non plus que la théorie de la création continuée s'appliquant à l'âme comme au corps, l'âme est créée à chaque instant avec toutes ses manières d'être. Enfin Descartes, parlant de la Providence divine, écrit ces mots étranges : « Elle est comme une fatalité ou une nécessité immense. » Et, malgré tout cela, je maintiens qu'entre Descartes et Malebranche la différence est grande. Dans Descartes, la créature est plutôt rattachée de toutes parts qu'intimement unie au Créateur. Écoutez-le : il aime à parler des facultés, des puissances de l'homme; ces puissances viennent de Dieu, ne subsistent et ne s'exercent que par le concours divin; mais, avec ce concours, elles sont quelque chose. La lumière naturelle qu'il invoque si souvent, cette lumière par laquelle l'homme discerne le vrai du faux, elle est dans l'homme, elle est à l'homme, elle est l'homme même d'une certaine façon. Elle est donnée de Dieu, mais elle n'est pas la lumière divine. Elle ne trompe pas, parce que Dieu, de qui elle vient, n'est pas trompeur; mais elle n'est pas Dieu même immédiatement uni à l'esprit et y opérant la vision de toutes choses. De même pour la volonté : Descartes admet que la Providence réglant toutes choses, assujettit à ses desseins et à son action notre libre volonté; il dit que nous ne voulons et ne faisons rien qu'avec le concours divin, mais il ne cherche pas dans une continuelle impression de la volonté divine sur nous l'origine des mouvements de la volonté humaine. Ici encore il affirme la dépendance, il ne montre pas l'union. Le Dieu de Descartes fait les êtres, mais ces êtres qu'il crée continuellement ne sont pas en lui. Il ne les éclaire pas de sa lumière, il ne les anime pas de son amour, il ne les nourrit pas de sa substance. Il est leur auteur, leur maître tout-puissant. Il n'est pas leur raison, leur vie, j'allais dire leur être.

Malebranche, plus profond, mais hardi jusqu'à la témérité, va jusqu'au bout des principes reconnus par Descartes; et il arrive à ôter aux créatures toute efficace. En vain saint Augustin, son autre maître, maintient-il l'opinion contraire. Cette grande autorité ne l'émeut ni ne l'embarrasse. Les textes qu'on pourrait lui opposer, il les connaît bien; mais il déclare que là saint Augustin « a parlé selon les préjugés; » puis, s'emparant d'autres textes où la toute-puissante action de Dieu est fortement affirmée, il croit y trouver la négation de l'efficace des causes secondes, et prétend que là le saint docteur s'explique d'une manière qui découvre la disposition de son esprit et de son cœur. J'avoue que Malebranche donne une règle de critique excellente; la voici textuellement : « Lorsqu'un auteur

---

1. Voir le XIV*e* éclaircissement.

semble se contredire et que l'équité naturelle ou une raison plus forte nous oblige à l'accorder avec lui-même, il me semble qu'on a une règle infaillible pour découvrir son véritable sentiment : car il n'y a qu'à observer quand cet auteur parle selon ses lumières et quand il parle selon l'opinion commune. Lorsqu'un homme parle comme les autres, cela ne signifie pas toujours qu'il soit de leur sentiment. Mais lorsqu'il dit positivement le contraire de ce qu'on a coutume de dire, quoiqu'il ne le dise qu'une seule fois, on a raison de juger que c'est son sentiment, pourvu qu'on sache qu'il parle sérieusement et après y avoir bien pensé. » Encore une fois, la règle est bonne : mais l'application que Malebranche en fait à saint Augustin est-elle bien légitime? Où sont donc ces textes si forts, si nets, si décisifs où « saint Augustin a bien fait connaître quelle était la disposition de son esprit et de son cœur à l'égard de la question dont nous parlons? » Voici celui que Malebranche cite tout entier : c'est apparemment le plus considérable : « Nous avons coutume de dire que les prodiges sont contre la nature, mais cela n'est pas vrai. Car la volonté du Créateur étant la nature de chacune des créatures, comment ce qui se fait par la volonté de Dieu serait-il contraire à la nature? Les miracles ou les prodiges ne sont donc pas contre la nature, mais contre ce qui nous est connu de la nature[1]. » Oui, saint Augustin dit : « Quum voluntas tanti utique conditoris conditæ rei cujusque natura sit. » Les expressions sont énergiques, elles sont belles : voilà la toute-puissance divine vigoureusement affirmée : si un être a telle constitution, telle *nature*, c'est que Dieu le veut, Dieu qui en créant cet être l'a constitué de cette manière. De là résulte-t-il que les créatures n'aient aucune efficace et que la volonté de Dieu soit leur force ou leur nature au sens où l'entend Malebranche, c'est-à-dire en ce sens que Dieu seul fait tout en elles? Je ne vois pas que l'on puisse donner à ce texte un sens si déterminé, si systématique, sans lui faire quelque violence; et il me semble impossible d'accorder à Malebranche que saint Augustin ayant examiné sérieusement la question, a fait connaître en quelques endroits de ses ouvrages sa vraie pensée : à savoir, que les créatures sont dépourvues de toute activité, et que Dieu est, non pas seulement la cause première, la cause souveraine, mais la seule cause. Peut-on dire du moins que, si saint Augustin n'a point formellement exprimé cette opinion, ses principes y conduisent; mais que, n'ayant point fait de réflexion particulière sur ce sujet, il a parlé selon l'opinion commune, « comme entraîné par l'impression des

---

1. *De civit. Dei*, lib. XXI, cap. VIII. Voir aussi le même ouvrage, lib. V, ch. XI, et la lettre 205 à Consentius, § 17.

sens à croire une chose qui paraît certaine jusqu'à ce qu'on l'examine avec quelque soin ? » Je conviens que saint Augustin n'a point de système sur cette question, et ce n'est pas un mal; mais que, toutes les fois qu'il attribue aux causes secondes quelque efficace (et selon moi il le fait partout), « ce qu'il en dit ne soit qu'une suite du langage, lequel se forme et s'établit sur les préjugés, » voilà ce qui me paraît inadmissible. C'est un esprit audacieux et pénétrant, qui n'a pas peur d'approfondir les questions, qui ne recule pas devant les opinions hardies. Il a un très-vif sentiment de la toute-puissante action de Dieu et de la dépendance essentielle de la créature; il a étudié en particulier les rapports de l'âme et de Dieu dans l'acte volontaire; il n'a pas craint de montrer avec force et presque d'exagérer le pouvoir de la grâce : s'il n'a jamais enlevé aux créatures leur part d'activité et d'efficace, de même qu'il n'a jamais cessé de maintenir le libre arbitre, peut-on dire qu'il l'a fait sans y bien penser, et qu'en cela il a cédé à son insu aux préjugés ? Non : c'est au sens commun qu'il a cédé, et à la force de la vérité, qu'aucun entraînement systématique ne l'exposait à méconnaître. Il sait bien que la créature ne peut rien sans Dieu; *aguntur homines*, dit-il : Malebranche n'a pas de mot plus fort; mais voyez la suite : *aguntur ut agant, non ut ipsi nihil agant*[1]. La créature agit donc, et le but même de l'action de Dieu en elle et sur elle, c'est de la rendre agissante.

Ainsi, quoi qu'en dise Malebranche, non-seulement saint Augustin ne favorise point son système sur l'inefficace des causes naturelles, mais il y est même contraire, et cela à bon escient[2].

C'est en suivant les principes cartésiens et en les poussant jusqu'à leurs conséquences extrêmes, que Malebranche a établi ce qu'il regarde comme la vérité la plus essentielle et la plus assurée de la méta-

---

1. *De corrept.*, cap. II.
2. Saint Thomas est admirable de mesure et d'élévation dans toute cette question. « Les créatures sont conservées dans leur être par Dieu (conservantur in *esse* a Deo); elles dépendent de lui de telle façon que sans lui elles ne peuvent être. Toute créature n'est être que par participation, son essence n'étant pas son être. » (*Sum. theol.*, Iª, q. CIV, art. 1.) Mais si Dieu est la cause première et principale, il y a aussi des causes secondes et intermédiaires. (*Ib.*, art. 2.) Ces causes agissent véritablement. « Si Dieu gouvernait seul, la perfection causatrice, la perfection qui consiste à être cause manquerait aux choses (*perfectio causalis* subtraheretur a rebus.)... Il y a plus de perfection pour une chose à être non-seulement bonne en soi, mais encore source de bonté pour les autres, que d'être uniquement bonne en soi. Et c'est pourquoi Dieu gouverne les choses de telle sorte qu'il en établit quelques-unes comme causes des autres. Major perfectio est quod aliquid in se bonum, et etiam sit aliis causa bonitatis, quam si esset solummodo in se bonum. Et ideo sic Deus gubernat res, ut quasdam aliarum in gubernando causas instituat. » (*Ib.*, q. CIII, art. 6.) Voir encore q. XIX, et q. XXII, art. 3, où nous lisons ces mots : « Inferiora gubernat per superiora, non propter defectum suæ virtutis, sed propter abundantiam suæ bonitatis, ut *dignitatem causalitatis etiam creaturis communicet.* » Et enfin q. CV, 5 : « Omnes res creatæ viderentur quodammodo esse frustra, si propria operatione destituerentur... subtraheretur ordo causæ et causati a rebus creatis, quod pertinet ad impotentiam creantis... Sic intelligendum est Deum operari in rebus, quod tamen ipsæ res propriam habeant operationem. »

physique. Les lignes suivantes, où tous les mots doivent être pris dans leur rigueur littérale, eussent peut-être causé non moins d'étonnement à Descartes qu'à saint Augustin ; mais celui-ci eût trouvé dans sa doctrine de quoi réfuter cette théorie, tandis que celui-là eût été forcé d'y reconnaître le développement même de ses propres principes : lisons avec attention ces lignes, où la philosophie de Malebranche est tout entière en raccourci :

« Il n'y a qu'un seul vrai Dieu et qu'une seule cause qui soit véritablement cause, et l'on ne doit pas s'imaginer que ce qui précède un effet en soit la véritable cause. Dieu ne peut même communiquer sa puissance aux créatures, si nous suivons la lumière de la raison; il n'en peut faire de véritables causes, il n'en peut faire des dieux. Mais, quand il le pourrait, nous ne pouvons concevoir pourquoi il le voudrait. Corps, esprits, pures intelligences, tout cela ne peut rien. C'est celui qui a fait les esprits, qui les éclaire et qui les agite. C'est lui qui a créé le ciel et la terre, qui en règle les mouvements. Enfin, c'est l'auteur de notre être qui exécute nos volontés : *Semel jussit, semper paret.* Il remue même notre bras lorsque nous nous en servons contre ses ordres; car il se plaint par son prophète que nous le faisons servir à nos désirs injustes et criminels[1]. »

---

1. *Rech. de la vér.*, lib. VI, part. II, ch. III.

Corps, esprits, pures intelligences, tout cela ne peut rien. Mais si tous les phénomènes de la nature ont Dieu pour unique cause, si l'âme même est incapable d'agir, pourquoi conserver ces substances créées qui ne font rien? La créature n'agit pas : donc elle n'est pas. N'est-ce point la conclusion naturelle du principe posé? Cette belle philosophie, qui se proposait de montrer l'universelle et incessante action de Dieu dans les êtres créés, ne va-t-elle pas supprimer toute distinction substantielle entre Dieu et le monde? Dire que les créatures peuvent quelque chose, c'est en faire des dieux selon Malebranche. Mais prétendre qu'elles ne peuvent rien, n'est-ce point faire de Dieu, qui seul agit, l'unique substance dont toutes les créatures ne sont que les modes et les manifestations?

CHAPITRE VI.

LES ATTRIBUTS DE DIEU.

Je n'inventais pas à plaisir des périls imaginaires, quand je signalais tout à l'heure les conséquences logiques des théories de Malebranche. Qu'on ouvre la neuvième *Méditation*. Le Disciple soumet humblement au Maître intérieur les difficultés qui l'embarrassent. Il est tenté de regarder la matière comme un être éternel, nécessaire, incréé. Quand le Maître a éclairci ses doutes, il avoue son erreur. « Mais, je vous prie, ajoute-t-il, parlant toujours au Verbe qui l'instruit, je vous prie, n'avais-je pas quelque sujet de croire que l'étendue est éternelle? Ne doit-on pas juger des choses par leurs idées? En peut-on juger autrement? Et puisque je ne puis m'empêcher de regarder l'étendue intelligible comme immense, éternelle, nécessaire, n'avais-je pas sujet de penser que l'étendue matérielle a tous les mêmes attributs? » Le Maître divin, dans sa réponse, montre à son Disciple combien il est dangereux de ne comprendre les choses qu'à demi, et par l'exemple du « misérable Spinoza, » il lui fait voir dans quels égarements on peut tomber en raisonnant juste, lorsqu'on suit un faux principe témérairement admis. « Un homme qui raisonne mal peut se redresser, et reprendre par hasard et par préjugé les routes communes. Mais un homme exact et téméraire suit constamment l'erreur et se perd sans ressource. » Effrayé par ce terrible exemple, le Disciple supplie son Sauveur et son Maître de lui faire bien distinguer le vrai du vraisemblable. Il a peur de juger avant d'y être forcé par l'évidence de la lumière ou par l'autorité de la parole de Dieu. Qu'arrivera-t-il si, fatigué par ses efforts, il se repose et tâche de se consoler par une possession imaginaire de la vérité? Il se fera peut-être de ces systèmes qui renversent les fondements de la foi. En ce moment même, réfléchissant sur sa propre substance, il se demande avec anxiété ce qu'il est. « Je suis, mais que suis-je? Je pense, mais comment? Je veux, mais quoi! je ne connais point clairement ce que c'est que vouloir... Je ne suis que ténèbres à moi-même ; ma substance me paraît inintelligible; et si vous ne m'éclairez de votre lumière, l'amour que j'ai pour la vérité me précipitera dans quelque erreur, car je me sens porté à croire que ma substance est éternelle, que je fais partie de l'être divin, et que toutes mes diverses pensées ne sont que des modifications particulières de la raison universelle. »

Ce texte est bien remarquable. Malebranche avoue qu'il a été tenté de panthéisme ; et pourquoi ? D'abord parce que faisant consister exclusivement dans l'étendue l'essence de la matière, et identifiant avec la substance divine l'étendue intelligible, il ne sait plus comment distinguer de l'étendue idéale incréée l'étendue matérielle créée ; en second lieu, parce que faisant consister l'essence de l'esprit dans une participation continuelle à la raison universelle, c'est-à-dire à la substance divine elle-même, il ne trouve plus dans l'esprit créé rien qui le puisse distinguer de Dieu. Ainsi, voilà bien d'où naît le danger : toute idée d'activité et de force étant chassée de la notion de substance, la substance d'une part se confond avec l'essence et se résout dans une idée, d'autre part se confond avec la pure possibilité et s'évanouit dans l'indétermination absolue. Dans les deux cas, tout élément de distinction entre les substances créées disparaît, et l'on se trouve amené à ne reconnaître qu'une seule substance, la substance intelligible à la fois et indéterminée de celui qui est la raison universelle et qui est l'être sans restriction. Le lien entre la théorie des idées et la théorie de la cause est visible; et la commune erreur qui compromet tout le système, c'est la passivité universelle et absolue des créatures. Au lieu de se fier à la conscience qui nous atteste notre énergie intime, au lieu de se fier à ce légitime et naturel élan de l'esprit qui nous fait affirmer une force active dans l'objet de la sensation connu par la perception, il a voulu chercher toute lumière dans les pures idées : il a mis toute activité en Dieu seul, et faisant de la cause première l'unique cause, comme il avait fait de la lumière primordiale l'unique lumière, il a été tenté de ne voir dans les corps et dans les esprits créés que des modifications de la substance infinie. Il résiste à la tentation, il essaie d'établir entre l'étendue intelligible et l'étendue créée une distinction nette; il établit par des preuves indirectes la possibilité de la création, et montre qu'on ne peut donner des choses une autre explication sans corrompre l'idée de Dieu; enfin il remarque que, n'ayant pas d'idée claire de l'âme, il ne doit pas s'étonner de ne pouvoir pas éclaircir les difficultés qui la regardent. Mais ce qui me frappe le plus, ce ne sont pas ces preuves et ces raisonnements; non, ce sont les sentiments qui remplissent toute la fin de la méditation. Étudions attentivement le texte, et nous découvrirons ce qui a sauvé Malebranche du panthéisme.

Au moment où il se sent porté à croire (il l'avoue)

que « sa substance est éternelle, » que « son être fait partie de l'être divin, » quand il est si près de Spinoza, pourquoi se rejette-t-il en arrière avec horreur? N'a-t-il que des raisons spéculatives pour le retenir? Voyez ce qu'il dit : « Spinoza était un méchant esprit qui croyait la création impossible, et c'est ce faux principe qui l'a engagé dans toutes ces erreurs. » L'impossibilité de la création, voilà donc le principe métaphysique du système : oui, mais ce principe faux, pourquoi Spinoza l'a-t-il admis? C'était un méchant esprit, nous dit Malebranche : entendons bien ce mot, comprenons-en la force. « La lumière éblouit et enfle les esprits lorsqu'ils manquent de charité et d'humilité. » Vouloir trop savoir, juger avec imprudence, décider de soi-même avant d'être suffisamment éclairé, enfin refuser de se soumettre aux dogmes de la foi, c'est manquer d'humilité. N'avoir pas pour la vérité un amour ardent et pur, ne pas travailler avant tout à sa perfection et à son bonheur, ne pas tout rapporter à la religion et à la morale, c'est manquer de charité; et voilà ce que c'est qu'un méchant esprit : c'est un esprit qui manque de charité et d'humilité. Que fait donc Malebranche? Il entrevoit entre la philosophie de Spinoza et sa propre doctrine une effrayante analogie. Il oppose au spinozisme le dogme philosophique et chrétien de la création. Mais pourquoi reste-t-il attaché à ce dogme? Précisément parce qu'il tâche de conserver l'humilité et la charité. En présence de « ces vérités métaphysiques si sublimes et si délicates, » il se souvient qu'il est homme « pétri de chair et de sang. » Il se défie de lui-même, de son imagination, de ses passions, il se résigne à ne pas savoir le dernier mot de toutes choses, il déclare indiscrètes les questions qu'il a posées au Maître intérieur sur « des choses inutiles ou trop relevées, » il accepte les vérités de la foi avec une « humble soumission, » enfin il se répète que l'important est de bien vivre et que la simplicité de l'ignorance vaut mieux qu'une science vaine. Ce n'est pas qu'il méprise la connaissance de la vérité ; mais sachant que cette connaissance ne sera parfaite que dans l'autre vie, il « aime mieux passer s'il le faut quelques années dans l'ignorance, et devenir savant pour toujours, que d'acquérir pour quelques jours, et avec bien de la peine, une science fort imparfaite, et passer une éternité dans les ténèbres. » Rassuré par ces réflexions qui le confirment dans l'humilité et la charité, il ne s'inquiète plus des rapports qu'il a entrevus entre sa doctrine et celle de Spinoza, et il continue paisiblement ses recherches dans la pensée et avec l'espoir qu'elles profiteront à la morale et à la religion.

Qu'est-ce que tout cela prouve ? deux choses : l'une, c'est que les principes cartésiens outrés par Malebranche menant logiquement au spinozisme,

Malebranche, selon une remarque ingénieusement juste, « a horreur du spinozisme comme on a horreur d'un gouffre où l'on se sent près de tomber[1]. » La seconde, c'est que le sentiment et la foi sauvent sa raison des excès où la logique l'entraîne sans cesse. Qu'il est hardi et téméraire ! Otant successivement à la créature tout ce qui en fait un être réel, il faudra qu'il la confonde avec Dieu : la logique le veut ; mais non, son Dieu c'est le Dieu vivant et personnel. Ne craignez pas qu'il l'identifie jamais avec le monde. Si vous regardez l'enchaînement des propositions abstraites, vous direz : toute cause véritable étant supprimée dans le monde, les créatures ne sont pas, Dieu seul existe. C'est bien conclu. Mais voyez un peu quel esprit anime cette philosophie : c'est du Dieu vivant que tout est plein, c'est en présence de ce Dieu que le philosophe médite ; c'est ce Dieu qu'il aime de toutes les forces de son âme. Voilà que par moments l'amour même l'emportant, il paraît oublier tout à fait que la créature est quelque chose ; et alors comme le mysticisme s'unit à la logique pour le jeter dans le panthéisme, toute ressource semble perdue. Et cependant la vraie notion de Dieu résiste : c'est qu'elle est profondément enracinée dans son âme. C'est au vrai Dieu qu'il sacrifie les créatures. C'est pour

---

1. Th.-H. Martin, *Phil. spirit. de la nat.*, t. I, p. 224.

l'exalter qu'il dit qu'elles ne font rien, qu'elles ne peuvent rien. Il ne dira jamais : elles ne sont pas. Il leur laissera une existence diminuée, amoindrie, réduite presque à rien, c'est possible, mais il la leur laissera, parce que la supprimer ce serait corrompre l'idée de Dieu, et, par suite, nier son existence. Ainsi, après cette théorie de la cause où l'inefficace des êtres créés est si nettement affirmée, Malebranche devait, ce semble, anéantir les créatures : il les conserve; il devait identifier Dieu et le monde : il maintient la personnalité divine; Dieu est l'unique cause, mais il n'est pas l'unique substance.

Nous voilà arrivés à ce qu'on peut appeler proprement la théodicée de Malebranche.

Descartes s'efforce d'établir solidement l'existence de Dieu par des preuves inattaquables : méditant sur cette grande vérité, il a toujours en vue la négation ou le doute qui peuvent la menacer et l'atteindre, et il travaille à repousser l'ennemi.

Malebranche s'applique à constater la présence et l'action de l'être infini dans l'esprit humain et dans les choses. Découvrir en tout Dieu que tout suppose[1], c'est là son dessein; et, arrivant dans l'analyse de l'intelligence à la plus simple et à la

---

1. « Quelle difficulté y a-t-il à reconnaître qu'il y a un Dieu? Tout ce que Dieu a fait le prouve; tout ce que les hommes et les bêtes font

première de toutes les idées, l'idée de l'être, condition de toute pensée, il prétend y trouver l'affirmation inévitable de l'existence nécessaire de Dieu, cette idée de l'être étant Dieu même présent à l'esprit et vu par l'esprit.

Ainsi Malebranche établit l'existence de Dieu sans commencer par la mettre en question; et, s'approchant de Dieu par degrés, il suit sa marche dialectique sans penser à combattre ceux qui pourraient nier la vérité dont la lumière l'enveloppe et le pénètre. Seulement, dans un chapitre de la *Recherche de la Vérité,* voulant signaler les erreurs où l'amour des plaisirs sensibles peut nous jeter, il prend pour exemple l'indifférence et même l'opposition que rencontre dans les esprits cette preuve de Dieu par l'idée de l'être, preuve si simple pourtant et si claire[1]. Là, il l'explique tout au long, il la défend contre ceux qui l'attaquent, il montre comment les hommes préoccupés par les sens n'en peuvent être frappés. Présentée tout d'abord à un esprit non préparé, elle semble obscure ou vaine, et bien des gens qui se disent philosophes n'en comprennent

le prouve; tout ce que nous pensons, tout ce que nous voyons, tout ce que nous sentons le prouve : en un mot il n'y a rien qui ne prouve l'existence de Dieu ou qui ne la puisse prouver à des esprits attentifs et qui s'appliquent sérieusement à rechercher l'auteur de toutes choses. » *Rech. de la vér.*, liv. IV, ch. II, 3.

1. *Rech. de la vér.*, liv. IV, ch. XI, 2. — Voir encore *Rech.*, liv. VI, part. II, ch. VI, où cette preuve est appelée « preuve de simple vue. »

pas la solidité. Défendre cette preuve, c'est, pour Malebranche, défendre toute sa philosophie, qui s'y résume. De là son ardeur à la justifier. Il l'a empruntée à Descartes, il l'appelle lui-même la preuve de M. Descartes; mais il l'a modifiée. Pour la faire entendre plus distinctement, il y a ajouté quelque chose. Et quoi donc? une explication d'après les principes de la théorie des idées. Si dans la créature l'essence peut se distinguer de l'existence et ne la suppose pas, c'est que la créature n'a pas besoin d'être pour être vue, parce qu'elle est par elle-même inintelligible et incapable d'agir sur l'esprit : tandis que l'être infiniment parfait ne peut être vu qu'en lui-même et non par une idée qui le représente. Au lieu de dire avec Descartes que l'existence étant une perfection l'être parfait ne peut pas ne pas exister, Malebranche dit d'une façon plus simple et plus profonde : L'être parfait ne peut être vu qu'en lui-même : si donc on y pense, il faut qu'il soit. Mais qui ne voit que la preuve ainsi présentée est tout à fait conforme au système de Malebranche et qu'elle en est comme l'expression abrégée? Voilà pourquoi il la préfère à toutes les preuves, l'appelant la plus belle et la plus relevée, la première, la plus solide qu'on puisse donner.

Il faut remarquer que Malebranche apporte à cette preuve empruntée à Descartes une autre modification dont il ne semble pas se douter. A l'idée de l'être parfait, il substitue l'idée de l'être, ou plutôt il identifie l'être parfait et l'être indéterminé ou l'être tout court, comme il dit encore. Confusion naturelle, son système étant donné. Nous en avons déjà, dans la théorie de la connaissance, montré les dangers : il est inutile d'y revenir.

Mais ce Dieu, dont l'existence est incontestable, quel est-il? Peut-on savoir quelque chose de sa nature? Malebranche se contentera-t-il d'affirmer qu'il est, qu'il est l'Être infini, le modèle intelligible des choses, l'archétype des corps, la raison souveraine? S'il veut aller plus avant, quelle méthode suivra-t-il [1]?

Pour tâcher de découvrir les attributs divins, il suit à peu près les mêmes règles que Descartes : seulement il les exprime à sa manière et en termes conformes à son système. Descartes déclare qu'il est de la nature de l'infini qu'un être fini ne le puisse comprendre, puis il juge que toutes les choses qu'il conçoit clairement et dans lesquelles il sait qu'il y a quelque perfection, sont en Dieu formellement et éminemment. Malebranche répète sans cesse que Dieu est incompréhensible et que tout jugement qui n'est point formé sur la notion de l'être infiniment parfait, de l'être incompréhensible, n'est pas digne de la Divinité : il faut n'attribuer à Dieu que des

---

1. Voyez surtout le VIIIe *Entretien métaphysique*.

attributs incompréhensibles, parce que Dieu c'est l'infini en tout sens, que rien de fini ne lui convient, et que tout ce qui est infini en tout sens est en toutes manières incompréhensible à l'esprit humain. Voilà le grand principe que Malebranche recommande de ne jamais perdre de vue. En s'y conformant, on ne mesure point Dieu sur l'humanité, mais on prend la notion vaste et immense de l'être sans restriction pour mesurer par elle la Divinité ; et, comme on ne juge de Dieu ni par soi-même ni sur les idées qui représentent les créatures, on ne lui attribue rien qui ne soit digne de lui, rien qui ne lui convienne : ne comprenant pas clairement ce qu'on dit de lui, on sait du moins avec certitude, et même on comprend, qu'il est tel qu'on le conçoit. Il est vrai que l'on trouve dans les créatures quelque chose d'analogue à ce que l'on met en Dieu [1] ; l'âme nous présente comme un léger crayon des attributs divins ; et, rien n'existant qu'en Dieu et que par Dieu, les choses les plus imparfaites, les plus éloignées de la Divinité, comme la matière, répondent encore, quoique très-imparfaitement, à quelque attribut de la Divinité elle-même. Mais, si l'on conçoit

---

1. Comparez ce que dit saint Thomas (*Somme théologique*, I, q. XIII, art. 5). « Aliqua dicuntur de Deo et creaturis, analogice, et non æquivoce pure, neque pure univoce. Non enim possumus nominare Deum, nisi ex creaturis. Et sic quidquid dicitur de Deo et creaturis dicitur secundum quod est aliquis ordo creaturæ ad Deum, ut ad principium et causam, in qua præexistunt excellenter omnes rerum perfectiones. »

en Dieu ces mêmes choses dont les êtres créés nous offrent l'image ou l'ombre, ce n'est point parce qu'elles sont dans les êtres créés, c'est parce qu'elles sont des réalités et des perfections ; et en Dieu on les conçoit ne tenant plus rien du néant, et n'étant point bornées par des limitations semblables à celles des créatures. Tout ce qui est créé est « *un composé de néant et d'être*[1]. » Dieu, qui donne aux choses créées leur réalité, la possède : il possède toutes les perfections des créatures sans leurs limitations.

Appuyé sur ce principe, Malebranche essaie de concevoir la Divinité telle qu'elle est. Dans l'univers cartésien, il y a deux sortes de substances, les substances étendues et les substances pensantes. Dieu est-il un corps? Il est clair que non : entre l'idée de corps et l'idée de l'être infini, l'incompatibilité est manifeste. Dieu est-il un esprit? Malebranche veut bien qu'on emploie ce mot en parlant de Dieu, mais à la condition qu'on l'explique. Citons en entier une page remarquable où il expose tout au long sa pensée :

« Les hommes font un jugement précipité quand ils jugent comme un principe indubitable que toute substance est corps ou esprit. Mais ils en tirent encore une conclusion précipitée, lorsqu'ils con-

---

1. *Entret. métaph.*, IX, 7.

cluent par la seule lumière de la raison que Dieu est un esprit. Il est vrai que, puisque nous sommes créés à son image et à sa ressemblance, et que l'Écriture sainte nous apprend en plusieurs endroits que Dieu est un esprit, nous le devons croire et l'appeler ainsi; mais la raison toute seule ne nous le peut apprendre. Elle nous dit seulement que Dieu est un être infiniment parfait, et qu'il doit être plutôt esprit que corps, puisque notre âme est plus parfaite que notre corps; mais elle ne nous assure pas qu'il n'y ait point encore des êtres plus parfaits que nos esprits, et plus au-dessus de nos esprits que nos esprits ne sont au-dessus de nos corps.

» Or, supposé qu'il y eût de ces êtres, comme il paraît même indubitable par la raison que Dieu en a pu créer, il est clair qu'ils ressembleraient plus à Dieu qu'à nous. Ainsi la même raison nous apprend que Dieu aurait plutôt leurs perfections que les nôtres, qui ne seraient que des imperfections à leur égard. Il ne faut donc pas s'imaginer avec précipitation que le mot d'esprit, dont nous nous servons pour exprimer ce qu'est Dieu et ce que nous sommes, soit un terme univoque, et qui signifie les mêmes choses ou des choses fort semblables. Dieu est plus au-dessus des esprits créés que ces esprits ne sont au-dessus des corps; et on ne doit pas tant appeler Dieu un esprit pour montrer positivement ce qu'il est que pour signifier qu'il n'est pas matériel. C'est un être infiniment parfait, on n'en peut pas douter. Mais comme il ne faut pas s'imaginer, avec les anthropomorphites, qu'il doive avoir la figure humaine, à cause qu'elle paraît la plus parfaite, quand même nous le supposerions corporel, il ne faut pas aussi penser que l'esprit de Dieu ait des pensées humaines, et son esprit soit semblable au nôtre, à cause que nous ne connaissons rien de plus parfait que notre esprit. Il faut plutôt croire que, comme il renferme dans lui-même les perfections de la matière sans être matériel, puisqu'il est certain que la matière a rapport à quelque perfection qui est en Dieu, il comprend aussi les perfections des esprits créés sans être esprit de la manière que nous concevons les esprits; que son nom véritable est : *Celui qui est*, c'est-à-dire l'être sans restriction, tout être, l'être infini et universel [1]. »

Ainsi Dieu n'est point corporel, et Dieu, d'une

---

1. *Rech. de la Vér.*, liv. III. part. II, chap. IX. Rapprocher de ce texte un passage de Fénelon. *Traité de l'exist. de Dieu*, IIe partie, ch. v. Fénelon dit que Dieu est l'être. Qui dit l'être simplement, sans restriction, dit l'infini. Dieu n'est pas tel ou tel être, mais il est l'être par excellence. Il n'est formellement aucune chose singulière, mais il est éminemment toutes choses en général. Il a tout l'être du corps sans être borné au corps, tout l'être de l'esprit sans être borné à l'esprit. Il est plus qu'esprit, car il est l'être par excellence. S'il était esprit dans le sens borné où nous concevons l'esprit, comment la nature corporelle aurait-elle son principe en lui? Mais tout autant ce qui n'a pas de borne diffère de ce qui est borné, tout autant Dieu diffère de la nature matérielle, quoiqu'il en soit le principe et la source. — Relire dans saint Thomas (I, XIII, art. 11) le passage sur le nom *Celui qui est*, nom propre de Dieu : nous l'avons cité plus haut, p. 235.

certaine manière, n'est point esprit. Mais l'étendue et la pensée qui sont dans les créatures par participation et avec des limites, sont en Dieu comme en leur source et sans borne ni imperfection. Dieu est étendu, et Dieu pense; mais il n'est point étendu à la manière des corps, et il ne pense pas comme les hommes. Ce sont là les deux points que Malebranche a surtout à cœur d'établir. Il veut montrer que tout ce qu'il y a de réalité et de perfection dans les corps et dans les esprits est en Dieu, et il veut écarter de la notion de l'être les idées de tels et tels êtres. C'est une chose curieuse que de voir par quels efforts il cherche à prouver sa thèse, se tenant toujours entre deux écueils : humaniser Dieu et même le matérialiser, ou bien ne rien mettre en lui de déterminé et d'intelligible.

Descartes avait bien dit que tout ce qui est conçu clairement et a en soi quelque perfection est en Dieu éminemment; mais Descartes s'était attaché de préférence à la considération des perfections morales, et, pour ce qui est des corps, il s'était contenté de dire que Dieu n'est point corporel, bien qu'il soit la cause des corps comme de tout le reste. Malebranche, répétant les mêmes choses que Descartes, veut aller plus au fond. Il déclare donc hardiment que Dieu est étendu; puis il explique avec soin la distinction qu'il fait entre l'extension locale, l'étendue intelligible et l'immensité.

L'extension locale appartient aux corps : elle est créée, limitée, imparfaite. L'étendue intelligible est l'archétype des corps ; elle est l'idée que Dieu a de la matière, elle est la substance divine elle-même en tant qu'elle est représentative des êtres matériels et participable par eux ; elle est ce qu'il y a en Dieu de relatif à ses créatures, et à ses créatures matérielles. Confondre l'extension locale et l'étendue intelligible, c'est confondre la matière et l'idée de la matière, le monde corporel et l'archétype de ce monde, la créature et Dieu. L'étendue intelligible appartient au Créateur, elle est donc éternelle, nécessaire, infinie ; les corps formés sur cet archétype n'ont aucune de ces propriétés. Il faut juger de l'essence des êtres par les idées qui les représentent ; mais, si l'on juge de leur existence par ces mêmes idées, on donne aux choses existantes, qui sont toutes finies puisqu'elles sont créées, des caractères divins qui ne leur peuvent convenir. Malebranche insiste sur cette distinction capitale ; et chaque fois qu'il y revient, on devine qu'il songe à Spinoza : souvent même il le nomme, ou le désigne par des allusions fort claires. Maintenir entre l'étendue matérielle et l'étendue intelligible une distinction absolue, c'est conserver la création que Spinoza déclare impossible. Nous savons déjà que toute idée de force étant bannie de la métaphysique de Malebranche, on a peine à comprendre comment, dans son système, les corps peuvent être distincts de l'étendue intelligible, leur archétype. Mais nous devons aussi rappeler encore une fois l'énergie avec laquelle il repousse toute conséquence de ses principes contraire au dogme de la création, la vigilance scrupuleuse avec laquelle il tâche de prévenir toute interprétation fâcheuse de sa doctrine, l'indignation que lui cause tout soupçon de rapprochement entre ses idées et celles de Spinoza, enfin la précision avec laquelle il indique que ce qui les sépare, c'est la foi à la création, que l'un croit impossible, et que l'autre regarde comme la seule explication des choses qui soit raisonnable et ne corrompe pas la vraie notion de la Divinité [1].

Si Malebranche tient à écarter toute confusion entre l'extension locale et l'étendue intelligible, il ne distingue pas avec moins de soin l'étendue intelligible elle-même de l'immensité. L'étendue intelligible, c'est Dieu, mais en ce qu'il a de relatif aux créatures. L'immensité, c'est Dieu en lui-même, Dieu à la fois un et infini, parfaitement simple et composé, pour ainsi dire, de toutes les réalités ou de toutes les perfections. L'étendue intelligible est

---

[1]. Outre la Méditation IX, commentée au commencement du présent chapitre, citons particulièrement les *Entret. métaph.*, II, 6, et VIII, 4-8; les *Réponses* à Arnauld, surtout la première lettre touchant la défense de M. Arnauld, 2ᵉ remarque; et enfin la *Correspondance* avec Dortous de Mairan.

claire, et par elle nous connaissons fort distinctement la nature de la matière. L'immensité est incompréhensible : la matière qui répond parfaitement à l'étendue intelligible, son archétype, ne répond à l'immensité divine que fort imparfaitement, et ne répond nullement aux autres attributs de l'Être infiniment parfait. Lors donc qu'on parle de l'immensité divine qu'on ne peut comprendre, il faut chasser toute image corporelle, éloigner toute idée d'extension locale[1], se défier de toute comparaison empruntée aux créatures, se convaincre que Dieu n'est pas un corps très-grand, un corps infini, puisqu'un corps infini, quand il serait possible, aurait encore toutes les imperfections essentielles à la matière, et serait divisible, mobile, impénétrable, composé de parties s'excluant les unes les autres; enfin il faut bien voir que Dieu n'est pas non plus dans l'univers de la manière dont les philosophes prétendent que l'âme est dans le corps, parce que le monde et les espaces imaginaires ne sont pas un lieu qu'occupe la substance infinie de Dieu; mais Dieu n'est dans le monde que parce que le monde est en Dieu, car Dieu n'est qu'en lui-même : s'il crée de nouveaux espaces, il n'acquiert pas pour cela une nouvelle présence à cause de ces

---

1. Sur ce point Malebranche a pu trouver dans saint Augustin des textes remarquables, notamment *Epist.* 57, *Confess.*, lib. I, cap. II et III, et *De civil. Dei*, lib. XI, cap. v. — Voir aussi saint Thomas, *Somme théol.*, I, q. VIII.

espaces, il n'augmente pas son immensité, il ne se fait pas un lieu nouveau, il est éternellement et nécessairement où ces espaces sont créés, mais il n'y est pas localement comme ces espaces. Dieu n'est pas renfermé dans son ouvrage, mais son ouvrage est en lui, et subsiste dans sa substance qui le conserve par son efficace toute-puissante. L'immensité, c'est Dieu qui remplit tout de sa substance, sans extension locale, comme l'éternité, c'est Dieu qui est toujours tout ce qu'il est, sans succession de temps.

Ainsi Dieu est étendu, mais non à la manière des corps. Dans les corps, une partie enferme le néant de toutes les autres. En Dieu, il n'y a ni grand, ni petit : tout est simple, égal, infini. Le lieu de sa substance n'est que sa substance même. Et parce que Dieu est immense, il connaît sa substance en tant qu'elle représente les corps et peut être participée par eux : de là l'étendue intelligible; et parce que Dieu est immense et renferme en soi l'étendue intelligible, des corps peuvent exister qui, par leur extension locale, répondent très-bien à l'étendue intelligible, et de fort loin à l'immensité. Dieu est partout, ou plutôt tout est en Dieu : la substance du Créateur est le lieu intime de la créature.

Dieu pense; mais ce n'est pas à la manière des hommes. Notre pensée est successive : elle va d'un objet à un autre objet, et parcourt en plusieurs instants les diverses parties, si je puis dire, d'un même objet. La pensée divine échappe à la loi du temps : elle connaît tout par un acte simple et éternel, sans effort, sans succession. Mais ce que Malebranche tient surtout à bien montrer, c'est que Dieu est sa lumière à lui-même. Les hommes ne connaissent rien que par leur participation à la Raison souveraine. Cette Raison souveraine ne reçoit point d'ailleurs la lumière dans laquelle elle voit tout. Dieu n'est point sage d'une sagesse empruntée, communiquée : il est sage par lui-même : il est la sagesse [1].

De même ce n'est pas assez de dire qu'il est juste : il faut dire qu'il est la justice. Car il renferme dans sa substance infinie et les idées des choses et les rapports de perfection qui sont entre les choses. Il voit clairement ces rapports, et il voit que l'estime et l'amour doivent se proportionner au degré de perfection que possèdent les choses. L'ordre éternel et immuable l'exige, et, conformément à cet ordre qui est d'une certaine façon sa propre substance, Dieu juge des choses et les aime selon leur prix, s'aimant infiniment lui-même, et tout le reste selon qu'il a plus de perfection et se rapproche davantage de lui. Ainsi, tandis que les hommes justes se conforment à un ordre qui n'est pas eux, Dieu, qui suit inviolablement la loi de l'ordre, n'est assu-

---

1. Voyez, outre le VIIIe *Entret. métaph.*, l'*Entret. d'un philos. chrét. avec un philos. chinois*.

jetti à rien qui lui soit étranger : il est à lui-même sa *loi* aussi bien que sa *lumière*.

Insister ici sur ces attributs divins, la sagesse et la justice, serait inutile. Car nous avons déjà montré avec beaucoup de détails, dans le chapitre sur la théorie de la connaissance, comment Malebranche entend que Dieu est à lui-même sa lumière et sa loi. Là aussi nous avons remarqué combien Malebranche, à l'aide de saint Augustin, s'élève au-dessus de Descartes. Ici, parlant spécialement de ces attributs divins, nous devons signaler surtout avec quel soin il écarte toutes les opinions vulgaires et les préjugés de toute sorte qui pourraient altérer l'idée du vrai Dieu. Faire de Dieu un être tout-puissant, mais capricieux et tyrannique, placé par sa toute-puissance au-dessus de la raison et de la justice, ne connaissant d'autre règle que sa volonté aveugle, c'est dégrader Dieu. D'un autre côté, se faire une divinité à sa mode, bonne et bienfaisante, mais au mépris de la sagesse et de l'ordre ; prête, dans sa complaisance débonnaire, à mettre dans sa conduite de l'inconstance et je ne sais quelle puérilité pour satisfaire sa créature ; indulgente enfin pour le mal jusqu'à l'encourager presque par une faiblesse qui semble être de connivence avec lui : ce n'est plus concevoir Dieu tel qu'il est, c'est méconnaître à la fois sa sagesse et sa justice, et c'est outrager sa bonté même. Enfin prêter à Dieu des sentiments tout humains, comme la colère, la jalousie, le repentir, oublier que ces expressions appliquées à Dieu ne peuvent être que des figures, c'est encore altérer la notion de l'être parfait en mettant dans son immuable substance le changement et le trouble. Souvenons-nous que Dieu, c'est la Raison souveraine, et que la loi de l'ordre est une loi inviolable dont il ne se dispense jamais. Souvenons-nous aussi que Dieu est la seule cause vraiment efficace, parce qu'il est seul l'Être universel, l'Être infini, l'Être. Alors nous ne jugerons pas mal de Dieu, et nous pourrons entrevoir quelque chose de ses incompréhensibles attributs. Nous dirons : il est étendu, mais non comme les corps : il est immense ; il pense, mais non comme les êtres créés : il est la raison même ; il veut, mais non comme la volonté humaine : il est l'ordre. Toujours conforme dans sa pensée à la vérité qu'il connaît en lui-même et en sa propre lumière, toujours conforme dans son amour à la loi qui lui est coéternelle et consubstantielle, il n'est pas sage et juste, à la façon des hommes, il est la sagesse même et la justice même. Descartes pose une excellente règle pour rechercher les attributs divins : mais il n'entreprend point lui-même cette recherche ; il se contente de quelques indications. Malebranche répète à peu près la même règle, et pousse ses investigations avec la hardiesse métaphysique que nous lui connaissons. Au lieu de redire avec tout le monde que Dieu est immense, et d'en rester là, il veut approfondir, autant que possible, cette notion de l'immensité. Au lieu de déclarer tout simplement que Dieu est sage et juste, il veut se faire une idée nette de la sagesse et de la justice de l'être parfait. Notons que la bonté reste un peu dans l'ombre. Il s'élève, nous l'avons vu, contre une bonté trop indulgente qui ne serait que faiblesse : il ne dit presque rien de la bonté véritable[1]. Il n'aurait pas écrit ces belles paroles de Bossuet : « Quand Dieu forma le cœur et les entrailles de l'homme, il y mit premièrement la bonté comme le propre caractère de la nature divine, et pour être comme la marque de cette main bienfaisante dont nous sortons. » Dans le Dieu de Malebranche, c'est la sagesse qui prime tout.

---

1. Dans les *Réflexions sur la prémotion physique* (1715), il tient un peu plus de compte de la bonté divine ; mais ce qu'il dit est encore insuffisant.

CHAPITRE VII.

LE MONDE, OUVRAGE DE DIEU.

Le motif de la création. — La Providence. — Les lois générales de la nature et de la grâce. — Le monde futur.

« Dieu sort, pour ainsi dire, de lui-même : » il agit pour faire un ouvrage, il crée. Il y a des esprits, et il y a des corps. Ces esprits et ces corps n'existent que parce que Dieu les fait être : à moins de donner dans les rêveries insensées et impies que certaines gens soutiennent, et de prétendre que l'Être infiniment parfait, c'est l'assemblage de tout ce qui est, il faut admettre que si l'univers existe (et il existe), c'est parce que Dieu veut qu'il soit. Toute autre explication des choses implique une contradiction évidente, et renverse la notion de la Divinité. « Nous sommes ; ce fait est constant. Dieu est infiniment parfait ; donc nous dépendons de lui. Nous ne sommes point malgré lui ; nous ne sommes que parce qu'il veut que nous soyons [1]. »

---

1. *Entret. métaph.*, IX, 2, 3.

Voilà ce que Malebranche établit tout d'abord. Mais n'est-il pas permis de chercher comment Dieu peut vouloir que nous soyons, et généralement, que l'univers soit? Unis par la raison à la sagesse éternelle, nous avons le droit de nous poser cette grande question, et nous pouvons espérer de la résoudre.

Descartes n'a point tant de confiance. Il lui paraît téméraire de rechercher les fins que Dieu se propose en agissant. Je ne parle pas des sciences où il croit cette recherche dangereuse et où il la proscrit absolument. Je parle de la métaphysique : là même il juge que c'est une entreprise fort hasardée, et s'il estime qu'elle peut avoir quelques résultats utiles à la morale et à la piété, il ne dissimule point que ces considérations, propres à toucher le cœur, lui paraissent dépourvues de rigueur et de certitude. Il se contente donc de déclarer d'une manière générale que Dieu ne peut rien faire que de très-beau et de très-bon, que les ouvrages divins dépassent toutes nos faibles conceptions, que la sagesse y éclate, que nous devons, en les contemplant, rendre gloire à Dieu; qu'enfin beaucoup de choses nous étant évidemment utiles et bonnes, nous pouvons et nous devons reconnaître en cela la bonté divine et la remercier : voilà ce qui est bien assuré. Mais, chercher la dernière fin de Dieu dans la création, ou croire que dans le détail on puisse déterminer la fin unique ou principale des choses, et saisir ainsi dans l'univers les intentions divines, c'est être, selon lui, le jouet d'une illusion coupable et se livrer avec une indiscrète curiosité à de vaines études [1].

Malebranche pense exactement le contraire. Sans doute, il ne veut point que dans les sciences proprement dites on se préoccupe des causes finales et qu'on aille par là entraver les observations ou dérouter les raisonnements [2]. Mais, en métaphysique, la recherche des fins lui semble légitime, elle lui semble nécessaire. Si l'on supprime cette recherche, il n'y a vraiment plus de métaphysique [3]. Dieu a créé l'univers en consultant sa sagesse ; et nous-mêmes, puisque nous sommes raisonnables, nous pouvons consulter cette même sagesse, et par elle juger de ce que Dieu doit ou ne doit pas faire [4]. Accuser de témérité celui qui recherche humblement la fin de Dieu dans la création, c'est douter ou que Dieu soit sage ou que l'homme soit raisonnable. « Mon fils, dit le Verbe à son disciple, je communique avec joie à ceux qui me consultent par leur attention tout ce que je possède en qualité de sa-

---

1. *Principes*, I, 28.
2. *Convers. chrét.*, III. « La connaissance des causes finales est assez inutile pour la physique. »
3. *Convers. chrét.*, III. « Je ne puis rien démontrer de la véritable religion ni de la véritable morale, que je ne connaisse les fins de Dieu, non pas toutes, mais seulement celles qu'il a dans la création et dans la conservation de notre être. »
4. *Entret. métaph.*, IX, 13. — *Médit. chrét.*, XI, 13. — *Traité de la nat. et de la gr.*, Disc. I, art. 7.

gesse éternelle[1]. » Aussi, tandis que Descartes n'aborde que malgré lui et, en général, avec beaucoup de réserve les questions qui touchent au motif de la création et au gouvernement de la Providence, Malebranche se complaît dans ces recherches, et s'il n'essaie qu'en tremblant de « faire agir Dieu selon ce qu'il est[2], » s'il avoue que c'est une chose pénible et pleine d'écueils, il maintient aussi que c'est une chose indispensable, il se dirige résolûment au milieu de ces écueils, il se réjouit de traiter ces grands et difficiles sujets qui séduisent son esprit et ont un intérêt moral, pratique, religieux.

Voilà donc Malebranche à l'œuvre. Il s'agit pour lui d'expliquer d'abord pourquoi Dieu a créé. Dieu n'agit que selon ce qu'il est : tel est le principe que le philosophe doit tâcher de bien tenir dans toutes ses recherches. C'est le seul moyen d'aller droit.

Grâce à ce principe, la première chose qu'on établit, et sans aucune peine, c'est que Dieu n'a aucun besoin de ses créatures. Infiniment parfait, il est absolument indépendant, il se suffit pleinement à lui-même : il ne crée point pour se donner quelque chose qui lui manquerait. Le supposer, ce serait rendre la création nécessaire, et rendre la création nécessaire, c'est l'annuler. Si Dieu produit

---

1. *Médit. chrét.*, xi, 2.
2. *Entret. métaph.*, ix, 9.

nécessairement les êtres créés, ces êtres ne sont plus faits par lui ; ils sont des émanations de sa substance, et il en faut revenir à ces chimères et à ces absurdités qui ont été écartées il n'y a qu'un instant[1] : il faut donc renverser l'idée de la perfection divine. Ou la création n'est pas ou elle est un acte libre. Ainsi la raison de créer n'est pas dans un besoin du Créateur. Les choses existent en vertu d'un décret arbitraire : qu'elles soient ou qu'elles ne soient pas, Dieu n'en est pas moins tout ce qu'il est[2].

Mais s'il est vrai que Dieu pouvait créer ou ne créer pas, il est vrai aussi qu'il a dû avoir, pour créer, une raison, un motif, non pas invincible, mais *suffisant*[3].

Est-ce donc par bonté que Dieu a créé? Mais si Dieu a créé par bonté, voilà que le terme de son action est hors de lui, pour ainsi dire, dans la créature : ce qui est contradictoire ; car l'Être infiniment parfait, qui s'aime invinciblement lui-même plus que tout le reste et qui n'aime rien que par rapport à soi, par la nécessité même de sa nature excellente, cet être, dis-je, ne peut avoir, en agissant, d'autre fin que lui-même. D'ailleurs, si la

---

1. Voir *Entret. métaph.*, ix, 2, et le passage de la ixe *Méditation*, cité et étudié plus haut, p. 359-366.
2. C'est ce que Malebranche répète partout.
3. Ce mot est dans le ixe *Entret. métaph.*, 4, et dans les *Réflexions sur la prémotion physique*, § 22.

bonté était la fin principale de la création de l'univers, on n'y verrait point bien des choses qui paraissent contraires à la bonté, qui y seraient contraires si elle était le vrai motif de l'action divine, choses qui ne s'expliquent enfin que par des raisons de sagesse [1].

Dieu ne peut agir que selon ce qu'il est. C'est le grand principe qu'il faut sans cesse rappeler. Dieu, en agissant, ne peut se proposer que lui-même pour fin principale. Les choses qu'il peut faire sont présentes à son éternelle pensée avant que d'être. Il les voit avec leurs degrés inégaux de perfection ; il les voit exprimant plus ou moins ses excellentes qualités [2] ; il voit en même temps que s'il fait des esprits, ces esprits seront capables de remarquer cette expression plus ou moins parfaite des attributs divins dans les choses créées, et par conséquent d'adorer l'éternelle sagesse en portant à cette vue les mêmes jugements qu'elle [3]. Dieu voit tout cela, et contemplant ainsi ce bel ouvrage fait avec un art divin, qui porte le caractère des attributs dont il se glorifie, qui exprime en quelque manière ses perfections qu'il aime invinciblement, il tire de cet ouvrage une gloire qui ne lui est point étran-

---

1. *Entret. métaph.*, IX, 3. Voir aussi le *Traité de la nature et de la grâce.*

2. *Entret. métaph.*, IX, 4. Remarquons le mot *exprimer* que l'on retrouve bien souvent dans Leibnitz employé de la même manière.

3. *Entret. métaph.*, IX, 4, 6.

gère, gloire fondée sur l'estime et l'amour qu'il a pour ses propres qualités. C'est pour cette gloire que Dieu agit.

Mais, remarquons-le bien, l'ouvrage de Dieu est fini : si grand et si beau qu'on le suppose, cet ouvrage fini n'a aucune proportion avec l'action divine qui est infinie. Si parfait qu'il soit, cet univers que Dieu fait n'en est pas moins indigne de Dieu : il est *profane*[1]. Dieu ne peut mettre dans cet univers sa complaisance infinie, Dieu ne peut le créer, car l'action qui le créerait serait d'un prix infini, et la chose créée ne mériterait en rien cette action. On ne peut donc pas dire que Dieu ferait cet ouvrage pour sa gloire. Cet ouvrage ne glorifierait pas Dieu d'une manière digne de lui. Il faut que le Créateur trouve le secret de rendre son ouvrage *divin*[2], et de le proportionner à son action qui est divine.

Faudra-t-il donc que le monde soit infini, composé d'un nombre infini de tourbillons? Faudra-t-il qu'il soit éternel, sans commencement et sans fin? Mais si j'entends bien ici la pensée de Malebranche, cette prétendue infinité et cette prétendue éternité, en supposant qu'elles fussent possibles, ne tireraient pas encore l'univers de son état profane ; et en même temps elles auraient l'inconvénient

---

1. *Entret. métaph.*, ix, 5.
2. *Entret. métaph.*, ix, 4. Voir encore le *Traité de la nature et de la grâce*, et les *Réflexions sur la prémotion physique*.

d'ôter, au moins en apparence, à la créature, le caractère qui lui convient, et de lui donner quelque chose qui approcherait des attributs divins[1]. « Dieu ne doit jamais rien faire qui démente ses qualités, et il doit laisser aux créatures essentiellement dépendantes *toutes les marques de leur dépendance.* Or, le caractère essentiel de la dépendance, c'est de n'avoir point été. Un monde éternel paraît être une émanation nécessaire de la divinité[2]. » Ainsi pour décider que l'infinité et l'éternité ne peuvent être attribuées à l'univers, c'est assez qu'elles *paraissent* supprimer la dépendance essentielle de la créature, qu'elles en ôtent les marques. Et pourtant, il faut que cette créature qui doit conserver toutes les marques de sa dépendance, reçoive un caractère divin; et précisément l'infinité et l'éternité qu'on voudrait lui prêter n'étant point la vraie éternité ni la vraie infinité, puisqu'elles ne supprimeraient ni la division ni la succession, elles ne réussiraient point encore à communiquer à l'ouvrage de Dieu ce caractère divin qu'il doit avoir. Il faut donc chercher ailleurs le moyen de faire sortir l'univers de son état profane[3].

---

1. *Entret. métaph.*, ix, 5. — Voir ce que Malebranche dit de l'infinie petitesse dans la *Recherche de la vérité*, liv. I, ch. vi.
2. *Entret. métaph.*, ix, 7. — *Traité de la nat. et de la gr.*, I, 1, 4.
3. « Un monde profane étant indigne de Dieu, la sagesse de Dieu le rendait pour ainsi dire *impuissant*, ou l'empêchait d'agir. » *Traité de la nat. et de la gr.*, Disc. I, part. 1, art. 1.

Il faut recourir à la foi. Cet appel à la foi ne doit pas nous étonner de la part de Malebranche. Nous savons ce qu'il pensait des rapports de la raison et de la foi, comment il les entendait dans la théorie et dans la pratique, et nous l'avons vu déjà demander à la révélation la solution d'une question philosophique. Sans le témoignage de la Bible, il ne croirait pas la démonstration de l'existence du monde extérieur suffisamment établie. Ici, sans la foi, il demeurerait court[1], et ne trouverait pas à l'action du Créateur de motif digne d'elle qui pût l'expliquer. Mais la foi lui montre Jésus-Christ, c'est-à-dire le Verbe éternel incarné. Cette incarnation de Dieu *sanctifie* l'univers[2] et lui donne un prix infini. L'union d'une personne divine à l'ouvrage du Créateur rend cet ouvrage digne de l'action divine, en fait un objet légitime de la complaisance infinie de Dieu, et procure à Dieu une gloire « réchauffée, pour ainsi dire, d'un éclat infini[3]. » Voilà enfin le monde rendu divin sans perdre sa dépendance essen-

---

1. *Entret. métaph.*, ix, 6.
2. *Entret. métaph.*, ix, 5; xiv, 6-12. — *Convers. chrét.*, iii, iv et v. — *Traité de la nat. et de la gr.*, Disc. I, et *Éclairciss.* ii et iii.
3. *Entret. métaph.*, ix, 6. — Voyez encore les *Réflexions sur la prémotion physique*, § 22. « Dieu trouve (dans l'incarnation du Verbe) un motif non invincible, mais suffisant, pour prendre la qualité de créateur, *qualité peu digne de lui sans ce dénouement qu'il trouve dans sa sagesse pour satisfaire sa bonté.* Il trouve, dis-je, un motif pour faire du bien à ses créatures et recevoir leur culte sanctifié et offert par son Fils, qui est en lui, égal à lui, une même chose avec lui. »

tielle ni même les marques de cette dépendance. C'est là le chef-d'œuvre de la sagesse divine. Or, dans ce monde il y a des esprits. Ces esprits, spectateurs et admirateurs de l'édifice que Dieu construit, rendent à Dieu par leurs adorations une seconde gloire qui a, elle aussi, un prix divin, du moment que ces esprits, unis à leur souverain chef qui est le Verbe incarné, peuvent, par lui, adorer Dieu d'une manière digne de la majesté divine. Ainsi, grâce à l'incarnation du Verbe, le monde est infiniment relevé, et les honneurs que de viles et méprisables créatures rendent au Créateur deviennent des honneurs vraiment divins[1]. On peut donc affirmer que, lors même que l'homme n'eût point péché, le Verbe se serait encore uni à l'ouvrage de Dieu d'une manière ou d'une autre[2]; et on peut dire que la fin principale que Dieu s'est proposée en créant, c'est sa gloire en Jésus-Christ et par Jésus-Christ. Il a voulu se faire un temple dans lequel il fût éternellement glorifié, et Jésus-Christ est le souverain prêtre par qui nous glorifions Dieu comme il le mérite.

Ici une difficulté se présente : « Il semble que Dieu n'a pas été parfaitement libre dans la produc-

---

1. *Entret. métaph.*, ix, 6. — *Traité de la nat. et de la gr.*, I, 1, 56.
2. *Entret. métaph.*, ix, 5. — « C'est en Jésus-Christ que tout subsiste; car il n'y a que lui qui puisse rendre l'ouvrage de Dieu *parfaitement* digne de son auteur. » *Traité de la nat. et de la gr.*, Disc. I, part. 1, art. 2. Voir aussi le iiie *éclaircissement*, surtout § 18.

tion de son ouvrage, puisqu'il en tire une gloire infinie et qui le contente si fort. » Mais Malebranche répond, que « l'être infiniment parfait se suffit pleinement à lui-même, et qu'ainsi il n'aime nécessairement que sa propre substance, que ses divines perfections[1], » et rassuré tout aussitôt par cette réponse, il continue ses recherches et ses explications.

Dieu agit pour sa gloire en Jésus-Christ. C'est là sa dernière fin. Il faut que son ouvrage lui fasse honneur de toutes les façons, qu'il exprime ses qualités excellentes, qu'il soit aussi beau et aussi parfait que possible[2]. Mais les voies par lesquelles l'ouvrage est exécuté ne peuvent être séparées de l'ouvrage même. Ce n'est pas assez de faire une belle chose : il faut la faire par les meilleures voies, et cette chose ne serait plus vraiment aussi belle que possible si elle ne pouvait se faire que par des voies compliquées marquant peu de sagesse. Dieu en créant l'univers a donc égard aux voies à suivre pour exécuter son dessein : autrement il n'est plus souverainement sage. Or, les voies les meilleures, ce sont les plus simples et les plus fécondes. Mais les voies les plus simples et les plus fécondes, ne sont-ce pas celles par lesquelles un grand nombre d'effets particuliers très-divers se trouvent produits

---

1. *Entret. métaph.*, ix, 7. — *Médit. chrét.*, ix, 10.
2. *Entret. métaph.*, ix, 9.

en vertu d'une même loi? Les efforts d'une volonté, bornée dans ses vues et dans son action, qui s'épuise dans les détails, ne témoignent ni d'une grande puissance, ni d'une grande sagesse. On peut dépenser alors beaucoup d'activité; mais comme on n'a pas de dessein ou que, si on en a un, on ne peut l'accomplir que par une série de petits expédients inventés au jour le jour selon les besoins du moment, on ne donne point de son intelligence une haute idée. A-t-on, au contraire, le secret de combiner si bien les choses que la même loi, à la fois simple et féconde, explique une multitude d'effets dissemblables, alors on se montre sage : au lieu d'agir par des volontés particulières, on agit par des volontés générales. La généralité est le propre de la sagesse et en est le signe certain. Là où il n'y a point de généralité, il n'y a que caprice, incohérence et chaos. Là où la généralité apparaît, la conduite est réglée, suivie, ordonnée, et ces démarches régulières ont quelque chose de majestueux et de vraiment beau qui satisfait la raison.

Voilà bien, si je ne me trompe, ce que Malebranche entend par la généralité des voies[1]. Il entend que Dieu a un plan et travaille, si je puis dire,

---

1. Voir *Entret. métaph.*, x, 10-13. — *Médit. chrét.*, vii. — *Traité de la nature et de la grâce*. Discours I, surtout 1, 13, 14; et *Éclaircissements* i, ii et iii. Le commencement de ce dernier éclaircissement a ceci de fort remarquable, que les principes de Malebranche y sont exposés presque sous la forme syllogistique.

à l'exécution de ce plan, non point au jour le jour, mais d'une manière constante, régulière, embrassant dans sa pensée éternelle l'ensemble des choses, voyant la place que les détails occupent dans cet ensemble, et produisant les innombrables effets que nous entrevoyons, en vertu de quelques lois fort simples et très-fécondes. Ces lois ne sont rien qui existe en dehors de Dieu : elles sont la volonté divine elle-même qui fait tout et règle tout, toujours efficace, toujours sage, toujours constante. Dieu consulte sans cesse la loi immuable de la vérité et de l'ordre, et sans cesse il conforme à cette loi sa conduite. Qu'est-ce à dire, sinon qu'il agit toujours selon ce qu'il est, qu'il agit toujours en Dieu? Et c'est pour cela qu'il y a dans son ouvrage la régularité et la constance que nous admirons. Si la Providence n'était que particulière, si elle n'était point générale, Dieu démentirait ses perfections; Dieu n'agirait plus selon ce qu'il est, Dieu ne serait plus Dieu.

Il est facile de voir quel rapport il y a entre cette théorie de la Providence et la théorie des idées. Dieu agit par des volontés générales parce qu'il est la Raison souveraine et la sagesse même. Mais, de même que, dans la théorie des idées, Malebranche prétend ramener toutes les essences des choses matérielles, par exemple, à une seule, l'étendue intelligible, qui, prise en soi, est absolument indéterminée; de même, dans la théorie de la Providence générale, il semble ne plus tenir compte des détails, il paraît sacrifier les êtres, il réduit tout à un petit nombre de lois très-générales, lois indéterminées en quelque sorte, qui dominent tout, mais sont si vagues que les choses s'arrangent dans le détail comme elles peuvent, et mille irrégularités se produisent. Puis, de même encore que les idées particulières qui semblaient oubliées apparaissent comme les limitations de l'idée du créateur, comme des participations de l'idée générale de l'infini, et les créatures elles-mêmes comme des participations imparfaites de l'être divin ; de même dans la théorie de la Providence, tous ces détails que des lois trop générales semblaient ne pouvoir atteindre, se montrent comme autant de conséquences inévitables de ces mêmes lois, et ainsi à l'indétermination succède le déterminisme absolu. Malebranche a beau distinguer expressément et partout deux sortes de lois en Dieu, d'une part la loi de l'ordre, loi inviolable, son Verbe, sa sagesse, de l'autre les *décrets* divins, lois *arbitraires*[1] : tout ce qui se produit est une suite des lois générales, et les lois générales sont une suite de l'ordre immuable et nécessaire, en ce sens même que Dieu, invinciblement déterminé

---

1. Voir surtout *Traité de la nat. et de la gr.*, Disc. I, art. 20, et *Entret. sur la mort*, ii, éd. de 1696, p. 337.

par l'ordre, choisit ces lois comme les seules qui soient dignes de sa sagesse. Où est alors la liberté divine ? où est le souci légitime du détail ? où est la contingence dans cet univers si bien réglé ? Malebranche veut que l'ouvrage de Dieu soit *divin* dans ses voies, comme tout à l'heure il voulait que cet ouvrage fût divin en lui-même grâce à l'Incarnation. Ce qui est vrai de l'acte créateur et de la sagesse créatrice, il le veut retrouver dans la chose créée. Toujours tout plein de Dieu, il ne sait pas bien ce que c'est que le naturel et l'humain ; de la créature il ne connaît bien qu'une chose, c'est qu'elle est essentiellement dépendante du Créateur, et voici que le sentiment même de cette dépendance lui fait imaginer entre la créature et le Créateur des liens tels que le créé se confond avec Dieu. Ainsi, à chaque instant, il creuse un abîme entre le monde et l'auteur du monde, et à chaque instant il est tout près de confondre, à son insu, ce qu'il distingue si profondément. Quand la créature n'est plus rien, il semble qu'elle soit Dieu. L'univers est profane : rendons-le divin pour qu'il soit digne de l'action de Dieu. L'univers est imparfait et défectueux : expliquons ces imperfections et ces défauts par les voies simples et fécondes que Dieu a dû choisir. Ne nous contentons pas de dire : le monde est beau et bon ; disons que c'était le meilleur que Dieu pût faire, donnant ainsi à ce monde essentiellement dépendant, fini, imparfait, une sorte de perfection, une excellence, une nécessité qui n'appartient qu'à Dieu. Assurément c'est un curieux spectacle que de voir par quels efforts Malebranche, qui ne conçoit bien que le divin, essaie de faire à la créature une place que sans cesse il lui donne et lui retire en même temps. C'est toujours la même difficulté inhérente à son système : maintenir la création dans une doctrine qui ne laisse à l'être créé aucune réalité. De là vient qu'à chaque moment les plus solides principes sont poussés à des conséquences qui les ruinent, les plus belles vérités sont gâtées par des exagérations qui les compromettent. On admire et on a peur; on rencontre des choses excellentes, et on ne peut les admettre avec sécurité; on se réjouit parce qu'on voit briller une vive lumière, et l'on se trouve dans un grand embarras, ne sachant trop si c'est bien une vérité que l'on tient, tant on en voit sortir de conséquences fâcheuses. Sans généralité, point de sagesse; sans l'inviolable loi de l'ordre immuable, point de plan divin, rien d'assuré dans le gouvernement du monde, une providence capricieuse qui n'est plus que le hasard sous un nom auguste. Mais aussi avec ce principe des lois générales et de la simplicité des voies, poussé trop loin, un Dieu occupé avant tout de faire un ouvrage qui fasse honneur à sa sagesse, « une Providence excellente pour

Dieu, mais pas trop bonne pour nous [1], » déterminée invinciblement au choix qu'elle fait, puisqu'il est seul digne d'elle, et déterminant toutes choses par ce choix, la nécessité enfin sous le nom de raison. Tantôt la créature tellement rabaissée que l'acte qui crée semble atteint lui-même par cette indignité, et qu'on se demande comment Dieu a bien voulu prendre « la qualité basse pour ainsi dire et humiliante de créateur [2]; » tantôt, au contraire, ce même ouvrage tellement beau, considéré dans son ensemble et dans la manière de l'exécuter, tellement divin, grâce, il est vrai, à l'Incarnation, qu'on se demande comment Dieu aurait pu sans déchoir ne pas le faire, et que, dans tous les cas, Dieu une fois résolu à créer n'aurait pu, sans violer l'ordre, c'est-à-dire sans cesser d'être Dieu, choisir d'autres combinaisons et d'autres voies, faire en un mot un autre ouvrage [3]. Enfin, pour tout dire, la

---

1. *Entret. métaph.*, XII, 11. C'est une objection que Malebranche se fait plusieurs fois. « Que Dieu laisse tout cela, et pense un peu plus à nous. » *Ibid.*, *ibid.* — « Je ne sais, je voudrais bien, ce me semble, que Dieu nous aimât un peu davantage. » IX, 8. — Malebranche fait toujours la même réponse.— Voyez encore *Rép.* à Arnauld, t. III, p. 276 : « Dieu ne se met point en peine qu'il y ait des désordres dans l'enfer, pourvu qu'il n'y en ait point dans la céleste Jérusalem. Il veut bien qu'on trouve des défauts dans son ouvrage, mais il ne veut pas qu'on en trouve dans sa conduite et dans ses desseins. »
2. *Médit. chrét.*, XIX, 5. — *Réflex. sur la prémot. phys.*, § 22.
3. *Traité de la nat. et de la grâce.* Disc. I, art. 1. « Supposé que Dieu veuille se procurer un honneur digne de lui, ce qui lui est néanmoins tout à fait libre, puisqu'il se suffit pleinement à lui-même, *sa sagesse* lui manque en un sens si elle ne s'offre la première

place de l'être créé dans cet univers où Dieu fait tout immédiatement, à tel point amoindrie et réduite, qu'on est tenté de s'écrier: à quoi bon les créatures[1]? et, d'un autre côté, les causes occasionnelles qui sont sans efficace présentées comme les conditions déterminantes de l'efficace divine, de telle sorte que Dieu semble dépendre d'elles dans son action.

Si j'ai constaté ici toutes les difficultés que soulève la théorie de Malebranche, ce n'est pas pour entamer une discussion qui aura sa place ailleurs. C'est pour bien montrer comment toutes les opinions de notre philosophe sont liées entre elles; comment, en même temps, le conflit que nous avons déjà signalé entre deux tendances diverses de sa pensée se retrouve partout; comment enfin la négation de l'activité dans la créature, et une idée inexacte de l'activité en Dieu, causent et expliquent tous les malentendus, toutes les exagérations, tous les périls que nous ne cessons de constater.

Dans cette partie de sa philosophie, Malebranche semble fort loin de Descartes : d'abord, par cela seul qu'il tâche d'approfondir des questions aux-

---

à lui pour s'unir à son ouvrage, puisqu'autrement son ouvrage ne serait pas digne de lui. » Mais comment Dieu peut-il être libre de vouloir ou de ne vouloir pas un ouvrage qui est digne, *parfaitement* digne de lui? Voyez encore même Discours, art. 4.

1. Voyez *Médit. chrét.*, xi, 10. « Pourquoi ce corps puisqu'il ne peut agir en moi? »

quelles son maître s'est peu arrêté[1] ; ensuite, parce que, dans la manière de les traiter, il mêle sans cesse la philosophie et la foi. Descartes a dit quelque part que l'Incarnation est un témoignage éclatant de la sagesse et de la bonté de Dieu ; mais il n'a jamais eu la pensée de prétendre que ce mystère peut seul justifier l'existence des choses. Il a parlé de « la *nécessité* de la Providence qui embrasse, qui enveloppe tout ; » mais s'il a trouvé pour affirmer cette divine Providence des termes d'une énergie outrée, il n'a pas tenté de pénétrer ses voies. Il a déclaré à plusieurs reprises que les ouvrages de Dieu sont très-beaux et très-bons ; mais il n'a pas supposé que Dieu ne pouvait faire un autre univers sans manquer à sa sagesse ; et il a proclamé tout au contraire que ce que Dieu veut et fait est bon pour cela seul que Dieu le veut et le fait, la volonté toute-puissante du Créateur déterminant elle-même par ses décrets la vérité et le bien. Enfin il a soutenu que nous devons accepter de bon cœur et prendre en bonne part les événements les plus fâcheux, parce que la volonté sage et bonne de Dieu dispose de tout ; mais il n'a pas montré comment cette volonté sage et bonne a été déterminée par sa sagesse même à permettre les maux que

---

1. C'est principalement dans les *Lettres* à la princesse Élisabeth que Descartes a touché à ces questions, mais sans établir ce qu'on peut appeler proprement une théorie ou un système.

nous voyons dans le monde. Ainsi, il n'y a dans Descartes que quelques indications sur tous ces points où nous trouvons dans Malebranche des théories arrêtées. Est-ce à dire qu'il ne faille tenir ici presque aucun compte de l'influence cartésienne? non pas, elle est partout sensible et appréciable. Malebranche développe l'optimisme : Descartes, tout en supposant la volonté divine indifférente, avait été optimiste à sa manière, puisqu'il avait dit nettement que Dieu étant la perfection souveraine, son ouvrage ne peut être que bon. Malebranche se plaint que nous prétendions juger des œuvres de Dieu par nos conceptions étroites, et que nous amoindrissions sa puissance et son adresse en supposant au monde les mêmes bornes qu'à notre vue et à notre imagination[1] : Descartes avait plusieurs fois exprimé la même pensée et fait les mêmes plaintes. Malebranche rejette la chimère d'un monde infini en étendue et éternel : mais Descartes n'avait-il pas établi une différence profonde entre l'infini et l'indéfini? Malebranche est persuadé que l'ouvrage de Dieu doit être digne de l'action divine, qui est infinie : n'était-ce point cette même persuasion qui poussait Descartes à concevoir le monde aussi grand et aussi beau que possible? Enfin, ce grand amour de

---

1. *Rech. de la vér.*, liv. I, ch. VI.

la simplicité des voies, que Malebranche prête à Dieu même, où l'a-t-il puisé, sinon dans son commerce avec Descartes? A la place des théories compliquées de la scolastique, Descartes a prétendu mettre quelques principes clairs et simples d'où le détail des choses se déduise aisément. Au lieu de cette multitude confuse de qualités occultes, qui semblaient détruire l'harmonie du plan divin, en usurpant la puissance de Dieu, il a conçu des lois générales en vertu desquelles tout s'accomplit; et plus ces lois ont de généralité, plus elles lui paraissent avoir de valeur scientifique, la science aspirant à ramener à l'unité le multiple et à la règle le variable. N'est-ce point cette préoccupation scientifique qui a rendu Malebranche si ferme sur le principe de la simplicité des voies?

Quoi qu'il en soit, cet optimisme que Descartes n'osait justifier par l'examen du détail, et que d'ailleurs il établissait sans reconnaître en Dieu une sagesse indépendante des décrets divins, un tel optimisme était bien incomplet aux yeux de Malebranche. Il trouvait plus et mieux dans saint Augustin. Ce Père déclare les voies de Dieu impénétrables, mais il essaie néanmoins d'en découvrir quelque chose : en garde contre une curiosité téméraire, il ne craint pas de considérer avec une respectueuse hardiesse le gouvernement de la Providence, et il se plaît à admirer la sagesse qui s'y montre ou à célébrer la bonté qui y éclate. Pour justifier Dieu, si je l'ose dire, au milieu des maux qui nous font gémir, il a des raisons profondes, des vues lumineuses, de magnifiques expressions. C'est lui qui déclare que s'il y a du mal, c'est parce que Dieu est bon, Dieu s'étant senti la force de vaincre le mal et d'en faire sortir des biens qui le surpassent[1]. C'est lui encore qui dit que sans le mal le monde serait moins beau qu'il n'est, que l'absence du mal en ferait disparaître une foule de biens excellents, et que Dieu, semblable à un artiste consommé, a permis ces ombres, ces défaillances, ces imperfections pour mieux faire ressortir la beauté de l'ensemble[2]. On retrouverait dans la plupart des Pères et des docteurs des pensées analogues. Saint Thomas surtout montre admirablement que la permission du mal a sa raison dans les secrets de la sagesse de Dieu, dans la grandeur de sa bonté, dans des *convenances* et dans une sorte de *bienséance* toute divine[3]. Mais ni saint Thomas, ni saint

---

1. *Enchir.* I. « Deus est adeo bonus, ut nunquam aliquod malum esse permitteret, nisi esset adeo potens ut de quolibet malo posset elicere bonum. » — Voir encore *De Gen. ad litt.* lib. XI, cap. XXXIII; *De Gen.* imperf. lib., cap. XXV.

2. *De Gen. ad litt.*, lib. I, 34. Le mal arrive par l'action de Dieu à former comme une sorte de supplément à la beauté de l'ensemble, *neque... sine supplemento esse decoris universi.* — *Enchir.*, 96. « Ut non solum bona, sed etiam sint et mala, *bonum* est. » — Voir encore *De vera Relig.*, 51 ; *De civit. Dei*, lib. II, cap. XXII, et lib. XXII, cap. II; *De quant. anim.*, cap. XXXVI ; *De ordine*, lib. I, 18; *Epist.* 166. On pourrait faire encore beaucoup d'autres citations.

3. « Nec propter impotentiam, nec propter ignorantiam Dei est

Augustin, ni personne parmi les docteurs les plus autorisés, n'a jamais regardé le monde comme le meilleur que Dieu pût faire : cela est propre à Malebranche [1]. Nul grand théologien non plus n'a considéré l'Incarnation comme absolument nécessaire en ce sens que sans l'Incarnation Dieu n'eût pas créé [2]. Saint Augustin en particulier est si éloigné de

quod mala in mundo proveniant, sed ex ordine sapientiæ suæ, et magnitudine bonitatis, ex qua provenit quod multiplicentur diversi gradus bonitatis in rebus; quorum multi deficerent, si nullum malum esse permitteret. » (*Potent.* q. III, *de creat.* art. 6, ad quartum.) — « Et ideo *decet* ut (Deus) mala facere permittat. » (2 dist. 34, art. 1, ad quintum.) — « Necesse est dicere omnia divinæ providentiæ subjacere, non in universali tantum, sed etiam in singulari... *Provisor universalis* permittit aliquem defectum in aliquo particulari accidere, ne impediatur bonum totius... Quum igitur Deus sit universalis provisor totius entis, ad ipsius providentiam pertinet ut permittat quosdam defectus esse in aliquibus particularibus rebus, ne impediatur bonum universi perfectum. Si enim omnia mala impedirentur, multa bona deessent universo. » (*Summa theolog.*, I^a, q. XXII, art. 2, corp. et ad 2um.) — « Deus permittit aliqua mala, ne his sublatis, majora bona tollerentur. » (II^a 2^{ae}, q. X, art. 11.) — « Ordo universi requirit quod quædam sint quæ deficere possint et interdum deficiant. » (I^a, q. XLIX, art. 2.) — « Si malum a quibusdam partibus universi subtraheretur, multum deperiret perfectionis universi... Oporteret bonorum multitudinem diminui, *quod esse non debet.* » (*Contra gentes*, lib. III, cap. LXXI.)

1. Saint Thomas dit formellement que Dieu peut, non pas opérer avec plus de puissance et de sagesse, mais faire des choses meilleures que celles qu'il a faites : l'univers actuel est admirable et parfait à sa manière, à cause de l'ordre si convenable qui y préside (propter decentissimum ordinem); mais un autre univers, bon aussi et convenable, serait possible. (*Summa theolog.*, I^a, q. XXV, art. 5 et 6; q. CXV, art. 6.)

2. Voyez ce que dit saint Thomas (*Summa theolog.*, III^a, q. I, art. 1, 2 et 3) de la *convenance* de l'Incarnation : il montre que non-seulement ce mystère ne répugne pas à la raison, mais que la puissance, la sagesse et la bonté de Dieu s'y manifestent avec éclat. Il ajoute qu'il n'y avait pas de moyen plus convenable de restaurer le genre humain ; mais il déclare formellement que l'ouvrage de Dieu

ce sentiment, qu'il déclare que toute nature est bonne en tant que nature, et ainsi digne en un sens d'être créée, quoique toujours infiniment éloignée de Dieu [1]. Assurément Malebranche a trouvé et dans saint Augustin et dans les Pères cette pensée que l'Incarnation relève singulièrement la créature, et que le monde gâté par le péché, mais réparé par Jésus-Christ, a plus de beauté, plus de dignité, plus de valeur que le monde sans le péché, mais aussi sans l'Homme-Dieu [2]; assurément encore il a trouvé dans les épîtres de saint Paul des textes où Jésus-Christ est proclamé le chef véritable, non pas seulement de l'humanité, mais de la création tout entière, qui

sans l'Incarnation peut avoir sa perfection naturelle. Citons le passage tout entier : Malebranche y semble exposé et réfuté d'avance. « On dit qu'il est de la toute-puissance de l'efficace divine de parfaire ses œuvres et de se manifester par quelque effet infini. Or, aucune créature purement créature ne peut être considérée comme un effet infini, puisque toute créature est finie par essence. C'est uniquement dans l'œuvre de l'Incarnation que paraît se manifester excellemment un effet infini de la toute-puissance divine, qui a uni des choses infiniment éloignées en faisant qu'un homme fût Dieu ; et c'est aussi dans cette œuvre que l'univers paraît atteindre le plus haut degré de perfection, une créature du dernier ordre, telle que l'homme, étant unie au premier principe qui est Dieu. Donc, alors même que l'homme n'eût pas péché, Dieu se serait incarné. » Mais, répond saint Thomas, « dans la manière même dont les choses sont tirées du néant, la toute-puissance divine se montre. Quant à la perfection de l'univers, elle se trouve atteinte par cela seul que les créatures sont coordonnées à Dieu comme à leur fin, suivant un mode naturel ; mais qu'une créature soit unie à Dieu en personne, cela passe les limites de la perfection naturelle. » (Art. 3 : 2 et ad 2ᵐ.)

1. *De civit. Dei*, lib. XII, cap. IV et V; *De natura boni*, cap. III.
2. « O felix culpa quæ talem ac tantum meruit habere Redemptorem ! » *Liturgie*, office du Samedi-saint. — « L'état de la rédemption vaut cent fois mieux que celui de l'innocence. » Saint François de Sales.

subsiste en lui et est rattachée par lui au créateur[1]. Mais qu'il y a loin de là à venir prétendre que la créature, par cela seul qu'elle est finie, est profane, que Dieu manquerait à sa sagesse et à la loi de l'ordre en lui donnant l'être, que par conséquent l'union d'une personne divine à l'ouvrage de Dieu est nécessaire pour que Dieu ait un motif suffisant de créer! Malebranche, oubliant l'enseignement de ses maîtres, soutient une opinion particulière, hasardée[2], où il croit trouver la véritable évidence; il s'y attache avec une confiance entière, et y cherche le dénoûment de toutes les difficultés relatives à la divine Providence.

Suivons maintenant notre philosophe dans les explications qu'il donne du plan divin. Là nous avons à signaler partout l'influence cartésienne. Qu'on lui donne de l'étendue et du mouvement, lui aussi, comme Descartes, fera le monde, j'entends le monde physique[3]. C'est le mécanisme qui rend compte de tout, et les lois de la communication du mouvement sont les seules qui président à toutes les combinaisons que nous remarquons dans l'uni-

---

1. I *Corinth.*, III, 22, 23. « Omnia vestra sunt : vos autem Christi, Christus autem Dei. » Voyez aussi, *Coloss.* I, 13-20, un très-beau texte que Malebranche cite lui-même. (*Entret. métaph.*, XIV, 10.)
2. Voyez la *Réfutation du P. Malebranche*, par Fénelon, ch. XXII. Nous en parlerons au second volume du présent ouvrage.
3. *Entret. métaph.*, X, 15. « Encore un peu de mouvement me donnera satisfaction, » et le reste.

vers matériel, les seules qui expliquent tout ce qui s'y produit. Seulement il y a ici entre Descartes et Malebranche quelques dissidences qui ne laissent pas que d'être graves. Elles ne viennent point de quelque doute que Malebranche aurait sur la légitimité d'une explication mécanique des choses. Si ses réflexions et les remarques de Leibnitz le conduisent à changer la formule cartésienne des lois du mouvement, c'est par scrupule scientifique et par respect pour l'exactitude; la métaphysique ne se ressent point de ces modifications qui n'ôtent rien au mécanisme. Les autres différences, de l'ordre purement philosophique, tiennent d'abord au soin extrême que Malebranche a de bien mettre en lumière l'efficace divine, et ensuite aux pensées morales et religieuses qui ne l'abandonnent jamais.

Dieu conserve et développe ses ouvrages par des voies simples et fécondes, c'est-à-dire par les lois de la communication du mouvement; mais la première impression que Dieu communique à la matière n'est point déterminée par ces lois générales. Rien n'existant encore, aucune cause occasionnelle ne pouvant déterminer l'action divine, les lois du mouvement n'ont point lieu. Le premier pas de la conduite de Dieu ne peut être réglé par ces lois. C'est une sagesse infinie qui préside à cette première démarche; ce ne sont pas encore ces lois que Dieu ne suivra que pour rendre sa conduite uniforme[1]. Ainsi les lois générales de la communication du mouvement n'expliquent tout qu'une fois le premier pas fait. Première dissidence avec Descartes.

Mais alors il n'est pas vrai de dire, pour les corps organisés en particulier, que les lois du mouvement en expliquent la formation. Ces lois président à la conservation et au développement des êtres, non à leur création. C'est dès le commencement que tout a été créé. Chaque être de chaque espèce contenait en lui, le premier jour, toute sa postérité. Une série indéfinie de germes enveloppés les uns dans les autres existait dans le premier individu de chaque espèce; et tous les germes non encore développés existent dans tout individu, à l'heure qu'il est. C'est cet emboîtement des germes les uns dans les autres qui explique la perpétuité des espèces et la naissance des êtres organisés. A leur naissance ils ne sont point formés, pour parler juste : ils se dégagent, ils se développent, ils apparaissent. Et comment cela? En vertu des lois du mouvement[2]. Les parties organiques des abeilles, par exemple, sont formées dans leurs vers, et si bien proportionnées aux lois des mouvements, que, par leur construction et l'efficace de ces lois, elles peuvent croître, sans que Dieu, pour ainsi dire, y touche de nou-

1. *Entret. métaph.* ix, 16, 17.
2. *Ibid.*, x, 3, 15, 17; xi, 1, 2, 3, 8. Descartes y est cité.

veau par une providence extraordinaire. Ainsi, au temps de la création, il a construit pour les siècles futurs les animaux et les plantes ; il a établi les lois des mouvements nécessaires pour les faire croître : maintenant il se repose, en quelque sorte, parce qu'il ne fait plus que suivre ces lois [1]. Dans Descartes, les lois des mouvements expliquent tout. Donc, deuxième dissidence avec Descartes.

Quand Dieu communique à la matière la première impression d'où dépend tout son ouvrage, il voit par sa sagesse toutes les combinaisons du physique avec le moral et du naturel avec le surnaturel, qui résulteront de cette première impression. Un grain de matière poussé d'abord à droite au lieu de l'être à gauche, poussé avec un degré de force plus ou moins grand, pouvait tout changer dans le physique, de là dans le moral, que dis-je? même dans le surnaturel [2]. Dieu, avant de faire le premier pas, a donc comparé les premiers mouvements de la matière, non-seulement avec toutes ses suites naturelles ou nécessaires, mais encore à bien plus forte raison avec toutes les suites morales et surnaturelles, dans toutes les suppositions possibles [3]. Il y a donc entre les choses une universelle harmonie,

---

1. *Entret. métaph.* xi, 2.
2. *Ibid.*, x, 17.
3. *Ibid.*, xi, 5.

et tout est si bien lié que le moindre changement dans ce premier mouvement qui décide de tout eût produit un autre univers, un ordre de choses tout différent de celui qui existe. Descartes n'a point parlé de cela. Voilà donc, je ne dirai pas une troisième dissidence, mais une troisième différence entre Malebranche et Descartes.

Que si maintenant nous lisons à la suite ces trente ou quarante pages des *Entretiens métaphysiques* où les démarches de Dieu sont racontées [1], et que nous laissions de côté tout souci de critique, de quoi demeurerons-nous frappés? Ce mélange de hardiesse et d'humilité, cette rigueur scientifique et cette poésie, cette « contemplation de ce qui nous passe, » prolongée jusqu'au moment où l'esprit est réduit à « un silence forcé [2] » en présence des incompréhensibles perfections de Dieu, tout cela communique à ces pages une singulière beauté. C'est alors que la différence qui existe entre Descartes et Malebranche éclate plus vivement encore que dans les points particuliers, si importants qu'ils soient. Descartes a parlé d'un monde indéfini. Que Malebranche s'empare de cet aperçu! et voilà qu'il confond notre esprit par le spectacle de l'extrême grandeur et de l'extrême petitesse, passant de ces astres innombrables d'un volume prodigieux et d'un éclat si

---

1. *Entret. métaph.* x, xi, xii.
2. *Ibid.*, x, 17.

magnifique à ces « atomes vivants[1], » à ces animaux imperceptibles d'une structure si délicate. Puis, après avoir admiré la magnificence du Créateur dans la multitude infinie de ses ouvrages, il entre dans le conseil de Dieu, il nous dévoile la divine pensée concevant l'univers, il nous montre cette infaillible sagesse concertant toutes choses, embrassant d'une seule vue tout son ouvrage, et décidant du premier pas d'où tout le reste doit dépendre. « Voilà le Créateur prêt à sortir hors de lui-même, hors de son sanctuaire éternel, prêt à se mettre en marche par la production des créatures[3]. » Que ses démarches sont majestueuses! comme, dès le premier pas qu'il fait, il ordonne tout à sa fin et va majestueusement, invariablement, toujours divinement, sans jamais se repentir, jusqu'à ce qu'il prenne possession de ce temple spirituel qu'il construit par Jésus-Christ, et auquel il rapporte toutes les démarches de sa conduite[4]! Cette admirable peinture est-elle d'un philosophe, est-elle d'un poëte? On dirait une page empruntée à Milton. Descartes n'eût jamais écrit ces choses.

Malebranche regarde donc comme indubitable que Dieu a déterminé avec une sagesse infinie la première impression communiquée à la matière.

---

1. *Entret. métaph.*, x, 1-8. Ces pages font penser à Pascal.
2. *Ibid.*, x, 2.
3. *Ibid.*, x, 1.
4. *Ibid.*, x, 17.

Cela fait, la Providence conserve et développe tout par une conduite simple, constante, uniforme, qui porte bien le caractère des attributs divins. Les lois des mouvements président à l'univers physique ; les lois de l'union de l'âme et du corps, et les lois de l'union de l'esprit avec la Raison, président au monde des âmes et à la société des esprits. Enfin les lois par lesquelles les anges distribuent aux hommes les biens temporels, et celles par lesquelles Jésus-Christ distribue la Grâce et toutes sortes de biens, président à l'ordre surnaturel. Ces cinq sortes de lois expliquent le gouvernement de la Providence : la première regarde la matière, la seconde et la troisième l'ordre moral, les deux dernières l'ordre surnaturel [1].

Dans le monde de la matière, il n'y a que des mouvements, tout se fait par le mouvement [2]. L'étendue, qui d'elle-même serait uniforme, se diversifie parce qu'elle est mobile [3]; et ainsi c'est le mouvement qui explique cette belle variété que nous admirons dans l'univers physique. Les animaux eux-mêmes ne sont que des machines. Leur supposer une âme est impossible; car ou l'âme n'est point ou elle est spirituelle; et l'âme spirituelle,

---

1. *Entret. métaph.*, XIII. — *Médit. chrét.*, VII et VIII.
2. *Entret. métaph.*, XI, 12. — *Médit. chrét.*, V, 9. « Rien ne se fait dans le monde matériel que par le mouvement de quelques parties visibles ou invisibles. »
3. *Rech. de la vér.*, liv. I, ch. I, et liv. IV, ch. I, 1.

l'âme véritable, n'existe que parce qu'elle est unie à la Raison universelle qui éclaire tous les esprits et au Bien souverain qui meut toutes les volontés : si l'on supprime cette union, il n'y a plus moyen que la plus simple perception ou le moindre sentiment ait lieu. Mais si l'on suppose dans les animaux cette même union, on fait une supposition à la fois chimérique et impie. L'animal est donc tout entier matière. Les mouvements qui, chez nous, précèdent ou accompagnent la sensation, l'imagination, les passions, se produisent dans l'animal de la même manière ; mais il ne sent pas, il n'imagine pas, il n'a pas de passions. Un chien a, comme nous, un cerveau, dont les fibres sont plus ou moins délicates, des filets nerveux qui mettent ce cerveau en communication avec le corps tout entier, des esprits animaux plus ou moins abondants, plus ou moins vifs, qui impriment dans ce cerveau des traces plus ou moins profondes, et se répandent dans toute la machine pour en mouvoir les ressorts avec plus ou moins de promptitude ; mais c'est tout. Ce chien semble aimer, craindre, espérer : tout cela n'est chez lui qu'un pur jeu de machine. Il paraît se souvenir : mais cette mémoire toute corporelle n'est qu'une habitude passive due au cours des esprits animaux. Les bêtes sont incapables de sentiment et de perception. Il est vrai que souvent les personnes même les plus persuadées que ce ne sont que des machines ne peuvent se décider à les tuer; mais c'est chez ces personnes elles-mêmes l'effet d'une compassion machinale qui les blesse par contre-coup. Il ne faut donc pas dépasser ce que l'expérience nous apprend précisément, il ne faut pas suivre sans réflexion des préjugés que la saine raison dissipe : nous ne voyons rien dans les bêtes que le mécanisme n'explique, et nous comprenons qu'elles ne peuvent rien avoir de plus : n'est-ce pas décisif? Telle est l'opinion nette et tranchée où Malebranche se fixe. Il avoue que saint Augustin accordait aux bêtes une âme; mais, à l'en croire, si ce Père eût fait de cette question une étude particulière, ses principes l'eussent conduit à reconnaître que les bêtes n'ont point d'âme et n'en peuvent avoir. Quant à Descartes, s'il refusait manifestement aux animaux tout ce qui ressemble à de l'intelligence, il semblait par moments leur laisser quelque sensibilité : il y a dans ses écrits des textes susceptibles de cette interprétation. Dans Malebranche, toute hésitation cesse, toute équivoque disparaît : les conséquences extrêmes des principes cartésiens sont admises résolûment. A ses yeux, les bêtes sont, en tout et partout, des automates, ou, comme il dit, de pures machines, et rien de plus[1]. Ainsi, en dehors des esprits, il n'y a que

---

1. *Rech. de la vér.*, liv. II, part. I, ch. IV, 3; ch. V, 4; ch. VII, 2;

des choses étendues; en dehors de la pensée, il n'y a que des mouvements. Or, c'est Dieu qui est l'unique moteur. Les corps sont établis comme *causes occasionnelles* de son action. Ils ne font rien; mais l'action de Dieu dépend d'eux d'une certaine manière. *En obéissant à ses propres lois, Dieu fait tout ce que font les causes secondes*[1].

Les lois générales de l'union de l'âme et du corps établissent une exacte correspondance entre les mouvements du corps et les sentiments et les volontés de l'âme : c'est Dieu qui produit ces mouvements, Dieu qui touche l'âme par le sentiment ou la meut par l'amour, Dieu enfin qui établit entre ces choses si diverses la correspondance que nous voyons. Rien ne ressemble moins à une perception, ou à une passion, que l'ébranlement du cerveau ou le cours des esprits animaux; et il n'y a entre des choses si essentiellement différentes aucun lien nécessaire, ni aucune réciprocité réelle d'action. Les mouvements du corps, les sentiments ou les volontés de l'âme ne sont que des causes occasionnelles. La cause efficace, c'est Dieu ; et comme son action est réglée, constante, uniforme, nous disons qu'il y a des lois de l'union de l'âme et du corps, lois par lesquelles Dieu nous unit à tous ses ou-

---

et surtout liv. VI, part. II, ch. VII, où la question est traitée longuement. — *Traité de morale*, II, ch. VIII, 10. — *Entret. métaph.*, XII, 6.

1. *Entret. métaph.* XIII, 9, n° 1.

vrages. « C'est l'ordre de la nature, c'est la volonté du Créateur, que tous les êtres qu'il a faits tiennent les uns aux autres. Nous sommes unis en quelque manière à tout l'univers, et c'est le péché qui nous a rendus dépendants de tous les êtres auxquels Dieu nous avait seulement unis. Ainsi il n'y a personne présentement qui ne soit en quelque manière uni et assujetti tout ensemble à son corps, et par son corps à ses parents, à ses amis, à sa ville, à son prince, à sa patrie, à son habit, à sa maison, à sa terre, à son cheval, à son chien, à toute la terre, au soleil, aux étoiles, à tous les cieux [1]. » Ces lois unissent donc « non-seulement les hommes avec les hommes, mais chaque créature avec toutes celles qui lui sont utiles, chacune à leur manière. Car si je vois, par exemple, mon chien qui me flatte, c'est-à-dire qui remue la queue, qui fléchit les reins, qui baisse la tête, cette vue me lie à lui, et produit non-seulement dans mon âme une espèce d'amitié, mais encore certains mouvements dans mon corps qui l'attachent aussi à moi par contre-coup. Voilà ce qui fait la passion d'un homme pour son chien, et la fidélité du chien pour son maître : c'est un peu de lumière qui débande certains ressorts dans deux machines composées par la sagesse du Créateur, de telle manière qu'elles puissent se conserver

---

[1]. *Rech. de la vér.*, liv. V, ch. II.

mutuellement. Cela est commun à l'un et à l'autre. Mais l'homme, outre la machine de son corps, a une âme et par conséquent des sentiments et des mouvements qui répondent aux changements qui arrivent dans son corps; et le chien n'est qu'une pure machine dont les mouvements réglés à leur fin doivent faire admirer l'intelligence infinie de celui qui l'a construite[1]. » Ainsi, grâce à ces lois si simples de l'union de l'âme et du corps, l'âme se répand pour ainsi dire dans le corps par le plaisir et la douleur, en sort par d'autres sentiments moins vifs, puis, par la lumière et les couleurs, se répand partout, jusque dans les cieux, et prend même intérêt dans ce qui s'y passe. Mais voici que ces mêmes lois ont des suites dans l'établissement des sociétés, dans l'éducation des enfants, dans l'augmentation des sciences, dans la formation de l'Église. Aussi fécondes que simples, elles servent à tout, dans la religion, dans la morale, dans les sciences, dans les sociétés, pour le bien public, et pour le bien particulier[2].

Malebranche revient partout avec insistance sur l'union étroite, intime, incessante qui existe entre l'âme et le corps et sur les effets de cette union. S'il nie toute action réelle et *physique* des deux substances l'une sur l'autre, il affirme énergiquement

---

1. *Entret. métaph.* xii, 6. — *Traité de morale*, I, ch. x.
2. *Entret. métaph.* xii, 6, 7.

les rapports qui existent entre elles. C'est surtout quand il cherche les causes de nos erreurs et de nos misères morales qu'il parle de ces rapports[1]. Nous nous trompons et nous péchons parce que nous donnons notre assentiment à la vraisemblance et notre consentement à l'apparence du bien; or, la plupart du temps, c'est notre union à notre corps et par notre corps aux choses sensibles qui est la cause de ces jugements précipités et de ces consentements irréfléchis; ce sont les sens, l'imagination, les passions, qui nous aveuglent et nous entraînent; et les sens, l'imagination, les passions n'existent que par le corps. Les fibres du cerveau, le sang, les humeurs, les esprits animaux ont donc leur part d'une certaine manière dans nos erreurs et dans nos misères morales; et, si l'on veut bien expliquer les différences qui se trouvent dans les esprits et dans les caractères, si l'on veut se rendre compte du jeu des passions et de leur influence contagieuse, si l'on veut enfin, par cette connaissance, apprendre les moyens de se conduire soi-même, de se servir des autres hommes dans ses besoins, et de les aider dans leurs misères[2], il faut considérer la délicatesse ou la grossièreté des fibres, l'abondance ou la disette, l'agitation ou la lenteur des esprits animaux[3].

---

1. *Recherche de la vérité*, surtout liv. I, II et V.
2. *Ibid.*, liv. II, part. I, chap. v.
3. *Ibid.*, liv. II, part. I, chap. I, 3.

On voit alors comment les images des objets, par exemple, sont liées aux traces que les esprits animaux impriment dans le cerveau, et comment ces liaisons tantôt naturelles et indissolubles, tantôt naturelles encore, mais susceptibles d'être rompues parce qu'elles ne sont pas indispensables, tantôt enfin volontaires et plus ou moins faciles à rompre, expliquent les associations des idées, les instincts, les habitudes, dont l'influence est si grande [1]. On conçoit que « la vie de l'homme consiste dans la circulation du sang, et dans une autre circulation de pensées et de désirs [2]. » On reconnaît qu'il n'y a point de conception de l'esprit à laquelle quelque image sensible ne se mêle, et qu'il n'y a point d'amour, de joie, de désir excité par des choses purement spirituelles, que quelques mouvements des esprits animaux n'accompagnent et ne puissent changer en passion parfois très-vive et très-violente [3]. On voit alors quelle est l'étendue des passions; et on sait aussi comment elles s'élèvent dans l'âme, et l'intéressent au bien du corps, comment elles s'expriment au dehors, se communiquent, et éveillent dans les autres hommes des passions semblables ou contraires selon les circonstances [4]. Instruit de toutes ces choses, on com-

---

1. *Recherche de la vérité*, liv. II, part. I, ch. V.
2. *Ibid.*, liv. II, part. I, ch. I, 3.
3. *Ibid.*, liv. V, ch. I.
4. *Ibid.*, liv. V, ch. II et suiv.

prend qu'il est nécessaire de veiller sur les sens, sur l'imagination, sur les passions[1], que c'est une folie de se laisser conduire par des facultés qui ne tendent qu'au bien du corps, mais que c'est une chimère de prétendre les détruire, puisque par elles Dieu a voulu nous unir à tous ses ouvrages[2]; qu'il faut donc les contenir, les régler, et s'en servir pour aller à la vérité et au vrai bien. De quelles précautions ne doit-on pas user! Nous sommes environnés de périls. Le vin est utile au corps, mais voyez : « il est si spiritueux que ce sont des esprits animaux tout formés, mais des esprits libertins qui ne se soumettent pas volontiers aux ordres de la volonté à cause de leur solidité et de leur agitation excessive[3]. » Il est bon d'avoir recours aux sens pour soutenir l'attention de l'esprit; mais prenez garde à ces récompenses ou à ces sentiments sensibles par lesquels on prétend exciter les enfants au travail ou les tenir dans le devoir : « dans leur cerveau une pomme et des dragées font des impressions aussi profondes que les charges et les grandeurs en font dans celui d'un homme de quarante ans : » comment voulez-vous qu'ils soient « en état d'écouter les vérités abstraites qu'on leur enseigne[4]? »

---

1. *Traité de morale*, I, ch. x-xiii; et toute la *Recherche de la vérité*.
2. *Rech. de la vér.*, liv. V, ch. ii.
3. *Ibid.*, liv. II, part. i, ch. ii, 3.
4. *Ibid.*, liv. II, part. i, ch. viii, 2.

Il est utile de se faire une grande idée des choses auxquelles on veut s'appliquer, cette admiration donne du courage et stimule l'attention : mais veillez, car autrement elle remplira votre esprit, le préoccupera, ou même l'abattra devant la grandeur de l'objet qui vous étonne, et vous serez incapable de penser[1]. La liaison qui existe entre l'enfant nouveau-né et sa mère ou sa nourrice est nécessaire et avantageuse : mais si cette première éducation est manquée, l'enfant s'en ressentira longtemps et peut-être toujours : entretenu de niaiseries et de contes ridicules ou capables de faire peur, il gardera fort longtemps une certaine bassesse et timidité d'esprit, et à l'âge de quinze et de vingt ans, il aura encore tout l'esprit de sa nourrice[2]. Il faut savoir donner à la vérité un tour agréable et la rendre touchante pour la faire accepter des hommes; mais si vous avez l'imagination vive et dominante, c'est un malheur pour vous et un grand danger pour les autres : vous êtes visionnaire, en proie à une sorte de folie, qui vous fait voir les choses avec des proportions qu'elles n'ont pas, et vous avez dans votre air et dans vos paroles je ne sais quoi de fier, de décisif, qui trouble les autres, leur impose vos vues et vos sentiments, et répand en eux vos propres passions par une communication contagieuse[3].

---

1. *Rech. de la vér.*, liv. V, ch. VII et VIII.
2. *Ibid.*, liv. II, part. I, ch. VIII, 1.
3. *Ibid.*, liv. II, part. III, ch. I.

Les livres mêmes de ces sortes d'esprits sont à craindre : Tertullien, Sénèque, Montaigne, exercent sur leurs lecteurs un empire presque irrésistible, et leurs paroles, toutes mortes qu'elles sont, ont plus de vigueur que la raison de certaines gens[1]. Tels sont quelques-uns des effets de l'union de l'âme et du corps. Telle est l'économie merveilleuse des sens et des passions : économie merveilleuse, car enfin, c'est par suite du péché, que l'union s'est changée en dépendance et est devenue un assujettissement. Prises en soi, les passions mêmes sont de l'ordre de la nature, et elles sont très-réglées. L'union de l'âme au corps et par le corps à tout l'univers, est une union naturelle, d'institution divine; et il faut admirer comment par le moyen des sens, de l'imagination et des passions, le Créateur l'a établie et la maintient[2].

On a bien souvent ri des esprits animaux et de toute cette physiologie si fort à la mode au XVIIe siè-

---

1. *Rech. de la vér.*, liv. II, part. III, ch. III, IV et V. Le chapitre sur Montaigne est plein de verve, d'esprit, et par endroits, d'indignation éloquente : Malebranche y condamne avec une impitoyable sévérité celui qui était le maître de ces beaux esprits délicats et insouciants, rebelles à la foi et incapables des sérieuses méditations qui font les vrais philosophes. Il est curieux de rapprocher ce jugement de ceux de Pascal, de Bossuet, et de Nicole (dans la Logique de Port-Royal). On peut trouver que Malebranche n'a pas assez tenu compte de tant de vérités de bon sens répandues dans Montaigne, et si heureusement exprimées, mais il a justement condamné le scepticisme léger et la facile morale des *Essais*.

2. *Rech. de la vér.*, liv. I, ch. V; liv. V, ch. I et II. — *Médit. chrét.*, X, 15-20.

cle. Après cela, on a jugé que ce n'était peut-être pas si risible et qu'entre ces vieilles théories et les nouvelles il y avait certaines analogies. Ces explications des choses étaient souvent présomptueuses, chimériques, fausses; mais souvent aussi elles avaient de la valeur, et, à le bien prendre, ce qu'il y a de plus bizarre pour nous dans les esprits animaux, c'est peut-être leur nom : appelez-les fluides, par exemple, et vous leur donnerez un air de jeunesse qui les rendra presque acceptables. Quoi qu'il en soit, ce qui me frappe dans cette mécanique cérébrale, complaisamment exposée mais non inventée par Malebranche, c'est beaucoup moins la théorie en elle-même et sa valeur scientifique, que la conviction avec laquelle un philosophe, si persuadé de l'existence et de l'excellence de l'âme, affirme l'influence du corps sur les opérations de l'esprit. Lisez avec une scrupuleuse attention ces nombreuses pages sur les sens, sur l'imagination, sur les passions : vous ne surprendrez nulle part ni embarras ni hésitation, vous ne découvrirez pas la moindre trace de peur ou de fausse honte, vous ne verrez jamais l'auteur s'entourer de précautions, user de ménagements, recourir à des détours pour dissimuler, ou atténuer, ou faire passer à ses propres yeux et aux yeux des autres ce qu'il croit vrai. Et pourquoi s'effrayerait-il ? il est si profondément convaincu d'une part que l'esprit est distinct du corps, d'autre part que Dieu fait et règle tout. L'ébranlement du cerveau, les mouvements du sang et des esprits animaux semblent tout expliquer, et le corps se mêle tellement à ce que nous avons de plus intime, que les timides pourraient se demander avec effroi ce qui reste à l'âme : il lui reste la pensée, c'est-à-dire tout ce qui est connu par sentiment intérieur, c'est-à-dire la connaissance, la sensation, l'inclination et la passion même : non, jamais un mouvement de matière ne pourra être un amour ou une joie; jamais une trace ou une image formée dans le cerveau par les objets ou les esprits animaux ne sera une pensée, jamais la différente situation de petits corps s'arrangeant diversement dans la tête ne formera un raisonnement[1]. Mais plus la distinction est profonde, évidente, incontestable, moins il faut craindre d'affirmer l'union, les rapports et la dépendance même. Et d'ailleurs, n'est-ce pas Dieu qui conduit ces ressorts par lesquels notre machine se meut? N'est-ce pas lui qui produit par sa puissance et qui règle par sa sagesse tous ces mouvements organiques, conditions de la sensation, de l'imagination, de la passion? Malebranche n'est donc point troublé dans sa foi à l'existence de l'âme par l'étude du corps, et son admiration pour le Créateur y trouve un continuel aliment. Il use des explications physiologiques avec la même confiance

---

1. *Rech. de la vér.*, liv. VI, part. II, ch. VII.

que Descartes, et il y porte les sentiments de piété d'un disciple de saint Augustin.

Arrivons maintenant à l'union de l'esprit avec la souveraine Raison. Ici l'union est immédiate et réelle. C'est Dieu qui agit, comme dans les cas précédents, mais c'est à Dieu même que l'action divine nous unit. Dieu seul est notre lumière, nous le savons; il est seul notre maître : seul il nous éclaire et nous instruit. Il est la cause efficace de la connaissance. Or, c'est d'une manière réglée que Dieu se communique aux esprits qu'il éclaire, les unit à lui, et les unit entre eux. Il y a des lois générales de l'union des esprits à la Sagesse éternelle. L'attention ne produit pas la lumière, elle ne crée pas les idées, elle n'opère pas la connaissance; mais elle est une prière naturelle par laquelle nous demandons à Dieu d'être éclairés; elle est un désir, un effort, un travail qui appelle la lumière, qui la mérite, qui l'obtient; elle est donc la cause occasionnelle de la connaissance. La regarder comme la cause véritable, c'est oublier l'opération de Dieu pour ne voir que l'effort de notre désir, effort impuissant par lui-même, quoique indispensable, et qui devrait nous convaincre de notre impuissance. Mais la croire inutile ou agir comme si on la croyait inutile, c'est renverser, autant qu'il est en soi, l'ordre établi par Dieu; c'est vouloir qu'il nous éclaire par une volonté particulière et capricieuse : Dieu n'en fera rien. L'homme doit travailler de l'esprit pour vivre de la vie de l'esprit : c'est une nécessité absolue. On ne peut découvrir la vérité sans le travail de l'attention, parce qu'il n'y a que le travail de l'attention qui ait la lumière pour récompense [1]. Ainsi des lois générales règlent l'union des esprits à la Raison universelle, et c'est par ces lois que Dieu exécute tous les desseins qu'il a commis à des natures intelligentes. Il faut bien remarquer qu'ici les êtres que Dieu fait agir sont libres : libres pour être capables de mériter; libres aussi, parce que rien ne pouvait mieux faire éclater la sagesse de la Providence de Dieu, et sa qualité de scrutateur des cœurs, *que de se servir aussi heureusement des causes libres que des causes nécessaires*, pour l'exécution de ses desseins [2].

---

[1]. *Traité de morale*, I, ch. v et vi. — *Médit. chrét.*, iii; xiii, 12.

[2]. *Entret. métaph.*, xii, 10. — *Rech. de la vér.*, éclairc. xv, 6ᵉ preuve. — *Traité de la nat. et de la gr.*, disc. III, part. i. — *Réflex. sur la prém. phys.*, § 10. « Quoique Dieu soit l'unique cause de toutes les modalités ou de tous les changements *réels* qui sont dans les substances, je soutiens et j'ai toujours soutenu que l'âme était l'unique cause de ses actes, c'est-à-dire de ses déterminations libres ou de ses consentements bons ou mauvais moralement, quoique toujours dépendamment de l'action de Dieu en elle... J'ai toujours soutenu que l'âme était active, mais que ses actes ne produisaient rien de *physique*, ou ne mettaient par eux-mêmes, par leur efficace propre, aucunes modalités nouvelles, aucun changement physique, ni dans le corps, ni dans elle-même. » — § 12. L'âme a un vrai pouvoir de consentir ou de résister aux motions naturelles qui suivent des perceptions intéressantes. — § 18. La liberté est nécessaire au mérite, et les hommages rendus à Dieu par une âme sans liberté n'ont pas plus de valeur que les révérences d'une statue qui, mue par un secret ressort, s'inclinerait automatiquement devant son auteur.

Les trois sortes de lois que nous venons d'indiquer sont les seules que l'expérience et la raison nous fassent connaître. Mais il y en a deux autres, avons-nous dit, et celles-là c'est l'autorité de l'Écriture qui nous les fait connaître [1]. Il y a premièrement des lois qui donnent aux anges, bons ou mauvais, pouvoir sur les corps, substances inférieures à leur nature. Leurs désirs pratiques sont les causes occasionnelles de ces lois [2]. En donnant aux anges cette puissance, Dieu ne change rien dans les lois générales du mouvement, ni même dans celles de l'union de l'esprit avec le corps et avec la raison universelle [3]; de plus, les anges n'agissent que par l'efficace et en conséquence d'une loi générale [4]. Il y a deuxièmement les lois par lesquelles Jésus-Christ a reçu la souveraine puissance sur les corps et sur les esprits. Les causes occasionnelles de ces lois, ce sont les mouvements de l'âme sainte de Jésus [5].

---

1. *Entret. métaph.*, XIII, 9, n° 3. — *Traité de la nature et de la grâce*, disc. I, part. II; disc. II.
2. *Entret. métaph.*, XIII, 9, n° 4.
3. *Ibid.*, XII, 15.
4. *Ibid.*, XII. — *Traité de la nature et de la grâce*, dernier éclaircissement. — *Médit. chrét.* VIII. « Miracle est un terme équivoque. Ou il se prend pour marquer un effet qui ne dépend point des lois générales connues aux hommes, ou plus généralement pour un effet qui ne dépend d'aucunes lois ni connues ni inconnues. Si tu prends le terme de miracle dans le premier sens, il en arrive infiniment plus qu'on ne croit; mais il en arrive beaucoup moins, si tu le prends dans le second sens. § 25 et 26. Remarquez que le miracle même dans ce second sens n'est ni un caprice ni un désordre.
5. *Entret. métaph.*, XII, 16-20; XIII, 9, n° 5.— *Médit. chrét.*, XIII; XIV; XVIII, 4. — *Traité de morale*, I, ch. VIII. — *Traité de la nature et de la grâce*, surtout Discours II, part. I.

Deux principes déterminent directement et par eux-mêmes les mouvements de notre amour : la lumière et le plaisir. La lumière nous découvre nos divers biens, le plaisir nous les fait goûter. Or, il n'y a que Dieu qui puisse agir immédiatement en nous pour nous éclairer ou pour nous inspirer des sentiments. Il n'y a donc que lui qui puisse, comme cause véritable, produire la grâce dans nos âmes. Et cette grâce est, ou une lumière qui nous apprend, ou un sentiment qui nous convainc que Dieu est notre bien. Mais la grâce de lumière et la grâce de sentiment diffèrent par leurs effets et par leur origine. La lumière nous laisse entièrement à nous-mêmes ; elle ne fait aucun effort sur notre liberté ; elle ne produit point en nous d'amour naturel ou nécessaire : elle fait seulement que nous nous portons de nous-mêmes vers les objets qu'elle nous découvre, ou, ce qui est la même chose, elle fait que nous déterminons librement vers des biens particuliers l'impression générale vers le bien que Dieu met sans cesse en nous. De plus, la lumière a ordinairement pour cause occasionnelle nos propres désirs qui l'appellent, la méritent d'une certaine manière, et l'obtiennent ; en d'autres termes, elle est donnée à notre attention, c'est-à-dire à cette prière naturelle par laquelle nous nous tournons vers la Raison souveraine pour en être éclairés. Il se peut que cette attention elle-même soit excitée par des rencontres extérieures qui ont lieu en vertu des lois générales de l'union de l'âme et du corps. Mais, dans tous les cas, la grâce de lumière, produite en nous directement ou à l'occasion des objets extérieurs, est en soi et communément de l'ordre naturel, bien qu'elle se rapporte au salut : aussi doit-elle être appelée grâce du Créateur. Comme Jésus-Christ seul peut nous donner accès auprès de Dieu, vu notre indignité naturelle augmentée par le péché qui nous enveloppe de toutes parts, il est vrai de dire que Jésus-Christ seul nous mérite la grâce de lumière elle-même : car Dieu ne doit plus rien à l'homme pécheur ; mais, si Jésus-Christ est la cause méritoire de cette grâce, il n'en est point la cause occasionnelle ou distributive : ce ne sont point ses désirs qui règlent et déterminent l'efficace de la cause générale, c'est-à-dire de Dieu, quand une grâce de lumière vient nous montrer le vrai bien. Il en est tout autrement de la grâce de sentiment. Celle-ci n'est point de l'ordre de la nature. Otez le péché qui nous corrompt, elle n'a point de raison d'être ; car la liberté étant intacte, l'âme n'a aucun besoin d'être portée au vrai bien par un attrait instinctif : la lumière suffit pour la déterminer, et elle aime par raison ; l'amour naît de la lumière, et une sainte joie sort de cet amour éclairé. C'est le péché qui, en détruisant l'équilibre de nos facultés naturelles, rend nécessaire la grâce de sentiment ; un plaisir indélibéré et prévenant pousse alors l'âme vers le bien qu'elle ne connaît pas ; une sainte concupiscence contrebalance la concupiscence criminelle, et la délectation même que Dieu cause en nous, nous le faisant aimer d'instinct, nous rend capables de résister aux plaisirs sensibles, de les sacrifier à l'ordre, et d'aimer enfin Dieu par raison d'un amour de choix, libre et méritoire. La grâce de sentiment est donc un remède ; et puisque naturellement le vrai bien ne devait s'aimer que par raison, cette grâce prévenante qui précède la lumière est pure grâce, et, d'une certaine façon, contre l'ordre de la nature, comme le mal lui-même auquel elle s'oppose et qu'elle doit guérir [1]. Jésus-Christ seul en est l'auteur, parce que Jésus-Christ seul est le réparateur de notre nature corrompue. Elle est donc proprement la grâce du Réparateur, la grâce de Jésus-Christ ; et les causes occasionnelles qui déterminent l'efficace divine à la répandre ne peuvent être que dans Jésus-Christ. Or, on peut envisager Jésus-Christ comme l'architecte du temple spirituel où les âmes rachetées par son sang doivent rendre à Dieu des honneurs vraiment divins, ou comme le chef de l'Eglise, c'est-à-dire de la société des es-

---

1. Cette distinction entre la grâce de lumière et la grâce de sentiment est très-vivement résumée dans l'art. 30 du Disc. II du *Traité de la nature et de la grâce*.

prits unis à Dieu, et trouvant dans cette union leur perfection et leur félicité. Jésus-Christ a besoin de matériaux pour construire le temple dont il est l'architecte, et ces matériaux, ce sont les âmes : il a donc des désirs pratiques, des volontés particulières relatives aux âmes en tant qu'elles doivent être à telle ou telle place pour y produire tel ou tel effet. De même, Jésus-Christ, comme chef de l'Eglise, a en vue tel ou tel esprit dont il désire faire un membre de la sainte société qu'il forme et gouverne ; et ce désir pratique ou cette volonté est la cause occasionnelle des grâces que reçoit cet esprit. Mais l'âme de Jésus-Christ étant une âme humaine, n'a pas une capacité infinie : elle sait tout, parce qu'elle est unie de la façon la plus intime au Verbe même; mais elle n'a pas toutes choses actuellement présentes en même temps à sa pensée, parce qu'elle est limitée en tant qu'humaine. Jésus-Christ exempt, même comme homme, de l'ignorance, sait donc ce que tel ou tel esprit fera de telle ou telle grâce ; mais il ne pense pas à tout cela à la fois, et ses désirs actuels d'une part étant la cause occasionnelle de la distribution de la grâce, le principe de la simplicité des voies d'autre part ne permettant pas de donner à ces mêmes désirs une efficacité infaillible par des miracles multipliés, on s'explique comment la perte de tant d'âmes qui ne reçoivent pas les grâces dont elles auraient besoin, ou qui abusent des grâces reçues, peut se concilier avec la volonté générale qu'a Jésus-Christ dans sa bonté de sauver tous les hommes. Et un ordre tel que la distribution de la grâce dépende des désirs de Jésus-Christ en tant qu'homme, ayant une admirable et parfaite beauté, on comprend que Dieu l'ait choisi et ait établi ces lois générales, malgré les maux particuliers qu'elles entraînent.

C'est ainsi que Malebranche, les yeux fixés sur l'être infiniment parfait et sur l'âme humaine, prétend savoir ce que Dieu doit faire et ce qu'il fait, ce que Jésus-Christ en tant qu'homme doit faire et ce qu'il fait. Théologien tout rempli et pénétré de saint Augustin, cartésien épris des idées claires et des déductions rigoureuses, il essaie d'expliquer les mystères en philosophe ; et de ce mélange téméraire de la théologie et de la philosophie, sort un système que saint Augustin eût repoussé au nom de la foi, et Descartes au nom de la raison.

Chose singulière au premier abord ! Malebranche, dans ses explications souvent subtiles, a ce malheur de réunir les erreurs ou du moins les périls les plus opposés. Ce qu'il dit de la grâce de lumière semble d'un pélagien, et ce qu'il dit de la grâce de sentiment, d'un janséniste. Tantôt on croirait qu'il donne trop à la nature, et tantôt il se fait accuser de lui trop ôter. Soutenir que pour mériter nous devons dépasser en quelque sorte le mouvement donné par la grâce et avancer de nous-mêmes vers le bien, n'est-ce pas nous exalter outre mesure? Mais, d'un autre côté, répéter en tant d'endroits que la grâce du Réparateur ou grâce de sentiment, considérée en elle-même, est invincible, et qu'elle produit un amour nécessaire, n'est-ce pas anéantir notre liberté au profit de la grâce efficace des jansénistes? Et d'ailleurs, dans cette façon si dure d'entendre le péché originel et la prédestination, et dans cette facilité étrange à damner la plus grande partie de l'humanité pour la plus grande gloire de Dieu, n'est-ce pas encore l'influence du jansénisme qu'il faut reconnaître? Le philosophe qui, par la vision en Dieu, a élevé si haut la nature, s'accorde, ce semble, avec ceux qui la rabaissent. Mais, qu'il parle de la nature ou qu'il parle de la grâce, que ce soit nos grandeurs qu'il exagère, ou que ce soit notre corruption, prenez-y bien garde, si au lieu de nous arrêter à des contradictions apparentes, vous allez jusqu'au fond, vous trouverez qu'il n'a qu'une seule chose en vue : l'action efficace et sage de Dieu, ou, pour mieux dire, Dieu qui fait tout et règle tout, Dieu, cause générale, qui agit en vertu de lois générales, et accomplit ainsi, soit dans l'ordre de la nature, soit dans l'ordre de la grâce, un ouvrage digne de sa puissance infinie et de sa parfaite sagesse.

Aussi, voyez avec quel soin Malebranche montre

que dans les choses surnaturelles Dieu est encore fidèle dans sa conduite à la simplicité et à la généralité des voies. La distribution de la grâce ne l'oblige point à déranger à chaque instant les lois de la nature par des volontés particulières, et cette distribution elle-même se fait par des lois générales. Si enfin quelque miracle est utile ou nécessaire, cette dérogation aux lois générales est elle-même prévue, est conforme à l'ordre immuable et à la sagesse, a sa place dans l'ensemble harmonieux des choses. Comme la conduite de Dieu doit toujours porter le caractère de ses attributs, il peut quitter la généralité de ses voies pour de graves raisons, et il l'abandonne en effet quand il reçoit plus de gloire en la quittant qu'en la suivant. Mais ces exceptions sont comprises dans le dessein primitif, elles ne viennent pas à la façon d'un expédient corriger une erreur; elles ne naissent point d'un embarras causé par l'imprévoyance. Elles sont encore l'effet de la sagesse, et enfin elles sont rares, parce que dans la plupart des cas une conduite réglée et une providence générale marquent mieux les perfections divines [1]. C'est ainsi que Dieu, voulant que tous les hommes arrivent à la connaissance de la vérité, établit des moyens généraux pour arriver à cette connaissance, et place au milieu du monde une au-

---

1. *Entret. métaph.*, xii, 12, 20.

torité exposée à tous les yeux, facilement reconnaissable, l'Église, à laquelle il donne l'infaillibilité pour tous les particuliers [1]. Et assurément c'est bien plus simple, plus *général*, plus digne de la Providence, que d'attribuer à chaque particulier l'infaillibilité [2].

Ainsi, dans l'ordre physique, dans l'ordre moral, dans l'ordre surnaturel, Dieu fait tout par des lois générales. Mais ce qu'il y a de plus admirable, c'est que ces trois ordres sont liés entre eux. Le monde physique, qui ne pense pas, est donné en spectacle aux esprits; ces insectes que les hommes méprisent ou ne connaissent pas, ces merveilles d'un art divin, apparemment les anges les admirent [3]. Si l'on prend la peine d'examiner les choses, les êtres de la nature apparaissent comme autant d'emblèmes de Jésus-Christ, et voilà que ce monde matériel, si éloigné de Dieu, non-seulement exprime la puissance et la sagesse de celui qui l'a fait, mais est l'image même de l'Homme-Dieu en vue de qui tout existe [4]. C'est encore par suite du même dessein que ce monde que nous habitons est un ouvrage négligé, demeure convenable pour des pécheurs qui doivent y être exercés et punis, figure expresse en même temps du « monde futur » pour

---

1. *Entret. métaph.*, XIII, 10, la fin.
2. *Ibid.*, XIII, 11.
3. *Ibid.*, XI, 12.
4. *Ibid.*, XI, 13, jusqu'à la fin.

lequel nous sommes faits [1]. Les irrégularités et les désordres que nous voyons ici-bas dans l'ordre physique ont ainsi leur beauté, par une sorte de convenance avec l'état des hommes qui y sont placés. Ayant prévu le péché, et jugeant dans sa sagesse qu'il le devait permettre [2], Dieu a préparé les instruments du supplice. Il ne s'en est point servi avant le péché; ces bêtes cruelles dont il se sert maintenant pour nous punir, respectaient en Adam son innocence et la majesté divine ; mais enfin tout était prêt. Il était convenable que, par cette combinaison du physique et du moral, Dieu fît porter à sa conduite des marques de sa prescience [3]. De même, les lois de l'union de l'âme et du corps, lois merveilleuses, marquent en Dieu une infaillible sagesse. Ces lois nous unissent à tous les ouvrages de Dieu, nous l'avons vu, et, aussi fécondes que simples, elles servent à tout, dans la religion, dans la morale, dans les sciences, dans les sociétés, pour le bien public et pour le bien particulier. Dieu, en établissant ces admirables lois, avait présents à la pensée tous ces rapports, toutes ces combinaisons, toutes ces suites dans l'ordre moral et dans l'ordre surnaturel. Enfin, il savait que l'homme par le péché se mettrait en révolte contre la raison souve-

---

1. *Médit. chrét.*, vii, 12.
2. *Convers. chrét.* ii. — *Traité de la nat. et de la gr.*, I, i, 34 et 35.
3. *Entret. métaph.*, xi, 11.

raine, et ces mêmes lois subsistant, l'homme rebelle perd l'autorité qu'il avait sur le corps, se trouve assujetti à la matière, est inquiété, rendu malheureux comme il convient, tout cela sans que Dieu quitte la généralité de ses voies [1]; puis, si Dieu veut le tirer de cet état, et réparer ce malheur, les mêmes lois demeurent, et la grâce s'ajoute à la nature sans la détruire. La grâce suppose la nature, et la nature doit servir à la grâce [2].

Ainsi, si l'on veut juger de l'ouvrage de Dieu, c'est l'ensemble qu'il faut considérer.

Dieu donc ne peut agir que selon ce qu'il est. Il est libre de ne point créer. S'il crée, il faut que son ouvrage lui fasse honneur. L'univers exprimera donc les qualités excellentes de son auteur : sa grandeur infinie, son immutabilité, sa sagesse. Parce que l'univers comparé à Dieu n'est rien, Dieu ne le créera que s'il trouve le secret de le rendre divin. Parce que toutes les créatures ensemble sont indignes du regard de Dieu et sans proportion avec son action infinie, Dieu laissera périr son ouvrage, plutôt que de démentir son infinité en faisant quelque démarche particulière et extraordinaire qui marquerait trop de complaisance pour une œuvre

---

1. *Entret. métaph.*, xii, 13, 14, 15.
2. *Médit. chrét.*, xiii, 18; xviii, 5. — *Traité de la nature et de la grâce.*

finie et profane[1]; mais, parce que l'univers sanctifié, divinisé par l'union d'une personne divine, a une dignité infinie, Dieu mettra en Jésus-Christ toutes ses complaisances et tout son amour, et fera de sa gloire en Jésus-Christ sa fin véritable.

Il faut encore que les voies de Dieu, par leur simplicité et leur fécondité, expriment et honorent sa sagesse.

Dieu donc fera des corps et des esprits, et dans cet univers matériel où tout se fait par le mouvement, il agira avec efficace, d'une manière réglée, par des lois générales; dans cet univers moral qui se compose d'êtres libres qui pensent, aiment, veulent, il agira encore, et encore d'une manière réglée, éclairant les esprits et animant les volontés par son efficace toute-puissante, selon certaines lois générales; et ces êtres libres dont il se servira aussi heureusement que des causes nécessaires pour l'exécution de ses desseins, ces êtres libres, dis-je, non-seulement exprimeront ses excellentes qualités et feront honneur par leurs mouvements réglés à sa sagesse admirable, mais ils l'adoreront, portant sur lui et sa conduite le jugement qu'il prononce lui-même, déclarant leur propre néant et son infinité, reconnaissant la simplicité, la fécondité de ses lois générales [2]. Mais ce n'est que par leur union

---

1. *Entret. sur la mort*, II, p. 323. (Édit. de 1696.)
2. *Entret. métaph.*, IX, 6. — *Entret. sur la mort*, II, p. 324.

avec le Verbe incarné que les créatures pourront vraiment rendre à Dieu ces honneurs divins. Par lui, elles donneront à leur Créateur la gloire qu'il mérite, jugeant de lui et l'aimant d'une manière digne de son infinie majesté[1].

Ces êtres libres peuvent faillir. Dieu permettra que l'homme pèche. Cette créature excellente qu'il a formée de ses mains et animée de son souffle va donc périr, et il demeurera immobile. Il soutiendra majestueusement le caractère de la divinité, en laissant périr son ouvrage sans faire la moindre démarche pour le secourir[2]. Par là le néant de la créature sera bien marqué et l'infinité divine déclarée. Mais Dieu réparera son ouvrage, et dans cette réparation sa grandeur et sa sagesse éclateront plus que jamais.

Si l'on se souvient que l'homme est pécheur, et que le monde présent est la demeure des pécheurs, mais que la grâce de Jésus-Christ doit relever cette créature déchue et la conduire à la vie future où elle trouvera en Dieu sa perfection et sa félicité, tout

---

1. *Entret. métaph.*, xiv, 6, 7, 8 : « Nos actions tirent bien leur moralité du rapport qu'elles ont avec l'ordre immuable, et leur mérite des jugements que nous prononçons par elles de la puissance et de la justice divine. Mais elles ne tirent leur dignité surnaturelle, et pour ainsi dire leur *infinité* et leur *divinité*, que par Jésus-Christ, dont l'incarnation, le sacrifice, le sacerdoce, prononçant clairement qu'il n'y a point de rapports entre le créateur et la créature, y met par cela même un si grand rapport que Dieu se complaît et se glorifie *parfaitement* dans son ouvrage. » § 7.

2. *Entr. sur la mort*, ii, p. 322. — *Convers. chrét.*, ii.

s'explique[1]. Le Créateur a travaillé sur le néant de l'être, le Sauveur travaille sur le néant de la sainteté[2]. Par Jésus-Christ et en Jésus-Christ, nous devenons une nouvelle créature capable par lui de rendre à Dieu des honneurs divins[3]. Voilà donc le but suprême de la création atteint ; voilà comment, par une infinité de combinaisons d'une simplicité merveilleuse, se construit et s'achève ce temple où tous les esprits unis à la raison souveraine prononcent par Jésus-Christ un jugement pareil à celui que Dieu porte de lui-même et déclarent de toutes les manières qu'il est infini dans tous ses attributs. Les maux d'ici-bas sont des châtiments dus à des pécheurs, et des moyens salutaires pour arriver au ciel. La cité sainte se prépare et s'édifie dans la peine et dans la souffrance : ce sont les pierres vivantes du temple du Dieu vivant que le céleste architecte taille, façonne, polit[4]. Laissons-le faire.

---

1. *Entret. métaph.*, xii, 11. — « Tous les hommes étant pécheurs, aucun ne mérite que Dieu quitte la simplicité et la généralité de ses lois pour proportionner actuellement les biens et les maux à leurs mérites et à leurs démérites, et tôt ou tard, Dieu rendra à chacun selon ses œuvres. »

2. *Entret. métaph.*, xiv, 11. — *Entret. sur la mort*, ii, p. 323.

3. *Entret. métaph.*, xiv, 8. — « Les chrétiens se comptent véritablement pour rien, eux et tout le reste de l'univers, par rapport à Dieu, lorsqu'ils protestent que ce n'est que par Jésus-Christ qu'ils prétendent avoir avec lui quelque rapport. *Cet anéantissement* où leur foi les réduit leur donne devant Dieu *une véritable réalité*. Ce jugement qu'ils prononcent d'accord avec Dieu même donne à tout leur culte un prix infini. »

4. Rôle, prix, beauté du sacrifice. *Médit. chrét.*, xiv, 20-23 ; xix, 3, 4, 5.

Adorons son dessein et tâchons d'y coopérer. Quand cette sainte société des esprits avec Dieu et des esprits entre eux en Dieu par Jésus-Christ sera formée, tout sera consommé. Le dessein éternel du Créateur sera accompli, et ceux-là même qui auront été rejetés de la cité céleste et du saint temple rendront encore hommage à Dieu à leur manière; car leur supplice mérité prononcera éternellement que l'auteur de l'univers est infiniment puissant, infiniment sage, infiniment juste [1].

On le voit, pour juger du plan de la Providence, il faut sortir des limites de la vie présente : il faut considérer la vie future. Aussi, tandis que Descartes, après avoir montré l'immortalité de l'âme comme une conséquence de la nature spirituelle de la substance pensante, s'arrêtait, et ne disait rien de l'autre vie, Malebranche ne se contente pas de cette indestructibilité de la substance qui, en elle-même, importe assez peu à la morale et à la religion : il établit l'immortalité de la personne, et il montre que c'est en consultant l'idée de Dieu [2], et en s'appuyant sur des raisons morales, qu'on peut l'établir. L'âme subsistera toujours, les substances sont immortelles [3]. Mais

---

1. *Médit. chrét.*, xix, 8 et 9.
2. *Entret. sur la mort*, i, p. 305.
3. Voir dans la *Rech. de la vér.* le ch. ii du liv. IV, § 4. « Il n'y a point de loi dans la nature pour l'anéantissement d'aucun être, parce que le néant n'a rien de beau ni rien de bon, et que l'auteur de la

elle ne subsistera pas sans continuer à connaître et à éprouver certaines modifications. « Dieu ne conserve pas éternellement des substances pour n'en rien faire. Dieu n'emploie sa puissance que pour honorer sa sagesse. Qu'il laisse donc l'âme tomber dans le néant, si à la mort il est résolu de n'en plus rien faire[1]. » Mais non, les âmes ne perdent pas avec le corps leurs facultés. Elles ont au contraire des connaissances plus claires, des sentiments plus doux, des modifications plus parfaites. Car enfin, lorsque la matière devient corps humain, elle est élevée à la plus haute perfection dont elle soit capable, et l'on comprend qu'à la mort, les corps, séparés des âmes, perdent leur beauté. Mais une âme dépendante d'un corps est dégradée de sa dignité, et dès lors on ne voit pas pourquoi, recouvrant à la mort leur liberté, les âmes se trouveraient dépouillées de leurs facultés[2]. Inséparables d'elles-mêmes[3], unies à la substance divine, pouvant être touchées par Dieu immédiatement ou au moyen d'autres causes occasionnelles que celles dont Dieu se sert ici-bas, elles ne perdent point la sensibilité parce qu'elles sont séparées du corps. Elles ne de-

---

nature aime son ouvrage. Les corps peuvent donc changer, mais ils ne peuvent pas périr. » Et au ch. VII de la IIe part. du liv. VI : « Il n'est même pas concevable qu'aucune substance puisse devenir rien. »

1. *Entret. sur la mort*, II, p. 332.
2. *Ibid.*, I, p. 290.
3. *Ibid.*, II, p. 337.

viennent pas incapables de connaître le monde matériel, puisque aussi bien nous ne voyons pas même ici-bas ce monde en lui-même, mais dans l'étendue intelligible : on peut donc dire d'une certaine façon que l'âme n'est jamais séparée du corps. Nous serre-t-on le bras, le bras véritable, le seul qui puisse nous faire mal, c'est ce bras idéal, incorruptible, auquel nous ne pensons pas. Quand nous jouissons ou que nous souffrons relativement au corps, c'est l'étendue intelligible qui devient pour ainsi dire douloureuse ou agréable; et l'âme n'est unie immédiatement qu'à l'idée de son corps, qui est contenue dans l'étendue intelligible[1]. Enfin il ne faut pas dire que par la mort nous sommes séparés de ceux que nous aimons. L'amitié ne perd rien à la mort, elle gagne beaucoup. Ce que je vois de Théodore n'est qu'un arrangement de matière qu'on appelle un visage : mais ce n'est pas là Théodore. Et puis il n'y a pas ici-bas d'amitiés fermes et immuables : l'union des deux esprits peut être rompue par l'inconstance d'un seul. C'est la vérité, c'est le vrai bien qui unit les philosophes chrétiens. Ah ! Théodore, que je vous embrasserai avec joie, lorsque je vous verrai en plein jour, lorsque je verrai clairement que c'est vous ; lorsque je saurai certainement que notre amitié est réciproque, et que rien ne pourra jamais

---

1. *Entret. sur la mort*, II.— Remarquer les pages 347, 351 et surtout 357 et suiv.

ni la rompre ni l'affaiblir[1]! N'oublions pas que notre vie, c'est la vie de l'esprit, car notre corps n'est pas nous. La mort ne nous enlève donc rien, et elle nous donne tout. Elle nous met d'une manière plus étroite, d'une manière sûre, dans la société de Dieu : par elle nous possédons et nous goûtons la vérité et le bien, c'est-à-dire ce qui fait notre perfection et notre félicité, puisque nous sommes nés pour connaître et pour aimer. C'est dans l'espérance de cette société éternelle que nous devons vivre. Nos corps mêmes nous seront rendus, corps spirituels, rendus propres à cette société parfaite, par un changement des lois de l'union de l'âme et du corps[2]. C'est ainsi que l'immortalité est non-seulement possible, mais nécessaire, puisque sans elle le plan divin demeure impénétrable, ou plutôt le monde nous apparaît plein de contradictions choquantes. L'âme est en épreuve dans le corps[3] : ici-bas elle mérite, ici-bas elle honore Dieu par le sacrifice et prépare la vie à venir, en proie à la douleur, la douleur qui la met dans un état pire que le néant[4]. La justice de Dieu exige que le bonheur mérité soit donné à l'âme, comme aussi cette même justice exige que le pécheur trouve le châtiment dont il est digne. Et Dieu ne se dément jamais :

1. *Entret. sur la mort*, II, p. 371.
2. *Ibid.*, III, tout entier.
3. *Ibid.*, I, p. 304; III, p. 400.
4. *Médit. chrét.*, XI, 8.

il récompense en Dieu, il punit en Dieu. Il est bon aux bons et infiniment bon ; il est bon aux méchants qui peuvent devenir bons : mais il est juste, et s'il est permis de le dire, infiniment méchant aux méchants[1]. Il n'a pas fait ni dû faire ses créatures pour les anéantir : leur sort doit être éternel. Il les a faites pour lui, et il faut une durée infinie à un esprit fini pour posséder l'infini et pour en jouir. Où est donc l'injustice de menacer les hommes d'une peine éternelle, puisqu'on leur promet en même temps un bonheur non-seulement éternel quant à la durée, mais infini quant à son objet[2] ?

Voilà donc la destinée de l'homme : jouir dans la possession du vrai bien d'un bonheur mérité ; et s'il s'en prive volontairement, souffrir un châtiment mérité. Et comme Dieu, seule vraie cause, est le seul qui puisse éclairer, toucher, réjouir, ou affliger, c'est sa substance toute lumineuse, principe d'une inépuisable félicité pour les bons, qui devient pour les démons et les damnés brûlante et affligeante : en sorte que toutes les créatures étant inséparables de leur Créateur, c'est encore par l'efficace des idées divines que les ennemis de Dieu sont tourmentés terriblement, et le souverain bien des justes devient à l'égard des méchants le souverain mal, et le sera éternellement[3].

1. *Entr. sur la mort*, I, p. 307.
2. *Ibid.*, I, p. 309.
3. *Ibid.*, II, p. 151. Dans ce second entretien, Malebranche

La Providence est justifiée, Malebranche en a la ferme conviction. Il a plongé ses regards avec intrépidité sur les obscurités mystérieuses du gouvernement divin, et il ne désespère pas de les avoir éclaircies. Il sait ce que Dieu a dû faire, ce qu'il a voulu faire, ce qu'il a fait. L'ensemble des choses est beau, est excellent : le dessein, les voies, l'ouvrage, tout est digne de Dieu. Cet univers, où le néant de la créature et l'infinité du Créateur sont si bien marqués, a toute la perfection qu'une chose créée peut avoir. Le péché qui le corrompt est permis en vue de l'Incarnation qui le restaure et le relève infiniment. Le monde présent prépare le monde futur ; et dans ce monde futur, si la cité sainte dont le Sauveur est le chef, rend aux perfections divines un immortel hommage, le supplice même des méchants honore Dieu en manifestant son infaillible et toute-puissante justice. Ainsi le physique et le moral, le naturel et le surnaturel, tout est lié ; et c'est à Jésus-Christ que tout conspire et par Jésus-Christ, Dieu, principe et fin de tout, est honoré en Dieu, d'une manière vraiment digne de son infinie majesté. Comprend-on maintenant

---

explique ce qu'est l'étendue intelligible et le rôle qu'elle joue avec plus de force peut-être et avec une plus étrange netteté que dans tous ses autres écrits. On est très-frappé de retrouver dans les considérations sur la vie à venir qui remplissent ces admirables entretiens, toutes les théories de Malebranche : la lecture de cet ouvrage est nécessaire pour comprendre jusqu'à quel point toutes les parties de sa philosophie sont liées ensemble.

l'ordre des choses et en même temps l'unité harmonieuse de la philosophie de Malebranche? Connaître et aimer Dieu librement, par sa grâce, c'est le mérite, c'est la perfection, c'est le bonheur; se détourner librement de Dieu en qui on est par nature, à qui on demeure attaché nécessairement puisque lui seul éclaire, touche, meut, fait subsister, c'est le péché, c'est la dégradation, c'est le malheur. Tout disposer par une sagesse merveilleuse pour que les esprits rendent à Dieu en Jésus-Christ des honneurs divins et forment avec lui et entre eux une société parfaite et éternelle, c'est la gloire de Dieu, c'est le chef-d'œuvre de sa Providence. Entrer dans ce dessein si beau et y coopérer, c'est le devoir de l'homme. Voilà comme tout se tient, et ce qui de toutes parts ressort avec évidence, c'est que Dieu fait tout et règle tout.

CHAPITRE VIII.

LA MORALE.
DIEU, UNIQUE FIN DES ESPRITS.

Les principes de la morale. — La logique : moyens de s'unir à Dieu dans la recherche de la vérité. — La morale proprement dite : union de l'âme à Dieu par la conformité de la volonté à l'ordre ; devoirs et vertus. — La religion : la grâce et la piété.

La métaphysique de Malebranche peut se ramener à deux points principaux. Premièrement, Dieu est la seule cause véritable, la seule qui soit efficace ; secondement, Dieu agit avec une sagesse infinie, et fait par les voies les plus simples l'ouvrage le plus beau, le plus parfait, le plus capable de lui procurer une gloire qui soit digne de lui.

Dans cet univers dont nous connaissons maintenant l'auteur et le dessein, quel est le rôle de l'homme ? Bien que dépourvu, comme toute créature, d'une efficace véritable, l'homme cependant est libre, et parce qu'il est libre, il a quelque chose à faire en ce monde. Qu'a-t-il à faire ?

Capable de connaître et capable d'aimer, l'homme doit connaître comme Dieu connaît, et aimer comme Dieu aime. L'ordre immuable exige que la créature ait pour fin son Créateur même. Si Dieu a fait l'âme humaine capable de connaître et d'aimer, c'est pour lui : il n'a pu assigner à cette âme une fin différente de lui-même. Or, il conforme éternellement et parfaitement sa pensée à la loi de la vérité et son amour à la loi de l'ordre. L'âme humaine, comme tout esprit créé, doit conformer ses jugements et ses affections à cette double loi. Mais qu'est-ce à dire, sinon qu'elle doit juger des choses comme Dieu en juge, et les aimer comme Dieu les aime ? Dieu est donc son modèle et sa fin.

S'il en est ainsi, le fondement de la morale est en Dieu. Les principes moraux sont à la fois des vérités et des lois. Comme vérités, ils ont pour origine la substance toute lumineuse de Dieu qui renferme les idées et les rapports intelligibles entre les idées. Comme lois, ils ont encore pour origine Dieu, qui voit les rapports de perfection comme obligatoires, et qui suit inviolablement l'ordre. Dès lors, le grand précepte de la morale, celui qui domine tous les autres, c'est d'aimer et de suivre l'ordre. Cet amour dominant et habituel dans une âme, c'est la vertu. Agir en vue de l'ordre, c'est faire son devoir ; agir habituellement en vue de l'ordre, sacrifier habituellement à l'ordre ses passions et ses intérêts, c'est être vertueux. Et au fond, nous venons de le voir, suivre l'ordre c'est imiter Dieu ; aimer l'ordre, c'est à la fois aimer comme Dieu aime et aimer Dieu [1].

Quand une âme s'efforce de juger des choses comme Dieu en juge, et d'aimer comme Dieu aime, quand elle établit en elle l'amour dominant et habituel de l'ordre qui est l'amour de Dieu, quand elle agit par cet amour, quoi qu'il lui en coûte, elle est juste et elle *mérite*. Elle a droit à être heureuse, et c'est en Dieu même qu'elle doit trouver et qu'elle commence à trouver sa perfection et sa félicité [2].

Ainsi, en morale comme en métaphysique, Dieu est partout, Dieu est tout. Il est le principe de la vérité morale, le modèle de l'esprit, la fin de toutes les actions vertueuses, la cause de la perfection et de la félicité de la créature libre et capable de mériter. Nous verrons plus loin que c'est encore lui qui, par sa grâce, est l'auteur de la vertu même.

L'union avec Dieu, qui est le vrai bien, resserrée par la conformité voulue à l'ordre, c'est là, nous le voyons maintenant, toute la morale. Nous sommes raisonnables ; il s'agit de nous unir librement à la

---

1. *Traité de morale*, I, ch. I, II et III. « Toutes les vertus sont vertus par la conformité qu'elles ont à la rayson ; et une action ne peut être dite vertueuse, si elle ne procède de l'affection que le cœur porte à l'honnesteté et beauté de la rayson. Si l'amour de la rayson possède et anime un esprit, il fera tout ce que la rayson voudra en toutes occurences, et il pratiquera toutes les vertus. » Saint François de Sales, *Traité de l'amour de Dieu*, liv. XI, ch. VII.
2. *Traité de morale*, I, ch. I.

souveraine Raison. Elle seule peut nous perfectionner et nous rendre heureux.

Pour cela, que devons-nous faire? Chasser l'ignorance « qui n'est bonne à rien[1]; » éviter l'erreur qui consiste en un faux jugement, et le péché qui consiste en un mauvais amour.

I.

La logique qui règle l'esprit est, à un certain point de vue, une partie de la morale. C'est manquer à l'un des devoirs de l'être raisonnable que de ne pas cultiver l'intelligence, que de négliger de s'éclairer, que de ne pas combattre l'ignorance, le préjugé et l'erreur. C'est en même temps se rendre moins capable de bien remplir ses autres devoirs : car on aime les choses, en général, selon l'estime qu'on en fait; et si l'on est ignorant, si l'on est surtout asservi aux préjugés ou aveuglé par l'erreur, on juge mal des choses, et on risque par cela même de ne conformer à l'ordre ni son estime, ni son amour[2]. La logique a par conséquent une grande portée morale.

Faut-il donc que tout homme soit savant? non.

---

1. *Médit. chrét.*, XVIII, 17.
2. *Traité de morale*, I, ch. II et VII.

Il faut que tout homme juge bien des choses. Or, il y a beaucoup de choses qu'il est assez inutile de connaître ; et pour celles qui sont de la première importance, l'ignorant qui est éclairé par la foi en jugera assez bien pour éviter le péché et conformer à l'ordre sa conduite. « Le meilleur précepte de logique, c'est de vivre en homme de bien. Car il vaut beaucoup mieux passer quelques années dans l'ignorance, et devenir savant pour toujours, que d'acquérir pour quelques jours, et avec bien de la peine, une science fort imparfaite, et passer une éternité dans les ténèbres [1]. »

Nous sommes faits pour posséder la vérité : nous devons aspirer à être savants, c'est certain. Mais le meilleur moyen d'atteindre cette fin de notre nature, et de trouver dans la possession de la vérité la perfection et la félicité de notre être raisonnable, c'est de nous assurer par une bonne vie, par la soumission à la foi, par la pratique de la vertu, l'union éternelle avec la raison souveraine.

Est-ce donc à dire maintenant qu'il faille mépriser la science ? Non pas ; mais il faut : 1° choisir entre les sciences ; 2° rechercher celles qui sont utiles dans un esprit d'humilité et de charité.

Malebranche, nous le savons déjà, rejette comme frivoles et dangereuses toutes les connaissances qui ne servent point à nous convaincre de la vérité

---

1. *Médit. chrét.*, ix, 24 — *Rech. de la vér.*, fin.

fondamentale : à savoir que Dieu est la cause unique et générale qui fait tout et règle tout. Il importe que nous sachions par lumière et avec évidence que les créatures sont impuissantes, et partant incapables de nous perfectionner et de nous rendre heureux ou malheureux. Il importe que nous sachions que Dieu seul nous éclaire, nous touche, nous anime, et que, s'il fait tout par sa puissance, il agit toujours et partout avec sagesse. Voilà la connaissance la plus précieuse, et toutes les autres n'ont de valeur qu'autant qu'elles se rapportent à celle-là. La métaphysique en vue de la morale, ou, ce qui revient au même, la morale établie sur la métaphysique, telle est la science par excellence. Cela posé, la connaissance de soi-même, commencement de la métaphysique, puis les mathématiques et la physique, auxiliaires indispensables de l'esprit, voilà les connaissances qu'il faut avoir [1]. Tout le reste est inutile et même dangereux. Car tout le reste dissipe l'esprit, excite les sens, exalte l'imagination ; tout le reste resserre donc notre union avec le corps, bien loin de l'affaiblir, et par conséquent, va contre le but de la vraie science, qui est de nous unir plus intimement à la Raison souveraine [2]. N'oublions pas que nous sommes des

---

1. *Rech. de la vér.*, liv. IV, ch. vi et vii; liv. V, ch. v; liv. VI, part. ii, ch. vi. — *Traité de morale*, I, ch. v, 9, 22. — *Entret. métaph.*, vi, 1 et 2. — *Médit. chrét.*, iii et ix, 24, 25.

2. *Traité de morale*, I, ch. x-xiii.

êtres raisonnables, que c'est là notre honneur, et n'estimons pas des connaissances vaines qui nous détournent de notre véritable fin. Appuyé sur ces principes, Malebranche poursuit à outrance le bel esprit, comme il dit, condamne au feu les poëtes, les historiens, les érudits de toute sorte, ou à tout le moins déclare que la perte de tous les écrits de ce genre le laisserait indifférent[1] ; enfin, il n'a que de la défiance ou de la colère pour l'imagination, « la folle qui se plaît à faire la folle[2] », puissance trompeuse et contagieuse, mortelle ennemie de la raison[3]. Pascal lui-même n'a rien dit de plus fort contre cette maîtresse d'erreur. Ne demandons pas à Malebranche si l'art trouve grâce à ses yeux. Il n'en parle pas, ce qui prouve qu'il ne l'estime guère ; mais il y a plus, à la manière dont il parle de la beauté littéraire et de la fiction poétique, on peut deviner que l'art, quel qu'il fût, lui paraissait dangereux et même coupable : car l'aimable enchanteur a un étroit commerce avec les sens et avec l'imagination, les excite, et les rend indociles à la voix de la raison.

Voilà donc un premier point établi : il n'y a de connaissances utiles que celles qui se rapportent à la métaphysique, et par elle à la morale et à la re-

---

1. *Rech. de la vér.*, liv. IV, ch. vi, 2.
2. *Entret. métaph.*, v, 13.
3. *Rech. de la vér.*, liv. II tout entier. — *Traité de morale*, I, ch. xii.

ligion. Mais ces connaissances mêmes peuvent devenir dangereuses si elles enflent le cœur. C'est à la vue de cette science gâtée par l'orgueil que Malebranche déclare que mieux vaut l'ignorance des simples. La vraie science ne va pas sans humilité et sans charité [1]. Elle ne s'obtient qu'à ce prix, et elle-même contribue à augmenter ces vertus dans l'âme.

Il y a dans la logique de Malebranche deux grands préceptes qui dominent tout. Comme il admet que nous n'avons de lumière que par notre union avec la Raison divine, il nous prescrit sans cesse de consulter par notre attention le maître intérieur [2]. Puis, comme les sens et l'imagination nous troublent sans cesse, il nous recommande de ne point donner notre consentement aux choses qui nous paraissent vraies, que nous ne sentions une peine intérieure et des reproches secrets de la raison [3]. Il y a donc deux vertus propres à l'esprit, la force et la liberté qui, l'une et l'autre, supposent l'amour de l'ordre, dominant, habituel, porté jusqu'au sacrifice [4]. Par la force d'esprit, nous nous délivrons de l'ignorance; par la liberté d'esprit nous évitons l'erreur [5]. Par ces deux vertus,

---

1. *Médit. chrét.*, ix.
2. On ne peut ici indiquer aucun passage particulier : ce précepte est partout.
3. Voir notamment *Rech. de la vér.*, liv. I, ch. i et ii.
4. *Traité de morale*, I, ch. v, vi et vii.
5. « Par l'usage qu'on fait de la force de son esprit, on découvre la

nous tenons en respect les sens et l'imagination, nous échappons à la domination tyrannique du corps, et la raison seule est la maîtresse en nous.

Avec les préjugés que le corps inspire, on peut être entraîné à de monstrueuses erreurs. « Ainsi, quand on se regarde comme le centre de l'univers, tout l'ordre se renverse, toutes les vérités changent de nature. Un flambeau devient plus grand qu'une étoile, un fruit plus estimable que le salut de l'E-tat. La terre, que les astronomes regardent comme un point par rapport à l'univers, est l'univers même. Mais cet univers n'est encore qu'un point par rapport à notre être propre. Dans certains moments que le corps parle et que les passions sont émues, on est prêt, si cela se pouvait, à le sacrifier à sa gloire et à ses plaisirs[1]. »

Pour résister aux séductions du corps, et pour avoir des idées claires, il faut lutter, lutter beaucoup, et puis savoir suspendre son consentement, savoir se retenir jusqu'à ce qu'on voie bien clair.

---

vérité, et par l'usage qu'on fait de la liberté de son esprit, on s'exempte de l'erreur. Comme l'esprit manquait de force et d'étendue, la liberté lui était nécessaire, afin qu'il pût éviter l'erreur en suspendant son consentement, et que l'auteur de son être ne le fût point de ses désordres. Car la liberté supplée à la faiblesse et à la limitation de l'esprit humain ; et celui qui est assez libre pour suspendre toujours son consentement, quoiqu'il ne puisse pas se délivrer de l'ignorance, mal nécessaire à tout esprit fini, il peut se délivrer de l'erreur et du péché qui rendent l'homme digne de mépris et sujet à la peine. » *Traité de morale*, liv. I, ch. vi, 3.

1. *Traité de morale*, I, ch. v, 14.

Il est donc vrai que sans la force d'esprit et sans la liberté d'esprit il n'y a pas moyen de juger sainement des choses ni d'en avoir la science.

Mais il faut considérer dans le détail cette logique dont nous venons d'indiquer l'esprit et les principales règles. Il faut donc la chercher, non plus dans les divers écrits où elle est répandue, non plus même dans le *Traité de morale* où elle est comme ramassée, mais bien dans l'ouvrage exprès où elle est développée longuement, je veux dire dans la *Recherche de la vérité*. Celui qui veut éviter l'erreur et ne porter sur les choses que des jugements vrais, doit lutter contre lui-même : nous venons de le voir. Or, comment combattre avec avantage un ennemi que l'on ne connaît pas? C'est une nécessité et un devoir de s'étudier soi-même, afin de saisir les causes des faiblesses et des erreurs les plus communes de l'esprit. Malebranche entreprend cette étude et soutient cette guerre avec un courage et une habileté vraiment admirables. Mettons-nous à sa suite, et considérons-le dans ses démarches variées, dans ses vaillants et brillants combats. Autrement, nous ne pourrions avoir de sa logique une idée complète, et surtout nous risquerions de ne pas apprécier en lui comme il convient le psychologue et le moraliste.

Tantôt par des analyses pénétrantes, tantôt par

des conjectures ingénieuses, tantôt par « des réflexions sur ce qui se passe dans la conversation ordinaire des hommes [1], » il atteint l'âme jusque dans ses plus intimes replis, et il en met à nu toutes les misères. Il fait ainsi de l'âme « une science expérimentale [2], » comme il dit, riche en observations précieuses et en remarques dignes d'être recueillies. Puis, comme le corps est étroitement uni à l'esprit, et que les rapports des deux substances entre elles sont nombreux et importants [3], le psychologue se fait physiologiste. Au moment même où « il découvre et sent des choses si délicates et si fines, qu'il est difficile de les représenter et de les faire sentir aux autres [4], » il s'engage dans de longues considérations sur les esprits animaux, sur le sang, sur les fibres du cerveau, pensant surprendre dans les modifications de la *machine* l'explication de ce que sa propre conscience et l'observation assidue des autres lui ont révélé. Mais dans toutes ses recherches, il est toujours en la présence de Dieu. C'est Dieu qu'il trouve dans l'âme même, Dieu qui nous éclaire, Dieu qui nous touche, Dieu qui nous anime. C'est Dieu qu'il trouve dans le corps, puisque les mouvements du corps n'ont pas d'autre cause que la volonté de Dieu. Et tout

1. *Rech. de la vér.*, liv. II, part. III, ch. I, 5.
2. *Traité de morale*, I, ch. v, 7.
3. Voir plus haut le chapitre VII.
4. *Rech. de la vér.*, liv. II, part. I, ch. I, 3.

cela constitue une manière vraiment remarquable d'entendre et de pratiquer l'étude de soi-même : l'âme, pour se connaître, ne s'isole point artificiellement et ne se sépare ni de Dieu ni du corps ; le témoignage de la conscience est sans cesse commenté par les enseignements de l'expérience et de la vie ; enfin, à l'étude des détails se mêlent de grandes pensées religieuses et morales qui la dominent, et des conclusions pratiques qui la rendent utile.

Il s'agit de faire la guerre à l'erreur et de la détruire autant qu'il est possible en l'atteignant dans ses causes mêmes. A vrai dire, il n'y a qu'une cause générale de toutes nos erreurs, c'est la précipitation dans le jugement : si nous usions de notre liberté pour suspendre notre jugement toutes les fois que nous ne voyons pas clair, nous ne nous tromperions jamais. Mais il importe de savoir pourquoi nous sommes si pressés de juger quand la lumière manque, et quelles sont alors les apparences qui nous séduisent. Aussi est-il nécessaire de passer en revue nos diverses facultés et de déterminer ce que l'on pourrait appeler les causes occasionnelles d'illusion et d'erreur propres à chacune d'elles. C'est le seul moyen de discerner la portée véritable de ces facultés et d'apprendre à en faire un usage réglé, légitime et sûr. Ainsi, les sens ne nous sont donnés que pour la conservation du corps : juger sur leur témoignage de la nature des choses en elles-mêmes, c'est se jeter immanquablement dans toutes sortes de préjugés et de faussetés. Il faut donc les réduire à leur rôle naturel, et ruiner l'autorité que nous leur attribuons à tort en dehors de leurs justes limites[1]. De même l'imagination est incapable de découvrir quelque vérité que ce soit : la prendre pour maîtresse, et prononcer sur les choses comme si on les connaissait avec évidence, c'est s'exposer aux plus étranges illusions. Il faut dissiper ces fantômes, et contenir sévèrement cette puissance vagabonde qui ne peut avoir d'utilité que si la raison la domine et la dirige[2]. L'esprit pur n'a ni une étendue infinie ni une force infatigable : oublier ses limites ou méconnaître sa faiblesse, en jugeant de choses qui nous passent, ou en nous appliquant sans aucun ordre à des sujets trop compliqués, c'est risquer de nous perdre dans le vague. Il faut avoir peur des abstractions chimériques, et régler l'esprit pour qu'elles ne l'égarent point[3]. Enfin, nos inclinations naturelles, qui sont en elles-mêmes excellentes, et nos passions, qui ont dans l'institution primitive de la nature leur utilité, et même leur nécessité, ne nous portent pas tant à examiner les choses

---

1. C'est le sujet du premier livre de la *Recherche de la vérité*.
2. C'est le sujet du second livre.
3. C'est le sujet du troisième livre. « Si on doit se servir de sa raison en toutes choses, il ne faut cependant s'en servir qu'avec règle. »

avec soin qu'à en juger avec précipitation, et les passions en particulier, nous attachant et nous asservissant au corps par suite du péché, nous exposent à juger des objets, non selon ce qu'ils sont en eux-mêmes, mais selon le rapport qu'ils ont avec nous : comment ne serions-nous point par là engagés dans toutes sortes d'erreurs ? Il faut donc, non pas détruire les inclinations et les passions, ce qui aussi bien est impossible, mais les contenir et les régler, en sorte qu'au lieu d'être des obstacles à la recherche de la vérité, elles se tournent en secours et viennent en aide à l'esprit : en un mot, il faut les combattre pour s'en faire des alliées [1]. Par ces moyens, qui du reste seraient inefficaces sans la prière et sans la grâce divine, l'union naturelle que nous avons avec Dieu par la raison est augmentée et fortifiée ; et, « quoique pour cela il soit nécessaire de combattre contre les impressions des sens et des passions d'une manière bien différente de celle qui est familière aux personnes les plus vertueuses, quoique les plus gens de bien ne soient pas toujours persuadés que les sens et les passions soient trompeurs en la manière que nous venons de dire [2], » néanmoins cette méthode, fidèlement et courageusement pratiquée, a des avantages moraux incontestables, et par la connais-

---

[1]. C'est ce qui est montré dans les trois derniers livres.
[2]. *Rech. de la vér.*, liv. V, ch. v.

sance de la vérité, elle mène et unit à Dieu notre unique maître, notre seule lumière, et en même temps la fin véritable de l'esprit[1].

Voilà donc la lutte qu'il faut engager, et le plan de campagne pour ainsi dire, et les avantages que l'on attend de la victoire. Les sens sont les premiers attaqués, avons-nous dit : avec quelle vigueur et quelle verve, c'est ce que je voudrais au moins faire soupçonner en signalant quelques traits. Malebranche nous raille de cette folie par laquelle donnant à l'étendue à peu près les mêmes bornes qu'à notre vue, nous limitons et diminuons sans raison l'idée que nous avons d'un ouvrier infini en mesurant sa puissance et son adresse par notre imagination qui est finie. Mais quoi! rien n'est grand ni petit en soi, mais seulement par proportion à notre corps : qu'on suppose un petit monde de la grosseur d'une balle, où il y aurait un ciel, une terre,

---

[1]. « Il y a très-peu de gens (même parmi ceux qui aiment Dieu), qui sachent avec évidence que ce soit s'unir avec Dieu, selon les forces naturelles, que de connaître la vérité ; que ce soit une espèce de possession de Dieu même que de contempler les véritables idées des choses, et que ces vues abstraites de certaines vérités générales et immuables qui règlent toutes les vérités particulières, soient des efforts d'un esprit qui s'attache à Dieu et qui quitte le corps. La métaphysique, les mathématiques pures, et toutes les sciences universelles qui règlent et qui renferment les sciences particulières, comme l'être universel renferme les êtres particuliers, paraissent chimériques presque à tous les hommes, aux gens de bien comme à ceux qui n'ont aucun amour pour Dieu. De sorte que je n'oserais presque dire que l'application à ces sciences est l'application de l'esprit à Dieu, la plus pure et la plus parfaite dont on soit naturellement capable. » *Rech. de la vér.*, liv. V, ch. v.

des hommes sur cette terre, avec les mêmes proportions qui sont dans ce grand monde : ces petits hommes regarderont leur petit monde, qui ne serait qu'une balle à notre égard, comme des espaces infinis, à peu près de même que nous jugeons du monde dans lequel nous sommes[1]. Tous ces jugements que nous portons touchant les figures, le mouvement, la distance, ne peuvent résister, selon Malebranche, à l'analyse minutieuse et savante qu'il en fait : les voilà tous expliqués, c'est-à-dire renversés, et voilà du même coup l'autorité de la vue ruinée, et, puisque la vue est le plus noble et le plus étendu des sens, voilà leur crédit à tous entièrement anéanti[2]. Qu'on aille maintenant sur de vaines apparences juger que les qualités sensibles appartiennent aux corps ! Les sens sont-ils donc capables de nous apprendre quoi que ce soit sur la nature des choses? Quand on s'est donné le spectacle des illusions auxquelles ils nous exposent, on n'a point de peine à juger, malgré leurs suggestions, que les qualités sensibles appartiennent non aux corps, mais à l'âme dont elles sont les modalités; et que ce qui agit sur l'âme, ce ne sont point les objets, lesquels sont impuissants, mais c'est Dieu, Dieu qui seul la modifie. Le tout est donc de ne demander aux sens que ce qu'il est dans leur nature

---

1. *Rech. de la vér.*, liv. I, ch. vi.
2. *Rech. de la vér.*, liv. I, ch. vii-ix, et puis xv.

de nous apprendre : à vrai dire, ils ne nous trompent pas; mais c'est folie que de vouloir juger par eux des choses mêmes, puisqu'ils ne nous en disent rien [1].

L'imagination est poursuivie avec la même vivacité. Les causes physiologiques qui influent sur elle, les illusions qu'elle fait naître ou qu'elle entretient, la contagion qu'elle exerce autour d'elle quand elle est forte et dominante, tout cela est étudié à fond, et les réflexions que cette étude amène naturellement sont parfois exprimées de la façon la plus saisissante. Nous avons déjà eu occasion d'en donner quelques exemples à propos des lois générales de l'union de l'âme et du corps [2]. Citons ici cette belle page où sont énumérées les mauvaises qualités de ceux qui ont l'imagination très-vive et très-vigoureuse, et que notre philosophe appelle d'un nom expressif, esprits *visionnaires :*

« Ces esprits sont excessifs en toutes rencontres : ils relèvent les choses basses, ils agrandissent les petites, ils approchent les éloignées. Rien ne leur paraît tel qu'il est. Ils admirent tout; ils se récrient sur tout sans jugement et sans discernement. S'ils sont disposés à la crainte par leur complexion naturelle... ils s'effraient à la moindre chose, et ils tremblent à la chute d'une feuille. Mais s'ils ont

---

1. *Rech. de la vér.*, liv. I, ch. x-xiv, et xvi-xx.
2. Voir plus haut, ch. vii, p. 416-421.

abondance d'esprits et de sang, ce qui est plus ordinaire, ils se repaissent de vaines espérances, et, s'abandonnant à leur imagination féconde en idées, ils bâtissent, comme l'on dit, des châteaux en Espagne avec beaucoup de satisfaction et de joie. Ils sont véhéments dans leurs passions, entêtés dans leurs opinions, toujours pleins et très-satisfaits d'eux-mêmes. Quand ils se mettent dans la tête de passer pour beaux esprits, et qu'ils s'érigent en auteurs (car il y a des auteurs de toute espèce; visionnaires et autres), que d'extravagances, que d'emportements, que de mouvements irréguliers! Ils n'imitent jamais la nature; tout est affecté, tout est forcé, tout est guindé. Ils ne vont que par bonds, ils ne marchent qu'en cadence ; ce ne sont que figures et qu'hyperboles. Lorsqu'ils se veulent mettre dans la piété, et s'y conduire par leur fantaisie, ils entrent entièrement dans l'esprit juif et pharisien. Ils s'arrêtent d'ordinaire à l'écorce, à des cérémonies extérieures et à de petites pratiques; ils s'en occupent tout entiers. Ils deviennent scrupuleux, timides, superstitieux. Tout est de foi, tout est essentiel chez eux, hormis ce qui est véritablement de foi et ce qui est essentiel; car assez souvent ils négligent ce qu'il y a de plus important dans l'Évangile, la justice, la miséricorde et la foi, leur esprit étant occupé par des devoirs moins essentiels. Mais il y aurait trop de choses à dire. Il suffit, pour se persuader de leurs défauts et pour en remarquer plusieurs autres, de faire quelque réflexion sur ce qui se passe dans les conversations ordinaires[1]. »

Après un pareil tableau on comprend, ce me semble, combien il est nécessaire de veiller sur l'imagination et de la contenir dans de justes bornes. Si cette puissance si dépendante du corps et si prompte à s'exciter prend de l'empire en nous, c'en est fait de la sagesse et du bon sens. Salie et corrompue par des objets indignes, elle nous rendra incapables de penser à autre chose[2]. Très-vivement frappée de ce qui paraît, elle nous fera mépriser ce qui ne paraît pas, nous donnera sur le prix des choses les plus fausses idées, et nous attachera aux objets sensibles par toutes sortes de liens[3]. Excitée fortement, elle nous fera croire à la réalité de ses images, et nous engagera si bien dans l'erreur que rien ne pourra nous en détromper. Quelle vive leçon à l'adresse des amateurs imprudents de fausses merveilles, que tout ce chapitre sur les faux sorciers[4]! Peu à peu et comme par degrés insensibles, la croyance à la réalité de choses imaginaires s'établit dans l'esprit, s'y enracine, s'y fortifie, si bien qu'à la fin on peut avec la meilleure foi du monde se trouver très-persuadé des plus ridi-

---

1. *Rech. de la vér.*, liv. II, part. III, ch. I, 5.
2. *Traité de morale*, I, ch. V, 11.
3. *Rech. de la vér.*, liv. II, et *Traité de morale*, I, ch. XII.
4. *Rech. de la vér.*, liv. II, part. III, ch. VI.

cules impostures. Ce pâtre qui, le soir, à la veillée, raconte à sa femme et à ses enfants, avec une éloquence naturelle et une émotion contagieuse, les merveilles effrayantes du sabbat, ces auditeurs épouvantés et séduits, à qui le récit a rendu presque présentes ces scènes étranges, pris du désir d'y assister en réalité, sans cesse poursuivis par ces images qui leur causent de l'effroi et les tiennent sous le charme, et enfin devenus sorciers par imagination, quelle peinture ! et quel enseignement ! L'on ne tombe pas souvent dans des erreurs aussi grossières ; mais, sans parler du spiritisme, par exemple, qui a trouvé des adeptes convaincus, combien de circonstances, dans la vie de chaque jour, où l'illusion, pour être plus subtile, n'est pas pour cela sans danger !

Nous abusons des meilleures choses. La présence intime de l'idée de l'être infini nous est une occasion d'erreur : les abstractions déréglées de l'esprit et les chimères de la philosophie ordinaire en sont la preuve[1]. Quoique notre raison soit la principale partie de nous-mêmes, il peut arriver que nous nous trompions en la laissant trop agir, parce qu'elle ne peut assez agir sans se lasser, je veux dire qu'elle ne peut assez connaître pour bien juger, et que cependant on veut juger[2]. C'est ainsi que nous

---

1. *Rech. de la vér.*, livre III, part. II, ch. VIII.
2. *Ibid.*, conclusion des trois premiers livres.

supposons très-facilement dans les choses des ressemblances imaginaires. Il nous faudrait beaucoup d'application pour découvrir les différences quand elles ne sont pas très-saillantes ; et d'ailleurs la variété des objets nous fatigue et nous embarrasse : pour juger que mille objets sont différents entre eux, mille idées différentes sont nécessaires ; pour juger que ces mille objets sont semblables, une seule idée suffit. La limitation même de notre esprit et notre empressement à juger nous rendent donc bien plus sensibles aux ressemblances qu'aux différences[1]. Remarque judicieuse et féconde, qui signale nettement le péril de l'induction et de l'analogie, et qui montre en même temps dans l'attentive observation des détails le moyen d'arrêter la témérité de l'esprit. Mais ce sont surtout les erreurs de morale causées par cette impatience de juger qui sont représentées vivement. Un Français se rencontre avec un Anglais ou un Italien : cet étranger a ses humeurs particulières ; il a de la délicatesse d'esprit, ou, si vous voulez, il est fier et incommode. Voilà notre Français porté à juger que tous les Anglais ou tous les Italiens ont le même caractère d'esprit que celui qu'il a fréquenté. Un religieux de quelque ordre commet une faute : voilà tous ceux qui portent le même habit et le même nom condamnés avec lui. Un homme de bien se montre ferme dans ses con-

---

[1]. *Rech. de la vér.*, liv. III, part. II, ch. x.

victions : c'est un opiniâtre, comme si l'attachement à des principes de vertu était la même chose que l'aveugle entêtement des vicieux et des libertins [1]. Qui ne reconnaît dans ces exemples ces faux jugements que les hommes portent chaque jour presque sans y penser?

L'inclination pour le bien en général est la cause de l'inquiétude de notre volonté, et par suite, de notre peu d'application et de notre ignorance. C'est notre honneur et notre grandeur que de ne pouvoir nous contenter de rien de fini et d'imparfait [2]. Mais c'est notre faiblesse et notre malheur que de nous fier toujours aux apparences et de nous élancer vers les objets qui nous séduisent, ou de nous détourner de ceux qui nous lassent, sans prendre le temps et la peine de juger selon la vérité. Quel sentiment profond et quelle vivante peinture de ce qu'est l'âme humaine ! Toujours altérée d'une soif ardente, toujours agitée de désirs, d'empressements, d'inquiétudes pour un bien qu'elle ne possède pas, tressaillant aux approches d'un objet qui lui fait sentir quelque douceur : voyez ses ardeurs qui se rallument, et puis la déception qu'elle

---

1. *Rech. de la vér.*, liv. III, part. II, ch. XI.
2. *Ibid.*, liv. IV, ch. II, 1. « L'âme ne s'en contente pas (des biens finis), parce qu'il n'y a rien qui puisse arrêter le mouvement de l'âme que celui qui le lui imprime. Tout ce que l'esprit se représente comme son bien, est fini; et tout ce qui est fini peut détourner pour un moment notre amour, mais il ne peut le fixer. »

éprouve quand elle a goûté ce bien impuissant à remplir sa capacité infinie ; et puis encore ses espérances nouvelles aussi sottes et aussi vaines que les premières, suivies à leur tour de déboires pareils ; et ainsi, au milieu de la multiplicité de biens qui ne peuvent la satisfaire, une inconstance perpétuelle et une légèreté inconcevable qui ne peut se fixer nulle part [1].

L'inclination que nous avons pour la grandeur et pour le bien-être nous jette aussi dans de graves erreurs. Ainsi, nous oublions que la vraie grandeur ne consiste pas dans ce rang que les hommes tiennent dans l'imagination des autres hommes, aussi faibles et aussi misérables qu'eux-mêmes, mais dans le rang honorable qu'ils tiennent dans la raison divine, dans cette raison toute-puissante qui rendra éternellement à chacun selon ses œuvres [2]. Ainsi encore des gens de néant s'imaginent sottement qu'ils sont de grands hommes, parce qu'ils ont de grandes maisons, et le plaisir de la vanité remplit tellement la petite capacité de leur esprit que les vérités les plus évidentes de la morale sont obscurcies et cachées pour eux [3]. D'autres, tout entiers à l'espérance, deviennent incapables de discerner le bien du mal : car l'âme est si fort occupée des plaisirs

---

1. *Rech. de la vér.*, liv. IV, ch. ii ; ch. iii, 1 ; ch. iv.
2. *Ibid.*, liv. IV, ch. vi, 1.
3. *Ibid.*, liv. IV, ch. xi, 2.

qu'elle espère, qu'elle les suppose innocents et qu'elle ne cherche que les moyens de les goûter[1]. Chez d'autres encore, la pensée des peines de l'autre vie produit les effets les plus tristes : cette crainte servile fait naître une infinité de scrupules ; elle étend pour ainsi dire la foi jusqu'aux préjugés, et elle fait embrasser avec ardeur et avec zèle des traditions purement humaines, des dévotions pharisaïques, des pratiques superstitieuses, ou elle jette l'âme dans un aveuglement de désespoir, et les hommes, regardant confusément la mort comme le néant, se hâtent brutalement de se perdre, afin de se délivrer des inquiétudes mortelles qui les agitent et qui les effraient[2].

C'est un chef-d'œuvre de pénétration et de justesse que le chapitre sur les erreurs où nous précipite l'amitié que nous avons pour les autres hommes. Alceste, dans Molière, ne dit rien de plus fort contre les faiseurs de compliments que Malebranche dans la page que voici :

« Ne voyons-nous pas tous les jours que des personnes qui ne se connaissent point, ne laissent pas de s'élever l'un l'autre jusqu'aux nues la première fois même qu'ils se voient et qu'ils se parlent? Et qu'y a-t-il de plus ordinaire que de voir des gens qui donnent des louanges hyperboliques et qui té-

---

[1]. *Rech. de la vér.*, liv. IV, ch. xi, 2.
[2]. *Ibid.*, liv. IV, ch. xii.

moignent des mouvements extraordinaires d'admiration à une personne qui vient de parler en public, même en présence de ceux avec lesquels ils s'en sont moqués quelque temps auparavant? Toutes les fois qu'on se récrie, qu'on pâlit d'admiration, et comme surpris des choses que l'on entend, ce n'est pas une bonne preuve que celui qui parle dit des merveilles, mais plutôt qu'il parle à des hommes flatteurs, qu'il a des amis ou peut-être des ennemis qui se divertissent de lui. C'est qu'il parle d'une manière engageante, qu'il est riche et puissant; ou, si on le veut, c'est une assez bonne preuve que ce qu'il dit est appuyé sur les notions des sens confuses et obscures, mais fort touchantes et fort agréables, ou qu'il a quelque feu d'imagination, puisque les louanges se donnent à l'amitié, aux richesses, aux dignités, aux vraisemblances, et très-rarement à la vérité [1]. »

La satire est sanglante. Mais en même temps, comme Malebranche voit bien que l'inclination que nous avons à faire des compliments aux autres a ses avantages, et même sa nécessité dans la société! Elle sert comme de contre-poids à ce désir secret de grandeur qui, tempéré et modéré, est si avantageux pour le bien public, mais qui, s'il était seul, tendrait à la dissolution de toutes les sociétés.

---

1. *Rech. de la vér.*, liv. IV, ch. XIII, 2.

Si chacun disait ouvertement qu'il veut commander et ne jamais obéir, il est visible que tous les corps politiques se détruiraient. Mais ceux qui ont le plus d'esprit et ceux qui sont les plus propres à commander aux autres, sont heureusement portés par une inclination secrète à témoigner aux autres, par leurs manières et par leurs paroles civiles et honnêtes, qu'ils se jugent indignes que l'on pense à eux, et qu'ils croient être les derniers des hommes : cet abaissement imaginaire leur permet de jouir sans envie de cette prééminence qui est nécessaire dans tous les corps. Car, de cette sorte, tous les hommes possèdent en quelque manière la grandeur qu'ils désirent : les grands la possèdent réellement, et les petits et les faibles ne la possèdent que par imagination, étant persuadés en quelque manière par les compliments des autres qu'on ne les regarde pas pour ce qu'ils sont, c'est-à-dire pour les derniers d'entre les hommes [1].

Les passions nous aveuglent bien souvent. « Lorsque nous aimons quelque personne, nous sommes naturellement portés à croire qu'elle nous aime.... Mais si la haine succède à l'amour, nous ne pouvons croire qu'elle nous veuille du bien ;... nous sommes toujours sur nos gardes et dans la défiance, quoiqu'elle ne pense pas à nous ou qu'elle ne pense

---

[1]. *Rech. de la vér.*, liv. IV, ch. XIII, 1.

qu'à nous rendre service. » Ce n'est pas tout.
« Lorsque nous avons un amour passionné pour
quelqu'un, nous jugeons que tout en est aimable.
Ses grimaces sont des agréments ; sa difformité n'a
rien de choquant ; ses mouvements irréguliers et
ses gestes mal composés sont justes, ou pour le
moins ils sont naturels. S'il ne parle jamais, c'est
qu'il est sage ; s'il parle toujours, c'est qu'il est
plein d'esprit ; s'il parle de tout, c'est qu'il est universel ; s'il interrompt les autres sans cesse, c'est
qu'il a du feu, de la vivacité, du brillant ; enfin,
s'il veut toujours primer, c'est qu'il le mérite. Notre
passion nous couvre ou nous déguise de cette sorte
tous les défauts de nos amis, et au contraire, elle
relève avec éclat leurs plus petits avantages[1]. » Ici
on ne peut s'empêcher de penser à la charmante
tirade que Molière, traduisant Lucrèce, met dans
la bouche d'Eliante au deuxième acte du Misanthrope.

Les passions sont très-habiles à se justifier elles-mêmes. Considérez les plus ridicules : vous verrez
qu'elles trouvent toutes sortes d'arguments pour
plaider leur cause contre la raison qui prétend les
condamner. Parfois « la passion se sent mourir ;
mais ne croyez pas qu'elle se repente de sa conduite. Au contraire, elle dispose toutes choses, ou

---

1. *Rech. de la vér.*, liv. V, ch. vi.

pour mourir avec honneur, ou pour revivre bientôt après : elle contracte une espèce d'alliance avec toutes les autres passions qui peuvent la secourir dans sa faiblesse, rallumer ses cendres et l'en faire renaître ; et ainsi les jugements qui la justifient sont incessamment sollicités et pleinement confirmés par toutes les passions qui ne lui sont pas contraires[1]. » Voilà bien, représentés au vif, ces débats intérieurs que personne n'ignore, les voilà avec les secrètes intrigues, et les artifices, et les sophismes par lesquels nos passions soutiennent dans notre cœur leur empire ébranlé.

Peut-être devrais-je m'arrêter ici. Mais si je cède à la tentation de faire encore quelques citations, pourra-t-on s'en fâcher? Je voudrais donner une idée un peu complète de ces descriptions et de ces peintures où Malebranche excelle, et de ces traits piquants ou mordants, vraies satires en raccourci, jetées au milieu de fines analyses ou de graves réflexions. A ceux qui me reprocheraient trop d'insistance, je dirais en me servant des propres paroles de mon auteur : « Je me fais un ordre pour me conduire, mais je prétends qu'il m'est permis de tourner la tête lorsque je marche, si je trouve quelque chose qui mérite d'être considéré. Je prétends même qu'il m'est permis de me reposer à l'écart, pourvu que je ne perde point de vue le

---

[1]. *Rech. de la vér.*, liv. V, ch. xi.

chemin que je dois suivre. Ceux qui ne veulent point se délasser avec moi peuvent passer outre ; il leur est permis, ils n'ont qu'à tourner la page ; mais, s'ils se fâchent, qu'ils sachent qu'il y a bien des gens qui trouvent que ces lieux que je choisis pour me reposer leur font trouver le chemin plus doux et plus agréable [1]. »

Ce sont les faux savants et les beaux esprits que Malebranche peint le plus souvent. Il est clair qu'il prend plaisir à les représenter dans toutes les poses, si je puis parler ainsi, et sous tous les aspects. L'érudition inutile des uns, l'air décisif et dominant des autres, l'irritent : les uns et les autres méprisent le Maître intérieur et le font mépriser. Voici des gens qui aiment mieux se servir de l'esprit des autres dans la recherche de la vérité, que de celui que Dieu leur a donné. Il y a de cette folie bien des raisons : l'une des principales, c'est un faux respect pour l'antiquité. « Quoi ! Aristote, Platon, Epicure, ces grands hommes se seraient trompés ! On ne considère pas qu'Aristote, Platon, Epicure étaient hommes comme nous, et de même espèce que nous ; et de plus, qu'au temps où nous vivons, le monde est plus âgé de deux mille ans, qu'il a plus d'expérience, qu'il doit être plus éclairé, et que c'est la vieillesse du monde et l'expérience qui

---

1. *Rech. de la vér.*, liv. IV, ch. XIII, 2, fin.

font découvrir la vérité[1]. » Malebranche parle ici comme Pascal. Voyez maintenant ces hommes qui lisent beaucoup, mais ne méditent point, qui ne savent que des histoires et des faits, et non pas des vérités évidentes, historiens plutôt que véritables philosophes, puisque la science et la philosophie qu'ils apprennent est une science de mémoire, et non une science d'esprit : voyez-les accablant du poids de leur érudition, et étourdissant, tant par des opinions extraordinaires que par des noms d'auteurs anciens et inconnus, de pauvres jeunes gens inexpérimentés qui regardent comme des articles de foi toutes leurs décisions[2]. Malebranche les a vus de près, ces faux savants ; et à la façon dont il maudit leur tyrannie insupportable, on dirait qu'il a risqué d'être leur victime[3]. Il a subi leurs

---

1. *Rech. de la vér.*, liv. II, part. II, ch. III, 2.
2. *Ibid.*, liv. II, part. II, ch. IV.
3. Voyez dans les *Entret. métaph.*, v, 13, ce passage remarquable : « La plupart des hommes s'engagent imprudemment dans des études inutiles. Il suffit à tel d'avoir entendu faire l'éloge de la chimie, de l'astronomie, ou de quelque autre science vaine ou peu nécessaire, pour s'y jeter à corps perdu. Celui-ci ne saura pas si l'âme est immortelle ; il serait peut-être bien empêché à vous prouver qu'il y a un Dieu ; et il vous réduira les égalités de l'algèbre les plus composées avec une facilité surprenante. Et celui-là saura toutes les délicatesses de la langue, toutes les règles des grammairiens, qui n'aura jamais médité sur l'ordre de ses devoirs. Quel renversement d'esprit ! Qu'une imagination dominante loue d'un air passionné la connaissance des médailles, la poésie des Italiens, la langue des Arabes et des Perses devant un jeune homme plein d'ardeur pour les sciences, cela suffira pour l'engager aveuglément dans ces sortes d'études (Malebranche se souvenait-il en écrivant ceci de ses études de linguistique et d'histoire à l'Oratoire?) ; il négligera la connaissance de

leçons dans sa jeunesse quand il a été initié à la philosophie scolastique; il les a retrouvés plus tard dans le monde, il se souvient sans doute de quelque rencontre fâcheuse, quand il les montre faisant perdre la parole à leurs adversaires par leur air fier, impérieux et grave : qui sait s'il n'a pas été lui-même dans le cas de ces personnes spirituelles et judicieuses qui ont quelque peine à manquer de respect et d'estime pour ce que disent les faux savants, tant il est difficile de ne rien donner à l'air et aux manières? Aurait-il eu lui-même à se plaindre d'orgueilleux pédants, semblables à ces hommes fiers et hardis qui en maltraitent d'autres plus forts, mais plus judicieux et plus retenus qu'eux [1] ?

Il les poursuit impitoyablement. Ceux-ci suent pour éclaircir des passages obscurs des philosophes, et même de quelques poëtes de l'antiquité. Ceux-là font des généalogies ridicules d'opinions inutiles, et ces bagatelles excitent entre eux des guerres d'érudition [2]. On en voit qui connaissent à peine leurs propres parents, et qui peuvent vous prouver que tel citoyen romain était parent de tel empereur. D'autres savent ce qui se passe dans les astres,

---

l'homme, les règles de la morale, et peut-être oubliera-t-il ce qu'on apprend aux enfants dans leur catéchisme. C'est que l'homme est une machine qui va comme on la pousse. C'est beaucoup plus le hasard que la raison qui le conduit. Tous vivent d'opinion. Tous agissent par imitation. Ils se font même un mérite de suivre ceux qui vont devant, sans savoir où. »

1. *Rech. de la vér.*, liv. II, part. II, ch. IV.
2. *Ibid.*, liv. II, part. II, ch. V.

mais ignorent ce qui se passe dans leur pays[1]. Quelle folie! « Il y a, dit Malebranche, des personnes destinées par l'ordre du prince à observer les astres, contentons-nous de leurs observations. Ils s'appliquent à cet emploi avec raison, car ils s'y appliquent par devoir; c'est leur affaire. Ils s'y appliquent avec succès, car ils y travaillent sans cesse avec art, avec application, et avec toute l'exactitude possible; rien ne leur manque pour y réussir. Ainsi nous devons être pleinement satisfaits sur une matière qui nous touche si peu, lorsqu'ils nous font part de leurs découvertes[2]. » C'est parler bien singulièrement d'une des plus belles sciences que le génie de l'homme ait créées : sous prétexte que par la grandeur de son objet, elle éblouit et aveugle l'esprit, la voilà reléguée avec le plus étrange dédain parmi les services publics. Son intérêt scientifique, sa portée religieuse, tout cela est méconnu. Mais passons : nous ne voulons pas ici juger Malebranche. Remarquons seulement que s'il traite si mal l'astronomie, c'est qu'elle ne fait guère selon lui que des savants orgueilleux et téméraires, tout pleins de cette suffisance et de cette pédanterie qu'il ne peut souffrir.

Regardons maintenant ce savant qui, semblable à un cavalier bien monté et bien armé, se sent prêt

---

1. *Rech. de la vér.*, liv. IV, ch. vii; et liv. V, ch. vii, vers la fin.
2. *Ibid.*, liv. IV, ch. vii.

à tout entreprendre : il devient, si cela se peut dire, généreux et hardi contre la vérité. Il la combat sans la reconnaître, il la trahit après l'avoir connue : il est toujours prêt à soutenir l'affirmative ou la négative, selon que l'esprit de contradiction le possède [1]. Écoutons cet autre : « J'ai vu Descartes, dit-il : je l'ai connu, je l'ai entretenu plusieurs fois : c'était un honnête homme : il ne manquait pas d'esprit, mais il n'avait rien d'extraordinaire. » Voilà donc un homme « qui s'est fait une idée basse de la philosophie de Descartes, parce qu'il en a entretenu l'auteur quelques moments, et qu'il n'a rien reconnu en lui de cet air grand et extraordinaire qui échauffe l'imagination. Il prétend même répondre suffisamment aux raisons de ce philosophe, lesquelles l'embarrassent un peu, en disant fièrement qu'il l'a connu autrefois. Qu'il serait à souhaiter que ces sortes de gens pussent voir Aristote autrement qu'en peinture, et avoir une heure de conversation avec lui, pourvu qu'il ne leur parlât point en grec, mais en français, et sans se faire connaître qu'après qu'ils auraient porté leur jugement [2] ! »

Où la préoccupation n'entraîne-t-elle pas les commentateurs ? « On ne commente guère les ouvrages des hommes tout court ; ce sont toujours les

---

1. *Rech. de la vér.*, liv. V, ch. VII.
2. *Ibid.*, liv. V, ch. VII, vers la fin.

ouvrages d'hommes divins, qui ont été l'admiration de leur siècle, et qui ont reçu de Dieu des lumières toutes particulières. » Admirez ici les souplesses de l'amour-propre : « On ne fait plus avec son auteur qu'une même personne, » et si on le loue tant, c'est qu'on espère être « comme enveloppé dans la même gloire. » Et ce qu'il y a de plus déplorable, c'est que la vanité est si naturelle à l'homme qu'il ne la sent pas. Il faut se tâter, se manier, se sonder pour savoir qu'on est vain. Mais, aperçue ou non, c'est la vanité qui donne le branle à la plupart des actions. Voilà donc un homme, doué de raison, dont l'unique préoccupation est d'admirer son auteur et de se faire admirer avec lui. Il le cite partout : pour prouver des choses obscures et que personne ne conçoit; pour prouver des choses très-évidentes et desquelles des enfants ne pourraient pas douter : son auteur lui est ce que la raison et l'évidence sont aux autres [1].

C'est une chose étrange que cet abus des citations [2] et que l'empire que cinq ou six mots latins ou grecs peuvent donner à un homme sur ses semblables : essayez de résister, ce pédant vous dira que vous n'avez pas le sens commun et que vous niez les premiers principes. Aussi bien ce sont là ses premiers principes, à lui : il n'en connaît pas

---

1. *Rech. de la vér.*, liv. II, part. II, ch. VI.
2. *Ibid.*, liv. IV, ch. VIII.

d'autres. Et voyez la tyrannie de la mode. Un médecin qui parlerait comme tout le monde ne serait ni estimé ni obéi. Au village, le latin suffit, à la ville il faut du grec. Et des hommes très-savants et très-sérieux sont obligés dans leurs visites de parler grec comme les affronteurs et les ignorants : seulement « c'est pour charmer le malade et non pas la maladie, car ils savent bien qu'un passage grec n'a jamais guéri personne [1]. »

Pour les inventeurs de nouveaux systèmes, Malebranche est très-sévère, mais il ne les condamne pas absolument : s'il méprise ceux qui ne consultent que leur fantaisie, il estime ceux qui tâchent de se conformer à la vérité. « Il faut de grandes qualités, dit-il, pour trouver quelque véritable système... il faut une certaine grandeur et une certaine étendue d'esprit qui puisse envisager un très-grand nombre de choses à la fois. Les petits esprits, avec toute leur vivacité et toute leur délicatesse, ont la vue trop courte pour voir tout ce qui est nécessaire à l'établissement de quelque nouveau système. » Mais comme il connaît bien les dangers où sont exposés les inventeurs ! comme il peint vivement leurs travers ! A son insu, il parle d'expérience. « On ne peut plus les détromper. Ils retiennent et conservent très-chèrement toutes les choses

---

[1] *Rech. de la vér.*, liv. IV, ch. IV, 2.

qui peuvent servir à confirmer leur système ; ils n'aperçoivent presque pas les objections qui leur sont opposées, ou bien ils s'en défont par quelque distinction frivole. Ils ne s'appliquent qu'à considérer l'image de la vérité que portent leurs opinions vraisemblables ; ils arrêtent cette image fixe devant leurs yeux, mais ils ne regardent jamais d'une vue arrêtée les autres faces de leurs sentiments, lesquelles leur en découvriraient la fausseté[1]. » Ils arrêtent cette image fixe devant leurs yeux : ce dernier trait est vraiment admirable : quelle simplicité, quelle justesse et quelle force !

Les beaux esprits sont peints à plusieurs reprises, et toujours avec beaucoup de vigueur et avec une malicieuse ironie. Nous savons quelle antipathie Malebranche avait pour eux. Il les trouve superficiels et efféminés ; il ne peut leur pardonner cette facilité de parole qui leur attire tant d'admirateurs : les sages, accoutumés à méditer, « hésitent d'ordinaire quand ils entreprennent de parler, parce qu'ils ont quelque scrupule de se servir de termes qui réveillent dans les autres une fausse idée. Ayant honte de parler simplement pour parler, ils ont beaucoup de peine à trouver des paroles qui expriment bien des pensées qui ne sont pas ordinaires[2]. » Aveu plein de fierté qui est la condam-

---

[1]. *Rech. de la vér.*, liv. II, part. II, ch. VII, 1.
[2]. *Ibid.*, liv. II, part. II, ch. VIII, 2.

nation des grands parleurs et des beaux diseurs.

Ce sont des « pédants à la cavalière [1], » comme Malebranche le dit de Montaigne ; il ne peut les souffrir. Avec toute la beauté de leur esprit et toute la vigueur de leur imagination, ils ne sont que plus incapables d'atteindre la vérité. Ces superbes sont « comme un homme riche et puissant, qui a un grand équipage, qui mesure sa grandeur par celle de son train, et sa force par celle des chevaux qui tirent son carrosse ; » et il y a de faux humbles que cet attirail éblouit : ils s'imaginent qu'ils ne sont rien parce qu'ils ne possèdent rien, et ils se trouvent misérables, pauvres, faibles et languissants. Mais enfin « notre équipage n'est pas nous, » et l'abondance du sang et des esprits, la vigueur et l'impétuosité de l'imagination ne servent de rien pour conduire à la vérité. Au contraire, rien ne nous en détourne davantage. Tout cela n'est bon que pour nous faire briller dans le monde d'un éclat non moins dangereux que vain [2]. Voulez-vous vous en convaincre ? Voyez ce double portrait que l'on ne peut considérer sans songer aux admirables *caractères* de Giton et de Phédon dans La Bruyère : « Si celui qui parle s'énonce avec facilité, s'il garde une mesure agréable dans ses périodes, s'il a l'air d'un honnête homme et d'un homme d'esprit, si c'est une per-

---

[1]. *Rech. de la vér.*, liv. II, part. III, ch. v. Voir plus haut, p. 421.
[2]. *Ibid.*, liv. V, ch. VII ; *Traité de morale*, I, ch. XII.

sonne de qualité, s'il est suivi d'un grand train, s'il parle avec autorité et gravité, si les autres l'écoutent avec respect et en silence, s'il a quelque réputation et quelque commerce avec les esprits du premier ordre, enfin s'il est assez heureux pour plaire ou pour être estimé, il aura raison dans tout ce qu'il avancera, et il n'y aura pas jusqu'à son collet et ses manchettes qui ne prouvent quelque chose. Mais s'il est assez malheureux pour avoir des qualités contraires à celles-ci, il aura beau démontrer, il ne prouvera jamais rien ; qu'il dise les plus belles choses du monde, on ne les apercevra jamais. L'attention des auditeurs n'étant qu'à ce qui touche les sens, le dégoût qu'ils auront de voir un homme si mal composé les occupera tout entiers et empêchera l'application qu'ils devraient avoir à ses pensées. Ce collet sale et chiffonné fera mépriser celui qui le porte et tout ce qui peut venir de lui ; et cette manière de parler de philosophe et de rêveur fera traiter de rêveries et d'extravagances ces hautes et sublimes vérités dont le commun du monde n'est pas capable [1]. »

Quand l'hypocrisie se joint à la fausse science pour persécuter la science véritable, alors Malebranche éclate, et, dans sa colère, il écrit cette page terrible où il montre Voët, ce petit homme, ardent

---

1. *Rech. de la vér.*, liv. I, ch. XVIII, 2.

et véhément déclamateur, respecté des peuples par le zèle qu'il fait paraître pour leur religion, s'élevant contre Descartes et accusant d'athéisme celui qui vient de prouver démonstrativement l'existence de Dieu. Et puis, quelle sérénité après cet éclat de colère! quelle confiance dans la force invincible de la vérité! « La vérité aime la douceur et la paix, et, toute forte qu'elle est, elle cède quelquefois à l'orgueil et à la fierté du mensonge qui se pare et qui s'arme de ses apparences. Elle sait bien que l'erreur ne peut rien contre elle; et enfin la victoire lui reste, et elle paraît plus forte et plus éclatante que jamais dans le lieu même de son oppression[1]. »

J'ai montré comment Malebranche s'y prend pour dissiper les illusions des sens, les fantômes de l'imagination, les fausses abstractions de l'esprit pur, et enfin toutes les erreurs où nos inclinations et nos passions ont coutume de nous jeter. Nous nous trompons parce que nous jugeons trop vite; nous jugeons trop vite parce que nos sens, notre imagination, nos passions nous entraînent. Résister à cet entraînement, user de notre liberté, pour ne juger que dans la lumière, voilà le grand principe d'où tout dépend dans la recherche de la vérité. « On ne doit jamais donner un consentement entier qu'aux propositions qui paraissent si évidemment

---

1. *Rech. de la vér.*, liv. IV, ch. vi, 3 et 4.

vraies qu'on ne puisse le leur refuser sans sentir une peine intérieure et des reproches secrets de la raison, c'est-à-dire sans que l'on connaisse clairement que l'on ferait mauvais usage de sa liberté si l'on ne voulait pas consentir [1]. »

Mais pour être fidèle à ce principe dans les études auxquelles on veut s'appliquer, il faut rendre l'esprit plus attentif et travailler à en augmenter la capacité et l'étendue[2]. Il faut pour cela user des sens, de l'imagination, des passions mêmes; et puis se servir de certaines sciences, telles que la géométrie, l'arithmétique et l'algèbre, qui sont très-propres à discipliner l'esprit et à le fortifier[3]. Enfin il faut observer quelques règles, très-simples, très-naturelles, dont voici les principales :

« Nous ne devons raisonner que sur des choses dont nous avons des idées claires; et, par une suite nécessaire, nous devons toujours commencer par les choses les plus simples et les plus faciles, et nous y arrêter fort longtemps avant que d'entreprendre la recherche des plus composées et des plus difficiles. »

Cette première règle regarde le sujet de nos études. Les suivantes regardent la manière dont il faut s'y prendre pour résoudre les questions :

---

1. *Rech. de la vér.*, liv. VI, part. I, ch. I Voir aussi liv. I, ch. I et II, et liv. III, part. II, ch. XII, conclusion des trois premiers livres.
2. *Ibid.*, liv. VI, part. I, ch. II.
3. *Ibid.*, liv. VI, part. I, ch. V. — Voir aussi liv. IV, ch. XI, 2.

« Il faut concevoir très-distinctement l'état de la question qu'on se propose de résoudre ;

» Lorsqu'on ne peut reconnaître les rapports que les choses ont entre elles, en les comparant immédiatement, il faut découvrir par quelque effort d'esprit une ou plusieurs idées moyennes qui puissent servir comme de mesure commune pour reconnaître par leur moyen le rapport qu'elles ont entre elles ;

» Lorsque les questions sont difficiles et de longue discussion, il faut retrancher avec soin du sujet que l'on doit considérer toutes les choses qu'il n'est pas nécessaire d'examiner pour découvrir la vérité que l'on cherche[1]. »

Telle est la logique de Malebranche : on voit comment elle tient à tout le système ; on voit aussi comment, en la développant, le métaphysicien devient psychologue et moraliste.

Si l'on cherche maintenant ce que Malebranche doit ici à ses deux maîtres, saint Augustin et Descartes, on trouvera qu'il a certainement appris dans le commerce du premier l'art de s'étudier soi-même avec cette sincérité pénétrante, et qu'il tient du second bien des remarques profondes ou des vues ingénieuses, et presque toutes les règles de la méthode. Le *Traité des passions* de Descartes ren-

---

1. *Rech. de la vér.*, liv. VI, part. II, ch. I.

ferme beaucoup de physiologie, ce qui ne déplaisait pas à Malebranche. Mais, de plus, il y a dans ce traité des observations morales d'une grande valeur, et ces définitions un peu sèches, mais fort précises, de nos principales passions, ont dû ouvrir plus d'un aperçu à un homme qui ne lisait qu'en méditant. Ici encore Descartes a été vraiment le maître de Malebranche. Le disciple a ajouté l'abondance des détails, l'agrément d'un esprit vif et brillant, et cette préoccupation morale et religieuse qui ne le quitte pas.

Quant aux règles de la méthode, elles viennent de Descartes, disons-nous[1]. Qu'on lise les *Regulæ ad directionem ingenii*, avant ou après le VI⁰ livre de la *Recherche de la vérité*, on sera frappé de la ressemblance de ces deux ouvrages. Seulement on se convaincra une fois de plus que Malebranche pensé lui-même tout ce qu'il emprunte, et le fait sien.

Nous venons de le voir, il y a un art de penser qui donne « toutes les règles sur lesquelles l'esprit doit régler toutes ses démarches dans la recherche de la vérité. » C'est la logique proprement dite ; et ceux-là seuls sont obligés de l'étudier à fond qui

---

1. Nous ne parlons pas ici de la *Méthode* en général, nous l'avons étudiée dans notre chapitre II : nous ne parlons en ce moment que des règles particulières de méthode.

veulent être en état de découvrir la vérité sur toutes sortes de sujets[1]. Mais il y a un bon emploi de l'esprit, un soin de bien juger, qui est nécessaire à tous les hommes, aussi bien que la morale elle-même, dont à vrai dire il fait partie. Ne point supporter le travail de l'attention, se décourager parce qu'il est pénible, se croire inhabile à la méditation et y renoncer, c'est renoncer à la raison même. Et « si cela est, quoi qu'on dise pour justifier sa paresse et sa négligence, on renonce à la vertu, du moins en partie; car, sans le travail de l'attention, on ne comprendra jamais la grandeur de la religion, la sainteté de la morale, la petitesse de tout ce qui n'est pas Dieu, le ridicule des passions, et toutes les misères intérieures[2]. » Ajoutons à cela que les efforts mêmes qu'il faut faire pour acquérir les connaissances utiles, sont des vertus, ainsi que nous l'avons montré plus haut. Pour être savant de la bonne manière ou tout simplement pour être vraiment sage et éclairé, il faut s'efforcer d'être vertueux. Puis, à leur tour, cette science ou cette sagesse aident singulièrement à la vertu. En effet, quand on est vraiment éclairé, on n'attribue point aux choses créées une puissance qu'elles n'ont pas: on les juge telles qu'elles sont parce qu'on ne prononce que d'après les idées claires; on reconnaît

---

1. *Traité de morale*, I, ch. v, 11.
2. *Ibid.*, I, ch. v, 6.

qu'elles sont inefficaces et entièrement incapables de nous rendre heureux ou malheureux. Convaincu de leur impuissance, on juge aisément qu'on ne doit ni les aimer ni les craindre. N'est-on pas dès lors bien préparé à mettre en pratique les deux grands préceptes de la morale proprement dite : s'attacher inviolablement à l'ordre, c'est-à-dire à Dieu; ne jamais aimer absolument un bien, si l'on peut sans remords ne point l'aimer[1]?

Ainsi entre la logique et la morale il y a d'étroits rapports, et nous n'avons pu expliquer l'une sans toucher à l'autre. Achevons maintenant de faire connaître la morale[2].

II.

Il y a deux sortes d'amour : l'amour de bienveillance et d'estime, et l'amour d'union. Distinction très-importante, qui, selon Malebranche, repose sur la nature même des choses, et sans laquelle, à son avis, toute la morale est bouleversée. C'est ici que le lien intime qui unit dans sa philosophie la métaphysique et la morale apparaît manifestement.

Pour aimer un objet d'un amour d'union, il faut

---

1. Voir *Rech. de la vér.*, liv. I, ch. II; *Traité de morale*, I, ch. III et VII.
2. Voir surtout la IIe partie du *Traité de morale*.

regarder cet objet comme la cause de notre bonheur : c'est pour cela que nous souhaitons d'y être unis, afin qu'il agisse sur nous et nous rende heureux. Mais Dieu seul agit sur nous, Dieu seul peut causer notre bonheur ou notre malheur. Tous les êtres créés ne sont que les causes occasionnelles de l'action divine. Donc, la véritable puissance étant incommunicable, toute créature étant impuissante, tout l'amour d'union doit tendre vers Dieu et vers Dieu seul. On peut bien s'approcher par le corps des objets que Dieu a établis causes occasionnelles pour produire certains effets; mais on ne peut pas les aimer. C'est en faire des divinités. Ni les anges, ni les démons, ni quelque créature que ce soit ne doit être aimée de cet amour qui honore la puissance; et quand je dis aimer, j'entends aussi bien craindre et haïr : j'entends que l'âme doit demeurer immobile en la présence des choses créées[1].

Voilà donc la grande règle avec la raison qui la justifie : « *Toutes les créatures étant absolument impuissantes, il ne les faut nullement aimer*[2]. »

Arrêtons-nous ici quelques instants. Nos devoirs envers Dieu sont les premiers de nos devoirs, ceux qui en un sens renferment tous les autres. Comprenons bien que nous dépendons de la *puissance*

---

1. *Traité de morale*, I, ch. III, 8 et 9 ; II, ch. I et II. — Voir aussi *Rech. de la vér.*, liv. VI, part. II, ch. III ; *Médit. chrét.* v, 19 ; VI, 5 et 22 ; XII, 1-2 ; XV, 18 ; *Entret. métaph.*, VII.
2. *Traité de morale*, I, ch. III, 9.

de Dieu, que nous sommes unis à sa *sagesse*, que nous n'avons de mouvement que par son esprit, que par l'*amour* qu'il se porte à lui-même. Tout est là : si nous voyons cela clairement, il sera facile d'en tirer les règles de notre conduite. Dieu étant la véritable cause qui seule opère, la raison universelle qui seule éclaire les esprits, l'amour substantiel qui seul anime et meut les volontés, la perception claire de cette triple vérité nous oblige à former certains jugements, et ces jugements demandent de nous certains mouvements; et c'est dans ces jugements et dans ces mouvements que consistent proprement nos devoirs : car toutes les actions extérieures ne sont que des suites des actions de notre esprit [1].

Dieu seul a la puissance. C'est donc à lui seul que la gloire et l'honneur appartiennent. « Telle est la loi éternelle, nécessaire, inviolable, que Dieu a établie par la nécessité même de son être, par l'amour nécessaire qu'il se porte à lui-même : amour toujours conforme à l'ordre, et qui fait de l'ordre la loi inviolable de tous les esprits. Quand Dieu cessera de se connaître tel qu'il est ; quand il cessera de s'aimer autant qu'il le mérite ; quand il cessera d'agir selon ses lumières et par le mouvement de son amour ; quand il cessera de suivre

---

1. *Traité de morale,* II, ch. II, 1-5. — *Médit. chrét.,* XII.

cette loi, alors on pourra impunément désirer la gloire ou la rendre à quelque autre qu'à lui, alors on pourra sans crainte se réjouir et se consoler dans l'amitié des créatures; on pourra aimer et être aimé, adorer et se faire adorer, se montrer au monde pour s'attirer l'estime et l'amour du monde; on pourra s'élever et se mettre en vue comme un objet digne d'occuper les esprits et les cœurs que Dieu n'a faits que pour lui; on pourra s'occuper soi-même, ou de soi, ou de la puissance imaginaire des créatures [1]. »

Dieu seul a la puissance : il est donc seul la cause véritable de notre être; seul la cause de la durée de notre être; seul la cause de nos connaissances, des mouvements naturels de nos volontés, de nos sentiments, seul aussi la cause de tous les mouvements de notre corps; et par conséquent les créatures ne sont que des causes occasionnelles, elles ne peuvent par elles-mêmes nous faire ni bien ni mal, comme nous non plus, nous ne pouvons faire ni bien ni mal à personne par nos propres forces [2].

Dieu seul a la puissance. Il faut donc n'aimer que Dieu d'un amour d'union ou d'attachement; n'avoir de joie qu'en Dieu seul; ne s'unir jamais aux causes occasionnelles de son bonheur contre la défense de Dieu, seule cause véritable; ne s'y point unir sans

---

1. *Traité de morale*, II, ch. II, 7.
2. *Ibid.*, II, ch. II, 10.

un besoin particulier ; ne craindre que Dieu ; n'avoir de tristesse que de son péché. Tout mouvement contraire serait déréglé, car il supposerait un faux jugement par lequel on attribuerait aux créatures une efficace véritable et on regarderait autre chose que Dieu comme capable de causer notre bonheur ou notre malheur[1].

De même Dieu seul est la raison universelle, ou la sagesse. Donc l'homme n'est pas à lui-même, ni à nul autre, sa sagesse et sa lumière, ni nulle intelligence à aucune autre. Donc, Dieu, qui, par sa *puissance*, est la cause de nos perceptions ou de nos connaissances claires, est aussi l'unique substance intelligible et commune de la vérité, et il est seul la forme, l'idée, l'objet immédiat de ces mêmes perceptions ou connaissances. Donc nous ne tirons pas des objets les idées que nous en avons. Donc enfin les hommes que nous appelons nos *maîtres* ne sont que des *moniteurs ;* et lorsque nous rentrons en nous-mêmes pour découvrir quelque vérité que ce soit, ce n'est pas nous qui nous répondons, mais c'est le maître intérieur qui habite en nous, celui qui préside immédiatement à tous les esprits et leur rend à tous les mêmes réponses. Et par conséquent il faut : ne point tirer vanité de ses connaissances, mais en remercier humblement

---

1. *Traité de morale*, II, ch. II, 11-20.

celui qui en est le principe et l'auteur; rentrer en soi-même autant qu'on peut, et écouter la raison plus volontiers que les hommes; ne se rendre qu'à l'évidence et à l'autorité infaillible; lorsque les hommes parlent, ne pas manquer de confronter ce qu'ils disent à nos oreilles avec ce que la raison répond à notre esprit; ne leur parler jamais, du moins avec un air de confiance, avant que la raison nous ait parlé à nous-mêmes; leur parler toujours en *moniteurs* et non en maîtres; les interroger souvent, et les mener insensiblement au Maître, à la Raison universelle, en les obligeant à rentrer en eux-mêmes; ne disputer jamais pour disputer; ne consulter jamais la raison que sur des sujets dignes d'elle et qui nous soient vraiment utiles; ne conserver chèrement dans sa mémoire que des principes certains et féconds en conséquences, que des vérités nécessaires, que les réponses précieuses de la vérité intérieure; négliger ordinairement les faits; ne pas suivre l'exemple ou la coutume sans les confronter avec l'ordre, puisque ce serait agir en bête et uniquement par machine; mépriser la délicatesse, la beauté, la force de l'imagination, comparant souvent à la lumière intérieure ce qui brille à l'imagination afin de faire évanouir l'éclat trompeur et charmant dont elle couvre ses folles pensées; fermer avec soin les avenues par lesquelles l'âme sort de la présence de son Dieu, et se répand dans les créatures; aimer ardemment la vérité, la sagesse, la raison universelle; la prier sans cesse par son attention, faire son plaisir de la consulter, de l'écouter, de lui obéir, comme elle-même fait ses délices de converser parmi nous [1].

Enfin Dieu seul nous rend capables d'aimer par l'impression continuelle de l'amour qu'il se porte à lui-même, qui seul est le bien véritable. Tout mouvement d'amour qui ne tend pas vers Dieu est donc inutile et vain, et de plus conduit au mal. Tout mouvement d'amour qui n'est pas conforme à l'ordre immuable, est déréglé et oblige Dieu, qui est juste, à devenir tôt ou tard notre mal ou la cause de notre misère : on ne peut s'unir à Dieu comme à son bien si on ne se conforme à Dieu comme à sa loi; et on ne peut se conformer à la loi divine, et par cette conformité devenir parfait, sans devenir heureux. Par conséquent, n'aimons que Dieu d'un amour d'union, *et lorsque nous sentons s'exciter en nous quelque amour pour la créature, quelque joie dans la créature, étouffons ces sentiments.* Fuyons les plaisirs, car ils nous séduisent et nous corrompent. « L'amour de la grandeur, de l'élévation, de l'indépendance est abominable; celui qui désire qu'on l'estime et qu'on l'aime fait horreur. Quoi!

---

1. *Traité de morale*, II, ch. III. Là est résumé ce qui se retrouve à chaque page dans les autres écrits, surtout dans la *Recherche*, dans les *Méditations*, et dans les *Entretiens métaphysiques*.

les esprits faits pour contempler la raison universelle, pour aimer la puissance du vrai bien, s'occuperont de nous et nous aimeront. Impuissants comme nous sommes, nous souffrirons des adorateurs? Corrompus et ignorants comme nous sommes, nous voudrions des admirateurs, des imitateurs, des sectateurs? Certainement celui qui ne voit pas l'injustice de l'orgueil n'a nul commerce avec la raison ; et celui-là y renonce entièrement, qui connaît cette injustice, et ne craint point de la commettre. » Contemplons incessamment la raison, aimons ardemment la sagesse, suivons inviolablement la loi divine. Réformons-nous sur notre modèle, le Verbe incarné, qui s'est fait semblable à nous pour nous rendre semblables à lui, qui s'est mis à notre portée, et s'est proportionné à notre faiblesse, pour que par lui, notre victime en même temps que notre modèle, nous ayons accès auprès de Dieu, société avec Dieu, part à la félicité de Dieu[1].

Voilà nos devoirs envers Dieu : on voit sur quoi ils reposent et en quoi ils consistent. Quels sont nos devoirs envers les créatures?

Dieu communique réellement aux créatures quelques perfections. Elles sont bonnes, en ce sens qu'elles *expriment* plus ou moins les qualités excellentes du Créateur[2]. Elles sont donc estimables et

---

1. *Traité de morale*, II, ch. IV.
2. *Entret. métaph.*, IX, 8.

aimables[1]. L'ordre même demande qu'on les estime et qu'on les aime à proportion de la perfection soit naturelle soit morale qu'elles possèdent, du moins autant que ces perfections nous sont connues. Et comme parmi ces créatures il y en a qui sont capables de connaître comme nous la vérité et de jouir avec nous, dans la possession du vrai bien, d'un même bonheur, nous devons leur souhaiter ce qui peut contribuer à leur félicité véritable, et travailler à le leur procurer. Voilà l'amour d'estime et de bienveillance que l'ordre exige que nous ayons pour les créatures[2]. Si nous remarquons qu'il y a des perfections personnelles ou absolues et des perfections relatives, que les premières sont l'objet immédiat de l'amour d'estime et de bienveillance, et que les secondes ne sont point elles-mêmes dignes d'amour, mais seulement l'objet auquel elles se rapportent, qui est Dieu, nous comprendrons comment le mérite personnel doit être honoré et aimé partout où il se trouve, mais comment aussi il ne règle pas toujours la grandeur et la qualité des devoirs, l'autorité par exemple et les talents naturels attirant à ceux qui les ont des honneurs légitimes et un amour d'estime, qui se rapportent ailleurs, qui se terminent à Dieu seul[3].

---

1. *Traité de morale*, I, ch. III, 10-11.
2. *Ibid.*, II, ch. VI.
3. *Ibid.*, II, ch. VI, VII, VIII.

Quand une âme aimant inviolablement l'ordre et décidée à lui tout sacrifier, aime souverainement Dieu comme seul bon au sens propre, comme seul puissant, comme seul capable d'agir sur elle, de la perfectionner, de la rendre heureuse ou malheureuse; quand elle a pour les créatures un amour d'estime et de bienveillance fondé sur la connaissance des perfections absolues ou relatives des choses; quand elle rend à l'autorité et aux perfections naturelles des honneurs qui ont Dieu pour objet immédiatement, et au mérite et aux perfections personnelles des honneurs qui remontent par les créatures jusqu'à Dieu auteur de tout bien; quand enfin elle ne se contente pas de jugements et d'affections stériles, mais que, ses désirs pratiques étant causes occasionnelles de certains effets, elle fait tous ses efforts pour procurer aux êtres raisonnables qui l'entourent une solide vertu afin qu'ils méritent par là les vrais biens qui en sont la récompense : alors cette âme est bien réglée, elle conforme ses pensées, son amour, sa vie aux prescriptions de la morale; elle accomplit tous ses devoirs envers Dieu qu'elle honore et aime comme il le mérite, envers les autres hommes, pour qui elle a cette estime, cet amour de bienveillance, ce respect et cette soumission extérieure et relative qui leur sont dus, envers elle-même enfin, puisque son amour-propre étant éclairé, corrigé, réglé, elle ne travaille qu'à sa perfection et à son bonheur véritable[1].

Il y a dans cette morale un singulier mélange de délicatesse et de dureté.

Toutes les fois que Malebranche considère dans les hommes leur qualité d'êtres raisonnables, il a pour eux des ménagements infinis. Il veut qu'on donne des marques d'estime non-seulement aux pauvres et aux derniers des hommes, mais encore aux pécheurs et à ceux qui commettent les plus grands crimes. « Leur vie est abominable, leur conduite est méprisable, et il ne faut jamais l'approuver, quelque éclat de grandeur qui la relève. Mais leur personne mérite toujours de l'estime; car rien n'est digne de mépris que le néant, et le péché, néant véritable qui corrompt la nature, qui anéantit le mérite, mais qui ne détruit point l'excellence de la personne. » Il veut donc qu'on se dise que le plus grand des pécheurs peut devenir, par le secours de Dieu, pur et saint comme les anges. Il demande quel droit on a de juger des intentions secrètes, quand Dieu seul pénètre les cœurs. Il montre le pécheur commettant le crime peut-être sans le vouloir faire, parce que son esprit faible et troublé, ses passions allumées l'ont peut-être privé dans ce moment de l'usage de sa liberté, ou bien s'il a agi librement, déjà peut-être revenu à Dieu

---

[1]. *Traité de morale*, II, ch. VIII, XII, XIV.

avec un cœur contrit et humilié, dans le moment même que nous l'accablons de notre injuste mépris, nous qui demain peut-être ferons en punition de notre orgueil une chute irréparable [1]. Il veut encore que les supérieurs aient beaucoup d'égards à la délicatesse des autres hommes; qu'ils ne s'imaginent pas être infaillibles, et que par leur manière d'agir hautes et fières, ils ne portent point ceux qui leur sont soumis à les craindre au lieu de craindre Dieu en leur personne [2]. Ailleurs il condamne ces pères qui traitent toujours leurs enfants avec empire, ne leur rendent jamais justice, les outragent sans sujet, et au lieu de les soumettre à la raison après les avoir éclairés, s'imaginent que la loi inviolable d'un enfant, c'est la volonté d'un père. « Le père mort, quelle sera la loi du fils? Ce sera sans doute sa volonté propre; car on ne lui aura point appris qu'il y a une loi immortelle, l'ordre immuable; on ne l'aura point accoutumé à y obéir. Le fils n'attendra même pas le décès du père, sa vieillesse, son impuissance à le tenir dans la servitude, pour se faire à lui-même sa loi. Il la trouvera naturellement dans ses plaisirs... Il regardera son père comme son ennemi et son tyran, s'il a encore assez de vigueur et de fermeté pour le troubler dans ses plaisirs et l'inquiéter dans ses débauches; et,

---

1. *Traité de morale*, II, ch. vii, 4, 5.
2. *Ibid.*, II, ch. xi, 8.

convaincu par l'exemple et la conduite du père, qu'il faut que tout obéisse à nos désirs, il fera servir toutes ses puissances, et toutes les puissances à qui il aura droit de commander, à les satisfaire... Il faut donc conduire les enfants par raison, autant qu'ils en sont capables... Qu'un père ne s'imagine pas que sa qualité de père lui donne sur son fils une souveraineté absolue et indépendante. Il n'est père que par l'efficace de la puissance de Dieu ; il ne doit lui commander que selon la loi de Dieu [1]. »

C'est le même respect pour la raison qui éclate dans un autre passage sur l'éducation des enfants. User sans discernement des récompenses ou des peines sensibles pour tenir les enfants dans le devoir, c'est « les élever d'une manière basse et servile qui les accoutume peu à peu à une certaine insensibilité pour tous les sentiments d'un honnête homme et d'un chrétien, laquelle leur demeure toute leur vie ; » c'est oublier que « c'est l'esprit qu'il faut instruire, et non pas le corps, » et qu'il ne sert de rien par conséquent de « les forcer de faire extérieurement ce qu'ils ne croient pas devoir faire ; » enfin « c'est éteindre leur raison et corrompre leurs meilleures inclinations. » On ne doit recourir aux peines sensibles que lorsqu'ils refusent de faire ce que la raison leur montre qu'ils doivent faire [2] ;

---

1. *Traité de morale*, II, ch. x, 18, 19.
2. *Rech. de la vér.*, liv. II, part. i, ch. viii, 2.

alors il faut qu'ils sentent que la raison est toute-puissante ; il faut que la force les oblige à redouter la raison qu'ils n'aiment pas; et que la grandeur des misères dont ils se délivreraient s'ils devenaient raisonnables, les dispose à rendre à la loi éternelle toute l'obéissance qui lui est due. « C'est cette espèce d'affliction qu'on fait souffrir aux hommes, en présence et à l'honneur de la raison qu'ils ont méprisée, qui ouvre l'esprit et donne de l'intelligence ; et non des châtiments de brutaux qui ne sont propres qu'à former des brutes, qu'à dresser des chevaux et des chiens, et qu'à apprendre aux hommes à faire de leur volonté la règle inviolable de leur conduite [1]. »

Mais si l'homme vertueux, tel que le conçoit Malebranche, a pour ses semblables un sincère et constant respect, à cause de l'excellence de la raison, il prend soin de ne jamais occuper d'eux ni son esprit ni son cœur, à cause de l'impuissance absolue de la créature. Pour ne pas empiéter sur les droits de Dieu, il veille sans cesse sur lui-même avec un soin jaloux : « sent-il s'exciter en lui quelque amour pour la créature, quelque joie dans la créature, il étouffe ces sentiments [2]. » Il est bienveillant, il n'est pas bon. La bonté suppose la puissance de faire du bien, elle n'appartient qu'à Dieu.

---

[1]. *Traité de morale*, II, ch. xi, 9-10.
[2]. *Ibid.*, II, ch. iv, 12. Voir plus haut, p. 496.

La bienveillance qui souhaite et veut du bien à autrui, voilà ce qui convient à l'homme; et cette bienveillance a beau aller jusqu'au sacrifice, si c'est nécessaire, elle est néanmoins toujours calme, toujours froide, on y sent toujours de la gêne et de la contrainte : de peur qu'elle ne se change en amour d'union et d'attachement, et ne fasse ainsi tort à Dieu par une sorte de vol sacrilége, l'homme vertueux la contient et la règle de telle manière que, sans élan, sans effusion, sans tendresse, elle n'a plus de l'amour que le nom.

Ainsi les stoïciens permettaient au sage des affections réglées qui ne troublaient point l'équilibre intérieur, et ces mouvements doux et paisibles, en grec εὐπάθειαι, en latin *constantiæ animi*, toujours conformes à la raison, toujours soumis à la volonté, remplaçaient dans l'âme bien ordonnée le tumulte des passions aveugles et indociles.

Je viens de parler de stoïcisme.

Il ne faudrait pas croire cependant que la morale de Malebranche fût semblable à la morale stoïque. Le stoïcien met sa confiance en lui-même, il prétend se suffire à lui-même, il est à lui-même son Dieu. Malebranche a horreur de cet orgueil. Aussi, quand il recommande une sorte d'indifférence pour toutes les choses de ce monde, c'est par des principes bien différents de ceux des stoïciens : c'est à Dieu qu'il veut qu'on sacrifie tout, non à soi. Il ne prétend pas d'ailleurs arriver à l'insensibilité, et se faire en lui-même comme un retranchement où rien ne puisse l'atteindre; il ne croit pas qu'on puisse s'isoler ainsi, rompre les liens qui nous unissent et même nous assujettissent à tout ce qui nous entoure, enfin se rendre indépendant par un superbe dédain pour tout ce qui ne dépend pas de la volonté, plaisirs et douleurs, coups imprévus de la fortune, afflictions de famille, biens et maux de la vie. Il combat à plusieurs reprises la chimère du stoïcisme[1]. Quoi qu'en puisse dire « la secte la plus honorable des philosophes, » nous ne pouvons pas prétendre en cette vie à l'indépendance. Nous ne pouvons pas nous empêcher de ressentir du plaisir ou de la douleur quand nous possédons les biens sensibles ou que nous en sommes privés. « Il est ridicule de philosopher contre l'expérience, » et « toute la nature résiste sans cesse à l'opinion ou à l'orgueil des stoïques. » On aura beau faire : « le bon sens et l'expérience nous assurent que le meilleur moyen pour n'être pas blessé par la douleur d'une piqûre, c'est qu'il ne faut point se piquer. Mais les stoïciens disent : Piquez, et je vais, par la force de mon esprit et par le secours de ma philosophie, me séparer de mon corps, de telle sorte

---

1. *Rech. de la vér.*, liv. I, ch. xvii, 3; liv. II, part. iii, ch. iv (jugement sur Sénèque); liv. V, ch. ii et ch. iv.

que je ne m'inquiéterai point de ce qui s'y passe. J'ai des preuves démonstratives que mon bonheur n'en dépend point, que la douleur n'est point un mal; et vous verrez, par l'air de mon visage et par la contenance ferme de tout le reste de mon corps, que ma philosophie me rend invulnérable. » Vains efforts. Les stoïciens ne pouvaient trouver dans leur vertu imaginaire qu'une joie peu solide qui n'était pas assez forte pour résister à la douleur et pour vaincre le plaisir. S'ils paraissaient se soutenir quelquefois, c'était l'orgueil secret, et non pas la joie, qui faisait bonne mine [1]. L'homme vraiment vertueux ne nie donc pas la dépendance et l'assujettissement où il se trouve : il reconnaît que le plaisir sensible fait impression sur lui ; et comment en pourrait-il être autrement puisque le plaisir étant le caractère du bien [2], le plaisir sensible est l'indice d'un bon état du corps, lequel ne peut pas ne pas nous toucher? De même il reconnaît que la douleur le rend misérable ; blessé, il avoue sa blessure ; accablé de maux, il ressent de la peine, il souffre, et confesse qu'il souffre. Mais il sait aussi que Dieu seul est le vrai bien des esprits ; il sait que Dieu seul donne par sa grâce des joies solides, et en même temps fort vives qui dépassent beaucoup les

---

1. *Rech. de la vér.*, liv. V, ch. II.
2. *Ibid.*, liv. IV, ch. x; liv. V, ch. IV. — *Médit. chrét.*, x. — *Traité de la nature et de la grâce.*

plaisirs sensibles, et rendent supportables et même aimables les plus grandes souffrances. Il sait enfin que « Dieu blesse les hommes dans le fond de leur cœur lorsqu'ils aiment autre chose que lui, et que c'est cette blessure qui fait la véritable misère ; mais qu'il répand une joie excessive dans leurs esprits lorsqu'ils s'attachent uniquement à lui, et que c'est cette joie qui fait la solide félicité[1]. » Sachant tout cela, l'homme vraiment vertueux assure sa paix et sa liberté, en travaillant à se priver de toutes les choses dont on ne peut jouir sans plaisir, ni être privé sans douleur. En un mot, il pratique le détachement et la mortification[2].

Malebranche emploie les expressions les plus fortes et les plus belles pour peindre le ravage qu'un seul mauvais regard peut faire dans l'âme, et il exhorte avec une vivacité éloquente à la vigilance et à la mortification. « Il s'agit, dit-il, de l'éternité, de l'alternative épouvantable, de la félicité des saints, et des supplices des démons pour des siècles infinis. Nous pouvons heureusement boucher les avenues par lesquelles s'entretient le commerce dangereux des sens avec les faux biens. Le mouvement des pieds et des mains est soumis à nos volontés. Il dépend de nous de baisser la vue, de tourner la tête, de prendre la fuite. Nous pouvons ainsi

---

1. *Rech. de la vér.*, liv. V, ch. IV, vers la fin.
2. *Traité de morale*, I, ch. XI.

éviter le coup fatal que porte un objet infâme. Mais ce coup étant reçu, le cerveau en demeure blessé, l'imagination salie, le cœur pénétré et corrompu. Tout ce qui se produit par la force de ce coup dans le cerveau et dans les nerfs qui excitent les passions, n'est nullement soumis à nos volontés. De sorte que nous pouvons, sans beaucoup de peine, empêcher le mal par la mortification de nos sens, mais nous ne pouvons pas le guérir sans des combats infinis. Heureux, trop heureux si, sages à nos dépens, nous empêchons qu'il n'augmente et ne nous précipite dans les enfers [1]. »

C'est admirable et d'une vérité frappante. Mais Malebranche ne s'en tient pas là. En métaphysique, il considère l'univers comme profane et tellement indigne de l'action divine que, si l'Incarnation du Verbe n'eût donné au Créateur le moyen de le diviniser, rien n'eût été créé. En morale, il interdit au sage de jeter sur cet univers le moindre regard de complaisance et d'amour. De plus, le dogme du pé-

---

1. *Traité de morale*, I, ch. xi, 13. Voir aussi *Médit. chrét.*, xx, 15. « Lorsque l'imagination est salie par les traces infâmes qu'une beauté sensible y a imprimée, il n'est point au pouvoir de l'âme de la purifier ou d'effacer entièrement ces traces criminelles... Mais il n'est pas fort difficile de se préserver du mal et de conserver la pureté de son imagination; car il est au pouvoir de l'âme de boucher les avenues par lesquelles les objets ont commerce avec les sens; il est au pouvoir de l'âme de fermer les yeux et de fuir lorsqu'elle appréhende d'être trop pressée. On change d'air lorsqu'on craint de gagner le mal contagieux : pourquoi ne fuirait-on pas lorsqu'on se sent en danger de perdre Dieu et de tomber dans les enfers? »

ché originel, toujours présent dans sa philosophie, et entendu à la manière dure des jansénistes, ne lui montre partout dans le monde que malice et corruption. Il est sans cesse en défiance contre les choses et contre lui-même. Ne lui dites pas que les innocents attachements de la terre sont autant de moyens d'aimer Dieu davantage. Il n'admet pour les créatures qu'un amour qui n'attache pas le cœur à l'objet aimé; et dès qu'il y a attachement, l'affection n'est plus innocente. Ne lui parlez pas des douceurs de cette vie terrestre et des plaisirs que l'on peut y goûter sans offenser Dieu. Ce langage lui ferait horreur. Il vous reprocherait d'oublier que la corruption originelle ne permet pas à l'homme de jouir sans péril, ni peut-être sans faute, de plaisirs qui en eux-mêmes seraient innocents. Et ainsi, chaque chose est un danger, car le péché est partout; la malédiction est attachée à tout ce qui est du monde; la douceur même des affections domestiques est un piége, et la vie est une mort continuelle[1]. Parle-t-il de l'union de l'homme et de la femme? Sans Jésus-Christ, ce n'est qu'une action toute brutale, par laquelle ils n'engendrent que pour le démon : sans Jésus-Christ donc, ce serait un

---

[1]. Plusieurs des fortes expressions dont je me suis servi dans cette page sont empruntées à un chapitre fort remarquable d'un excellent ouvrage du P. Faber, oratorien anglais, *le Créateur et la créature*, liv. III, ch. III (*le monde* : les deux manières de l'envisager, l'une sombre et désolée, l'autre *qui a quelque chose de clair et de serein* : comment toutes deux sont vraies et peuvent être fausses).

crime épouvantable de communiquer à une femme cette misérable fécondité[1] ; et dans le mariage chrétien lui-même tel qu'il l'entend, il n'y a pas de place, ce semble, pour l'ardeur du sentiment, pour la tendresse de cœur, pour ce que saint François de Sales appelle privauté, confiance, et amoureuses caresses[2]. Considère-t-il l'autorité du père et de la mère ? il demande quel droit peut donner sur l'esprit et le cœur d'un autre homme une action semblable à celle des bêtes, une action de laquelle on doit rougir et dont il a honte de parler : il ne veut donc pas que les parents s'attribuent le droit de commander à leurs enfants comme récompense d'une action criminelle, ou du moins indécente et brutale ; et quand ensuite il rend à l'autorité paternelle sa force et sa légitimité en la faisant découler de Dieu, il met dans le cœur des enfants pour leurs parents plus de respect et d'obéissance que de tendre affection[3]. Regarde-t-il la société tout entière ? il dit qu'il n'y a presque jamais rien à gagner parmi les hommes[4] : il conseille donc de se délivrer, autant que cela se peut, de « cette pénible et fâcheuse

---

1. *Traité de morale*, II, ch. x, 2-6.
2. Comparer à ce chapitre de Malebranche l'admirable chapitre xxxviii de la iiie partie de l'*Introd. à la vie dévote*, de saint François de Sales, où tout est si mesuré, si délicat, si pur, où le naturel et l'humain sont si bien compris, et transfigurés par la grâce sans être ni détruits ni même affaiblis.
3. *Traité de morale*, II, ch. x, 7-20.
4. *Ibid.*, II, ch. vi, 16.

servitude¹, » et il enseigne, nous l'avons vu, la bienveillance plutôt que la bonté véritable. Admire-t-il un instant les beautés sensibles ? bientôt il en détourne les yeux, tant il a peur de s'y attacher, et il se garde bien de se rendre le goût trop fin et trop délicat pour les discerner, tellement il est persuadé que cela ne peut qu'affaiblir l'esprit et corrompre le cœur². Sans doute il reconnaît que les choses sensibles peuvent à leur manière nous élever à Dieu, que toute beauté est une imitation de l'ordre, que dans le plaisir même on peut voir et aimer Dieu, Dieu qui, dans son système, en est la seule cause véritable. Mais il redoute à tel point l'abus et le croit si facile qu'il proscrit l'usage³. « Il faudrait, si cela se pouvait, dit-il, rompre tout le commerce que nous avons avec le reste de la nature⁴. » Cela ne se peut pas : du moins il veut qu'on supprime tout commerce qui n'est pas indispensable, et il répète partout qu'il faut se séparer des choses sensibles et les fuir, qu'elles sont dangereuses, que c'est folie de s'exposer au péril dans le vain espoir de le surmonter. « Il vaut mieux sortir d'un courant qui nous entraîne si nous cessons un moment d'y résis-

---

1. *Traité de morale*, II, ch. xii, 17.
2. *Médit. chrét.*, iv, 15. — *Traité de morale*, II, ch. iii, 13.
3. *Médit. chrét.*, iv, 13. — *Rech. de la vér.*, liv. V. — *Traité de morale*, passim, mais en particulier I, ch. xi.
4. *Médit. chrét.*, xx, 11.

ter, que d'y demeurer dans une action continuelle : du moins, c'est là le plus sûr [1]. »

La conclusion de tout cela, c'est qu'il faut vivre dans la retraite. « Il ne faut point de vocation particulière pour quitter le monde. On connaît clairement par la raison, on est assuré par la foi, on est convaincu par l'expérience qu'à tous moments on y trouve des sujets de chute et de scandale. La retraite est la vocation générale des chrétiens. Il suffit d'être raisonnable pour éviter les dangers ; mais pour demeurer au milieu des périls, il faut une vocation particulière qui donne droit aux secours nécessaires pour s'en garantir [2]. » Il est vrai que « tout le monde ne peut pas porter la vie des solitaires, et principalement ceux à qui le commerce du monde est le plus dangereux. » « Il faut donc vivre avec les hommes. » Mais comme on sent à la façon dont cela est dit que c'est aux yeux de Malebranche une triste nécessité [3] ! Il est vrai encore que la charité et la constitution de la société nous font un devoir de cette vie commune, et même il faut reconnaître que nous sommes faits les uns pour les autres. Mais comme Malebranche s'empresse d'ajouter qu'à cause même de cette naturelle inclination que nous avons les uns pour les autres, l'air du monde est extrê-

---

1. *Traité de morale*, I, ch. xi, 14.
2. *Médit. chrét.*, xx, 9.
3. *Traité de morale*, II, ch. vi, 17. — Voir aussi ch. xii et xiii, et comparer avec la *Rech. de la vér.*, liv. IV, ch. xiii.

mement contagieux, en sorte que la voie *ordinaire* et la plus sûre pour tendre à Dieu est celle de la retraite et de la privation de toutes les choses sensibles! Et il répète qu'il faut sans aucun doute une vocation particulière pour se mêler dans les affaires du monde, car la raison et la vocation générale nous en éloignent [1].

La morale politique de Malebranche est la conséquence des principes que nous venons de rappeler. La Raison est la seule souveraine des esprits : Dieu, qui est le Tout-Puissant, ne dispose point de ses créatures en despote, sans souci de la sagesse ni de la justice ; parmi les hommes l'autorité tyrannique, en méprisant la raison, se détruit elle-même. Le devoir de la force, c'est de ranger les hommes à la raison. Le péché a rendu la force nécessaire : sans lui la raison gouvernerait seule et par elle-même : du moins que la force ne serve qu'à la raison [2]. Mais la société terrestre, fondée sur l'utilité, ne subsistant guère que par les passions, ne mérite pas que notre philosophe y arrête bien longtemps ses regards [3]. C'est l'immortelle société des es-

---

1. *Convers. chrét.*, x. Remarquer qu'il s'agit de la retraite, et non d'un ordre religieux ; mais voyez ce qui suit : « Je ne prétends pas, dit Eraste, m'engager dans une *vie particulière* sans une vocation particulière... mais je vous déclare que je croirais faire une faute plus légère de prendre sans vocation particulière l'habit de ceux avec lesquels je vas vivre, que de m'engager sans vocation dans le mariage et dans une charge *qui m'attacherait à trop de choses.* »

2. *Traité de morale*, II, ch. xi.

3. Voir *Entret. sur la mort*, iii. Après avoir montré que « la société

prits en Dieu et avec Dieu qu'il a en vue. Il ne parle de l'autre qu'en passant. Il rappelle donc d'une manière générale aux magistrats et aux princes qu'ils ont au-dessus d'eux une maîtresse souveraine, la Raison. Il rappelle aux sujets que dans l'autorité à laquelle ils se soumettent ils doivent voir et honorer Dieu même, « le Tout-Puissant qui est essentiellement raison, la Raison universelle qui est toute-puissante. » Il indique par là à l'autorité et à la force la règle qui doit les tempérer, le frein qui doit les contenir, à l'obéissance et à la soumission le motif supérieur qui doit les assurer et les relever. Mais s'agit-il des moyens que doivent prendre les chefs pour rendre les peuples sages et heureux ? Il se tait. S'agit-il des moyens par lesquels les peuples peuvent contenir l'autorité toujours prête à s'exagérer elle-même ? Il ne paraît pas se douter qu'il y en ait. La société éternelle des esprits, voilà, encore une

vraie, c'est l'accord des esprits et des cœurs, et que l'accord des esprits dépend de la claire vue de l'immuable vérité et l'accord des cœurs de la jouissance de l'inépuisable félicité, » Malebranche déclare « qu'il ne peut y avoir de parfaite société que dans l'Etat heureux dont le souverain est la Raison même, et dont les trésors sont inépuisables ; qu'avec celui qui veut et qui peut rendre à chacun ce qui lui est dû. » Il trace alors un sombre tableau « des sociétés particulières, formées par les hommes, et qui ont leur origine dans l'amour-propre, le péché et la concupiscence ; où l'on n'aime son associé que par intérêt, où l'on ne se soumet aux lois que par nécessité, où l'on ne respecte son souverain que par grimace. » Ici-bas donc « les chrétiens sont en épreuve. » « Hors l'Eglise, où l'homme est pour être persécuté, éprouvé, purifié, rendu digne de la société éternelle, il n'y a pas de société véritable ici-bas. » Toute la fin de l'entretien est consacrée à célébrer « cette société future que nous espérons, et dont l'espérance fait dès ce monde le solide bonheur des chrétiens. »

fois, tout ce qui l'intéresse et l'occupe. Le reste regarde ceux à qui Dieu a commis ce soin en les revêtant de quelque autorité. L'homme de bien, tel qu'il l'entend, vivra donc selon les lois du véritable honneur, agira toujours selon sa conscience, sera ferme et généreux : ni les séductions ni les menaces ne lui arracheront un acte qu'il jugerait contraire à la loi éternelle et souveraine ; il bravera tout plutôt que de blesser la moindre de ces règles morales qui dominent tout et ne connaissent point d'exception ; il résistera avec une calme mais invincible fermeté aux ordres émanés de la puissance la plus respectable, s'ils lui commandent une action injuste ; le regard toujours tourné vers Dieu, et le cœur attaché à Dieu, il aura jusque dans la soumission une fierté humble qui le relèvera infiniment, et jusque dans la patience et l'oppression une liberté de cœur qui lui donnera une grandeur véritable. Mais, avec toutes ces vertus, avec cette indépendance morale et cette dignité personnelle, il sera un sujet parfait et non un citoyen. Il ne prendra guère d'intérêt aux choses de l'État. S'il est engagé dans quelque emploi, il s'en acquittera consciencieusement ; mais il redoutera tellement ces charges, toujours périlleuses, qu'il les fuira « pour ne pas être attaché à trop de choses. » Il aura dans la sagesse du prince et de ses ministres une confiance presque aveugle. « C'est s'établir juge de son souverain, que de critiquer sa conduite. C'est s'attribuer une espèce d'indépendance, que de ne vouloir se rendre qu'à sa propre lumière; c'est mépriser la puissance et se révolter, que de prétendre qu'elle doive rendre raison de ses actions à d'autres qu'à celui qui l'a établie. » Dans cet esprit, étant victime de quelque vexation, il obéira sans murmure, pourvu que sa conscience soit sauve; ayant des doutes, il ne s'en éclaircira et ne représentera ses raisons que lorsque cette espèce de liberté n'aura aucun air de mépris et ne pourra irriter la personne en qui il doit craindre et honorer la puissance de Dieu même. Avec les ministres subalternes du prince, il tiendra encore la même conduite : s'ils l'obligent à des devoirs que le prince n'entend ou n'approuve pas, s'ils exercent contre lui quelque exaction, il tâchera de s'en exempter *par l'adresse* ou par des voies qui ne blessent point le respect; il tâchera de s'éclaircir auprès du prince même de ses volontés véritables. Mais il ne réclamera pas, il ne protestera pas au nom du droit méconnu et outragé. Si le prince est inaccessible, il présumera qu'il faut s'en rapporter à ses ministres; et alors, humblement et sans murmure, il fera à Dieu le sacrifice de ses biens, il se laissera accabler, écraser, sûr qu'un jour il aura sa revanche, si je l'ose dire; « car enfin cette patience qui nous rend conformes à Jésus-Christ, nous conduira jusque sur les trônes éternels, d'où nous jugerons avec lui les grands de la terre, au jour qui les privera de leur puissance, lorsque le feu dévorera leurs richesses, et fera disparaître toute leur grandeur [1]. »

Ainsi le sage de Malebranche est un mystique, tout plein de Dieu, qui n'aime les hommes et ne s'occupe d'eux que pour leur faire part des biens où il trouve lui-même sa perfection et sa joie. Mais il y a plusieurs manières d'être mystique. Si l'on méprise la raison pour ne se fier qu'aux inspirations du cœur, si l'on recommande aux hommes de s'enivrer de Dieu, pour ainsi dire, et dans cette ivresse d'amour d'aller où les mène Dieu qui les possède et qui les touche, Dieu qu'ils sentent, mais ne voient point, on fait une morale qui peut être appelée mystique. Ce n'est point le mysticisme de Malebranche. Nous avons déjà remarqué plusieurs fois qu'il ne croit pas qu'il y ait rien de meilleur que la raison, et qu'on puisse jamais se dispenser de la suivre. Il ne s'abandonne pas au sentiment : il a peur de confondre les inspirations secrètes des passions avec les inspirations de la vérité intérieure. Il ne renonce pas au travail de l'attention : il sait que c'est elle qui fait évanouir toutes les vaines apparences et les vraisemblances qui séduisent les négligents, les esprits faibles, les âmes serviles, ven-

---

1. *Traité de morale*, II, ch. ix.

dues au plaisir, ceux qui ne combattent point pour la conservation et l'augmentation de leur liberté, ceux en un mot qui ne pouvant supporter le travail de l'examen, consentent imprudemment à tout ce qui flatte leur concupiscence. Il ne cesse de consulter l'ordre immuable : il craint, en cessant de juger à la lumière de la raison, de se faire une morale à sa mode, une morale particulière, conforme en quelque chose à ses inclinations : car il y a des vertus ou plutôt des devoirs qui ont rapport à nos humeurs, des vertus éclatantes, propres aux âmes fières et hautaines, des vertus basses et humiliantes, propres à des esprits timides et craintifs, des vertus molles pour ainsi dire, et qui s'accommodent bien avec la paresse et l'inaction. Le moyen de dissiper ces illusions et d'éviter ces erreurs, c'est de contempler l'ordre immuable et de consulter la raison [1]. « Rien n'est plus sûr que la lumière, et quoiqu'on puisse se *laisser animer* par le sentiment, il ne faut jamais *s'y laisser conduire* [2]. »

Il y a une autre manière d'être mystique en morale. On peut aimer Dieu avec une sorte de tendresse, le chérir comme un père plein de bonté, se jeter dans ses bras avec une naïve confiance, ou bien considérer sa beauté infinie, et en être pénétré et touché jusque dans la moelle de l'âme, et alors

---

1. *Traité de morale*, I, ch. ɪɪ, 8-12.
2. *Ibid.*, I, ch. v, 21.

s'unir à ce Dieu si beau, si bon et si aimable, avec une sorte de passion, aussi vive, aussi ardente, qu'elle est pure; puis, dans ces dispositions, on peut, regardant les hommes, les aimer, eux aussi, d'un amour qui, pour être subordonné à l'amour de Dieu et s'y rapporter, n'en est ni moins vif, ni moins chaud. Assurément alors la lumière de la raison n'est pas éteinte; mais il y a du feu dans le cœur, et ce feu jette des flammes, et dans toutes les démarches de celui qui aime ainsi, on sent je ne sais quoi d'alerte et comme un souffle qui le soulève et le porte. Malebranche ne connaît ni ces ardeurs ni ces transports. Nous avons vu que ni avec les hommes ni avec Dieu même il n'est tendre. C'est avant tout un *méditatif*. Chercher la vérité, la chercher dans des vues morales et religieuses, tâcher de la répandre, la faire aimer de tous autant que possible, la goûter avec quelques vrais amis, et, dans ce saint commerce, s'animer paisiblement à conquérir le ciel qui n'est autre chose que la société parfaite des esprits avec Dieu, n'est-ce pas toute sa vie? C'est aussi l'idéal qu'il propose à tout homme, c'est le modèle qu'il trace avec complaisance, c'est le but auquel se rapportent tous ses préceptes. Il prétend bien donner des prescriptions morales qui conviennent à tous les états. Mais enfin le parti que prend le méditatif est le meilleur, c'est même le seul que l'on puisse prendre, si avant de s'engager dans quelque état on réfléchit bien sérieusement ; et en quelque situation que l'on soit, dès que l'on a quelque souci de sa perfection et de sa félicité véritable, c'est sur ce modèle de vie parfaite et heureuse qu'on doit tourner et attacher sa vue, pour s'en rapprocher au moins le plus qu'on le peut.

III.

Une telle morale est fort étroitement liée à la religion. Tout y aboutit à Dieu et à Dieu seul. Or, les honneurs rendus à Dieu par les esprits n'ont de valeur qu'autant qu'ils sont offerts en union avec le Verbe incarné. Voilà le seul culte qui soit digne de la majesté infinie, parce que c'est le seul qui soit vraiment divin. Nous ne pouvons donc remplir ce qui est à vrai dire notre unique devoir (renfermant d'ailleurs tous les autres) sans la médiation de Jésus-Christ ; nous ne pouvons avoir accès auprès de Dieu, l'honorer comme il faut, lui être agréable, nous procurer à nous-mêmes notre vraie perfection et notre vraie félicité, que par Jésus-Christ et en Jésus-Christ. Dès lors, il est clair que la morale appelle la religion et ne peut en aucune manière se passer de son secours. Dieu, en créant le monde, a eu pour fin principale sa propre gloire en Jésus-Christ et par Jésus-Christ : nous ne

pouvons atteindre notre fin, qui est Dieu, qu'en
Jésus-Christ et par Jésus-Christ.

C'est ce que l'on comprendra encore en considérant, non plus les principes mêmes de la morale, mais nos devoirs et les luttes, les sacrifices, les peines de toute sorte sans lesquelles nous ne saurions les accomplir. Ainsi nous devons combattre contre les impressions des sens, de l'imagination et des passions; il n'y a de vertu qu'à ce prix. En effet, les sens, l'imagination et les passions nous font considérer les créatures comme des causes véritables, bonnes ou mauvaises au sens propre du mot, et par suite de cette erreur, abattent notre esprit devant elles, si bien que nous les honorons par cette soumission de l'esprit qui n'est due qu'à la puissance véritable, et nous les aimons de cet amour d'union que mérite seule la cause seule capable de nous faire du bien. Il nous faut donc un secours divin pour conformer à l'ordre habituellement nos jugements, nos amours et notre conduite. Ce secours divin, c'est la grâce. Supposez une volonté droite, que le péché n'a pas encore corrompue : elle ne peut rien que par l'efficace divine, et en consentant au bien, elle suit librement le mouvement qui lui est imprimé sans rien faire qui soit un acte effectif, positif. Mais elle n'a pas besoin d'une grâce médicinale ou réparatrice. La volonté corrompue, au contraire, ne peut sans cette grâce réparatrice se conformer à l'ordre. L'équilibre étant rompu en elle entre les sens et la raison, elle est assujettie au corps, et ne peut se délivrer de cette servitude. Il faut que Dieu répande en elle des grâces de lumière qui l'éclairent et en l'éclairant la détrompent, la désabusent, dissipent les illusions dont elle est le jouet, et puis des grâces de sentiment, qui par une délectation prévenante l'attirent au vrai bien, le lui fassent sentir et aimer, et produisent en elle une sainte concupiscence, capable de contrebalancer la concupiscence criminelle, effet et suite du péché[1].

Si la grâce est nécessaire, il faut prendre tous les moyens que Dieu a établis causes occasionnelles de la distribution de cette grâce. Il faut avoir recours à l'oraison et aux sacrements[2]. Sans l'observation de ces préceptes purement religieux, l'observation des préceptes de la logique et de la morale est impossible. On pourra dire de très-belles choses sur la vertu, on ne sera pas vraiment et solidement vertueux. On pourra faire des actes que le monde admire, on ne les accomplira pas en vue de l'ordre. On ne sacrifiera pas habituellement à l'ordre ses plaisirs et ses intérêts. On n'aura pas cette force d'esprit qui tient dans le silence les sens, l'imagi-

1. *Traité de morale*, I, ch. VII, VIII, IX; *Médit. chrét.*, XII et suiv.
2. Voyez les *Médit. chrét.*, XV, XVI, XVII (sur l'Eucharistie), XVIII et XIX, et le *Traité de morale*, II, ch. V (sur le culte intérieur et le culte extérieur).

nation et les passions, et qui permet à l'âme pure et calme de consulter par l'attention la Raison souveraine et d'en suivre les décisions. On n'aura pas cette liberté d'esprit, sans laquelle l'âme toujours trompée par la vraisemblance s'y repose et risque ensuite de donner son amour à ce qui ne le mérite pas. On ne remplira pas envers Dieu les devoirs qui lui sont dus, comme à la cause véritable de toutes choses, à la raison universelle qui éclaire tous les esprits, à l'amour substantiel qui meut toutes les volontés. On n'honorera pas comme il convient sa puissance, sa sagesse, et son amour qui se confond avec sa justice. On ne remplira pas non plus les devoirs que l'on a envers les hommes. On les honorera et on les aimera plus qu'ils ne méritent, et en même temps on n'aura pas pour eux l'estime et la bienveillance qu'on leur doit. Ainsi, en consultant les idées claires on peut faire une morale très-vraie, très-belle, très-relevée. Mais cette morale naturelle se rattache de deux façons à la religion : d'abord, parce que pour bien suivre les idées claires et poser les vrais principes de la morale on ne peut se passer du secours de la grâce; ensuite, parce que pour agir conformément à l'ordre et observer les préceptes de cette même morale, la grâce est encore indispensable. Il y a donc une morale naturelle, fondée sur les idées claires dont nous avons quelque connaissance par cela seul que nous sommes raisonnable. Mais on voit aussi tout ce qu'elle doit à la morale chrétienne.

C'est ainsi que la logique, la morale proprement dite et la religion donnent à l'homme les moyens d'accomplir sa tâche ici-bas et d'entrer dans le dessein de Dieu, en s'unissant de plus en plus à la souveraine Raison, en jugeant des choses selon la vérité, en les aimant selon l'ordre, et en méritant par une solide vertu de trouver dans la possession éternelle du vrai bien la perfection et la félicité de son être.

Ce lien de la logique, de la morale et de la religion entre elles et avec la métaphysique, me semble bien apparent dans la belle page que voici :

Si l'on veut être vraiment vertueux et solidement heureux, il faut sacrifier tout à l'amour de l'ordre : « Pour cela, il faut étudier l'homme, se connaître soi-même, sa grandeur, ses faiblesses, ses perfections, ses inclinations, examiner avec soin la différence des deux parties dont l'homme est composé, et les lois admirables de leur union; de là s'élever à l'auteur de ces lois et à la cause véritable de tout ce qui se passe en nous et dans les objets qui nous environnent; contempler Dieu dans les attributs que renferme l'idée vaste et immense de l'Être infiniment parfait, et n'en juger jamais par rapport à soi; mais soutenir, s'il est nécessaire, la vue de son esprit sur un sujet si abstrait et si profond, par les effets visibles de la cause universelle ; surtout examiner les rapports de la conduite de Dieu aux attributs divins, et reconnaître comment cette conduite doit nécessairement être la règle de la nôtre ; pénétrer enfin dans ses desseins éternels, et reconnaître du moins qu'il est lui-même la fin de son ouvrage et que l'ordre immuable est sa loi et la nôtre ; revenir à soi-même, se comparer à l'ordre, et se reconnaître tout corrompu ; sentir ses inclinations basses et indignes, et demeurer confus ; se condamner comme criminel, comme ennemi de son Dieu, comme n'entrant point dans ses desseins, et n'obéissant point à sa loi, mais sans cesse à la loi honteuse de la chair et du sang : humble et tremblant devant un Dieu jaloux de sa gloire et vengeur des crimes, craindre la mort et l'enfer, sa juste et terrible vengeance, chercher avec empressement un médiateur, et trouver enfin Jésus-Christ, fils unique de Dieu, victime sur la croix pour les péchés du monde, et maintenant assis à la droite du Dieu vivant, établi Seigneur de toutes choses, et consacré souverain prêtre des vrais biens : jadis mis à mort hors de Jérusalem comme un criminel ; et aujourd'hui dans le temple, dans le Saint des Saints, devant la face de son Père, toujours vivant pour intercéder pour les pécheurs et les combler de bénédictions et de grâces ; mais enfin leur juge inexorable au jour des vengeances du Seigneur, jour éternel qui finira tous les temps et qui réglera pour jamais et les biens et les maux[1]. »

Les voilà bien dans leur enchaînement les vérités dont la méditation a sans cesse occupé Malebranche, voilà l'unité de sa philosophie, voilà comment métaphysique, logique, morale, religion se rattachent les unes aux autres, Dieu étant la fin unique où tout conspire et Jésus-Christ la voie véritable par laquelle il faut aller à Dieu.

C'est saint Augustin qui a initié Malebranche à la philosophie morale et religieuse. Aussi y a-t-il dans les principes et les préceptes de notre philosophe bien des choses qui rappellent la doctrine et surtout l'esprit de son maître. C'est la même manière de considérer Dieu comme la Vérité et le Bien, c'est la même confiance dans la science véritable ou sagesse comme moyen d'unir l'âme à Dieu, c'est le même soin de rendre pur et net le regard de l'esprit en purifiant le cœur. Chez l'un et chez l'autre, la vertu consiste dans l'amour de l'ordre, et l'amour de l'ordre, c'est l'amour de Dieu même. Chez l'un et chez l'autre, la société des esprits en Dieu par Jésus-Christ, ou la cité du ciel, est présentée comme le véritable but de la création et le digne objet de nos vœux, tandis que la société ter-

---

1. *Traité de morale*, I, ch. VII, 8.

restre ou cité des hommes n'est trop souvent qu'objet de scandale et d'horreur, toujours à craindre dans ses séductions, à cause des piéges du plaisir et de la contagion du vice ; toujours à braver dans ses menaces et dans ses attaques que la constance des enfants de Dieu doit rendre vaines ; toujours à plaindre dans ses misères et à soigner dans ses plaies que notre charité doit entreprendre de soulager et de guérir. Mais, s'il y a entre saint Augustin et Malebranche tant d'analogie, deux grandes différences les séparent. D'abord, saint Augustin n'est point, comme son moderne disciple, un méditatif pur : c'est en même temps un homme d'action. Il n'a point un système de morale si arrêté ; il a des vues plus larges et un sens plus pratique. Ensuite, il a dans l'âme je ne sais quoi de plus vigoureux, et à la fois de plus tendre et de plus chaud. C'est un cœur d'une trempe plus forte et d'une sensibilité plus vive. Dans ses élans vers Dieu, et dans sa charité pour les hommes, il est bien autrement ardent ; et s'il a parfois pour flétrir les misères humaines, ou pour condamner la fausse sagesse, ou pour rabaisser tout ce qui n'est pas Dieu, des paroles de mépris et de dédain qui surpassent ce que Malebranche a jamais pu dire, comme on sent néanmoins que cette âme a été remuée par les sentiments humains, touchée par tout ce qu'il y a ici-bas de grandeur, de beauté, d'éclat, et que même toute à

Dieu et voulant tout entraîner à Dieu avec elle, elle voit dans les créatures autre chose que des ombres impuissantes auxquelles il suffise de donner un amour sans flamme et sans effusion[1] !

C'est une chose curieuse que de comparer Malebranche à Descartes sur les points que nous venons d'étudier. Descartes dit que « la première et principale chose qu'il faut connaître, est qu'il y a un Dieu de qui toutes choses dépendent, dont les perfections sont infinies, dont le pouvoir est immense, dont les décrets sont infaillibles ; car cela nous apprend à recevoir en bonne part tout ce qui nous arrive, comme nous étant expressément envoyé de Dieu : » n'est-ce point parler d'avance le langage de Malebranche et donner, ce semble, à la morale le même fondement? Il ajoute : « Et pour ce que le vrai objet de l'amour est la perfection, lorsque nous élevons notre esprit à considérer Dieu tel qu'il est, nous nous trouvons naturellement si enclins à l'aimer que nous tirons même de la joie de nos afflictions, en pensant que sa volonté s'exécute en ce que nous les recevons ; » puis il dit encore : « On est

---

1. Saint Thomas, soit dans la morale théorique, soit dans la morale pratique, est admirable d'élévation, de sagesse, de mesure. Malebranche ne paraît avoir remarqué dans sa doctrine qu'une seule chose, à savoir que le fondement même de la morale, c'est la loi éternelle, c'est-à-dire la Raison divine, en sorte qu'il n'y a de bonnes que les actions dans lesquelles resplendit la lumière de la raison, « in quibus lumen rationis resplendet. » Voir les textes cités plus haut, ch. III, p. 218.

naturellement porté à préférer les intérêts du tout dont on est partie à ceux de sa personne en particulier, lorsqu'on connaît et qu'on aime Dieu comme il le faut ; car alors, s'abandonnant du tout à sa volonté, on se dépouille de ses propres intérêts, et on n'a point d'autre passion que de faire ce qu'on croit lui être agréable. Ensuite de quoi on a des satisfactions d'esprit et des contentements qui valent incomparablement davantage que toutes les petites joies passagères qui dépendent des sens [1]. » N'y a-t-il point là une façon d'entendre les choses et de les exprimer, qui est celle même de Malebranche? Si l'on s'arrêtait à cette première impression, on serait fort tenté de croire que Malebranche n'a guère fait autre chose que de réduire en système la morale de Descartes. Mais pour dissiper cette illusion un peu de réflexion suffit. Descartes se soumet à la volonté de Dieu, qui est puissante, sage et bonne, il s'y soumet par raison et avec amour, avec confiance même, et quoi qu'en ait dit Leibnitz, la patience qu'il prêche n'est pas une « patience par force. » Mais Malebranche veut s'unir à Dieu et vivre de Dieu. La même différence que nous avons signalée déjà entre les doctrines métaphysiques des deux philosophes se retrouve dans leur morale. Qu'il s'agisse de ce rapport naturel et nécessaire entre

---

1. *Lettres à la princesse Élisabeth.* V. le *Corresp.* du 10 août 1869, *Descartes et la Princesse palatine,* par M. Ch.-J. Jeannel.

Dieu et l'homme, qui explique notre existence, ou qu'il s'agisse du rapport libre et moral qui constitue la vertu, Descartes le fait extérieur, si je puis parler ainsi, et Malebranche le conçoit tout intérieur : Dieu, dans Descartes, nous gouverne du dehors, et ni la pensée ni l'amour même ne nous fait pénétrer en lui; Dieu, dans Malebranche, nous meut et nous anime par le dedans, il est en nous ou plutôt nous sommes en lui, et notre devoir est de nous unir et de nous attacher à lui par les liens les plus intimes. Une autre différence, c'est que Descartes fait reposer l'obligation ou le devoir sur la volonté divine, volonté indifférente en elle-même, qui constitue le bien comme la vérité par ses décrets libres, tandis que Malebranche donne pour fondement à la morale l'ordre, l'ordre éternel, immuable, inviolable, qui ne dépend pas de la volonté de Dieu, mais la règle. C'est encore par la métaphysique que s'explique cette seconde différence, et l'on comprend combien elle est grave. Si l'on pousse les choses jusqu'au bout, on trouvera que pour Descartes le dernier fondement du devoir étant la volonté libre de Dieu, la dernière raison de notre obéissance au devoir ne peut être logiquement que la toute-puissance divine ; dans Malebranche, l'ordre étant le principe de la loi morale, et l'ordre n'étant au fond que Dieu même, l'origine de l'obligation est dans la Raison souveraine et enfin dans la substance même de Dieu.

Considérez les principaux préceptes de Descartes en les rapprochant de ceux de Malebranche. Partout vous apercevrez tout d'abord des ressemblances frappantes, et en regardant d'un peu près, vous découvrirez sans peine des différences s'expliquant toutes par la nature d'esprit des deux philosophes et par leurs vues métaphysiques.

« Un homme de bien est celui qui fait tout ce que lui dicte la vraie raison, » et la vertu consiste dans une volonté ferme et constante d'exécuter tout ce que nous jugerons être le meilleur : il faut donc employer toute la force de notre esprit à bien juger des choses, et la science importe beaucoup à la vertu, et par suite au bonheur. Malebranche pense de même : mais la raison pour lui, c'est le Maître intérieur, c'est la Sagesse éternelle, c'est le Verbe divin, et ce qui dans Descartes a quelque apparence de stoïcisme, prend au contraire, chez lui, une couleur mystique.

« Je ne suis point d'opinion qu'on doive entièrement mépriser les perfections du corps, ni même qu'on doive s'exempter d'avoir des passions : il suffit qu'on les rende sujettes à la raison, et lorsqu'on les a ainsi apprivoisées, elles sont d'autant plus utiles qu'elles penchent plus vers l'excès. » Voilà comme parle Descartes. Malebranche veut, lui aussi, qu'on règle les passions au lieu de tenter inutilement de les détruire ; il dit même que, prises en elles-mêmes et dans la première institution de la nature, elles sont bonnes. Mais par suite du péché, dont Descartes ne parle pas, elles sont devenues si indociles, si rebelles, qu'il faut les contenir d'une main vigoureuse si l'on ne veut pas qu'elles s'emportent. Descartes les apprivoise, Malebranche ne leur ôte pas le frein même quand il les fait servir à la raison. Descartes prend confiance en elles, et, si elles vont à l'excès, il s'en réjouit. Malebranche redoute tous les excès, et veut qu'on se comporte toujours avec retenue.

Dans la spéculation, suspendre son jugement tant que l'évidence ne se produit pas, dans la pratique se contenter de vraisemblances, parce que l'action ne souffre pas de retardement, et une fois la résolution prise, y persister, parce qu'il n'y a rien de pire que la légèreté et l'inconstance : tel est un des points essentiels de la doctrine morale de Descartes. Cela se retrouve dans Malebranche. Lui aussi reconnaît que la pratique veut de la décision, et que la vraisemblance y est souvent seule possible comme elle est seule suffisante. Mais combien il lui en coûte de faire, même par nécessité, à la raison ce tort d'agir sans qu'elle ait brillé de tout son éclat ! Et aussi combien il s'efforce de rendre cette fâcheuse nécessité moins fréquente en retranchant autant que possible les occasions d'y être astreint, en se retirant du monde, en fuyant les affaires et le commerce des hommes !

Descartes ne s'occupe guère de ce qui concerne la société et la politique. Il redoute ces questions graves et troublantes. Dans ses lettres, à propos du *Prince* de Machiavel, il trace à grands traits les devoirs du souverain, et cela avec un respect constant pour la raison et pour la morale, en même temps qu'avec beaucoup de sagacité, de sens pratique et de finesse. Mais il entend bien qu'on ne le confonde pas avec les novateurs qui prétendent réformer l'État. Il n'a point l'humeur brouillonne, il ne se mêle point de ce qui ne le regarde pas; il n'a point la témérité de toucher à ce grand corps qu'il est si facile et si dangereux d'ébranler : il y trouve des abus sans doute; mais il s'en remet, pour les redresser, à ceux que ce soin regarde. Malebranche se comporte à peu près de la même manière. Mais sa conduite ne s'explique pas par les mêmes motifs. S'il ne s'arrête guère aux questions qui concernent l'ordre social, ce n'est point qu'elles lui fassent peur : c'est qu'elles n'ont à ses yeux qu'un intérêt secondaire. S'il ne veut pas qu'on critique la conduite du souverain ni qu'on s'ingère de soi-même dans les affaires de l'État, ce n'est pas par prudence, c'est par respect : par respect pour les puissances où il reconnaît et honore Dieu même, par respect pour la

raison pour laquelle on n'a plus les mêmes assiduités quand on est engagé dans des charges qui attachent à trop de choses.

Bene vivit qui bene latuit, c'est la maxime favorite de Descartes, et il cherche la retraite, et là il met tous ses soins à cultiver et à perfectionner sa raison, car il ne croit pas qu'il y ait une occupation plus digne de l'homme et plus capable de procurer le bonheur. Il plaint ceux que la nécessité de travailler pour vivre assujettit à un métier, et il condamne ceux que leurs passions serviles détournent de la seule occupation vraiment libérale qui soit au monde. Malebranche est dans les mêmes sentiments. Mais, ne séparant jamais la foi de la philosophie, il conseille la retraite parce que c'est le moyen de mourir au monde, de s'unir à Dieu, et d'assurer son salut, c'est-à-dire d'arriver à cette société éternelle des esprits en Dieu et avec Dieu, pour laquelle nous sommes faits.

Descartes veut qu'on « prenne plaisir à faire du bien à tout le monde, qu'on préfère les intérêts du public aux siens propres, quoique avec mesure et discrétion; enfin qu'on s'expose même à la mort, s'il le faut, pour qu'il en revienne du bien aux autres. » Malebranche croit aussi qu'on est indispensablement obligé de travailler au bonheur d'autrui. Mais il ne s'inquiète guère des biens périssables d'ici-bas : toute sa pensée est attachée aux biens célestes. Ce sont ceux-là surtout qu'il veut procurer à ses semblables.

Ainsi, plus nous poursuivons cette comparaison, mieux nous nous rendons compte des différences qui séparent Descartes et Malebranche.

Descartes, nous traçant le portrait du sage, se peint lui-même. Voilà bien cette fierté où l'on sent le gentilhomme et le stoïcien, et cette prudence où l'on reconnaît l'homme ami de son repos. Descartes est fier avec les autres, fier avec la fortune dont il méprise les séductions et les menaces, fier, si je l'ose dire, avec lui-même ; il redoute ce qui le dégraderait à ses propres yeux, il respecte sa raison, il veut demeurer toujours digne de son estime. En même temps il est prudent, et sa prudence s'étend à tout : il est modéré dans ses opinions pour n'avoir pas à revenir de trop loin s'il venait à se tromper, modéré dans ses désirs, pour ne pas laisser trop de prise sur lui aux événements, modéré dans ses rapports avec ses semblables, pour ne point s'attirer d'affaire qui le trouble : en un mot, il est toujours modéré, ou du moins il veut l'être, parce qu'il est prudent. Ajoutez à cela que très-sincèrement chrétien, il pense néanmoins ordinairement en « homme purement homme. » Il admet le péché originel, mais il n'en parle guère, et on voit bien qu'il ne croit pas que tout dans la nature ne soit que corruption. Il n'a pas peur d'admirer dans les choses de l'ordre naturel celles qui sont belles, de priser celles qui sont bonnes, d'aimer celles qui sont aimables. Il croit à l'Incarnation, et il fait même ressortir quelque part combien la bonté de Dieu éclate dans ce mystère; mais il ne regarde pas comme inutile ou dangereux ou coupable tout ce qui n'a pas avec Jésus-Christ un rapport direct. Il est profondément religieux, il n'est pas du tout mystique. Il est très-convaincu que Dieu est notre dernière fin : il ne se détourne pas des choses créées, il croit qu'au-dessous de Dieu elles ont quelque valeur, et parce qu'au fond elles ne sont que par Dieu, il ne pense pas qu'il faille les supprimer presque dans sa pensée et dans son amour pour ne voir et n'aimer que Dieu seul.

Malebranche, comme Descartes, se peint lui même à son insu dans sa morale, et malgré qu'il en ait, ses préceptes sont marqués d'une empreinte toute personnelle. C'est un méditatif, et ses prescriptions regardent surtout les méditatifs. Il est sans cesse occupé de s'unir à Dieu en tant que Raison souveraine, et il ne donne guère que les moyens d'établir, d'assurer, de maintenir, de resserrer cette union. Il n'a point de goût pour les choses naturelles ou humaines, qu'il voit à travers le péché qui les corrompt; sa morale ne leur fait pas une grande place, elle enseigne surtout à s'en passer. Descartes professe une sorte de stoïcisme tempéré

par le bon sens pratique et par l'esprit chrétien.
Malebranche a une morale mystique, assombrie
parfois par une sévérité toute janséniste. C'est la
conséquence naturelle de sa métaphysique. Quand
on supprime autant que possible la créature dans
l'univers, quand on ne lui laisse qu'une ombre
d'être, il est naturel de la supprimer presque dans
l'esprit et dans le cœur du sage, et de se contenter
pour elle d'une ombre d'amour.

CHAPITRE IX.

RÉSUMÉ DE LA PREMIÈRE PARTIE.

Nous avons donc achevé l'exposition de cette grande philosophie. Nous n'avons pas essayé de la faire contenir dans un cadre convenu. Nous ne lui avons pas imposé les formes modernes. Nous n'y avons pas cherché la solution de questions disposées d'avance dans une sorte de programme. Non, c'est la pensée même du philosophe, dans sa marche systématique, dans son déroulement, que nous avons voulu saisir et montrer. Si parfois nous nous sommes un peu trop attardé dans les détails de ces théories curieuses, si nous nous sommes un peu oublié dans un commerce intime avec un penseur si séduisant, on nous le pardonnera, nous espérons. Le meilleur moyen, après tout, de le faire bien connaître, c'était de le laisser parler beaucoup lui-même. Il est de ceux qu'une exacte mais sèche analyse défigure étrangement. Nous souhaitons que l'abondance des détails permette de saisir sa vraie physionomie.

Chose remarquable! c'est presque le plus systématique des philosophes : tout dans sa doctrine se lie et se tient ; depuis le commencement jusqu'à la fin, le même principe domine tout, explique tout. Et néanmoins un perpétuel conflit entre deux tendances contraires apparaît à qui considère attentivement cette philosophie.

La créature est impuissante : impuissante dans la connaissance, car c'est Dieu qui éclaire ; impuissante dans le sentiment, car c'est Dieu qui touche ; impuissante dans la volonté, car c'est Dieu qui anime le cœur ; impuissante dans le mouvement, car c'est Dieu qui est l'unique moteur des corps ; impuissante partout, car c'est Dieu qui fait tout. Dieu, c'est l'objet immédiat et la cause efficiente de la connaissance ; Dieu, c'est l'objet véritable de l'amour, et c'en est le principe ; Dieu, c'est la seule cause efficace ; il fait tout ce que font les causes secondes, même les causes libres. Dieu est à la fois puissance et raison, et c'est ce qui explique tout : c'est la puissance souveraine, qui est essentiellement raison ; c'est la raison universelle, qui est toute-puissante. Les idées nécessaires, immuables, éternelles, ne sont pas autre chose que sa substance lumineuse et infinie, représentative des créatures, voilà pour la raison, participable par elles, voilà pour la puissance. Le possible même suppose la raison divine et l'efficace divine : car le possible c'est ce qui est intelligible et faisable. Les vérités éternelles sont les rapports nécessaires entre les idées intelligibles, elles sont contenues dans la substance lumineuse et efficace de Dieu. Ainsi l'être parfait est à la fois souverainement intelligible et souverainement puissant : il est l'être universel, l'être infini, l'être : comprenant en soi toutes choses, il est, par cela même, la Raison universelle et la seule Cause.

Maintenant que Dieu agisse, qu'il produise en dehors de lui un ouvrage, en un mot qu'il crée : là encore, dans le réel et dans le créé, comme tout à l'heure dans l'idéal et dans le possible, il se montre à nous souveraine Raison et souveraine Puissance. C'est lui qui fait tout, et c'est lui qui règle tout. Sa sagesse et son efficace expliquent les existences et les lois de l'univers. Infini et parfait, il ne peut avoir d'autre fin que lui-même : il crée pour sa gloire, et parce qu'un ouvrage profane ne peut lui procurer une gloire qui le contente, il trouve le secret de diviniser son ouvrage; et parce que la simplicité des voies est la marque et l'effet de la sagesse, il fait tout par des lois générales. De cette façon l'univers rend honneur à sa puissance et à sa sagesse : à sa puissance, car la nécessité de l'union d'une personne divine à l'ouvrage de Dieu pour le tirer de son état profane marque bien le néant de la créature et l'infinité du Créateur; à sa sagesse, car cet ouvrage où une multitude d'effets divers se produit par des lois générales très-simples, est le plus beau, le plus parfait, le plus admirable qui se puisse concevoir.

Que l'on considère enfin les créatures raisonnables placées par Dieu dans cet univers, on trouvera qu'il est leur fin. Seul il peut agir sur elles; seul, parce qu'il est la souveraine Raison et l'unique cause, il peut les perfectionner et les rendre heureuses ou malheureuses. Leur devoir est donc de n'aimer véritablement que lui, puisque seul il est leur bien, et seul il est leur bien encore une fois, parce que seul il est leur lumière et la cause qui agit sur elles.

Ainsi, de quelque manière qu'on considère la philosophie de Malebranche, on voit toujours que Dieu est l'unique objet de la connaissance et la seule cause efficace, que nous voyons tout en Dieu et que Dieu fait tout en nous, que les créatures sont obscures et inefficaces, tandis que Dieu est lumineux et puissant, enfin que dans l'univers Dieu fait tout et règle tout. La vision en Dieu, les causes occasionnelles, la Providence générale, autant de théories qui se supposent les unes les autres; et, pour couronner le tout, une morale où Dieu est déclaré seul aimable, en même temps que par sa grâce il est le seul auteur de la vertu dont il est encore la seule récompense.

C'est ainsi que tout est lié dans ce système. Et assurément il n'y en a pas où la distinction entre la créature et le Créateur soit plus hautement proclamée. La créature, c'est presque le néant; Dieu, c'est l'Être. D'un côté, rien ; de l'autre, tout.

Mais c'est précisément parce que la créature s'efface trop dans ce système, que la distinction qui la sépare du Créateur risque à la fin de disparaître. Plus la créature s'amoindrit et diminue, plus Dieu grandit, si je l'ose dire. Cependant il vient un moment où la créature étant réduite à rien, l'abîme qui la séparait de Dieu se trouve par cela même comblé tout à coup ; car n'ayant rien à elle, n'étant rien, elle n'a plus d'être que l'être de Dieu, et ainsi, à l'heure même où déclarant qu'elle n'est qu'impuissance et néant, on met entre elle et Dieu la plus profonde différence qui se puisse concevoir, comme après tout il y a en elle quelque chose, comme elle n'est pas tout à fait rien, on la confond avec Dieu même, car ce quelque chose qui est en elle, on l'attribue à Dieu. Alors elle n'est pas seulement par Dieu, elle est de Dieu, elle est Dieu.

Cet écueil, nous l'avons signalé presque à chaque

instant dans la philosophie de Malebranche. La créature tend à s'évanouir sans cesse, et, si elle garde un semblant de réalité, c'est la volonté du philosophe qui le lui conserve, la logique le lui dénie. L'étendue intelligible, entendue à la manière dont Malebranche l'entend, ne laisse plus de moyen de distinguer les corps réellement existants de leur idée qui est en Dieu, qui est Dieu. La vision en Dieu supprimant dans l'âme toute activité, ne permet plus de discerner l'esprit humain de la Raison souveraine qui l'éclaire. Il en faut dire autant de la théorie de la volonté. Les causes occasionnelles ne sont pas des causes : ce sont des moyens, ce sont des instruments : elles ne font rien, elles ne peuvent rien. Il faut dire qu'elles ne sont rien. Dieu seul agit, Dieu seul existe véritablement. Et Malebranche ne l'appelle-t-il pas l'Etre universel ? Ne dit-il pas que tous les êtres particuliers ne sont que des limitations de l'être infini ? Cet être infini, ne le déclare-t-il pas indéterminé ? Et quand il le montre ensuite invinciblement déterminé par l'ordre à agir de telle ou telle façon, ne dirait-on pas la nécessité qui préside au développement de l'être dans les systèmes panthéistes ? L'Etre indéterminé, étendue intelligible, raison universelle, invinciblement déterminé par la loi de l'ordre, n'est-ce pas, sous d'autres noms, la Substance infinie de Spinoza, avec ses attributs infinis, l'Etendue et la Pensée, et ses modes, développement nécessaire de son activité infinie? Si Malebranche maintient la création, n'est-ce pas de sa part une inconséquence? A-t-il bien le droit de dire que Dieu est libre de produire ou de ne produire pas un ouvrage? Et quand il ôte à la créature toute réalité propre en la réduisant à une complète impuissance; quand d'un autre côté il veut trouver dans l'ouvrage même du Créateur, et dans les voies employées pour l'exécuter, un caractère divin, un prix infini, comment peut-il encore soutenir qu'entre la créature et Dieu il y ait une distinction quelconque? De toutes parts il est entraîné à l'idéalisme et au panthéisme.

Et cependant sur cette pente où glisse son système, il se retient. Une pensée morale et religieuse domine toute sa philosophie. C'est ce qui le sauve. Quand il entrevoit entre sa doctrine et celle de Spinoza certaines analogies, il en conçoit plus d'horreur pour Spinoza que de défiance pour ses propres idées. Je n'en suis pas étonné. Il sent si bien que tout en lui répugne au panthéisme, sa raison, son cœur, sa foi. Il y va, et il n'en veut pas. Il risque à chaque instant d'y tomber, et il l'abhorre. De là ce conflit dont je parlais tout à l'heure, conflit dont il n'est pas troublé, dont il ne se doute pas. Il pose des principes dont les conséquences logiquement déduites aboutissent à la négation d'un Dieu personnel. Mais il a dans l'âme des convictions qui résistent à ces conséquences. La logique de l'esprit et celle de l'âme se livrent donc dans sa pensée un perpétuel combat. Son système est sur le chemin de l'idéalisme et du panthéisme : rien n'en est plus éloigné que l'esprit de sa philosophie. Ce regard sans cesse attaché sur l'âme et la vie intérieure, ce sentiment vif des faiblesses et des misères qu'on expérimente en soi, cette présence sentie du Dieu vivant dans l'être créé qu'il éclaire, anime et soutient, en deux mots, cette foi à l'âme et à Dieu est bien ce que l'on peut trouver de plus opposé à l'idéalisme et au panthéisme, puisqu'elle affirme la réalité de la créature, et implique une distinction essentielle entre les choses et leur éternel principe. C'est là du mysticisme, et le mysticisme outré tend à devenir une sorte de panthéisme. Je n'y contredis pas. Mais je maintiens qu'entre le mysticisme proprement dit et le panthéisme véritable, il y a une profonde différence. Celui-ci identifie Dieu et le monde en proclamant l'unité de substance ; celui-là oublie la créature à force de contempler et d'aimer le Créateur : il a l'air de supprimer le monde, parce qu'il ne regarde que Dieu, il parle sans cesse du *néant* des *êtres* créés, et se plaît à dire de Dieu qu'il est tout. Mais, au moment où les expressions, dans leur énergie et leur vivacité un peu téméraires, prennent avec les formules panthéistiques la plus frappante ressemblance, alors encore, ou, pour mieux dire, alors surtout, elles en diffèrent par l'esprit. C'est la grandeur et la sagesse du Dieu vivant et personnel que la philosophie mystique prétend exalter. C'est le sentiment de l'omniprésence divine qui inspire cette métaphysique d'autant plus hardie que la piété dont le cœur est plein en cache les périls. Disons donc de Malebranche que tout ce qui est panthéisme à ne voir que son système, est mysticisme, si l'on considère sa philosophie et l'esprit qui l'anime.

Telle est l'impression que nous laisse l'étude de ces théories à la fois si belles et si étranges qui nous charment et nous font peur.

Disciple de Descartes et de saint Augustin, Malebranche est original.

Comparé à Descartes, il l'emporte par la hardiesse et par la profondeur. C'est, en un sens, un plus grand métaphysicien : non qu'il ait cette vigueur incomparable avec laquelle Descartes établit les principes de la philosophie première; mais, une fois ces principes posés, il porte dans l'examen des questions métaphysiques, surtout de celles qui ont un intérêt moral et religieux, une curiosité plus vive et plus pénétrante, il en poursuit la solution avec plus d'audace, il édifie une doctrine plus complète, plus profonde, et en même temps plus haute. Il a sur la nature et l'origine de la vérité une théorie arrêtée et décisive : Descartes n'en a pas. Il a une théorie complète de la volonté : Descartes n'a que des vues flottantes. Il essaie de pénétrer dans les secrets du gouvernement divin, et il raconte les démarches de la Providence, expose les lois du monde, tâche de justifier la sagesse de Dieu et sa justice contre ceux qui les attaquent : Descartes laisse à peu près de côté ces grandes questions. Enfin il a une morale, il montre quelle est l'origine, quel est le principe de l'obligation, il réduit en système la morale fondée sur la métaphysique : Descartes ne fait pas une étude approfondie du principe du devoir, en indique mal l'origine, et ne nous donne sur nos devoirs que des vues et des réflexions sans caractère vraiment scientifique.

Sur tous les points où Malebranche dépasse Descartes, il a saint Augustin pour guide. La théorie des idées et la théorie de l'amour sont d'origine platonicienne et surtout augustinienne. Sur la Providence et sur la morale, saint Augustin a encore fourni beaucoup à Malebranche. Mais le disciple s'approprie la doctrine du maître, lui met son empreinte, et souvent l'altère.

Deux grands principes cartésiens dominent tout le système : c'est d'abord la distinction entre la matière et l'esprit, entre l'étendue et la pensée ; c'est ensuite la passivité des créatures.

L'inspiration morale et religieuse, et puis les éléments des grandes théories métaphysiques, voilà ce qui vient de saint Augustin.

La méthode et les principes du *système*, voilà ce qui vient de Descartes.

Le Malebranchisme, c'est le cartésianisme christianisé à l'aide de saint Augustin, et en même temps tendant sans cesse au spinozisme, mais sans cesse ramené en arrière et retenu au bord de l'abîme par le *bon sens chrétien*.

TABLE DES MATIÈRES

CONTENUES

DANS LE PREMIER VOLUME.

Avant-propos.. v

PREMIÈRE PARTIE.

EXPOSITION DE LA PHILOSOPHIE DE MALEBRANCHE.

Chapitre premier.

Origines de la philosophie de Malebranche.............. 3

    Détails biographiques, p. 3. — Caractère de Malebranche, p. 11. — Son éducation, p. 34. — Malebranche à l'Oratoire, p. 37. — Influence de Descartes et de saint Augustin sur son âme et sur son génie, p. 43. — Il travaille en silence de 1664 à 1674, p. 58.

Chapitre II.

Objet de la philosophie et méthode..................... 75

    Idée que Malebranche se fait de la philosophie, p. 75. Comment il modifie la méthode de Descartes, p. 79. — Comment il entend les rapports de la raison et de la foi, p. 100. — Son style, p. 128.

Chapitre III.

THÉORIE DE LA CONNAISSANCE. — DIEU, RAISON SOUVERAINE ET LUMIÈRE DES ESPRITS..................................... 137

I. Les idées et l'étendue intelligible, p. 143. — II. Les vérités éternelles et l'ordre immuable, p. 208. — III. L'être universel et infini, p. 232. — IV. La vision en Dieu et les différentes manières de connaître les choses, p. 238. — V. Résumé du chapitre, p. 279.

Chapitre IV.

THÉORIE DE LA VOLONTÉ. — DIEU, BIEN SOUVERAIN ET MOTEUR DES ESPRITS.. 287

La volonté et la liberté, p. 287. — Les inclinations et les passions, p. 296. — Le plaisir, le péché et la grâce, p. 301. — Dieu, objet, principe, modèle, et fin de l'amour, p. 308.

Chapitre V.

THÉORIE DE LA CAUSE. — DIEU, SEULE CAUSE EFFICACE........ 320

Impuissance des créatures matérielles et spirituelles : Dieu, cause unique qui fait tout et qui règle tout, p. 321. — Les créatures, causes occasionnelles, p. 338.

Chapitre VI.

LES ATTRIBUTS DE DIEU...................................... 357

Chapitre VII.

LE MONDE, OUVRAGE DE DIEU................................. 381

Le motif de la création, p. 384. — La Providence, p. 391. — Les lois générales de la nature et de la grâce, p. 405. — Le monde futur, p. 436.

Chapitre VIII.

La morale. — Dieu, unique fin des esprits................. 447

I. La logique : moyens de s'unir à Dieu dans la recherche de la vérité, p. 450. — II. La morale proprement dite : union de l'âme à Dieu par la conformité de la volonté à l'ordre; les devoirs et les vertus, p. 490. — III. La religion : la piété et la grâce, p. 520. — Conclusion du chapitre, p. 526.

Chapitre IX.

Résumé de la première partie...................... 538

Impression que laisse la philosophie de Malebranche. — Ce que Malebranche doit à Descartes, ce qu'il doit à saint Augustin.

www.ingramcontent.com/pod-product-compliance
Lightning Source LLC
Chambersburg PA
CBHW070827230426
43667CB00011B/1710